Anette Scharla-Dey / Franz Peter Tschauner

Entdeckertouren mit dem Wohnmobil

Normandie

Die Anleitung für
einen Erlebnisurlaub

WOMO®
Der Wohnmobil-Verlag

MIX
Papier | Fördert gute Waldnutzung
FSC® C089473
www.fsc.org

8. vollständig erneuerte und aktualisierte Auflage – 2024
ISBN 978-3-86903-398-3

Titelbild: Badehäuser am Strand von Gouville-sur-Mer (Tour 7)
Bild in vorderer Klappe: Abbaye de Jumièges (Tour 3)

Reihen-, Umschlaggestaltung und Layoutprinzip/Satzvorgaben: www.martinveicht.de
Karten: Anette Scharla-Dey / Franz Peter Tschauner
Fotos, siehe Bildnachweis auf Seite 404
Druck: Beltz Grafische Betriebe GmbH, 99947 Bad Langensalza
Vertrieb: GeoCenter GmbH, 70794 Filderstadt
Herausgeber: WOMO-Verlag, An der Liethe 4, 36452 Kaltennordheim
Telefon +49(0)36946 20691 · verlag@womo.de · www.womo.de
GPS: N 50°36'38.2" E 10°07'55.6"
Autoren-E-Mail: afp@womo.de

Einladung

Liebe Leserin, lieber Leser,

weiße Kreideklippen, malerische Hafenstädte und gediegene Seebäder, lange Sandstrände, sattgrüne Wiesen mit bunt gefleckten Kühen unter knorrigen Apfelbäumen sowie ein abwechslungsreiches Hinterland mit herrschaftlichen Landsitzen und Schlössern, trutzigen Burgen oder kuscheligen Fachwerkorten könnten Ihnen gefallen? Dann werden Sie die charakteristische Vielfalt der Normandie zu schätzen wissen!

Der milde Golfstrom sorgt zusätzlich für üppige Fruchtbarkeit sowie wunderbare Park- und Gartenlandschaften. Vom jahrhundertelangen Reichtum der Region zeugen mächtige Kathedralen und einst große Abteien.

Das »Wunder des Abendlandes«, der Mont-Saint-Michel, und der über 900 Jahre alte Teppich von Bayeux gehören wie die Beton-Architektur von Le Havre zu den sehenswerten UNESCO-Welterbestätten.

Abwechslungsreiche Museumslandschaften reichen von der Fondation Claude Monet in Giverny über großartige Kunstmuseen in Rouen und Le Havre bis zu militärhistorischen Ausstellungen an den Küsten von Calvados und Cotentin.

Die typische Heckenlandschaft, lichte Buchenwälder oder die Berge und Schluchten in der Suisse Normande sowie kilometerlange Sandstrände bilden einen beeindruckenden Rahmen für ein Aktiv-Programm von Wander- oder Radtouren, allen Arten des Wassersports bis zum Klettern oder Gleitschirmfliegen.

Land und Meer sorgen für lukullische Erlebnisse, die sich nicht nur auf die drei großen »C« (Camembert, Cidre, Calvados) beschränken. Butter aus Isigny, Käse aus Livarot, Jakobsmuscheln aus der Baie de Seine, Austern des Cotentin sowie Fleischgerichte als auch frisches Gemüse tragen ebenfalls zum Ruf der Normandie als Feinschmecker-Region bei.

Voilà, das alles und noch viel mehr ist die Normandie!

Wir wünschen Ihnen viele schöne Reiseerlebnisse.

Ihre Anette Scharla-Dey und Franz Peter Tschauner

Inhaltsverzeichnis

Unsere persönlichen Top Ten

Veules-les-Roses

Der idyllische Ort gehört zu den 100 schönsten Dörfern Frankreichs und bezaubert durch reetgedeckte Häuser sowie mit dem kürzesten Flüsschen Frankreichs.

Tour 1, Seite 31

Falaises d´Étretat

Die Gemeinde Étretat wird durch spektakuläre Felsformationen und steile Felsenklippen geprägt.
Folgen Sie uns auf das grüne Plateau über dem blauen Meer.

Tour 2, Seite 46

Église Saint-Joseph

Die Kirche gehört nicht zu den bedeutendsten Sakralbauten Frankreichs, aber ihre überraschende Verbindung zwischen Größe, Beton und Glaskunst ist beeindruckend.

Tour 2, Seite 53

Abbaye de Boscherville

Die im 17. Jahrhundert von Mönchen angelegten und im Original rekonstruierten Gärten verbinden sich eng mit der Großartigkeit der sakralen Gebäude.

Tour 3, Seite 68

Jardins du Château de Brecy

Die Schönheit und Vielfalt der normannischen Gärten sowie Parks haben es uns angetan. Auch in diesem traumhaften, grünen Kleinod zeigt sich die französische Lebensart.

Tour 5, Seite 129

… das sollten Sie nicht verpassen!

Utah Beach – The Lone Sailor
Die Landung der Alliierten am 6. Juni 1944 in der Normandie zählt zu den größten historischen Ereignissen des 20. Jahrhunderts und prägt Europa bis heute.
Touren 5/6, Seiten 133/161

Cité de la Mer
Im ehemaligen transatlantischen Hafenbahnhof in die faszinierende und farbenfrohe Welt der Meere eintauchen sowie die einzige Überquerung der Titanic erleben.
Tour 6, Seite 184

Mont Saint-Michel
Der Klosterberg gehört zusammen mit der ihn umgebenden Bucht zum UNESCO-Weltkulturerbe und gilt als Wunder des Abendlandes.
Das sagt alles!
Tour 8, Seite 245

Rochers de la Houle
Romantische Flusstäler, grüne Wiesen und bewaldete Höhenzüge – das Panorama von diesen Felsen in der Suisse Normande über eine fast unberührte Natur ist grandios!
Tour 10, Seite 261

Normannische Küche
Die französische Kochkunst gehört zum immateriellen UNESCO-Weltkulturerbe. In der Normandie genießen wir immer wieder gerne deren variantenreiche Köstlichkeiten.
Touren 1 – 15

Gebrauchsanleitung

Reisegebiet

Bevor Sie uns auf unsere von ganz persönlichen Vorlieben und Wahrnehmungen geprägte Rundreise begleiten, möchten wir Ihnen ein wenig über unser gemeinsames Ziel mitteilen.

Die Normandie erstreckt sich auf einer Gesamtfläche von etwa 30.000 Quadratkilometern und setzt sich aus der **Haute-Normandie** mit den Départements Eure und Seine-Maritime sowie der **Basse-Normandie** mit den Départements Calvados, Manche und Orne zusammen. Wobei die Bezeichnungen *haute* (oben) und *basse* (unten) nicht die Höhenlage, sondern die Entfernung zu Paris ausdrückt. Nur etwa zwei Autostunden von der französischen Hauptstadt entfernt, wird die Normandie im Osten von der Picardie, im Süden von der Île de France, dem Centre sowie dem Pays de Loire und im Norden sowie im Westen durch den Ärmelkanal begrenzt.

Die Region im Nordwesten Frankreichs wird durch Gegensätze bestimmt. Ein wenig Irland, ein wenig England vermischt mit französischem Charme und dem sprichwörtlichen »Savoir-vivre«.

Die normannische Küste beginnt im Osten bei Le Tréport und erstreckt sich über 600 Kilometer Länge bis zum Mont-Saint-Michel im Westen. Dabei zeigt sich zu Beginn der Küstenlinie die **Côte d'Albâtre** mit hellen Kreidefelsen, Kieselstränden und bizarren Felsformationen, wie in Étretat. An den Einbuchtungen der sich zum Meer hin öffnenden Trockentäler wurden kleinere sowie große Hafenorte wie Saint-Valery-en-Caux oder Dieppe angelegt und hinter der Küste breitet sich das fruchtbare Kalksteinplateau des **Pays de Caux** aus.

Im Mündungsbereich der ebenfalls von Kreideklippen geprägten, dem Meer entgegenströmenden **Seine** finden sich große Marschgebiete wie das Marais Vernier und in den Ufergemeinden erfreuen strohgedeckte Landhäuser die Besucher.

Westlich der Seine dominieren die Seebäder Deauville, Trouville sowie Honfleur und die bei Ebbe schier endlos erscheinenden Sandstrände der **Côte de Gráce**, der **Côte Fleurie** oder der **Côte de Nacre**.

Das Hinterland im **Pays de Bray** und im **Pays d'Auge** mit gefleckten Kühen auf saftigen Weiden, schmucken Fachwerkdörfern und Tausenden von Apfelbäumen gleicht einer Bilderbuchlandschaft, die im Frühjahr mit einem weiß-rosa Blütenmeer bezaubert. Fast noch ein touristischer Geheimtipp ist das **Pays du Perche** im Südwesten der Normandie, in dem auf grünen Hügeln das weiße, kräftige Zugpferd Percheron grast und ockerfarben verputzte Herrenhäuser sowie historisch gewachsene Altstädte zu einer entschleunigten Zeitreise einladen.

Die **Halbinsel Cotentin** präsentiert ein weniger mildes, aber nicht minder faszinierendes Landschaftsbild mit dunklen Granitfelsen, hellen Sandbuchten und Felsenkaps, das in der weiten Bucht von Mont-Saint-Michel durch den größten Tidenhub Europas geprägt wird. Dazwischen ducken sich blumengeschmückte Steinhäuser mit Schieferdächern, dehnen sich Dünenlandschaften hinter langen Sandstränden aus und in lebhaften Seebädern oder kleinen Ferienorten genießen Urlauber die Ferienzeit. Über weite Teile des Landes erstreckt sich die sanft hügelige, von undurchdringlichen Hecken gesäumte Wiesen- und Felderlandschaft der Bocage, vor der selbst die Panzer der Alliierten bei der Invasion in der Normandie kapitulieren mussten.

Die Normandie ist eine der waldreichsten Regionen Frankreichs, deren Holzreichtum sich auch in den vielen normannischen Fachwerkbauten wiederfindet. In einem der vier großen Naturschutzgebiete liegt mit dem 417 Meter hohen Signal d'Écouves die höchste Erhebung der Region, während die **Normannische Schweiz** trotz ihres Namens weniger hohe Berge, aber dafür eine fast alpine Landschaft zu bieten hat.

Port und Phare de Goury auch Phare de la Hague genannt (Tour 7)

Richtig was los ist in den Städten **Rouen**, **Le Havre**, **Caen** und **Dieppe**. Der Charme des Landlebens besteht aus überraschend auftauchenden Flussmühlen, prachtvollen Schlössern, Herrenhäusern, Burgen und idyllischen Abteien, die in eine für das Auge wohltuende Landschaft eingebettet sind.

Ein bestimmendes Kapitel der wechselvollen Geschichte der Normandie ist der Zweite Weltkrieg, als die Alliierten am 6. Juni 1944, dem D-Day, mit ihrer Landung das Ende der nationalsozialistischen Herrschaft über weite Teile Europas einleiteten. Unzählige Museen, Ausstellungen, Überreste von Befestigungsanlagen und Soldatenfriedhöfe erinnern an dieses Ereignis, sodass sich Normandie-Reisende dessen kaum entziehen können.

Karten, Symbole und Kilometerangaben

Alle WOMO-Reiseführer sind nach Touren untergliedert, die mit den wichtigsten Ortschaften auf der **Übersichtskarte** im hinteren Bucheinband dargestellt sind. Einzelheiten zu diesen Touren, insbesondere die dort empfohlenen Stell- und Campingplätze, finden Sie in den jeder Tour vorangestellten **Tourenkarten**, deren verwendete **Symbole** auf der hinteren Einbandklappe erläutert sind.
Die **Kilometerangaben** erlauben nur eine erste Orientierung über die Länge der jeweiligen Tour und betreffen die Entfernung ab dem letzten Stell- oder Campingplatz der vorhergehenden Tour bis zum letzten Stell- oder Campingplatz der aktuellen Tour.

Stellplätze, Farben und Nummern

Praktische Symbole zeigen die Art des »Stellplatzes« an:

001	**Offizieller Stellplatz**	von privater oder amtlicher Hand für Reisemobile – meistens über eine Preisangabe oder ein Wohnmobilsymbol – ausgewiesen
003	**Parkplatz**	für Übernachtung geeignet
P	**Parkplatz**	Übernachtung nicht möglich oder verboten
002	**Campingplatz**	

Auch die **Farbe** eines Stell- oder Parkplatzsymboles hat eine Bedeutung: **Blau** steht für eine nahe Bademöglichkeit in natürlichen Gewässern, einer Therme oder einem besonders interessanten Schwimmbad. **Grün** kennzeichnet einen Platz, an dem typischerweise Wanderungen oder Radtouren beginnen und dort meistens beschildert sind. **Hellgelb** sind alle Plätze bei Winzern oder Bauernhöfen (*à la Ferme*), die nicht öffentliche Parkplätze sind. **Orangegelb** sind die Plätze ohne die vorgenannten Merkmale. Nur Plätze, die eine durchlaufende **Nummer** tragen, sind zur

Übernachtung geeignet. Diese Plätze werden im Text entsprechend ihrem vorgenannten Zweck farbig unterlegt und stehen meistens in einem **Stellplatzkasten** mit den wichtigsten Informationen. **Olivgrün** sind dort die Campingplätze.
Zum Verständnis der **GPS-Daten**, der Geräteeinstellung und dem Bezug der Daten erfahren Sie genaue Einzelheiten hinten bei den Tipps.

Die Kapazität von Stellplätzen wird in den Stellplatzkästen unter **Max. WOMOs** erwähnt. Auf Parkplätzen ist dies die Anzahl, die unserer Meinung nach den ortsansässigen Bewohnern, anderen Touristen oder der Natur zugemutet werden kann. Während die Angabe bei offiziellen Stellplätzen der tatsächlichen Anzahl der vorhandenen Stellflächen entspricht.

Bei Campingplätzen und offiziellen Stellplätzen nennen wir immer die uns bekannten **Öffnungszeiten** und bei kostenpflichtigen Plätzen die uns bekannten **Preise**. Das angegebene **Preisniveau** ist nur eine Orientierung und bezieht sich bei den Campingplätzen auf ein WOMO mit zwei Erwachsenen in der preiswertesten und in der teuersten Zeit – ohne Strom (falls er nicht im Grundpreis enthalten ist), Kurtaxe und Hund; bei den Stellplätzen ohne Kurtaxe, Strom und Wasser.

Wir vermitteln Ihnen die **Ausstattung** der Plätze, insbesondere mit Ver- und Entsorgung, Strom (wobei nicht zwingend jeder Benutzer einen Steckdosenzugang findet), Toilette, Dusche, Müllentsorgung und weitere Besonderheiten.

Unter **Beschreibung** wird Ihnen Näheres zur Beschaffenheit, der Lage und der Nutzungseignung mitgeteilt. Wir verraten Ihnen, wenn wir Stellplätze für **klappstuhlgeeignet** halten, weil Sie also Tische und Stühle herausstellen können. So gut wie kein Stellplatz und schon gar kein Parkplatz in diesem Buch ist dafür geeignet, um sich dort tagelang wie auf einem Campingplatz mit Markise, Stühlen, Wäschespinne und Grill aufzuhalten und auszubreiten!

Der letzte Stichpunkt in den Stellplatzkästen ist die Beschreibung der **Zufahrt**. In Zeiten der GPS-Navigation halten wir die Darstellung möglichst knapp, es sei denn, die Anfahrt zu einem Platz mithilfe des Navis bereitet Probleme.

Wandern und Radfahren

Wir nennen Ihnen verschieden lange Wanderungen und machen Sie auf verschiedene regionale und überregionale Radwege aufmerksam, die Ihnen die unterschiedlichen Landschaftsformen der jeweiligen Gebiete näherbringen. Im Allgemeinen sind die Wege gut markiert und entsprechen leichten bis mittleren Anforderungen. Wanderstrecken sind im Allgemeinen grün hinterlegt.

Restaurants

Für das leibliche Wohl halten wir eine Mischung vom noblen Restaurant über Bistros oder Bäckereien bis zur einfachen Crêperie oder der Möglichkeit zur Cidre- oder Calvados-Verkostung bereit. Vermutlich können Sie in vielen der von uns nicht genannten Gaststätten preiswerter einkehren, aber wir gehen lieber einmal weniger essen und geben dafür etwas mehr Geld aus, können uns aber dafür ziemlich sicher sein, dass wir eine vernünftige und vor allen Dingen dem Preis angemessene Mahlzeit in einer angenehmen Atmosphäre erhalten.

Die Nennung von Firmen, Restaurants oder Produkten sind als Beispiele ohne Wertung gegenüber anderen anzusehen. Die Qualitäts- und Quantitätsangaben entsprechen unseren rein subjektiven Einschätzungen und erheben keinen Anspruch auf Vollständigkeit.

Top Ten, Sehenswürdigkeiten, Tipps und Infos

Unter den auf Seite sechs und sieben dieses Buches genannten Top Ten finden Sie unsere ganz persönlichen Lieblingsorte oder Lieblingslandschaften, unsere erfreulichsten Begegnungen sowie beeindruckende Momente und leckere kulinarische Erfahrungen. Die Aufzählung erfolgt nach Touren und ist nicht als Ranking zu verstehen.

Lesen Sie bitte vor Ihrem Einstieg in die einzelnen Reiseetappen zusätzlich unsere allgemeinen Tipps und Infos für einen gelungenen Aufenthalt in der Normandie.

Die Eintrittsgelder von **Sehenswürdigkeiten** sind einem steten Wandel unterworfen, sodass wir auf die genaue Angabe in der Regel verzichten und lediglich darauf hinweisen, wenn sie an-

fallen. Ähnlich verhält es sich bei den Öffnungszeiten und wir geben, soweit sie uns bekannt sind, in der Regel die Kassenöffnungszeiten an.

Die **Tipps und Infos** am Ende des Buches machen Sie mit den Besonderheiten der Reiseregion vertraut. Dort finden Sie auch verschieden **Anreisewege** und allgemeine Angaben.

Reiseführer und der Zahn der Zeit

Mit sehr viel Freude und Spaß, aber auch mit Arbeit und Mühe haben wir für Sie die vorliegenden Tourenvorschläge recherchiert. Wir testeten Sehenswürdigkeiten und Aktivitäten vor Ort und haben unsere Erlebnisse für Sie aufgeschrieben.
Bei den freien Stellplätzen und allen anderen Angaben kommt es dennoch im Laufe der Lebensdauer einer gedruckten Auflage immer wieder zu Veränderungen. Es lohnt sich deshalb stets ein kurzer Blick ins Forum des WOMO-Verlages (www.womo.de).

Wir versorgen Sie dort mit weiteren aktuellen Informationen. Sie können dabei helfen, Hinweise für alle Leser aktuell zu halten, indem Sie dort vermerken, wenn sich irgendetwas verändert hat, vor allem, wenn ein Platz nicht mehr existiert oder verboten ist, oder wenn Sie etwas Neues entdeckt haben.
Sie können uns auch gerne direkt per E-Mail kontaktieren:

afp@womo.de

Wir freuen uns über jede Zuschrift!

Camembert - Tour 4

Tour 1

Picardie
28
D925
D940
Bresle
Eu
003
002
001
Le Tréport
006
Floques
004
Criel-Plage
P
005
D925
Côte d'Albâtre
Saint-Martin-en-Campagne
P
Béthune
008
007
Dieppe
Château de Miromesnil
P
009
N25
Varengeville-sur-Mer
P
Manoir d'Ango
D925
P
010
011
St-Aubin-sur-Mer
C
Sotteville-sur-Mer
Veules-les-Roses
C
012
P
D925
St-Valery-en-Caux
013
Tour 2
D925
15 km
N

An der Alabasterküste

110 km

Als gebürtige Landratten und aus dem Binnenland kommend, zieht es uns in Frankreich zunächst immer ans Meer. Wenn es Ihnen genauso geht, dann beginnen Sie Ihre Reise durch die Normandie an der Küste und folgen Sie uns zu unseren Lieblingsplätzen:

- **Traumblick über die Kreidefelsen**
- **Lebendiges Dieppe**
- **Garten in Varangeville-sur Mer**
- **Manoir d´Ango**
- **Veules-les-Roses**

Wir sind im nordöstlichsten Zipfel des Départements Seine-Maritime an der **Côte d´Albatre**, deren Küstenlinie sich von der Grenze der Picardie bis zur Seine-Mündung über 140 Kilometer Länge erstreckt. *Die Alabasterküste ist für ihre bis zu fast 100 Meter steil abfallenden, durchscheinend hellen, alabasterfarbenen Kreideklippen bekannt* und bietet unter anderem spektakuläre Aussichten über den Ärmelkanal bis zum Pendant der Felswände bei Dover in England. Schafe, Pferde und Kühe grasen auf sattgrünen Wiesen, von denen sich Schluchten hinab bis zum Meer ziehen. Die kleinen Buchten und die Strände in den breiten Tälern nördlich der Seine sind meist mit groben Kieselsteinen bedeckt. Dadurch wird das Strandleben mit ausgedehntem Sonnenbad auf dem Badetuch und das Spazierengehen ordentlich erschwert. Doch wenn das wechselnde Licht das Wasser in unterschiedlichen Farben leuchten lässt, der Wind weiße Wolken

Badehäuschen am Kieselstrand in Le Tréport

TOUR 1

über den blauen Himmel schiebt und die Kieselsteine in der Brandung lustig aneinanderklickern, dann begeistert uns der landschaftliche Reiz dieser Region immer wieder.

Bevor der Fluss Bresle bei Le Tréport in den Ärmelkanal mündet, erreichen wir etwa drei Kilometer im Landesinneren die kleine Stadt **Eu** (7.000 Einwohner) und da die Normandie nicht nur vom Meer, sondern auch von Gärten, Herrenhäusern und Schlössern geprägt wird, checken wir stilecht in der ruhigen Camping-Anlage im Schlosspark ein.

001 Eu – *Camping Municipal Parc du Château***

GPS/Kontakt: N 50°02'59" E 01°24'52", Rue des Fontaines. Telefon 0235862004, www.ville-eu.fr. **Öffnungszeit:** Juni–Oktober. **Ausstattung:** Bouleplatz, Spielplatz, Tischtennis, Waschmaschine, Wäschetrockner, Brötchenservice, WiFi. **Beschreibung:** Der Platz liegt im 10 Hektar großen Schlosspark in ruhiger Umgebung am Ortsrand von Eu. Das Stadtzentrum mit Restaurants und Geschäften ist ca. 600 m entfernt. **Preis:** 15 €. **Zufahrt:** Im Ort den Hinweisen zum Campingplatz folgen.

002 Eu – *Aire de Camping-Car*

GPS: N 50°03'09" E 01°25'27", Ruelle Sémichon. **Max. WOMOs:** 19. **Öffnungszeit:** Ganzjährig. **Ausstattung:** V/E, Strom, mit Schranke gesichert. **Beschreibung:** Der Stellplatz liegt in einem Gewerbegebiet am Ortsrand und ist am Abend sowie am Wochenende nachts ruhig. Das Stadtzentrum mit Bäcker, Restaurants und Geschäften ist ca. 500 m entfernt. Die Asphaltfläche ist schattenlos und ähnelt einem Großparkplatz. **Preis:** 9,50 €. **Zufahrt:** An der Straße von Eu nach Mers-les-Bains dem WOMO-Piktogramm folgen.

Das beschauliche Städtchen Eu schaut auf eine bewegte Geschichte zurück. Hier starb Rollo, der erste Herzog der Normandie, im Jahr 932 und auf der alten, nicht mehr vorhandenen Burg heiratete im Jahr 1050 Wilhelm der Eroberer seine Gemahlin Mathilde von Flandern. Das heutige **Schloss** stammt aus dem 16. Jahrhundert und beherbergt zum Teil die Stadtverwaltung. In den übrigen Räumlichkeiten des Renaissancebaus ist das **Musée Louis-Philippe** beheimatet. Eine Dauerausstellung ist dem französischen König gewidmet, der das Schloss im 19. Jahrhundert als Sommerresidenz nutzte *(Mitte März–So nach Allerheiligen täglich außer Di ganztägig*

Château d'Eu

und Fr nachmittags 10–12 Uhr, letzter Einlass 11:30 Uhr/14–18 Uhr, letzter Einlass 17:30 Uhr, Eintritt, www.chateau-eu.fr).

Anregender als der Museumsbesuch erscheint uns der *Spaziergang durch den schönen Schlosspark* mit einer im Jahr 1585 gepflanzten Buche und vielen Rhododendren, Azaleen und Koniferen. Ganz in der Nähe wartet die frühgotische **Église Notre-Dame-et-Saint-Laurent** mit zahlreichen Ziertürmchen auf und in den kleinen Straßen drum herum kann das historische und kulturelle Erbe der Stadt erkundet werden.

Weiterführende Informationen gibt es nebenan im **Office de Tourisme,** das zur Tourist-Information in Le Tréport gehört *(Januar–März/April–Anfang Juli/September/Oktober–Dezember Mi–Sa 10–12/14–17 Uhr. In den französischen Sommerferien Mo–Sa 9:30–12:30/14–17:30 Uhr, Place Guillaume le Conquerant, Telefon 0235860569, www.destination-letreport-mers.fr).* Der **Markt** findet Freitagvormittag auf der Place d'Orleans statt.

Nördlich des Stadtzentrums stellt das **Musée des Traditions verrières** die faszinierende Technik der Glasbläserei vor und erzählt die Geschichte des Glases bis in unsere Tage *(April–Oktober Di/Mi/Sa/So/Feiertage 14–17:30 Uhr, Führungen 14:30/15:30/16:30 Uhr, Eintritt, www.traditions-verrieres.com).*

Unterhalb von Schloss und Campingplatz kann man auf dem ehemaligen Treidelpfad am Ufer der Bresle einen etwa *vier Kilometer langen Spaziergang* bis nach Le Tréport einschlagen.

Wir bemühen für den Weg das WOMO und sind rasch in **Le Tréport** (5.000 Einwohner) gelandet. Hier erwarten uns zwei Stellplätze, von denen wir den zweiten favorisieren, da uns beim ersten, obwohl schön angelegt und bestens gepflegt, die nahe Müllverbrennungsanlage ein wenig abschreckt.

003 Le Tréport – *Parc Sainte-Croix*

GPS: N 50°03'34" E 01°23'21", Rue Pierre Mendès France. **Max. WOMOs:** 60. **Öffnungszeit:** Ganzjährig. **Ausstattung:** V/E, Strom, mit Schranke gesichert, Tisch und Bänke, Müllbehälter. **Beschreibung:** Der Stellplatz liegt neben dem **Camping Paradis** (ganzjährig, www.camping-lesboucaniers.com) am Ortsrand, ist beleuchtet sowie asphaltiert und bietet keinen Schatten. Die Rasenflächen sind teils klappstuhlgeeignet und in der Nähe befindet sich ein Skaterpark. Das Ortszentrum mit Bäcker, Geschäften und Restaurants ist ca. 1 km entfernt und während der Saison kommt morgens der Bäcker. **Preis:** 7,50 €. **Zufahrt:** Hinter dem östlichen Ortseingang am ersten Kreisel den WOMO-Piktogrammen folgen. **Hinweis:** Der maximale Aufenthalt beträgt 48 Stunden. Ggf. Lärm- und Geruchsbelästigung durch das Gewerbegebiet.

004 Le Tréport – *Aire de Funiculaire*

GPS: N 50°03'29" E 01°21'46", Route Touristique. **Max. WOMOs:** 80. **Öffnungszeit:** Ganzjährig. **Ausstattung:** V/E, Strom, Tisch und Bänke, Müllbehälter. **Beschreibung:** Ein erster Parkplatz befindet sich auf Wiese und ein zweiter auf Asphalt. Beide sind mit einer Schranke gesichert und liegen am Ortsrand zwischen der Straße sowie einem Wohngebiet. Nach wenigen Metern hat man von der Küstenlinie eine schöne Aussicht übers Meer und man kann zu Wanderungen auf dem Küstenpfad aufbrechen oder mit dem Fahrrad zu einer Runde in die Umgebung starten. Zum weiter unten beschriebenen Funiculaire sind es etwa 300 m Fußweg und somit in den Ort mit Bäcker, Geschäften und Restaurants. **Preis:** 10 €. **Zufahrt:** Im Ort den Hinweisen Funiculair sowie dem WOMO-Piktogramm folgen. **Hinweis:** Der maximale Aufenthalt beträgt 48 Stunden.

Von unserem Stellplatz am Funiculaire sind wir rasch zum Aussichtspunkt **Calvaire des Terrasses** gegangen. Von der Aussichtsplattform zu Füßen des Kreuzes haben wir eine *spektakuläre Aussicht über das Meer und die Kreidefelsen*. Dazwischen

Aire de Funiculaire auf den Klippen über Le Tréport

Talstation der Standseilbahn Funiculaire in Le Tréport

drängen sich die Schieferdächer der Unterstadt, der Strand und das jenseits der Hafenbecken liegende und bereits zur Picardie gehörende Mers-les-Bains. Der Leuchtturm hält seit 1844 wacker seine Stellung auf der Mole und in der Ferne ist die Mündung der Somme zu erahnen.

Der geschäftige Küstenort lebt im Rhythmus des Meeres und in den Hauptreisezeiten verdreifacht sich die Einwohnerzahl schnell mal auf 15.000 Menschen. Dann flanieren Spaziergänger entlang der Strandpromenade und fotografieren hinauf zur über 100 Meter hohen Aussichtsklippe oder besuchen eines der Volksfeste wie beispielsweise die **Foire aux Hareng** (Fest des Herings, Oktober/November) und die **Fête des baigneurs** (Badefest, letztes Juli-Wochenende).

Weitere Anregungen hält das **Office de Tourisme** am Funiculaire, aber auch das Büro am Quai Sadi Carnot parat *(Januar–März/Oktober–Dezember Mo–Mi/Fr/Sa, April–6. Juli/September Mo–So 10–12/14–17 Uhr, in den französischen Sommerferien Mo–Sa 9:30–18:30 Uhr, So 9:30–18 Uhr, Telefon 0235860569, www.destination-letreport-mers.fr)*.

Über rund 380 Treppenstufen steigen wir hinab ins »Getümmel«, erspähen das Rathaus und die **Église Saint-Jacques** aus der zweiten Hälfte des 16. Jahrhunderts mit einem Renaissanceportal.Entlang der Hafenfront reihen sich Restaurants aneinander und in den schmalen Gassen dahinter befindet sich das Viertel der Fischer und Seilmacher. Im Gegensatz dazu stehen die *Villen aus der Zeit der Belle Époque*, die mit eleganten Erkern und

TOUR 1

bunten Fassaden in **Mers-les-Bains** auffallen und an die Zeiten erinnern, als sich der Ort vor 150 Jahren zum beliebten Seebad illustrer Gäste entwickelte. In Le Tréport lohnt sich der Besuch der städtischen **Fischereihalle**, in der die Fischer ihre fangfrischen Waren vom Seeteufel über Scholle bis zum Hummer anbieten. Erwähnenswert finden wir, dass wir die Crevetten im Fischladen an der Hafenpromenade um einiges günstiger erstanden haben. Auf der Place de la Poissonnerie findet Dienstag- und Samstagvormittag ein **Markt** statt.

Fertig zubereitete Köstlichkeiten des Meeres lassen wir uns im **Restaurant *Le Saint-Louis***, ebenfalls an der Hafenpromenade gelegen, munden und empfehlen das Angebot hinsichtlich Qualität und Preis gerne weiter *(Mittags- und Abendmenüs, Mitte November–Mitte Dezember geschlossen, kein Ruhetag, Telefon 0235862070)*. Die Einkehr im kleinen und ansprechenden **Restaurant *Grain d'sel*** gegenüber dem Casino hat uns ebenso wenig enttäuscht *(Mittags- und Abendmenüs Mo/Di geschlossen, 3 Esp. Louis Aragon, Telefon 0235847437)*.

Bergauf machen wir uns die kostenlose, 1907 erbaute **Standseilbahn Funiculaire** zunutze und gleiten mit Aussicht zu unserem Stellplatz empor *(Juli–August 7:30–0:45 Uhr, sonst 7:45–20:45 Uhr, Fr/Sa bis 0:45 Uhr)*.

Entlang der Küstenlinie setzen wir unsere Fahrt nach **Criel-sur-Mer** fort. Immer wieder eröffnen sich von der kurvigen Straße durch hügeliges Gelände Blicke auf die Steilküste sowie das Meer. Richtung Dieppe reiht sich ein Küstendorf an das andere und die Strecke gestaltet sich größtenteils ereignislos.

Kreidefelsen bei Criel-sur-Mer

*Sportliche Radfahrer werden die **Vélomaritime** lieben*, auf der so mancher steile Anstieg bezwungen werden muss. Der knapp *80 Kilometer lange Radweg* führt von Le Tréport über Dieppe bis Saint-Valery-en Caux. Unterwegs können hohe Kreidefelsen bewundert werden, es werden die natürlichen Senken, die zum Meer hinabführen, durchfahren, und es bieten sich atemberaubende Aussichten auf die Alabasterküste. Der Einstieg in diese anspruchsvolle Strecke ist von den meisten der erwähnten Stell- und Parkplätzen möglich.

In **Criel Plage** können wir einen einfachen Parkplatz nennen. Er liegt etwa 300 Meter vom Meer entfernt und bietet sich als Ausgangspunkt für die oben erwähnte Radtour oder einen Strandtag an (N 50°01'58" E 01°18'59", Rue de Onze Novembre).

Für den längeren Aufenthalt bieten sich die beiden **Campingplätze** nahe dem Strand an.

005 Criel Plage – *Camping Le Mont Joli Bois****

GPS/Kontakt: N 50°01'31" E 01°18'31", 29 Rue de la Plage. Telefon 0235508119, www.camping-lemontjolibois.com. **Öffnungszeit:** Februar–November. **Ausstattung:** Frei zugängliche V/E, WiFi, Grillmöglichkeit. **Beschreibung:** Der Platz liegt außerhalb des Ortes und ca. 500 m oberhalb des Strandes. Für WOMOs gibt es relativ große Parzellen auf Rasen und für einen günstigen Pauschalpreis einfache Parkplätze auf Asphalt. Von hier können Wanderungen oder Radtouren auf dem Küstenpfad oder in ein nahes Naturschutzgebiet unternommen werden. Alternativ ist der etwas näher am Meer gelegene **Camping Les Mouettes** (April–Oktober, www.camping-lesmouettes.fr) zu nennen. **Preise:** 16–30 €. **Zufahrt:** Südwestlich von Criel Plage direkt an der D 222 gelegen. **Hinweise:** Der ansteigende Weg vom Strand zurück zum Campingplatz sollte nicht unterschätzt werden.

006 Eine Alternative ist der WOMO-Stellplatz der Betreibergesellschaft Camping-Car Park im kleinen Ort **Flocques**, etwa drei Kilometer im Hinterland: N 50°02'08" E 01°21'40", 1 Rue des Pommiers. V/E, Strom, ganzjährig geöffnet, Preise 13,40–14,50 €.

Die teils enge, dann wieder gut ausgebaute, aber immer gut zu befahrende Straße bringt uns etwas landeinwärts ins beschauliche **Saint-Martin-en-Campagne**. Ein Zwischenstopp in der Ortsmitte lohnt sich, um das **Musée d'Histoire de la Vie quotidienne** (kurz MHVQ) zu besichtigen (N 49° 57'28" E 01°13'22").

TOUR 1

Das architektonisch ansprechende Haus informiert über die ländliche Kultur der Normandie, präsentiert ländliches Arbeitsgerät und erzählt die Geschichte von Handwerk und Industrie sowie vom sozialen und kulturellen Leben in der Region. Eingebunden ist die **Maison Mercier**, das als ältestes Gebäude des Ortes gilt und aus dem 16. Jahrhundert stammt. Wechselnde Ausstellungen runden das Programm ab *(Mitte Februar–Dezember Di–So 14–18 Uhr, Eintritt, www.museehistoireviequotidienne.fr)*.

Nur wenig später kommen wir nach **Dieppe** (28.000 Einwohner), dem ältesten Seebad Frankreichs. Zwei Stellplätze gibt es zu nennen, von denen sich der zweite auch als reiner Parkplatz für die Stadtbesichtigung eignet.

007 Dieppe – *La Marne*

GPS: N 49°55'48" E 01°05'11", Quai de la Marne. **Max. WOMOs:** 50. **Öffnungszeit:** Ganzjährig. **Ausstattung:** V/E, Strom, beleuchtet, Müllbehälter. **Beschreibung:** Der einfache, mit Schranke gesicherte, asphaltierte Parkplatz liegt am Ortsrand direkt an der Straße, bietet wenig bis keinen Schatten und ist ca. 1 km vom Zentrum entfernt. Der Parkplatz wird von den Benutzern der Fähren oft genutzt und ist besonders in der Hauptsaison gut besucht. **Preise:** 6–29 €. **Zufahrt:** Von der D925 den Hinweisen Car Ferries, dann Dieppe Centre sowie dem WOMO-Piktogramm folgen.

008 Dieppe – *Front de la Mer*

GPS: N 49°55'55" E 01°05'01", Boulevard Maréchal Foch. **Max. WOMOs:** 40. **Öffnungszeit:** Ganzjährig. **Ausstattung:** V/E, Strom, mit Schranke gesichert. **Beschreibung:** Der einfache, asphaltierte Parkplatz liegt am Ortsrand direkt am Strand, aber auch an der Straße, bietet keinen Schatten und ist etwa 500 m vom Zentrum entfernt. Der Parkplatz wird von den Benutzern der Fähren oft genutzt und ist besonders in der Hauptsaison gut besucht. **Preise:** 6 €/5 Stunden–15 €/ 24 Stunden. **Zufahrt:** Im Ort dem WOMO-Piktogramm folgen.

Der Name Dieppe wurde von den Normannen im 7. und 8. Jahrhundert vom angelsächsischen *deep* (tief) abgeleitet und sollte wohl das tiefe Flussbett des Hafens verdeutlichen. Von hier starteten Seefahrer zu Entdeckungsfahrten auf den Weltmeeren und unter der Führung des Freibeuters *Jehan Ango* kam durch das Aufbringen portugiesischer Schiffe vor den Küsten Brasiliens und Afrikas großer Reichtum in die Stadt.

Obwohl die englisch-holländische Flotte einen Großteil des Ortes im 17. Jahrhundert in Trümmer legte, bestanden zwischen England und Dieppe stets gute Verbindungen. So pendelt beispielsweise seit 1790 regelmäßig die Fähre aus dem französischen Hafenort ins britische Newhaven.

Ab dem beginnenden 19. Jahrhundert entwickelte sich die Stadt zu einem der führenden Seebäder Frankreichs, als sich der Adel, das höhere Bürgertum und später auch der Arbeiterstand dem Strand- und Badeleben hingaben. Dieser Tourismusboom wurde jedoch mit Beginn des Zweiten Weltkrieges beendet.

Die geschützten Hafenanlagen sind seit Jahrhunderten unter Seefahrern sehr beliebt und so wundert es nicht, dass sich um die ehemalige Fischereisiedlung gleich mehrere Häfen bildeten.

Der **Handelshafen** der größten Stadt an der Côte d´Albâtre galt lange als bedeutender Umschlagplatz für Frischobst, bis ihm Le Havre und Antwerpen den Rang abliefen. Im **Fischereihafen** laufen täglich die Fischerboote ein und beliefern die Fischhalle mit frischer Ware – Frühaufsteher sollten sich die **Fischauktion** in den frühen Morgenstunden nicht entgehen lassen. In diesem Zusammenhang sei erwähnt, dass der Hafen von Dieppe Frankreichs wichtigster Lieferant für Jakobsmuscheln ist. Erwähnenswert sind aber auch die **Märkte** am Dienstag- und Donnerstagvormittag auf der Place Nationale und am Mittwochvormittag am Quai Janval. Besonders eindrucksvoll soll der Samstagsmarkt im Zentrum auf der Place Saint-Jacques und in der Grand Rue sein.

Rund um den **Jachthafen** gruppieren sich hohe Häuser und bis 1994 legten hier die Autofähren ins britische Newhaven ab. Das Fährterminal wurde mittlerweile in den **Außenhafen** verlegt und heute ankern im Hafenbecken bis zu 450 Segel- und Motorboote, die ein wunderschönes buntes Bild abgeben. Über die Brücken,

TOUR 1

die die Häfen überspannen und die 1889 nach Entwürfen von Gustave Eiffel gebaut wurden, gelangt man in das alte **Fischerviertel Le Pollet** mit seinen verwinkelten Gassen. Hoch über diesen erinnert das 1876 errichtete Kirchlein **Notre-Dame-de-Bon-Secours** an die auf dem Meer verschollenen Seeleute und daneben erhebt sich ein Signalmast, von dem Marinesoldaten den Schiffsverkehr beobachten.

All dies sahen wir bereits bei der Anfahrt zu unserem zweiten Stellplatz und von dort heißt es nun, den übrigen Teil der Stadt zu erkunden. Dieppe lässt sich zu Fuß schnell erschließen, da alle Sehenswürdigkeiten relativ nah beieinanderliegen. Neben der Strandpromenade gibt es Rasenflächen mit Kinderspielplätzen und gut sichtbar liegt oberhalb der Steilküste das **Château** mit dem **Musée de Dieppe**. Die im 15. Jahrhundert erbaute Anlage sollte einst den Hafen vor Angriffen schützen und beherbergt heute ein beachtliches Kunstmuseum. Außer einer ansehnlichen Sammlung von Elfenbeinschnitzereien werden moderne Kunstwerke und maritime Exponate präsentiert *(Juni–September Mi–So 10–18 Uhr, Oktober–Mai Mi–So 10–12/14–17 Uhr, So bis 18 Uhr, letzter Einlass jeweils 30 Min. vor Schließung, Eintritt)*.

Unterhalb des Schlosses erinnert eine Stele auf dem Square du Canada an die jahrhundertelange Verbindung zwischen Dieppe und Kanada, die von der Kolonisation Kanadas im 17. Jahrhundert bis zu einem gescheiterten Invasionsversuch der Kanadier im Zweiten Weltkrieg reicht. In der Gedenkstätte **Mémorial du 19 août 1942** wird an dieses verlustreiche Fiasko erinnert *(Juni–August täglich außer Di 13:30–18 Uhr, Eintritt. www.dieppe-operationjubilee-19aout1942.fr)*.

Ganz in der Nähe gelangen wir durch das einzige erhaltene mittelalterliche Stadttor, die **Porte des Tourelles** zur **Einkaufsstraße Grande Rue**, die sich als Fußgängerzone durch die Stadt

Château de Dieppe

zieht. Wir schlendern weiter zur **Église Saint-Jacques**, die ab 1195 erbaut und im Laufe der Jahrhunderte erheblich verändert wurde. Erhalten geblieben sind unter anderem eine Fensterrosette am Mittelportal aus dem 14. Jahrhundert und ein restaurierter Fassadenturm aus dem 15. Jahrhundert. Beeindruckend sind die 107 Wasserspeier im Außenbereich sowie die 20 Kapellen in den Seitenschiffen. Bei Regenwetter bietet sich ein Besuch des **Ozeanografischen Museums** an. Schade, dass die Informationstafeln im **Estran-Cité de la Mer** lediglich in Französisch gehalten sind und das tiefer gehende Verständnis unter Umständen auf der Strecke bleibt. Nicht nur jüngere Besucher finden dann an verschiedenen Aquarien mit heimischen Fischen Ablenkung, bestaunen das Quallenbecken oder machen sich an einem Becken mit den Gezeiten des Meeres vertraut *(täglich 9:30–18 Uhr, Eintritt, www.estrancitedelamer.fr)*.

Café des Tribunaux

Dieppe ist eine lebendige Stadt mit vielen kleinen Geschäften, Cafés sowie Restaurants und wir lassen uns viel Zeit, um durch die Gassen und Winkel zu streifen. Für ein ausführliches Besichtigungsprogramm sollte man ein bis zwei Tage einplanen und dabei *die schönsten Panoramablicke über die Stadt und die Hafenanlagen von den Schlosstürmen und der gegenüberliegenden Klippe mit der kleinen Kapelle nicht versäumen*. Zusätzlich bietet sich das **Touristenbähnchen** zur Stadterkundung an oder man sticht vom Jachthafen aus mit dem **Ausflugsschiff** in See. Über weitere Freizeitbeschäftigungen informiert das an der Brücke am Jachthafen gelegene **Office de Tourisme** *(Oktober–März Mo–Sa 9–13/14–17 Uhr, April–September Mo–Sa 9–13/14–18 Uhr, Juli/August Mo–Sa 9–19 Uhr, Mai–September/Ferienzeit zusätzlich So 9–13/14–17 Uhr, Pont Jehan Ango–Quai du Carénage, Telefon 0232144060, www.dieppetourisme.com)*.

Zwischen Einwohnern und Touristen im Café des Tribunaux an der Place du Puits Salé einen Café genießen.

Im Bereich des Jachthafens haben sich viele Restaurants angesiedelt und nicht alle halten, was sie versprechen. Wir haben im **Restaurant *Musardière*** gute Erfahrungen gemacht und dort besonders die frisch zubereiten Meeresfrüchte geschätzt *(Mittags- und Abendmenüs Mi/Fr–So, Do nur mittags, 61 Quai Henry-IV, Telefon 0235829414, www.restaurantlamusardiere.com)*.

Gut zehn Kilometer südlich von Dieppe kann man in **Tourville-sur-Arques** dem **Château de Miromesnil** seine Aufwartung machen (N 49°51'36" E 01°05'16").

Das in einem luftigen Buchenwald gelegene, harmonische Ziegelsteinensemble aus dem 17. Jahrhundert ist von einem Schlosspark mit farbenfrohen Blumenbeeten und einem überquellenden Gemüsegarten umgeben. Die Blütenpracht und die Fruchternten erfreuen die Hotelgäste und im Salon wird an den Marquis de Miromesnil erinnert. Bekanntheit erlangte das Schloss auch durch den französischen Schriftsteller Guy de Maupassant, der am 5. August 1850 in einem der Turmzimmer das Licht der Welt erblickte *(April/September/Allerheiligen 14–18 Uhr, Mai – August täglich 10–12/14-18 Uhr, Führungen möglich, Eintritt für Schloss und Garten, Hunde nicht gestattet, www.chateaumiromesnil.com)*.

Wem es im grünen, aber auch sehr hügeligen Hinterland gut gefällt, findet am kleinen Flüsschen Scie einen ruhigen Standort und den Einstieg in verschiedene Radrouten.

Unterwegs auf dem Plateau de Caux

009 Hautot-sur-Mer – *Camping La Source****

GPS/Kontakt: N 49°53'46" E 01°03'16", 63 Rue des Tisserands, Telefon 0235842704, www.camping-la-source.fr, geöffnet April–Mitte/Ende September, **Preis:** 16–30 €.

Von Dieppe aus steuern wir als nächstes Pourville-sur-Mer an. Zuvor überrascht uns an der kurvigen Küstenstraße ein ***Belvédère mit einem wundervollen Panorama über die Bucht***.

Durch die von kleinen Wäldchen und Dörfern unterbrochenen hügeligen Wiesen und Felder rollen wir über das **Plateau de Caux** nach **Varengeville-sur-Mer** und richten uns nach den Hinweisen zum **Manoir d'Ango** (N 49°54'03" E 00°59'55").

An der Zufahrtsstraße streifen wir den **Jardin Shamrock**, dessen einzigartige und farbenfrohe Hortensienvielfalt besonders Anfang August besticht *(Mitte Juni–Mitte September täglich außer Mo und Di 10–12/14:30–18 Uhr, Eintritt, www.hortensias-hydrangea.com)*.

Manoir d'Ango, sein Erbauer und das Taubenhaus

Vom reichen Reeder ***Jehan d'Ango*** hörten wir bereits in Dieppe und nun stehen wir vor seinem zwischen 1530 und 1544 erbauten Landsitz. Aber bezeichneten wir d'Ango nicht als Freibeuter? Des Rätsels Lösung finden wir im Selbstverständnis der großen portugiesischen Seefahrernation, die im 16. Jahrhundert kurzerhand alle Schiffseigner, die ihr besonders vor Brasilien und der afrikanischen Küste in die Quere kamen, als Piraten bezeichnete und gegen sie vorging. Aus diesem Grund stellte der französische König dem Reeder, Schiffsbauer und Kapitän Jehan d'Ango einen Freibrief aus, damit er als »ordentlicher« Pirat fremde Schiffe ohne Bestrafung kapern konnte.

TOUR 1

Innerhalb kürzester Zeit brachte es d'Ango zu großem Reichtum und gehörte, natürlich auch wegen zahlreicher durchaus respektabler Geschäfte, zu einem der mächtigsten Kaufleute seiner Zeit.

Die von der italienischen Renaissance beeinflusste Bauweise der Anlage ist in der Normandie einmalig und mischt sich mit dem hiesigen Stil des »Pays de Caux«. Im Inneren widmet sich eine Ausstellung dem Bauherrn und seinen Lotsen, die sich im angrenzenden Garten fortsetzt.

Im Innenhof ließ d'Ango das *wohl größte und schönste Taubenhaus Frankreichs* errichten (11 Meter hoch, 22 Meter Durchmesser). Die Anzahl der Nester im interessanten Ziegelrundbau mit Zwiebelhaube spiegelte zur damaligen Zeit den Reichtum des Besitzers wider und galt als Statussymbol. Zusätzlich besaß d'Ango das Feudalrecht, um Flugtauben halten zu können. Der Legende nach sollen diese die Verbindung des Reeders zu seinen Schiffen gehalten haben.

Während der Französischen Revolution wurde das Schloss in Brand gesetzt, geplündert und später als Bauernhof genutzt.

Nach umfangreichen Instandsetzungsarbeiten ist die Besichtigung des Landsitzes ein erfreuliches Erlebnis. Auch wenn nicht alle Räume begehbar und teils spärlich möbliert sind, hat der Rundgang einen besonderen Reiz *(Mai–September täglich/April/Oktober nur So/Feiertage10–12:30/14–18 Uhr, Eintritt, Hunde an der Leine gestattet, deutschsprachige Flyer, www.manoirdango.fr).*

Das ansehnliche Dorf hat aber noch einiges mehr zu bieten und auch wenn die Parksituation für Wohnmobile sehr prekär und die Durchfahrt teilweise sogar verboten ist, möchten wir den reizenden Weiler nicht einfach übergehen.

Wir empfehlen daher das Parken am etwa drei Kilometer entfernten **Phare d'Ailly** westlich des Ortes (N 49°54'56" E 00°57'33"). Der Leuchtturm liegt in einem Naturschutzgebiet und eine kurze Fahrradtour kann zurück nach Varengeville führen.

Die exponierte Lage oberhalb der Küste faszinierte große Künstler wie den Impressionisten Claude Monet oder den kubistischen Maler ***Georges Braque*** und zog sie magisch an. Braque (1882–1963) verbrachte hier seine letzten Lebensjahre und hat die auf dem höchsten Punkt des Ortes errichtete **Église Saint-Valéry** mit einem **Glasfenster** beschenkt.

Die auf einer Klippe gelegene zweischiffige Kirche wurde im 13. Jahrhundert errichtet und das große, in Blautönen gehaltene Fenster rechts des Altars gilt als großer Touristenmagnet. Auf dem wunderschön über dem Meer gelegenen Friedhof neben dem Kirchlein hat Georges Braque neben seiner Frau seine letzte Ruhestätte gefunden.

Der im Ort ausgeschilderte und über dessen Grenzen hinaus bekannte **Parc Floral du Bois des Moutiers** wird zurzeit unserer Buchrecherche im Jahr 2023 umfangreich umgebaut und restauriert. Von unseren vorherigen Besuchen wissen wir jedoch, wie reizvoll der Aufenthalt in einem der schönsten Gärten der Normandie ist und gehen davon aus, dass die Parkanlage auch nach der Wiedereröffnung ein Highlight für jede Gartenliebhaberin und jeden Gartenliebhaber sein wird *(Aktuelle Informationen wie das Datum der Wiedereröffnung und die dann geltenden Öffnungszeiten sowie Eintrittspreise werden auf der Webseite zum entsprechenden Zeitpunkt bekannt gegeben, www.boisdesmoutiers.com)*.

Parc Floral du Bois des Moutiers

Der in einem malerischen Tal mit Blick aufs Meer gelegene zwölf Hektar große englische Landschaftsgarten ist ein Muss für Garten- und Naturfreunde!

Im Jahr 1898 *ließ Guillaume Mallet den Garten von der bekannten englischen Landschaftsgärtnerin Gertrude Jekyll gestalten*. Es gedeihen riesige Rhododendren in mannigfaltigen Arten und Farben, Parkwege führen an japanischen Ahornbäumen und bezaubernden Arrangements von Blumen der verschiedensten Sorten und Arten vorbei. Wir dringen in einen Dschungel vor, schreiten unter schattigen Kiefern daher und blinzeln auf Bänken in die Sonne. Dabei atmen wir liebliche, würzige oder blumige Düfte ein. Täler werden durchlaufen, Wiesen überquert und bewundernd betrachten wir die genau geplante und doch so natürlich wirkende Gartenlandschaft.

Das vom englischen Architekten Sir Edwin Lutyens entworfene Herrenhaus im puristischen Jugendstil passt sich harmonisch dem Ganzen an und wird von der Familie des Erbauers bewohnt.

Für den Besuch sollte man sich viel Zeit nehmen, denn erst dann entfaltet sich die ganze Gartenpracht und der Aufenthalt wird zum Genuss!

Die abwechslungsreiche Weiterfahrt auf der **Route de la Mer** führt anfangs an der recht flachen Küste entlang und es bieten sich immer wieder Zufahrten zu den Stränden nebst Campingplätzen an.

Surfer am Strand von Saint-Aubin-sur-Mer

Aus den folgenden kleinen Badeorten können ebenfalls Fahrradtouren zum gerade beschriebenen Garten starten oder man genießt einfach nur einen Tag an den nahen Stränden. Der erste der einfachen, schattenlosen **WOMO-Stellplätze** befindet sich neben dem städtischen Campingplatz, dessen WC und Duschen genutzt werden dürfen, und gefällt uns, wenn wir ihn überhaupt nutzen wollten, besser als die noch engere Möglichkeit nahe der mit Höhenbarrieren versehenen Pkw-Parkplätze.

010 Quiberville-sur Mer – *Aire de Camping-Car*

N 49°54'17" E 00°55'36", Rue de la Saâne, ganzjährig geöffnet, Preis 16 €.

011 Saint-Aubin-sur-Mer – *Aire de Camping-Car*

N 49°53'36" E 00°52'19", Rue da la Mer.

Vom letztgenannten Stellplatz kann *ein Spaziergang auf den Klippen* ins westlich gelegene **Sotteville-sur-Mer** führen. Hier sucht man vergeblich einen natürlichen Zugang zum Meer, doch die heimischen Fischer wussten sich zu helfen: 1891 errichteten sie eine Treppe mit exakt 231 steilen Stufen hinab zum Strand. Das schwindelerregende Bauwerk war den deutschen Besatzern während des Zweiten Weltkrieges ein Dorn im Auge und so sprengten sie es kurzerhand in die Luft. Erst 1954 wurde die Treppe in ihrer ursprünglichen Form wiederaufgebaut und sorgt für einen mehr oder minder bequemen Zugang zum Strand.

Mit der Normandie verbindet man die Seine oder vielleicht noch die Eure, aber wer hat schon einmal von der Veules gehört? Nicht nur, um dieser Frage auf den Grund zu gehen, lohnt es sich, einen Stopp in **Veules-les-Roses** (600 Einwohner) einzulegen.

012 (012) Veules-les-Roses – *Les Mouettes*

GPS: N 49°52'34" E 00°48'12". **Max. WOMOs:** 14. **Öffnungszeit:** Ganzjährig. **Ausstattung:** V/E, Strom. **Beschreibung:** Der geschotterte Stellplatz liegt oberhalb des Dorfes am Ortsrand an der Straße und vor dem Campingplatz. Das Ortszentrum ist ca. 800 m entfernt. Gegenüber führt der Weg zu einem Parkplatz, von dem der Circuit de Veules hinab ins Dorf führt – entsprechend erfolgt der Rückweg bergauf. **Preis:** 15 €. **Zufahrt:** Am Ortseingang direkt vor dem **Camping Les Mouettes** gelegen (geöffnet April – September, www.vacances-seasonova.com).

P Veules-les-Roses – *Parking de Falaise*

GPS: N 49°52'32" E 00°47'34". **Max. WOMOs:** 30. **Ausstattung:** Tisch und Bänke, Müllbehälter. **Beschreibung:** Der Wiesenparkplatz liegt oberhalb des Ortes am Ortsrand und bietet kaum bis keinen Schatten. In der Nähe befindet sich ein Trimmpfad und in den Ort mit Bäcker, Geschäften und Restaurants sind es etwa 500 m. Auch hier sollte gegebenenfalls der ansteigende Rückweg berücksichtigt werden. **Zufahrt:** Von der D925 westlich des Ortes bei Erreichen der Windräder den Hinweisen zum Parkplatz ca. 2 km folgen. **Hinweis:** Das Parken für WOMOs ist nur von 8–23 Uhr autorisiert, doch das scheint zumindest während der Nebensaison niemanden zu interessieren. Bei unseren mehrmaligen Besuchen haben wir jeweils mit vielen anderen WOMOs dort unbehelligt übernachtet. Eindeutig ist jedoch der Hinweis, dass »Caravaning« verboten ist und wir uns in einem Natura 2000-Gebiet befinden.

Dorfidylle in Veules-les-Roses

Mühlrad an der Veules

Die Veules ist mit knapp 1150 Meter Länge der kürzeste Fluss Frankreichs und entspringt im kleinen Seebad Veules-les-Roses. Das Flüsschen durchquert den gesamten Ort, trieb schon im Mittelalter zahlreiche Mühlen an und mündet dann schwungvoll ins Meer. Drumherum hat sich ein Ort entwickelt, der zu den *100 schönsten Dörfern Frankreichs* zählt und sich in seinem oberen Teil von der besten Seite zeigt.

Reetgedeckte Fachwerkhäuser, üppig blühende Rosengärten und die vom munter sprudelnden Flüsschen angetriebenen Wasserräder machen das Dorf zu einem der charmantesten an der Côte d´Albâtre. Schon den Schriftsteller Victor Hugo zog es her und seither tummeln sich die Urlauber am Kieselstrand. Die bunten Stände des **Mittwochmarktes** durchziehen den kleinen Weiler und der Besuch lässt sich wunderbar mit *einem ausgeschilderten Ortsrundgang, dem **Circuit de Veules***, verbinden. Dabei spaziert man entlang der Veules über die Champs-Elysées, die so gar nichts mit dem bekannten Pariser Boulevard gemeinsam hat. Der Name findet seinen Ursprung in einem französischen Wortspiel, das auf die örtlichen Felder eines gewissen Herrn Elysée anspielt.

Der schöne Rundgang kann seinen Abschluss im **Salon de Thé** im hübschen Innenhof des **Hôtel Douce France** in der Ortsmitte finden.

Uns bezaubert der Ort bei jedem Besuch aufs Neue und wenn dazu auch noch der lebendige und gut besuchte Markt stattfindet, dann erscheint das Dorfidyll perfekt und ist uns eine Erwähnung in unseren persönlichen ***Top Ten*** wert.

Kurze Zeit später erreichen wir das in einem sich zum Meer hin öffnenden Tal liegende **Saint-Valery-en-Caux** (5.000 Einwohner).

013 Saint-Valery-en-Caux – *Plage Ouest*

GPS: N 49°52'20" E 00°42'35", Quai d'Aval. **Max. WOMOs:** 40. **Öffnungszeit:** Ganzjährig. **Ausstattung:** V/E, Tische und Bänke, Infotafel, Müllbehälter. **Beschreibung:** Der asphaltierte, schattenlose Platz liegt zum einen mit Aussicht auf die Hafenausfahrt direkt am Strand und zum anderen vor den Klippen am Ortsrand. Die Stellplätze sind eng und der Platz ist bedingt klappstuhlgeeignet. Das Zentrum ist ca. 500 m entfernt. Morgens kommt der Bäcker. **Preis:** 10 €. **Zufahrt:** Von der D925 den WOMO-Piktogrammen folgen. Teils enge, etwas abenteuerliche Zufahrt ohne Ausweichmöglichkeit! **Hinweis:** Der Stellplatz ist nicht nur in der Hauptsaison stark frequentiert. Der Stellplatz erscheint uns für große WOMOs über max. 7–7,50 m Länge nicht geeignet!

Das muntere Hafenstädtchen ist ein beliebtes Seebad und verfügt über einen florierenden Fischereihafen, den auch Jachten anlaufen können. Das Hafenbecken liegt geschützt im Ort, wird von Häusern umschlossen und ist durch einen Kanal mit dem Meer verbunden. Im ehemaligen, während des Zweiten Weltkrieges stark zerstörten und westlich des Hafenbeckens gelegenen Ortszentrum steht die **Maison Henri IV**. Das Fachwerkhaus im Renaissancestil wurde 1540 errichtet, ist stark renovierungsbedürftig und besticht immer noch durch seine schönen, geschnitzten Holzbalken an der Fassade.

Auf der anderen Seite des Hafenbeckens befindet sich das **Office de Tourisme** *(Mo 14–18 Uhr, Di–Sa 10–12:30/14–18 Uhr, Telefon 0235970063, Quai d'Amont, www.cote-albatre-tourisme.fr)*. *Die steilen Felsvorsprünge Falaise d'Aval im Westen und Falaise d'Amont im Osten sind jeweils bei einem Spaziergang zu erreichen und bieten bei günstigem Wetter herrliche Ausblicke auf Hafen und Meer.*

Leuchtturm und Stellplatz vor der Steilküste in Saint-Valery-en-Caux

Tour 2

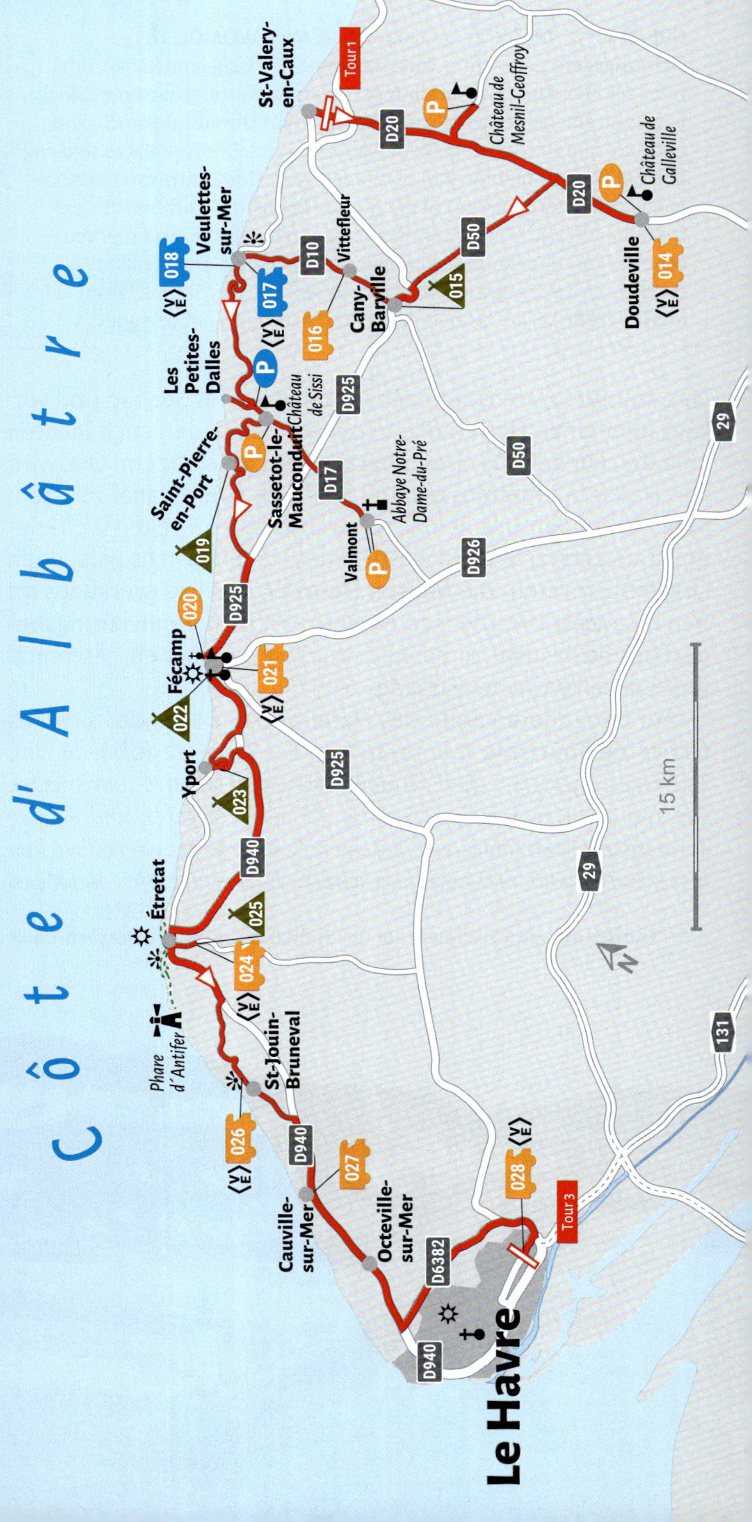
Côte d'Albâtre
St-Valery-en-Caux
Tour 1
D925
D20
Château de Mesnil-Geoffroy
Château de Galleville
Doudeville
014
Veulettes-sur-Mer
018
017
D10
Vittefleur
D50
015
Cany-Barville
016
Les Petites-Dalles
Château de Sissi
D925
Saint-Pierre-en-Port
Sassetot-le-Mauconduit
D17
Abbaye Notre-Dame-du-Pré
Valmont
D50
29
019
D926
020
D925
Fécamp
021
022
Yport
023
D925
D940
15 km
29
Étretat
025
024
Phare d'Antifer
St-Jouin-Bruneval
026
D940
027
131
028
Cauville-sur-Mer
Octeville-sur-Mer
Tour 3
D6382
D940
Le Havre

Likör, Klippen und Betonkunst
180 km

Zunächst werden wir im Hinterland der Côte d'Albâtre, dem Plateau de Caux Maritime, einige Herrensitze und eine ehrwürdige Abtei besuchen. Weitere Highlights dieser Tour sind:
- **Radfahren zwischen Weihern und Feldern**
- **Besuch bei Kaiserin Sissi**
- **Wandern auf den Kreideklippen von Étretat**
- **Palais Bénédictine mit Likörverkostung**
- **Spröder Charme von Le Havre**

Südöstlich von Saint-Valery-en-Caux peilen wir Doudeville an, um das dortige Schloss in **Ermenouville** zu besichtigen (N 49°48'42" E 00°46'57").

Château et Jardins Mesnil Geoffroy

Das Anfang des 17. Jahrhunderts im charakteristischen Louis-XIII-Stil erbaute Schloss ist von einem zehn Hektar großen Park im französischen Stil umgeben. Dieser wurde von einem Schüler des großen Gartenbaumeisters *André Le Nôtre* entworfen und gehört heute zu den bekanntesten normannischen Rosengärten.

Alle 2.900 Rosen aus 2.000 verschiedenen Sorten sind mithilfe von Beschriftungen zu unterscheiden und bezaubern durch ihre Blüten sowie ihre betörenden Düfte. Im Jahr 2017 wurde der integrierte Gemüsegarten mit alten Sorten als schönster Gemüsegarten Frankreichs gekürt. Zwischen den Anlagen befinden sich Volieren und im Mai duften Irisblüten mit den Rosen um die Wette.

Für Gartenliebhaber ist der Besuch der Anlage mit dem heute durch die Prinzessin und den Prinzen Kayali bewohnten Schloss ein unbedingtes Muss *(Mai–September für Einzelbesucher Park Mi–So/Feiertage 14–18 Uhr, Schloss Fr–So/Feiertage, Eintritt, Hunde nicht gestattet. www.chateau-mesnil-geoffroy.com).*

Der D20 folgend gelangen wir nach **Doudeville** (2.500 Einwohner) und damit in die Hauptstadt des Flachsanbaus.

014 Doudeville – *Espace de Camping Car*

GPS: N 49°43'11" E 00°47'15", Rue du Mont Criquet. **Max. WOMOs:** 10. **Ausstattung:** V/E, Strom, Müllbehälter. **Beschreibung:** Der asphaltierte, schattenlose, einfache Parkplatz liegt im Ort. An der Kirche ganz in der Nähe befinden sich eine Bäckerei und weitere Geschäfte. Zum ca. 2 km entfernten Schloss von Galleville führt ein Radweg, der ansonsten durch die schöne Region weiterführt. **Zufahrt:** Der D20 Richtung Rouen durch den Ort folgen und gegenüber einer Autowerkstatt links abbiegen, nächste Möglichkeit nochmals links und dann dem WOMO-Piktogramm folgen.

An der großen Kreuzung mitten im Ort befindet sich im Gebäude des **Office de Tourisme** der kleine, aber interessante Ausstellungsraum **Carrefour du Lin**, in dem über den Flachsanbau und dessen mannigfaltige Verarbeitung informiert wird *(Di–Sa 9–12/14–17 Uhr, von April–September/Schulferien ist das Touristbüro ebenfalls geöffnet, Rue de Cacheleu, www.plateaudecaux-normandie-tourisme.fr)*.

Das nordöstlich des Ortes gelegene **Château de Galleville** wurde Ende des 17. Jahrhunderts aus Ziegel- und Sandsteinen erbaut und im Gegensatz zum Schloss ist der weitläufige Schlosspark mit Gemüsegarten zugänglich *(Juli/August Mo–Fr 10–12/14–17 Uhr, Eintritt, www.chateaudegalleville.com.* N 49°43'50.5" E 00°47'24.8", Rue de Château*)*.

Im Land des Flachses

Der Flachsanbau hat auf dem Plateau de Caux aufgrund der Bodenbeschaffenheit und der klimatischen Bedingungen eine lange Tradition.

Von Mitte März bis Mitte April wird der Flachs ausgesät und schon im Juni blühen die winzig kleinen blauen Blüten. Jede Einzelne öffnet sich am Morgen, doch nach einem halben Tag ist das Naturwunder bereits wieder vorbei und die Blüte verkapselt sich. Die darin enthaltenen Samen werden als Leinsaat bezeichnet und beinhalten die für den menschlichen Organismus wichtigen Omega-3-Fettsäuren. Von Juli bis September werden die etwa ein Meter hohen Pflanzen nach einer bestimmten Methode behandelt und verbleiben auf den Feldern zum Trocknen. Danach wird der Flachs in Ballen gebunden und in den Leinenwebereien oder in Seilereien verwendet.

Wir bleiben noch ein wenig auf dem ländlich-ruhigen **Plateau de Caux-Maritime** und erreichen **Cany-Barville**. Hier ist der durch

Hecken unterbrochene **Camping *Les Clos de Charmilles**** *** zu erwähnen.

015 **N 49°47'00" E 00°38'33"**, 15 Route de Barville, Telefon 0235977037, ganzjährig geöffnet, Preis 15 €.

Von hier verspricht die gut ausgebaute ***Véloroute du Lin** (Flachsradweg) ein Fahrraderlebnis für die ganze Familie* durch die von grünen Feldern überzogenen und mit Weihern unterbrochenen sanften Hügel sowie kleinen Ortschaften. Ohne große Steigungen und auf Teilen einer alten Bahntrasse führt der meist gut ausgebaute und beschilderte Radweg über etwa 75 Kilometer Länge von Hautot-sur-Mer bis nach Fécamp. *Der Einstieg in die Véloroute ist unter anderem vom letztgenannten Campingplatz, aber auch von anderen und den folgenden Stellplätzen möglich.*

016 Vittefleur – *Lac de Caniel*

GPS: N 49°47'51" E 00°37'56", Rue du Lac. **Max. WOMOs:** 10. **Ausstattung:** Müllbehälter. **Beschreibung:** Auf dem einfachen, meist sonnigen Asphaltparkplatz am Seeufer sind Parkbuchten für Wohnmobile reserviert. Um den See führt ein netter Spazierweg, und in der etwa 500 m entfernten Base de Loisiers kann man sich mit allerlei Wassersportarten vergnügen. Am Freizeitgelände befindet sich außerdem ein Restaurant. Cany-Barville ist etwa 1,5 km entfernt und neben weiteren Restaurants, Geschäften und einer Bäckerei findet sich hier auch der Einstieg in den *Flachsradweg*. **Zufahrt:** Den Hinweisen zum Lac de Caniel folgen. Der Parkplatz liegt am südwestlichen Seeufer.

Uns zieht es wieder ans Meer und nach **Veulettes-sur-Mer** (500 Einwohner). Das kleine, nette Familienseebad bietet einen 2,5 Kilometer langen Kieselstrand mit Promenade und eine wohnmobilfreundliche Infrastruktur.

017 Veulettes-sur-Mer – *Parking de la Plage*

GPS: N 49°51'14" E 00°36'18", Digue Jean Corruble. **Max. WOMOs:** 40. **Ausstattung:** V/E, WC, Infotafel, Spielplatz, Müllbehälter. **Beschreibung:** Der auf Schotter und Wiese gelegene einfache Stellplatz liegt am Ortsrand sowie mit Aussicht auf ein Naturschutzgebiet direkt an der nachts ruhigen Straße und ist strandnah. Von hier starten Wander-u. Radwege (beschildert z. B. 7 km durch das NSG nach Paluel), der Bäcker kommt

außer montags um 9 Uhr und das empfehlenswerte **Restaurant *Les Frégates*** ist ca. 600 m entfernt. Im etwa 3 km südlich gelegenen Malleville-les-Grés verläuft die *Véloroute du Lin*. **Preise:** 8 €. **Zufahrt:** Vor dem nordöstlichen Ortseingang. **Hinweis:** Unserer Meinung nach ist der Platz bei Vollbelegung nur für 7,70 – 8 m lange Fahrzeuge geeignet. Die nordöstliche Ausfahrt ist sehr steil und nichts für lange WOMO-Überhänge.

018 Veulettes-sur-Mer – *Parking*

GPS: N 49°51'08" E 00°36'06", Chemin des Courses. **Max. WOMOs:** 5. **Ausstattung:** V/E, Infotafel. **Beschreibung:** Der asphaltierte, einfache Parkplatz liegt ebenfalls an der Straße am Ortsrand sowie am Naturschutzgebiet und ist strandnah. Von hier starten Rad- und Wanderwege (s. o.). Das oben genannte Restaurant ist etwa 300 m entfernt. **Preis:** 8 €. **Zufahrt:** Am Centre Nautic dem WOMO-Piktogramm folgen. **Hinweis:** Der maximale Aufenthalt beträgt 2 Tage.

Der Küstenstraße Richtung Fécamp folgend, erreichen wir **Les Petites-Dalles**. Auch wenn der Hinweis zum Strand noch so verlockend ist, den Weg kann man sich sparen! Zum einen ist die Ortsdurchfahrt ziemlich eng und zum anderen wartet am Ende ein für Wohnmobile gesperrter Parkplatz. Das Bedürfnis, sich trotzdem den Badefreuden am Kieselstrand hinzugeben, scheint jedoch groß zu sein und die Gemeinde hat an der Straße oberhalb des Ortes einen kleinen, bis 20 Uhr zu nutzenden Parkplatz für WOMOs eingerichtet (N 49°48'49" E 00°31'57").

Wer es nicht lassen kann, muss sich jedoch auf einen etwa zwei Kilometer langen Weg zum ersehnten Badeplatz gefasst machen und den Rückweg bergauf einkalkulieren.

Nur einige Kilometer später werden wir in **Sassetot-le-Mauconduit** wieder »ausgebremst« (N 49°48'19" E 00°31'52").

Château de Sissi

Hier weilte einst ***Elisabeth von Österreich***, besser bekannt als Sissi, und erholte sich von ihrem Kaiserinnen-Dasein. Die normannische Landschaft hatte es ihr angetan, und sie ritt gerne über die Felder oder schwamm im Meer bei erwähntem Les Petites-Dalles. Nach einem Sturz vom Pferd sowie einem Badeunfall reiste sie jedoch nach zwei Monaten ab und kehrte nie wieder in die Normandie zurück.

Geblieben ist das Schloss von Sassetot, das mittlerweile **Château de Sissi** heißt, ein Hotel-Restaurant beheimatet und ob der Sissi-Geschichte erwähnenswert ist. Wem der genannte Picknickplatz trotz Sissi-Büste zu schnöde ist, kann im **Restaurant** oder im **Salon de Thé** einkehren *(Mittag- und Abendmenüs, 0235280011, www.hotelchateaudesissi.com)*.

Im Nachbarort möchten wir den kleinen, einfachen Campingplatz nicht unerwähnt lassen, der uns aufgrund seiner Lage am Ortsrand sowie der Aussicht aufs Meer sehr gut gefiel.

019 Saint-Pierre-en-Port – *Camping Les Falaises***

GPS/Kontakt: N 49°48'35" E 00°29'36", 130 Rue du Camping, 76540 Saint-Pierre-en-Port, Telefon 0235295158, www.campinglesfalaises.com, geöffnet Anfang April–Anfang November, Preis 20 €. Vom Ort aus besteht eine Busverbindung ins etwa 12 Kilometer entfernte Fécamp.

Im Hinterland und am *Flachsradweg* gelegen, ist das Dorf **Valmont** samt einer in Privatbesitz befindlichen Burg aus dem 11. Jahrhundert für seine **Abtei** bekannt (N 49°44'39" E 00°30'48", Rue Raoul Auvray. Die Einfahrt ist durch große Steine sehr eingeengt und für WOMOs ab acht Meter Länge nicht zu empfehlen.

Abbaye Notre-Dame-du-Pré

Alternativ N 49°44'33" E 00°30'59", Rue Charles de Gaulle. Nur wenige Meter entfernt führt der Flachsradweg vorbei).

TOUR 2

Abbaye Notre-Dame-du Pré

Die Abtei wurde wie auch die Burg von der Familie d'Estouteville gegründet. Das erst um die Mitte des 12. Jahrhundert errichtete Gotteshaus erstrahlte seinerzeit im romanischen Stil und die ersten Mönche kamen aus der Abtei von Hambye, die wir zu einem späteren Zeitpunkt noch besuchen werden. Die Kirche wurde allerdings im Jahr 1400 durch einen Brand zerstört und der Bau eines gotischen Baus verzögerte sich durch den Hundertjährigen Krieg sowie durch Plünderungen. Erst in der Mitte des 16. Jahrhunderts wurde die neue Kirche fertiggestellt, sodass sich der elegante Renaissancestil des Schiffs erklärt. Während der Französischen Revolution löste sich das Kloster auf und die Gebäude verfielen. An der Schwelle zum 19. Jahrhundert erwarb die Familie Delacroix das Klostergut, deren bekannter Vertreter Eugène Delacroix hier viel Zeit verbrachte. Seit 1994 leben und wirken in der Abtei wieder Benediktinerinnen, die unter anderem dafür sorgen, dass die Klosterkirche restauriert wird *(täglich 11–12/14:30–17 Uhr, Kapelle der Jungfrau Maria Juli/August/September täglich außer Di 15–17 Uhr, www.abbaye-valmont.fr).*

Im nahen **Fécamp** (20.000 Einwohner) notieren drei sehr unterschiedliche Aufenthaltsmöglichkeiten.

020 Fécamp – *Parking Cap Fragnet*

GPS: N 49°45'57" E 00°22'29", An der D79. **Max. WOMOs:** 2–3. **Ausstattung:** Tische und Bänke, WC, Müllbehälter. **Beschreibung:** Der an der Straße außerorts gelegene einfache Parkplatz auf Schotter und Wiese verfügt über ein wenig Aussicht und bietet sich als Ausgangspunkt für Rad- und Wandertouren an. Die nahe, aus dem 11. Jahrhundert stammende **Chapelle Notre-Dame-du-Salut** ist einer der wichtigsten Wallfahrtsorte der normannischen Fischer. **Zufahrt:** Am besten von der D925 nordöstlich der Stadt über Senneville-sur Fécamp zu erreichen. Der Parkplatz befindet sich links vor der Kapelle.

021 Fécamp – *Aire Municipal*

GPS: N 49°45'38" E 00°22'30", Quai de Verdun. **Max. WOMOs:** 50. **Öffnungszeit:** Ganzjährig. **Ausstattung:** V/E, durch eine Schranke gesichert (bei unseren Besuchen war sie bisher immer geöffnet), Müllbehälter. **Beschreibung:** Ein zweckmäßiger, teils asphaltierter, teils geschotterter, einfacher Parkplatz am Hafenbecken. Er liegt im Ort und ist schattenlos. Bei Vollbelegung stehen die WOMOs dicht an dicht. Im Ort startet bzw. endet der *Flachsradweg*. Bis ins Zentrum mit Bäckerei,

Geschäften und Restaurants sind es ca. 500 m und zum Palais Bénédictine ca. 700 m. Der Parkplatz eignet sich gut zur Stadtbesichtigung. **Preise:** 9–17:30 Uhr kostenfrei, 17:30–9 Uhr €. **Zufahrt:** Im Ort nahe dem Office de Tourisme Brücke dem WOMO-Piktogramm folgen. **Hinweis:** Im Jahr 2023 ist der Platz aufgrund einer Baustelle provisorisch auf einen Parkplatz am Hafenbecken verlegt worden, die V/E war nicht in Betrieb. Laut Auskunft des Office de Tourisme soll der Stellplatz nach Beendigung der Bauarbeiten verlegt werden. Die Örtlichkeit war zum Zeitpunkt unserer Recherche nicht bekannt (Stand Dezember 2023).

Der traumhaft schön auf einer Klippe gelegene **Camping *Domaine de Renéville******, der hinter Fécamp Richtung Étretat zu finden ist, stellt eine sehr gute Alternative zum vorgenannten Stellplatz dar.

022 **N 49°45'24" E 00°21'38"**, Chemin de Nesmond, Telefon 0235282097, www.campingdereneville.com, geöffnet April–Oktober, Preise 18–30 €.

Das im 7. Jahrhundert gegründete Fécamp geht auf ein Frauenkloster zurück, das 841 von den Wikingern zerstört wurde. Gut 100 Jahre später besannen sich die Nordmänner, führten es zu neuer Blüte und machten Fécamp zu einer der wichtigsten Städte in ihrem Herzogtum. Die neue Abtei stand unter der Ägide von Benediktinermönchen, die für die Weiterentwicklung der Stadt verantwortlich waren und unter denen das Kloster zu einem der reichsten in der Normandie wurde.

Vom 16. Jahrhundert bis ins Jahr 1987 zogen zahlreiche Fischer von Fécamp zu den reichen, aber auch fernen Kabeljaufischgründen vor Neufundland aus. Wieder daheim wurde der Fang gesalzen, gekocht, getrocknet oder geräuchert.

Hafen von Fécamp

Das **Musée des Pêcheries** beschäftigt sich auf vielfältige und interessante Weise mit dem Kabeljaufang sowie den harten Arbeitsbedingungen der Fischer. In der zum Museum umgebauten alten Stockfischhalle am Hafen zeigen die Abteilungen zusätzlich Gemälde vom Alltag der Seeleute und es wird auf die Geschichte der Stadt eingegangen. Wechselausstellungen runden den positiven Gesamteindruck ab *(Februar–April/Mitte September–Dezember 10–18 Uhr, außer Di, Mai–Mitte September 10–18 Uhr, 3 Quai Capitaine Jean Recher, Eintritt).*

Vom Belvédère des Museums die Panoramaaussicht über die Stadt sowie die Küste genießen.

Am 3. Wochenende im Juni kann man sich auf ganz andere Weise bei der Großveranstaltung **Estivoiles** an die Ausfahrten nach Neufundland erinnern lassen und unter anderem die Segnung des Meeres oder alte Segelschiffe in Aktion erleben.

Im nahen **Office de Tourisme** sind unzählige Informationen und Angebote für den Aufenthalt in und um Fécamp erhältlich *(Juli/August 9–18.30 Uhr, sonst Mo–Fr 9–18 Uhr, Sa 9.30–12.30/14–18 Uhr, Quai Sadi Carnot, Telefon 0235285101, www.fecamptourisme.com)*. **Stadtführungen** sind übrigens auch in deutscher Sprache möglich *(Juli/August Mo 15 Uhr, Treffpunkt Office de Tourisme, Gebühr)*. Wem der Sinn nach einem **Bootsausflug** steht, der kann sich einer Segel- oder Schlauchboottour anschließen oder Fahrräder mieten, um die Gegend zu erkunden *(Gebühr)*.

Den Benediktinermönchen verdankt Fécamp nicht nur Reichtum, sondern auch die Herstellung eines Destillates aus Kräutern. Etwa 350 Jahre später vermarktete Alexandre Le Grand dieses Elixier aufs Beste und »erfand« den berühmten **Liqueur Bénédictine** neu. Immerhin »dankte« er den Mönchen insofern, als er ihnen im Nachhinein einen pompösen Palast im Stilmix von Neugotik und Neurenaissance widmete – das **Palais Bénédictine**. Der Bau ähnelt einer Abtei und ist Sitz eines Museums, das eine bedeutende Sammlung sakraler Kunst von Gemälden über Elfenbeinschnitzereien bis zu Glas- und Kunstschmiedearbeiten zeigt. Weiterhin gibt es Wechselausstellungen moderner Kunst.

Ein weiteres Thema ist natürlich der **Likörherstellung** gewidmet. Hierbei werden die Brennerei mit großen kupfernen Destillationsgeräten sowie der Lagerkeller besichtigt und eine beeindruckende Flaschensammlung dokumentiert die Plagiatsversuche des beliebten Likörs. *Wer nun Kunst und*

Genuss verbinden möchte, der kann den Museumsbesuch mit einer Degustation beenden oder an Workshops teilnehmen (*Museum täglich 10:30–12/14–17 Uhr, Eintritt, Tickets können online gebucht werden. Shop/Verrière Bar Mo–Do/So 10:30–20 Uhr, Fr/Sa 10:30–21 Uhr, 110 Rue Alexandre Le Grand, Hunde in Shop und Bar gestattet. www.benedictine.fr*).

Bei einem Stadtrundgang stoßen wir auf die **Abbatiale de la Sainte Trinité**, die mit ihrem hohen Vierungsturm nicht zu übersehen ist. Die Kirche der Heiligen Dreifaltigkeit ist das größte Sakralgebäude der Côte d´Albâtre und unterstreicht mit einem 127 Meter langen Kirchenschiff die Bedeutung der ehemaligen Abtei – die wegen eines verheerenden Feuers im Jahr 2019 arg geschundene Kathedrale Notre Dame in Paris ist nur der Meter länger. Außerdem birgt sie unter anderem die Gräber der ersten Herzöge der Normandie und wartet mit reich verzierten Seitenkapellen auf. Sehenswert ist die aus dem Jahr 1667 stammende Gezeitenuhr, die neben der Uhrzeit auch den Tidenstand anzeigt (*April–Oktober 9–19 Uhr, November–März 9–12/14–17 Uhr, Führungen möglich*).

Gegenüber dem eher schmucklosen Seitenportal ragen die Überreste des **Palais Ducal** auf. Der ehemalige Burgpalast aus dem 10. bis 12. Jahrhundert war der Hauptsitz der ersten normannischen Herzöge und Wilhelm der Eroberer feierte hier im Jahr 1067 seinen Sieg in Hastings (*Besichtigung nur mit einem Stadtführer*).

Palais Bénédictine

Die **Église Saint-Étienne** ist die Kirche der Seefahrer und von der Renaissance bis zur Neugotik sind alle Epochen an diesem Sakralbau vorhanden. Innen sind die Chorfresken aus dem 19. Jahrhundert schön anzuschauen *(9–18 Uhr)*. Sollte der Stadtbesuch an einem Samstagvormittag stattfinden, dann bietet sich ein Bummel über den lohnenden **Markt** auf der Place Général de Gaulle an.

Wir beenden unseren Rundgang mit der bodenständigen, preislich moderaten Küche im **Restaurant *Le Reidroc*** an der Meeresfront *(Mittags- und Abendmenüs, Boulevard Albert 1er, Telefon 0235281055)*. Am Hafen sitzt man nett im ***La Boucane*** nahe dem Fischereimuseum *(täglich 11–23 Uhr, www.la-boucane.com)* und lediglich ein paar Meter weiter haben wir im ***Marché aux Poissons*** nicht nur fangfrischen Fisch erstanden, sondern völlig ungezwungen vor der Verkaufshalle gleich ein paar Austern oder Crevetten zu einem Glas Wein verspeist *(Fr/Sa 9–12:30/15–19 Uhr, Di 9–12:30 Uhr, Juli/August Di–Do 9–12:30 Uhr, Fr/Sa durchgehend, Quai Sadi Carnot, www.lemarcheauxpoissons.fr)*.

Unser Aufenthalt im kleinen Ort **Yport** (1.000 Einwohner) gestaltet sich durch den windgeschützten Kieselstrand, an dem bunte Fischerboote die Hafenidylle des kleinen Städtchens perfekt machen, sehr erfreulich. Den Abend verbringen wir direkt am Strand im **Restaurant *La Sirene***, dessen durchschnittliche Küche eindeutig durch die Panoramaaussicht im ersten Stock wettgemacht wird *(Abendmenüs, mittags nicht immer, Boulevard Alexandre Dumont, Telefon 0235273187)*.

Strand von Yport

023 Yport – *Camping Le Rivage****

GPS/Kontakt: N 49°44'10" E 00°18'27", Rue André Toutain. Telefon 0235273378, www.camping-lerivage.com. **Öffnungszeit:** Anfang April–Mitte Oktober. **Ausstattung:** Waschmaschine, Wäschetrockner, WiFi. **Beschreibung:** Der recht einfache Wiesenplatz ist terrassenförmig angelegt und die Parzellen sind im oberen Bereich durch Hecken unterteilt. Von einigen Plätzen eröffnet sich ein fantastischer Blick über die Küste. In den Ort kommt man zu Fuß nach ca. 300 m mit sehr steilem Abstieg oder etwas moderater und unwesentlich länger über einen weiteren Weg. *Mit dem Fahrrad sind Fécamp oder Étretat nach jeweils 10 km erreichbar.* Außerdem sollte man in Zeiten von E-Bikes hier, aber auch an anderen Orten entlang der hügeligen Alabasterküste, die Abstecher in die kleinen, in den Tälern liegenden Ortschaften an reizenden Buchten nicht versäumen. Dort, wo seit vielen Jahrzehnten die Schönen und Reichen aus Paris, gekrönte Häupter sowie die Promis der jeweiligen Zeit ihren Urlaub verbrachten, stößt man immer wieder auf schön anzusehende kleine und große Villen in herrschaftlichem Format oder mit dezentem Understatement. **Preise:** 24–30 €. **Zufahrt:** Im Ort den Hinweisen zum Campingplatz folgen. **Hinweis:** Der ansteigende Weg vom Strand zurück zum Campingplatz sollte nicht unterschätzt werden.

In **Étretat** (1.600 Einwohner), einem der am häufigsten besuchten Orte der Alabasterküste, ist das Parken und Übernachten von WOMOs ganz klar geregelt und sie gehören nur auf die dafür freigegebenen Plätze! Kurze WOMOs könnten eventuell Glück haben und an der D940 Richtung Le Havre einen Platz in den Parkbuchten an der Straße finden.

024 Étretat – *Aire de Camping-Car*

GPS: N 49°42'01" E 00°12'57", Rue Guy de Maupassant. **Max. WOMOs:** 30. **Öffnungszeit:** Ganzjährig. **Ausstattung:** V/E, Strom, mit Pollern gesichert, Müllbehälter. **Beschreibung:** Der bei Vollbelegung sehr enge, geschotterte und teils schattige Platz liegt an der Straße unmittelbar neben dem Campingplatz. Das Ortszentrum ist ca. 1 km entfernt. Der max. Aufenthalt beträgt 24 Stunden. **Preise:** 13 €. **Zufahrt:** Im Ort den Hinweisen zum Campingplatz bzw. dem WOMO-Piktogramm folgen.

025 Étretat – *Camping Municipal***

GPS/Kontakt: N 49°42'02" E 00°12'57", Rue Guy de Maupassant. Telefon

0235270767, www.lehavre-etretat-tourisme.com. **Öffnungszeit:** April–Mitte/Ende Oktober. **Ausstattung:** Bouleplatz, Spielplatz, Waschmaschine, Wäschetrockner. **Beschreibung:** Der unkomplizierte Campingplatz verfügt über teils schattige Wiesenplätze, besitzt einfache Sanitäranlagen und ist ca. 1 km vom Ortszentrum entfernt. **Preise:** 19 €. **Zufahrt:** Im Ort den Hinweisen zum Campingplatz folgen. **Hinweis:** Da die Preise nicht weit voneinander entfernt liegen, favorisieren wir den Campingplatz gegenüber dem oft sehr vollen und dann beengten Stellplatz. ***Im Jahr 2024 aufgrund von Renovierungsarbeiten geschlossen!***

Der Grund, warum es Jahr für Jahr so unfassbar viele Menschen in das Seebad zieht, war bereits etlichen Malern, Schriftstellern und Musikern von Weltruf bekannt, die es in der zweiten Hälfte des 19. Jahrhunderts in das vormals verschlafene Fischerdorf verschlug. Sie ließen sich von diesem kleinen Fleckchen Erde, das in einem schmalen Tal mit Kieselstrand zwischen bizarren Felsformationen eingerahmt liegt, und den Naturgewalten des Meeres zu ihren Werken inspirieren.

Was liegt also näher, als sich diese Felsen einmal genauer anzuschauen und so machen wir uns neugierig auf den Weg zum Strand, denn *die Aussicht auf Meer und Felsen ist tatsächlich eine der faszinierendsten dieser Reise* und schafft es damit in die Liste unserer persönlichen ***Top Ten***!

Falaises d´Étretat

Im Westen dominiert die **Falaise d'Aval,** der ein riesiger Felsbogen (*Porte d'Aval*) vorgelagert ist. Vom Strand aus betrachtet, sah schon Maupassant in diesem Naturwunder einen Elefanten, der seinen Rüssel ins Meer taucht. Ohne Verbindung ragt davor die 70 Meter hohe Felsnadel Aiguille empor, die dem Romanhelden *Lupin* (siehe unten) im hohlen Zustand als ideales Versteck für seinen Schatz vorkam. Wir spazieren zunächst auf die östliche Seite der Strandpromenade und steigen die Treppen zur Seemannskapelle **Notre-Dame-de-la-Garde** empor. Von hier eröffnet sich die grandiose Aussicht auf die berühmten, knapp 100 Meter hohen Felsformationen. Ein wohl einmaliger und super-toller Anblick!

Wir befinden uns auf der **Falaise d'Amont**, auf der ein 24 Meter hoher, schräg in den Himmel ragender und riesiger Pfeil an die gescheiterte Atlantiküberquerung der französischen Piloten *Charles Nungesser* und *François Coli* erinnert. Die Flugpioniere starteten am 8. Mai 1927 mit einem speziell für Langstreckenflüge konzipierten Doppeldecker, dem Weißen Vogel, in Paris und wurden rund eineinhalb Stunden später über Étretat ein letztes Mal gesichtet. Nungesser und Coli blieben verschollen, und man nimmt an, dass ihr Flugzeug über Neufundland abstürzte. Knapp zwei Wochen später war es dann Charles Lindbergh, der den Atlantik als erster in einem Nonstop-Flug überquerte.

Jardins d´Étretat

Wenn man schon einmal hier oben ist und Gärten liebt, dann ist der Besuch der **Jardins d'Étretat** unbedingt angeraten. In die normannische Flora fügen sich zeitgenössische Skulpturen ein, über die sich schöne Blicke auf das Meer und die Klippen bieten *(täglich 10–19 Uhr, Eintritt, Hunde nicht gestattet. www.etretatgarden.fr)*.

Bevor wir bei der folgenden Wanderung die Plateaus oberhalb der Kreidefelsen erkunden werden, wollen wir zunächst den Ort ansehen.

Étretat selbst ist ein eher unaufdringliches Ferienziel, dessen Höhepunkte eine hölzerne **Markthalle** (Markt Donnerstagvormittag) und ein für diese Gegend eher untypisches **Fachwerkhaus** sind. Dieses stammt aus dem 14. Jahrhundert und wurde 1912 in Lisieux ab- und hier wiederaufgebaut. Ringsherum tobt das Touristenleben mit allem, was dazu gehört und wir verbringen direkt neben dem historischen Gemäuer einen kulinarisch sehr ansprechenden Abend.

Das **Restaurant *Le Gallion*** bietet zu einem ansprechenden Preis-/Leistungsverhältnis beste Meeresfrüchte sowie Fisch- und Fleischgerichte *(Mittags- und Abendmenüs, Boulevard Président René Coty, 0235294874)*. Direkt an der Promenade und mit Blick aufs Meer gibt es unzählige Restaurants, von denen beispielsweise im ***Le Repaire des Pirates*** die Moules Frites empfehlenswert sind *(durchgehend geöffnet)*.

Neben vielen Künstlern, die den Ort besuchten, war der Schriftsteller *Maurice Leblanc* (1864 bis 1941) hier zu Hause. In seinem mit Türmen und Giebeln verzierten Domizil ist nun das **Musée Le Clos Arsène Lupin** beheimatet und widmet sich dem Leben Leblancs und vor allem seinem wesentlich bekannteren Krimihelden *Arsène Lupin*. Die Abenteuer des liebenswerten »Gentleman-Diebes« sind in 50 Bänden und 25 Sprachen erschienen. Bei einem mit Licht- und Toneffekten begleiteten Rundgang erkunden die Besucher das Geheimnis der *Aiguille Creuse* (Hohle Nadel) und wird natürlich auch zum Arbeitszimmer des Schriftstellers geführt *(April–September Di–So 10–12/13:30–18 Uhr, Oktober–März Sa/So/Ferienzeit 10:30–12/13:30–17:30 Uhr, Eintritt, Rundgang nur in französischer und englischer Sprache).*

Die folgende Wanderung haben wir einem Faltblatt entnommen, das wir beim **Office de Tourisme** erhielten *(Anfang November–März Di–Sa 10–12:30/13:30–17 Uhr, während der Schulferien auch So/Mo, Anfang April–Anfang November täglich 9:30–13/14–18 Uhr, Place Maurice Guillard, Telefon 0235270521, www.lehavre-etretat-tourisme.com).* An dieser Stelle sind natürlich noch wesentlich mehr Informationen für den Aufenthalt in der Region erhältlich.

Hier sollte man sich auch erkundigen, wenn man am Strand unterhalb der Klippen wandern möchte! ***Die Zeiten für Ebbe und Flut sind genau zu studieren***, denn während der Flut ist es nicht möglich, die Felsbögen zu passieren!

Unterwegs auf den Falaises d'Étretat

Leichte Wanderung von etwa 5 Kilometer Länge (Teil 1), die in eine mittelschwere Wanderung von insgesamt etwa 11 Kilometer (Teil 2) oder 16 Kilometer (Teil 3)erweitert werden kann.

Unser Tipp: Wenn Sie die Naturschönheiten möglichst ruhig sowie ohne viele Menschen erleben wollen, gehen Sie früh am Morgen oder abends zu den Klippen und vermeiden Sie nach Möglichkeiten die Wochenenden!

Vorsicht: Es ist auf eine *sichere Distanz* zu den bröckeligen Felsen zu achten!

Teil 1: Nachdem wir von der Promenade zur Falaise d'Aval emporgestiegen sind, bietet sich von hier eine kurze Wanderung an.

Gesäumt von Wiesen und Büschen und leicht hügelig folgen wir ein Stück dem Wanderweg GR 21 an den Steilabbrüchen der weißen Kalkklippen entlang und erfreuen uns an der faszinierenden Sicht auf Küste und Meer. Nach rund 1,5 Kilometern, etwa auf Höhe des Roc Vaudieu, schwenken wir rechts und spazieren anschließend im Uhrzeigersinn über das Plateau zurück zur Kapelle und hinab nach Étretat.

TOUR 2

Teil 2: Wer diesen Spaziergang zu einer Wanderung erweitern möchte, kann auf der anderen Seite der Bucht die steilen Stufen zur Falaise d'Aval erklimmen und sich dort zunächst wiederum dem Wanderweg GR 21 anvertrauen. Nach einigen Minuten steht man dann oberhalb der Porte d'Aval und erreicht etwa 700 Meter später mit der La Manneporte, einem gigantischen Felsentor, den nächsten aussichtsreichen Höhepunkt. Auf den Klippen geht es nun etwa 900 Meter parallel zu einem Golfplatz bis zur Pointe de la Courtine. Hinter dem Golfplatz schwenkt man links, umrundet ihn und gelangt hinab bis zur D940, auf der man linksgehend wieder in den Ort gelangt.

Teil 3: Bei der dritten Option lässt man die Pointe de la Courtine hinter sich und wandert auf dem Küstenpfad vorbei an den Strandzugängen der Plages du Tilleul und Fourquet bis zum **Phare d'Antifer**. Auf den saftigen Wiesen grasen Kühe, in den Felsen nisten Möwen und tief unterhalb schaukeln Boote wie Spielzeug auf dem blauen Wasser. Trotz der kriegerischen Überreste aus Beton wirkt alles sehr friedlich, und wenn man auf gleichem Weg bis zur Pointe de la Courtine zurückgeht und dann dem oben beschriebenen Weg um den Golfplatz bis in den Ort folgt, kann man anschließend auf ein wunderschönes Wandererlebnis zurückblicken.

Gegensätze ziehen sich bekanntlich an und so steuern wir nach diesem Ausflug in die Natur **Saint-Jouin-Bruneval** an.

Bereits vor dem Ort liegt am Strand der 1976 eröffnete Außenhafen von Le Havre. Seitdem die dortigen Hafenkapazitäten nicht mehr ausreichen, gehen hier riesige Schiffe vom Tidenstand teils unabhängig vor Anker. Im **Terminal Le Havre-Antifer**, zweitgrößter Erdölhafen Frankreichs und fünftgrößter Containerhafen der Welt, werden die gigantischen Supertanker von bis zu 600.000 Tonnen entladen.

Die große Hafenanlage ist sicher nicht jedermanns Sache, aber wenn man die großen Tanks ausblendet, dann fällt der Blick nur noch auf den superschönen Strandabschnitt daneben. In der Saison ist hier so ziemlich alles möglich, was zum ausgiebigen Strandleben gehört, und die vielen Parkmöglichkeiten lassen darauf schließen, dass sie auch ausgiebig genutzt werden.

026 Saint-Jouin-Bruneval – *Aire de Camping-Car*

GPS: N 49°39'04" E 00°09'48". **Max. WOMOs:** 22. **Öffnungszeit:** Ganzjährig. **Ausstattung:** V/E, Strom, Müllbehälter. **Beschreibung:** Der einfache, geschotterte, schattenlose Parkplatz liegt nahe der Straße und außerhalb jeglicher Ortschaft. Teilweise sind die Plätze auch auf Wiese gelegen und klappstuhlgeeignet. Am hinteren Ende des Platzes führt ein Weg hinab zum Sandstrand, an dem während der Saison Snackbars, Stranduschen, Surf-Point, WC, Kinderspielplatz, Picknickflächen und sogar eine Konzerttribüne zu finden sind. Auf einem ausgewiesenen Wanderweg wird ein Belvédère mit Restaurant erreicht. Alternativ

können wir südlich des Ortes den ***Camping Le Grand Hameau****** nennen (Mitte März–Mitte Oktober, www.camping-le-grand-hameau.fr). **Zufahrt:** Von der D940 in den Ort abzweigen und den Hinweisen zur Plage Saint-Jouin bzw. dem WOMO-Piktogramm folgen. **Hinweis:** Maximaler Aufenthalt 3 Nächte, keine Wohnwagen und Zelte. Geruch- und Geräuschbelästigung durch die nahen Hafenanlagen möglich.

In **Cauville-sur-Mer** finden Freundinnen und Freunde von Wanderungen den Ausgangspunkt für eine rund *12 Kilometer lange Wanderung auf dem Plateau*, aber auch *für die Stadtbesichtigung von Le Havre per Fahrrad oder Bus kann hier das Fahrzeug abgestellt werden*.

027 Cauville-sur-Mer – *Parking de l'Eglise*

GPS: N 49°35'46" E 00°07'45", Rue des Goélands. **Max. WOMOs:** 6. **Ausstattung:** Müllbehälter. **Beschreibung:** Der einfache, asphaltierte Parkplatz mit ausgewiesenen WOMO-Parkbuchten liegt im Ort nahe einer Schule. Eine Infotafel mit Wanderkarte befindet sich am anderen Parkplatz und ca. 200 m entfernt gibt es die sehr gute ***Boulangerie-Pâtisserie Benoit Leroy*** *(Mo geschlossen)*. **Zufahrt:** Von der D940 in den Ort und bis zum Parkplatz vor der Kirche fahren. **Hinweis:** Am Kreisverkehr an der D940 befindet sich eine Bushaltestelle, von der die *Buslinie 13* ab kurz vor 9 Uhr etwa stündlich nach Le Havre fährt. Nach etwa 30 Minuten ist z. B. die Ѐglise-St-Joseph erreicht (www.transports-lia.fr). Wird das Fahrrad genommen, führt der *beschilderte Radweg* über meist ruhige Nebenstraßen in etwa parallel zwischen Küste und D940 nach rund 16 km ebenfalls bis zur Kirche bzw. weiter ins Zentrum von Le Havre. Falls noch für WOMOs zu erreichen, kann auch der kleine Parkplatz (N 49°33'26" E 00°05'32") oberhalb der Küstenlinie in **Octeville-sur-Mer/Le Croquet** als Ausgangspunkt für die Fahrradtour nach Le Havre genutzt werden.

Dass Frankreich das Land der Kreisverkehre ist, haben wir bereits gemerkt. Nicht selten werden die *Ronds-Points* mit für den Ort oder die Gegend typischen Gegenständen bestückt. An diesem Streckenabschnitt unserer Reise hat sich jemand bei der Gestaltung besonders viel Mühe gegeben und in Cauville überrascht eine Bäuerin mit Kälbchen die Autofahrer. Die Figur soll an die lokale Tradition der Milchbauern erinnern, während der nächste Kreisel die Arbeitswelt der Fischer dokumentiert.
Nun aber schnurstracks nach **Le Havre** (175.000 Einwohner), wo das WOMO gebührenpflichtig auf allen Parkplätzen der Stadt,

soweit kein explizites Verbotsschild vorhanden ist, tagsüber geparkt werden darf. Für die Übernachtung ist der offizielle WOMO-Stellplatz vorgesehen, von dem es eine recht gute Verbindung durch den ÖPNV ins Zentrum gibt. Bei Redaktionsschluss konnte man uns noch nichts Konkretes mitteilen, aber es scheint so, als ob ab dem Jahr 2024 weitere Unterbringungsmöglichkeiten für Wohnmobile in der Stadt geplant sind.

Das bestens ausgeschilderte **Office de Tourisme** liegt an der westlichen Küstenstraße nahe dem Sportboothafen und ist bei einem Rundgang durch die Stadt gut zu finden. Hier wird man mit Informationen außerdem in deutscher Sprache versorgt oder kann verschiedene themenbezogene **Stadtführungen**, **Hafenrundfahrten** und vieles mehr buchen *(April–Anfang November täglich 9:30–13/14–18:30 Uhr, Anfang November–März Di–Sa 10–12:30/14–18 Uhr, während der Schulferien auch Mo/So geöffnet, 186, Boulevard Clémenceau, Telefon 0232740404, www. www.lehavre-etretat-tourisme.com).*

028 Le Havre – *Aire de camping-car de Caux Estuaire*

GPS: N 49°30'17" E 00°10'18" 74, Rue Andréï-Sakharov. **Max. WOMOs:** 13. **Öffnungszeit:** Ganzjährig. **Ausstattung:** V/E, Strom, Infotafel. **Beschreibung:** Der asphaltierte Stellplatz bietet keinen Schatten, ist umzäunt (wir haben das Tor allerdings niemals geschlossen gesehen), liegt innerhalb der Stadt und doch ca. 6 km nordöstlich vom Zentrum entfernt. Dieses ist jedoch mit der *Tram Linie B*, Haltestelle Verlaine ca. 800 m entfernt oder mit dem *Bus Linie 7*, Haltestelle E. Quinet ca. 200 m entfernt nach jeweils 15 Minuten Fahrt gut erreichbar. Die Zuwegung zu den Haltestellen sind der vorhandenen Infotafel zu entnehmen. Leser haben uns mitgeteilt, dass sie auch mit dem Fahrrad das Zentrum gut erreichen konnten (wir haben das jedoch nie selbst versucht). Nach ca. 600 m Fußweg ist die Abbaye de Graville erreicht. Trotz Straßennähe ist der Platz nachts relativ ruhig. **Zufahrt:** In der Stadt den WOMO-Piktogrammen folgen. **Hinweis:** Der maximale Aufenthalt beträgt 72 Stunden.

Le Havre

Wer sich Le Havre als idyllische Hafenstadt vorstellt, wird wohl schon bei der Anfahrt enttäuscht sein und es auch bleiben. Wir lassen uns jedoch auf das anfänglich befremdlich wirkende Bild der Stadt am Ärmelkanal sowie an der Mündung der Seine ein *und können uns nach einiger Zeit einer gewissen Faszination und dem spröden Charme nicht entziehen.*

Nachdem der Hafen von Honfleur zu versanden drohte und die Seine-Mündung militärisch abgesichert werden sollte, wurde Le Havre im Jahr 1517 vom französischen König als Planstadt gegründet. Der Überseehandel brummte und während des amerikanischen Unabhängigkeitskrieges wurden die dortigen Soldaten und Aufständischen von hier aus versorgt. Bei der Rückkehr brachten die Schiffe Wirtschaftsgüter nach Europa und damit Wohlstand als auch Reichtum in die Stadt. Der Zweite Weltkrieg bestimmte das weitere Schicksal der Stadt, als Le Havre aufgrund seiner Bedeutung als Hafenstadt fast völlig zerstört wurde.

Um den Bewohnern neue Hoffnung und Wohnraum zu geben, sollte Le Havre wie Phönix aus der Asche neu, lichter, luftiger und schöner denn je entstehen. Der Pariser Architekt *Auguste Perret* ließ das Stadtzentrum in den 1950er-Jahren auf einer Fläche von 250 Hektar aus Beton neu, und der Geschichte treu, als zweite Planstadt entstehen. Die historische Musterwohnung **L'Appartemente Témoin Perret** *vermittelt* heute den Eindruck von dieser einst revolutionären neuen Wohnidee *(April–September Mo–Fr 15:30/16:30 Uhr, während der Schulferien zusätzlich 14:30 Uhr, Sa/So/Feiertage 10/11/14:30/15:30/16:30 Uhr, Juli–August täglich 10/11/14:30/15:30/16:30 Uhr, Reservierung im Office de Tourisme empfohlen)*. Als bisher einziges Stadtensemble des 20. Jahrhundert gehört die Innenstadt seit 2005 zum *UNESCO-Weltkulturerbe*.

Zu Fuß beginnen wir unsere Stadterkundung an der einem Hochhaus oder Leuchtturm gleichenden **Église Saint-Joseph**, deren Turm sich 110 Meter hoch im Herzen der Stadt erhebt und aus allen Richtungen sichtbar ist. So profan das Gotteshaus aus Beton von außen wirkt, im Inneren lassen uns die Größe und der Blick in den hohen, mit 12.768 bunten Glasfenstern versehenen Turm beeindruckt die Luft anhalten – ein architektonisches Meisterwerk *(10–18 Uhr, Gottesdienste ausgenommen)*.

Außerdem wenn es in der Normandie wundervolle alte Kathedralen gibt, so ist Saint-Joseph anders als alle anderen Gotteshäuser. Das Wahrzeichen des wieder errichteten Le Havre besticht durch seine ungeheure architektonische Dimension sowie der Verbindung zwischen Beton und buntem Glas, die uns auch ohne religiösen Hintergrund ergriffen in die Höhe schauen lässt. ***Ein klarer Fall für unsere persönlichen Top Ten***!

Im Gegensatz zu anderen Städten orientierte man sich beim Wiederaufbau nicht an Straßenzügen, die man vor dem Krieg kannte. Vielmehr entstanden neue Plätze sowie Straßen und nur wenige Bauten stehen am selben Ort wie früher. Hierzu gehören die Markthallen, **Halles Centrales**, in deren unmittelbarer Nähe das **Restaurant *Le Bistrot des Halles*** in schönem Ambiente bodenständige Kost auf den Tisch bringt *(Mittags- und Abendmenü, Place des Halles centrales, Telefon 0235225052)*.

Durch das einstige Fischerviertel Quartier du Perrey geht es nun zum **Musée Malraux** (MuMa), das Heimat für zeitgenössische Kunst ist und nach Paris mit der zweitgrößten Sammlung impressionistischer Werke in Frankreich aufwarten kann (Di–Fr *11–18 Uhr, Sa/So bis 19 Uhr, Eintritt)*.

Nach einem Bummel rund um die Rue de Paris mit überdachten Galerien, zahlreichen Restaurants, Cafés, Bars und Geschäften gelangen wir zur **Cathédrale Notre Dame**. Das Kirchenhaus mit dem markanten Glockenturm stammt aus dem 16. Jahrhundert und hat die Kriegszerstörungen überstanden. Gleiches gilt für den ehemaligen Justizpalast, in dem heute das **Musée National d'Histoire Naturelle** untergebracht ist. Das Naturkundemuseum besitzt eine paläontologische, mineralogische sowie eine ornithologische Abteilung *(das Museum wird renoviert und soll im Januar 2025 wiedereröffnet werden)*. Ebenfalls erhalten blieb das **Maison de l'Armateur** aus dem 18. Jahrhundert mit einem zentralen, achteckigen Lichtschacht. Die märchenhafte Einrichtung vermittelt einen Einblick in das repräsentative Leben des damaligen Bürgertums *(April–Oktober täglich außer Di/1. u. 8.5./14.7. 10–12:30/13:45–18 Uhr, November–März täglich außer Di/11.11./25.12./1.1. 10:30–12:30/13:45–17:30 Uhr, nur mit Führung, Eintritt)*.

Kunst in Le Havre – Catène de Container

Ein weiteres erhaltenes Gebäude ist das **Hôtel Dubocage de Bléville** aus dem 17. Jahrhundert, in dem die einstige Bedeutung und die Geschichte Le Havres dokumentiert werden *(April–Oktober täglich außer Di/1. u. 8.5./14.7. 10–12:30 Uhr/13:45–18 Uhr, November–März täglich außer Di/11.11./25.12./1.1. 10:30–12:30/13:45–17:30 Uhr, Eintritt).* Deutlich jünger, aber nicht minder sehenswert ist das ungewöhnliche Kulturzentrum **Le Volcan** am Ende des Bassin du Commerce. 1982 wurde es vom brasilianischen Stararchitekten ***Oscar Niemeyer***, Schöpfer der Retortenhauptstadt Brasilia, fertiggestellt und steht mit seinen runden, asymmetrischen Formen im krassen Gegensatz zu der ansonsten gradlinig konzipierten Stadt. Auf einer Anhöhe unweit des WOMO-Stellplatzes beherbergt die aus dem 11. und 13. Jahrhundert stammende **Abbaye de Graville** eine bedeutende Sammlung religiöser Kunst vom 16. Jahrhundert bis zur Gegenwart *(Öffnungszeiten wie vor, Eintritt).*

Kunst in Le Havre – Monsieur Goéland

Bei so viel Wasser überall wundert es nicht, dass der **Fischmarkt** gegenüber dem Maison de l'Armateur täglich ein frisches Angebot von Fisch und Krustentieren aller Art parat hält. Etwa 500 Meter vom Stadtzentrum entfernt kann dem Strandleben gefrönt werden. Vielleicht ist es aber auch nur der Spaziergang an der vier Kilometer langen **Strandpromenade** mit Wassergarten sowie Spiel- und Freizeitanlagen und Restaurants, die Besuchern wie uns gefällt und die anfängliche Scheu gegenüber der erst auf den zweiten Blick gewinnenden Stadt überwinden lässt.

Für den Innenstadtrundgang sollte man sich ohne weitere Besichtigungen wenigstens 1½ Stunden Zeit nehmen. Wer die Stadt umfassender kennenlernen möchte oder an diversen Veranstaltungen interessiert ist, den möchten wir an dieser Stelle noch einmal an das Office de Tourisme verweisen.

Le Volcan und Église Saint-Jospeh

Tour 3

Rouen
Saint-Martin-de-Boscherville
Château de Robert-le-Diable
La Bouille
Bardouville
Duclair
Jumièges
Heurteauville
Saint-Wandrille-Rançon
N.D.-de-Bliquetuit
La Mailleraye-sur-Seine
Saint-Nicolas-de-Bliquetuit
Caudebec-en-Caux
Villequier
Norville
Saint-Maurice-d'Ételan
Aizier
Vieux-Port
St-Opportune-la-Mare
Pont-Audemer
Lillebonne
Gruchet-la-Valasse
Quillebeuf-sur-Seine
Marais Vernier
Saint-Samson
Bolbec
St-Romain-de-Colbosc
La-Rivière-Saint-Sauveur
Honfleur
Harfleur
Le Havre
Étretat
Parc Naturel Régional des Boucles de la Seine
Seine
Risle
15 km
Tour 2
Tour 4

Kultur und Natur an der Seine

305 km

In dieser Etappe werden wir ein erstes Mal die Seine ein Stück ihres Laufs begleiten und damit die wirtschaftliche als auch kulturelle Lebensader der Normandie erkunden. Außer dem faszinierenden Stadtbild von Rouen entdecken wir Folgendes für Sie:

- **Gotische Kathedrale Rouen**
- **Straße der Abteien**
- **Seine-Radweg**
- **Wohnmobilstellplatz Heurteauville**
- **Normannisches Fachwerk**

Das alte Zentrum der normannischen Hauptstadt wird durch viel Fachwerk und *die gotische Kathedrale mit einer der schönsten Kirchenfassaden Frankreichs* dominiert. Der Unterlauf der Seine beeindruckt aber auch durch ehrwürdige Abteien sowie hübsche Fachwerkhäuser und bietet ein abwechslungsreiches Landschaftsbild, da der angrenzende, dünn besiedelte **Naturpark Parc Naturel Régional des Boucles de la Seine Normande** je zur Hälfte aus Feuchtlandschaften sowie Eichen- und Buchenwäldern besteht.

Die Seine mit ihren Brücken und Fähren

Die Seine, die im Burgund entspringt, von Osten nach Westen fließt und 776 Kilometer später zwischen Le Havre und Honfleur in den Ärmelkanal mündet, ist seit jeher die wirtschaftliche, kulturelle und religiöse Lebensader der Normandie, an deren Ufern bereits Kelten sowie Römer siedelten. Von Rouen nach Le Havre mäandert der Fluss auf rund 120 Kilometer in weiten Schleifen dem Meer entgegen und wir wollen ihn auf beiden Seiten seines Ufers ein Stück des Weges begleiten.

Es gibt drei Brücken sowie einige Möglichkeiten, mit einer Fähre *(le bac)* überzusetzen. *Hierbei ist zu berücksichtigen, dass lediglich die Fähren in Duclair und Quillebeuf WOMOs über 3 Meter Höhe und über 3,5 Tonnen Gesamtgewicht befördern.*

Pont de Brotonne

TOUR 3

Bis 1959 war der gesamte Verkehr auf Fähren angewiesen, denn keine einzige Brücke existierte an diesem Flussabschnitt. Erst der **Pont de Tancarville** sorgte mit einer Länge von 1.420 Meter und einer Hauptspannweite von 608 Meter für Abhilfe. Die beiden 125 Meter hohen Stahlbetonpfeiler der Hängebrücke waren seinerzeit die höchsten der Welt, denn die Hochseeschifffahrt sollte auf der Seine nicht behindert werden *(Maut ab 3,40 Euro, Fußgänger, Motorradfahrer frei)*.

1977 erfolgte der Bau der zweiten Brücke, der **Pont de Brotonne**, die mit markanten harfenförmig angeordneten Schrägseilen auffällt, 1.278 Meter lang ist und Schiffen bis 50 Meter Höhe die Durchfahrt ermöglicht.

Die spektakulärste Brücke am Unterlauf der Seine ist der 1994 eröffnete **Pont de Normandie**. Mit 2.141 Meter Länge überspannt sie in elegantem Bogen den Fluss und gilt als größte Schrägseilbrücke Europas. 214 Meter hohe Stützpfeiler sorgen für den nötigen Halt im sandigen Untergrund und das 856 Meter hohe Mittelstück schwebt 52 Meter über der Wasseroberfläche. Eine Ausstellung sowie der **Jardin des Ingénieurs** informieren auf der rechten Flussseite über die Baugeschichte und die technischen Merkmale *(Maut ab 6,70 Euro, Fußgänger, Motor- und Fahrradfahrer frei)*.

Von den Ufern der Seine beobachten wir den Schiffsverkehr von Paddelbooten über Frachtkähne bis hin zu Kreuzfahrt- oder Containerschiffen, aber auch die Schiffsparade einer der größten frei zugänglichen maritimen Veranstaltungen der Welt, der **L´Armada Rouen** (vgl. Seite 75).

Das breite Tal wird in Richtung Meer immer mehr vom Tidenhub geprägt und galt früher für die Flussschifffahrt als sehr gefährlich. Mittlerweile hat der Mensch bereinigend eingegriffen, um den Flussverkehr sicherer zu machen und eine Versandung und Verschlammung zu minimieren. Um die einzigartige Seine-Landschaft zu bewahren, wurde der **Parc Naturel Régional des Boucles de la Seine Normande** eingerichtet.

Mittlerweile haben wir Le Havre verlassen, befinden uns auf der D6015 und steuern **Saint-Romain-de-Colbosc** an.

029 Saint-Romain-de-Colbosc – *Aire de Camping-Car*

GPS: N 49°31'15" E 00°20'50", Route d'Oudalle. **Max. WOMOs:** 13. **Öffnungszeit:** Ganzjährig. **Ausstattung:** V/E, Strom, Müllbehälter. **Beschreibung:** Der asphaltierte, meist gut besuchte Stellplatz liegt außerhalb des Ortes, ist von Hecken unterteilt und bedingt klappstuhlgeeignet. Ein kleiner Spaziergang führt den Hinweisen folgend nach wenigen Minuten zum **Château de Grosmesnil** aus dem 19. Jh, in dessen Park einige Kunstwerken betrachtet werden können. **Zufahrt:** Von der D6015 westlich des Ortes Richtung Parc Eco-Normandie abbiegen und dem WOMO-Piktogramm folgen. **Hinweis:** Der maximale Aufenthalt beträgt 3 Tage. Durch die nahe Straße kann es zu Geräuschen kommen.

La Seine à Vélo – Seine-Radweg

Der Seine-Radweg verbindet Paris mit Le Havre und Deauville und führt aus der französischen Hauptstadt auf über 420 Kilometern direkt ans Meer. Auf Zweirädern kann man in selbst gewählten Etappen zu den historischen Kulturgütern und versteckten Sehenswürdigkeiten entlang des Flusses sowie durch abwechslungsreiche Orte und Naturlandschaften aufbrechen.

Von Rouen ans Meer herrscht starker Frachtschiffverkehr und für die Überquerung des Flusses empfehlen sich mehrere kostenlose Fähren. Die Pont de Brotonne ist die einzige der drei großen Brücken, die ohne allzu große Schwierigkeiten mit dem Fahrrad überwunden werden kann. Die Passage über die Pont de Tancarville ist für Radfahrer verboten und die Pont de Normandie verfügt zwar über einen schmalen Radweg, aber ist aufgrund des starken Verkehrs und der heftigen Winde nicht als familienfreundlich zu bezeichnen und nur etwas für geübte Radfahrer!

Ab Jumièges verläuft der mit einem offiziellen Logo und der Routennummer V33 gekennzeichnete Radweg auf meist ruhigen Straßen und ausgebauten Radwegen entlang beider Uferseiten bis ans Meer.

In unserer Tour 3 bieten sich *die Etappen von Rouen nach La Bouille* (etwa 20 km, familienfreundlich), *von La Bouille nach Jumièges* (35 km, mittelschwer), *von Jumièges nach Lillebonne* (etwa 45 km, mittelschwer) und die recht anspruchsvollen Streckenabschnitte *von Jumièges nach Marais-Vernier* (46 km) *und weiter bis Honfleur* (26 km) auf dem Seine-Radweg an. Die Längenangaben beziehen sich jeweils auf die einfache Strecke und können natürlich nach eigenen Vorlieben oder nach eigener Fitness abgewandelt werden.

Die gute Zuganbindung entlang des Radwegs, die zum Teil eine kostenfreie Mitnahme der Fahrräder gewährleistet, kann unter Umständen für eine bequeme An- oder Abreise zum Start oder Ziel sorgen. Weiterführende Informationen bieten die auch in deutscher Sprache abrufbare Seite www.francevelotourisme.com oder die in französischer als auch englischer Sprache gehaltene Seite www.laseineavelo.fr.

Der Reichtum an sakralen Bauten wird die weitere Strecke bis nach Rouen bestimmen. Im Zentrum der Seine-Stadt werden wir später die Abtei Saint-Ouen sehen, deren Äbte in einem steten Wettstreit um die imposanteste Kirche mit den Bischöfen von Rouen standen.

Abbaye du Valasse

TOUR 3

Die *Route Historique des Abbayes Normandes* (Straße der Abteien) führt uns zunächst nach **Gruchet-la-Valasse**, wo wir mit der ersten, der **Abbaye du Valasse**, Bekanntschaft schließen. Die einstige Zisterzienserabtei wurde im 12. Jahrhundert gegründet. Mittlerweile ist darin ein Seminarhaus beheimatet, doch der Zugang zur Abtei, den weitläufigen Gärten mit vielen verschiedenen Baumarten, einem beliebten Kinderspielplatz und dem **Salon de Thé** ist frei zugänglich und wird besonders am Wochenende gerne als Naherholungsgebiet genutzt *(Salon de Thé Mo–Fr 10:30–19 Uhr, Sa/So 15–19 Uhr, Hunde im Park gestattet, www.abbayeduvalasse.fr)*.

030 Gruchet-la-Valasse – *Abbaye du Valasse P3*

GPS: N 49°32'26" E 00°30'05", Route de l'Abbaye. **Max. WOMOs:** 5. **Öffnungszeit:** Ganzjährig. **Ausstattung:** V/E, Strom, Tisch und Bänke, Müllbehälter. **Beschreibung:** Der asphaltierte, einfache Parkplatz liegt außerorts, ist nachts ruhig und beinahe schattenlos. Die Umgegend kann auf beschilderten Radwegen erkundet werden. **Zufahrt:** Von der D487 den Hinweisen zur Abbaye du Valasse folgen. **Hinweis:** Durch die nahe Straße kann es zu Geräuschbelästigungen kommen.

In **Lillebonne** geraten wir in eine ganz andere Epoche, die wir mit der Normandie nicht sofort in Verbindung bringen. Angesagt sind eher Klöster, Kathedralen sowie Schlösser und Gärten – an die römische Vergangenheit haben wir gar nicht gedacht. Und doch waren die Römer hier und hinterließen im Ortszentrum ein ovales, terrassenförmiges, frei zugängliches **Amphitheater** aus dem 1. Jahrhundert (N 49°31'06" E 00°32'13", Rue Victor Hugo. Am **Markttag** am Mittwochvormittag ist der Parkversuch so gut wie aussichtslos!).

Amphitheater in Lillebonne

Der Ort war wahrscheinlich die Hauptstadt des Keltenstammes der Kaleten. Später ließen die Römer das damalige *Juliobona* nach ihren Vorstellungen ausbauen, von denen das Amphitheater überdauerte. Es gehört zu den größten und besterhaltenen Anlagen dieses Typs *(Nebensaison Mo–Fr 10–12/13–17 Uhr, Hauptsaison täglich 10–12:30/13:30–18 Uhr, Herbstferien täglich 13:30–17 Uhr, Eintritt, Hunde nicht gestattet, www.theatreromaindelillebonne.fr).*

Im gegenüberliegenden **Musée Gallo-Romain** sind bei Ausgrabungen entdeckte Fundstücke aus galloromanischer Zeit zu sehen und es beschäftigt sich weiterhin mit der Ortsgeschichte *(Mitte April–November Mi–So 13:30–18 Uhr, Schulferien Mi–Mo 10–12:30/13:30–18 Uhr, Eintritt, www.musee-juliobona.fr).*

Als nächstes steuern wir den kleinen Ort **Saint-Maurice-d'Ételan** an, in dem wir einen Mini-Stellplatz offerieren. Von dort ist das **Château d'Ételan** gut zu Fuß erreichbar beziehungsweise kann während der Öffnungszeiten direkt angefahren werden. Das spätgotische Schloss im Flamboyantstil ist Ende des 15. Jahrhundert entstanden und wacht über das Tal. Der elegante Treppenturm mit neun Fensteröffnungen ist das erste Anzeichen einer beginnenden Renaissance in der Normandie und in der restaurierten Kapelle sind Wandmalereien und Holzschnitzereien zu bewundern. Einige Räume sind bewohnt und andere werden für Ausstellungen oder Konzerte genutzt *(Mitte Juni–September meist Sa/So, die sehr variablen Öffnungszeiten werden am besten aus der Homepage entnommen, Eintritt, www.chateau-etelan.fr).*

Château d´Ételan

031 Saint-Maurice-d´Ételan – *Mairie*

GPS: N 49°27'36" E 00°36'55", Rue de Village. **Max. WOMOs:** 2. **Ausstattung:** Müllbehälter. **Beschreibung:** Der asphaltierte, einfache Parkplatz liegt im Ort am *Seine-Radweg*. Es gibt Bänke, eine Aussicht auf die Seine und eine angrenzende Boulebahn. **Zufahrt:** Von der D81 ca. 2 km durch die Felder in den Ort fahren. Hinter dem Wasserturm rechts, gleich wieder links und vor der Kirche rechts bis zum kleinen Rathaus/ *Mairie* fahren.

In **Norville** können wir einen ausgewiesenen, einfachen **WOMO-Stellplatz** mit **V/E-Station** im Ort nennen:

032 **N 49°28'32" E 00°38'08"**, Rue de Écoles.

Das Seine-Tal weitet sich und wir rollen durch eine ansehnliche Landschaft nach **Villequier**, wo wir das WOMO parken (N 49°30'54" E 00°40'38"). Das kleine, beschauliche Örtchen liegt unterhalb einer bewaldeten Anhöhe, die von einer Burg gekrönt wird und war Schauplatz eines Dramas, das sich im Spätsommer des Jahres 1843 zutrug.

Musée Victor Hugo

Der französische Schriftsteller Victor Hugo, von dem unter anderem der Roman »Der Glöckner von Notre Dame« stammt, weilte häufig im Haus seines Schwiegersohns Charles Vacquerie und seiner Tochter Léopoldine. Nach nur sechs Monaten Ehe ertranken beide bei einem tragischen Bootsunfall in der Seine.

Auf dem kleinen Friedhof neben der Kirche liegt das Gemeinschaftsgrab der beiden und ebenso das Grab von Adèle Hugo, der Frau des Dichters. Victor Hugo selbst erhielt später ein Staatsbegräbnis und ruht in Paris in der Krypta des Panthéon. Im Haus der Familie Vacquerie entstand eine museale Gedenkstätte, die Briefe, Bücher, Zeichnungen sowie Manuskripte zeigt. Gleichzeitig gewährt das Haus Einblicke in den Lebensstil des Bürgertums im 19. Jahrhundert *(April–September täglich außer Di 10–12:30/14–18 Uhr, So nur 14–18 Uhr, sonst bis 17:30 Uhr, Eintritt. www.museevictorhugo.fr).*

Vom Parkplatz erreicht man das Museum am besten, wenn man der Seine flussabwärts über den Quai Victor Hugo folgt. Hierbei zeigt sich das Dorf von seiner ansehnlichsten Seite.

Zwischen Villequier und Caudebec-en-Caux verlaufen ein Fußweg an Picknickflächen sowie der *Seine-Radweg*, sodass sich der direkt an der Straße liegende ***Camping Barre-Y-Va******* für einen Aufenthalt anbietet:

033 **N 49°31'18" E 00°42'08"**, Route de Villequier, 76490 Villequier, Telefon 0235962638, www.camping-barre-y-va.com, geöffnet April–Oktober, Preise 16,40–30 €.

Von hier ist das Städtchen **Caudebec-en-Caux** (2.500 Einwohner) gut zu erreichen, dessen Namen auf den noch heute plätschernden Bach *Caldebec* (Kalter Bach) zurückgeht.

Im Laufe der Jahrhunderte entwickelte sich Caudebec zu einem ansehnlichen Marktflecken, dessen Wohlstand unter anderen den Hugenotten zu verdanken war, die allerdings infolge des Edikts von Nantes (1685) vertrieben wurden und deren vormals bedeutende Handschuh- und Hutmanufakturen danach zusammenbrach. Einst als einer der schönsten Orte der Normandie bekannt, wurde die Altstadt 1940 durch einen Brand und zusätzlich vier Jahre später durch Luftangriffe zerstört.

Glücklicherweise blieb die **Église Notre-Dame**, *die Henri IV. einst als hübscheste Kapelle seines Königreichs bezeichnete*, verschont. Die 1425 bis 1539 errichtete Kirche ist ein Musterbeispiel des normannischen Flamboyant-Stils. Diese französische Stilepoche bezeichnet eine architektonische Gestaltung aus der Zeit der Spätgotik und datiert aus der Zeit von etwa 1370 bis zum Anfang des 16. Jahrhunderts. Der *Flamboyant-Stil* zeichnet sich durch schmückende Ornamente und Facetten aus, die sich flammenartig über größere Wand- und gelegentlich Deckenflächen ausbreiten. Die Maßwerke, filigrane Steinmetzarbeiten an Fenstern, Balustraden und Emporen oder Fassaden, bestimmen das Bild.

An der Kirche in Caudebec beeindruckt besonders *das Westportal mit über 300 verschiedenen, kunstvoll gearbeiteten Figuren und einer von kleinen Statuen eingerahmten Fensterrose*. Obwohl die Größe des Gotteshauses beeindruckt, fehlen Seitenschiffe und Querhaus, sodass die Bezeichnung »Kapelle« gerechtfertigt ist. Im Inneren der Kirche ist der sieben Tonnen schwere und 4,30 Meter lange Schlussstein aus einem einzigen, nur von Bögen gestützten Steinblock architektonisch beachtenswert.

Abgesehen von der Kirche gibt es nur noch wenige alte Gebäude. Dazu gehört das aus dem 12./13. Jahrhundert stammende **Maison des Templiers**. Im Erdgeschoss ist eine Ausstellung sowie Verkaufsstelle für Kunsthandwerk untergebracht *(Fr 14–18 Uhr, Sa/So 10/11–18 Uhr. In der ersten Etage wird das Museum zur lokalen Geschichte während der Recherche zu diesem Buch gerade saniert)*. Interessanter finden wir das **Muséo-Seine**, das sich der Seineschifffahrt und der Geschichte der Seine-Landschaft widmet. Strömung sowie Gegenströmung werden erklärt und es wird auf eine mittlerweile durch die Flussbegradigung eingedämmte

Flutwelle eingegangen *(Di–So Februar–Juni 13–18:30 Uhr, Juli/August 10–18:30 Uhr, September–November 13–18:30 Uhr, Eintritt, www.museoseine.fr).*

An der Uferpromenade befinden sich etliche Gastronomiebetriebe sowie das **Office de Tourisme** *(Juni–September täglich 10:30–12:30/13:30–18:30 Uhr, Oktober–Mai Di–Sa 10:30–12:30/14–17 Uhr, Place du Général-de-Gaulle, Telefon 0232704632, www.entreseineetmer.fr)* und der **Markt** findet Samstagvormittag auf der Place du Marché statt.

Kurz hinter dem Ort scheint uns plötzlich ein alter Doppeldecker aus der Felswand entgegenzufliegen. Das **Denkmal Latham 47** erinnert an die gescheiterte Rettung der Nobile Nordpolexpedition im Jahr 1928, bei der neben der französischen Besatzung auch der norwegische Polarforscher Roald Amundsen ums Leben kam. Der zweimotorige Doppeldecker Latham 47 wurde in Caudebec-en-Caux hergestellt.

Die zweite Abtei dieser Tour befindet sich im recht hübschen normannischen Dorf **Saint-Wandrille-Rançon**. Wir steuern auf das monumentale Eingangstor der Abtei zu und finden eine Parkmöglichkeit an der Klostermauer (N 49°31'47" E 00°45'58", Rue Saint-Jacques).

Zu Fuß oder mit dem Fahrrad ist die Abtei aber auch gut von einem in der Nähe befindlichen Bauernhof zu erreichen.

034 Saint-Wandrille-Rançon – *Ferme de la Mare*

GPS/Kontakt: N 49°32'26" E 00°46'03", 20 Impasse Ferme de la Mare. Telefon 0609853103, www.fermedelamarestwandrille.com.
Max. WOMOs: 4. **Öffnungszeit:** Ganzjährig. **Ausstattung:** V/E, Strom, separates Sanitärhäuschen, Tische und Bänke. **Beschreibung:** Der auf Wiese und Schotter angelegte Stellplatz liegt sehr abgelegen und ruhig an einem bewirtschafteten Bauernhof inmitten von Wiesen sowie Feldern, er ist klappstuhlgeeignet und schattenlos. Die Abtei ist nach etwa 2,5 km zu Fuß oder per Rad zu erreichen. **Preise:** 6–10 €. **Zufahrt:** Im Ort erst den Hinweisen zur Abtei und dann dem WOMO-Piktogramm auf einspurigem Sträßchen folgen.

Abbaye de Saint-Wandrille

Die in der Mitte des 7. Jahrhunderts im Tal der Fontenelle gegründete Abtei betreten wir nicht durch das im 19. Jahrhundert errichtete Eingangsportal, sondern durch eine kleine Pforte daneben. In der ersten Blütezeit des Klosters wirkte hier von 817–823 Abt Einhard, Biograf Karls des Großen.

Wie klein doch die Welt erstaunlicherweise schon damals war, denn den Spuren Einhards sind wir auch im deutschen Seligenstadt gefolgt, als wir mit unserem *WOMO-Band 83 »Mit dem Wohnmobil durch Hessen, Süden/ Mitte«* unterwegs waren.

Saint-Wandrille wurde wie fast alle Klöster von den Wikingern zerstört, während der Religionskriege geplündert und in der Französischen Revolution aufgelöst. Nach verschiedenen Nutzungen als Wohnsitz oder Spinnerei zogen Anfang bis Mitte des 20. Jahrhunderts wieder Benediktinermönche in die Abtei ein und leben seitdem getreu dem Ordensgrundsatz *ora et labora.*

Von der mittelalterlichen Bausubstanz ist bis auf einige Arkaden nicht mehr viel vorhanden und immer wieder müssen Teile der Abtei aufwendig restauriert werden. Für die Finanzierung wurde vor einigen Jahren eine neue Einnahmequelle gesucht und so entschlossen sich die Mönche, als einzige klösterliche Gemeinschaft in Frankreich Bier zu brauen und zu vermarkten.

Die heutige Klosterkirche ist in einer Zehntscheune untergebracht, die die Mönche an anderer Stelle abgetragen und an diesem Ort wieder errichtet haben. Wer möchte, kann an einer Messe teilnehmen und den gregorianischen Gesängen der Mönche lauschen. Die eigentliche Abtei mit einem erhaltenen und wunderschönen gotischen Kreuzgang kann nur im Rahmen einer Führung betreten werden. In der angrenzenden **Klosterboutique** werden lokale Produkte und natürlich das klostereigene Bier, das aber auch in einigen Supermärkten zu finden ist, angeboten *(Ruinen täglich 5:15–13/14–21:15 Uhr frei zugänglich. Führungen Ostern–Allerheiligen täglich außer Di 15:30 Uhr, So auch 11:30 Uhr, Juli/August zusätzlich 10 Uhr, Eintritt, Hunde an der Leine im Außenbereich gestattet. www.st-wandrille.com).*

Das Ende des schönsten Streckenabschnittes entlang des diesseitigen Seine-Ufers haben wir im scheinbar nicht endend wollenden Ort Le Trait hinter uns gelassen und steuern **Jumièges** (1.600 Einwohner).

035 Jumièges – *Aire de Camping-Car*

GPS: N 49°25'51" E 00°48'53", Rue Alphonse Callais. **Max. WOMOs:** 20. **Öffnungszeit:** Ganzjährig. **Ausstattung:** V/E (Frischwasser März–November), Infotafel, Müllbehälter. **Beschreibung:** Der geschotterte, schattenlose, einfache Parkplatz liegt an einer Wiese und am Ortsrand. Er ist bedingt klappstuhlgeeignet. Das Zentrum mit Bäckerei, kleinem Lebensmittelgeschäft und Restaurants sowie die Abtei sind ca. 300–400 m entfernt. Am Parkplatz startet eine schöne und empfehlenswerte Wander- bzw. Radroute von ca. 14 km Länge und natürlich ist auch der Seine-Radweg nicht weit. **Zufahrt:** Im Ort gegenüber der Abtei dem WOMO-Piktogramm folgen.

Abbaye de Jumièges

Auch wenn das Dorf ansprechend ist, so sind es doch die Ruinen der Abtei, die Jahr für Jahr die meisten Besucher anziehen. Nicht abgelegen in einem Tal, sondern inmitten des Ortes erhebt sich *die schon von Victor Hugo als schönste Ruine Frankreichs bezeichnete Anlage*.

Die Abtei wurde im 11. Jahrhundert auf den Überresten eines Klosters aus dem 7. Jahrhundert gegründet und vom Erzbischof von Rouen in Anwesenheit des Normannenherzogs Wilhelm, der gerade England erobert hatte, geweiht. Die Abtei entwickelte sich zum reichsten und mächtigsten Kloster der Normandie und in dieser Zeit müssen wohl an die 200 Benediktinermönche und Laienbrüder dort gelebt haben. Die letzten Mönche verließen ihren Wirkungsort während der Französischen Revolution, viele Gebäude wurden zerstört und das Gelände später als Steinbruch genutzt.

Heute betritt man die Anlage durch ein aus dem 19. Jahrhundert stammendes Torhaus und steht wenig später vor den sich elegant in den Himmel strebenden achteckigen Fassadentürmen der im Zentrum stehenden

ehemaligen Église Notre-Dame. Sie rahmen das fast 30 Meter lange Hauptschiff, Teile des Querschiffs sowie des Chors ein. Beim Besuch der Ruinen kann ein Tablet entliehen werden, auf dem in beeindruckender Weise die harmonische Pracht der Abtei virtuell aufersteht.

Die Abtei ist von einem naturbelassenen Landschaftspark umgeben und in einem Gebäude werden wechselnde Ausstellungen präsentiert *(Mitte April–Mitte September 9:30–18:30 Uhr, übrige Zeit 9:30–13/14:30–17:30 Uhr, Führungen möglich, Eintritt, keine Hunde, www.abbayedejumieges.fr).*

Gegenüber der Abtei befindet sich das **Office de Tourisme**, das z. B. über Wanderungen rund um Jumièges informiert (März/April/Oktober Di–Sa 9:30–12:30/13:30–18 Uhr, Mai–September Mo–So bis 18 Uhr, www.jumieges.fr). Da auch die mittelalterlichen Äbte einem guten Essen durchaus zugetan waren, wundert es uns nicht, dass wir in der ***Auberge du Bac*** am Fähranleger an der Seine zu angemessenen Preisen bestens bekocht werden *(Mittags- und Abendmenüs Mo/Di geschlossen, 0257546175, Rue Alphonse Callais, www.aubergedubac.fr).* Sehr empfehlenswert ist auch die ***Auberge des Ruines*** im Ort *(Mittags- und Abendmenüs, So Abend/Mi/Do geschlossen, Telefon 0235372405, Place de la Marie, www.auberge-des-ruines.fr).* Um für das leibliche Wohl einzukaufen, kann auch der **Markt** am Samstagnachmittag besucht werden.

Rund um Jumièges ist die Landschaft von Kirschbaumplantagen und Häusern mit normannischem Fachwerk geprägt. So viel sei schon jetzt verraten: Auf der gegenüberliegenden Seite der Seine werden wir in den nächsten Tagen noch wesentlich mehr dieser schönen und dann häufig mit Reet eingedeckten Häuser sehen!

Wer dennoch einen längeren Aufenthalt in dieser von der Seine umschlungenen Gegend plant, dem sei in **Le Mesnil-sous-Jumièges** der **Camping du Lac** an der **Base de Loisirs** genannt. Für den stundenweisen Freizeitspaß am **Freizeit- und Wassersportgelände** steht zusätzlich ein Tagesparkplatz zur Verfügung (www.basedejumieges.com).

036 **N 49°24'42" E 00°50'47"**, Route du Manoir, Telefon 0232133005, www.campinglacjumieges.fr, geöffnet Mitte April–Mitte Oktober, Preis 25–30 €.

Im weiten Tal der Seine gondeln wir am Wasser entlang, erfreuen uns an großen Anwesen und hellen Kalksteinfelsen, die im Sonnenlicht ihre Strahlkraft entfalten. Dazwischen gedeihen Apfel- und Kirschbäume sowie Erdbeerpflanzen, deren Früchte am Straßenrand zum Verkauf angeboten werden.

Immer dem Verlauf der D982 folgend, erreichen wir **Saint-Martin-de-Boscherville** an. Das gepflegte Örtchen ist vor allem wegen seiner imposanten Abteikirche bekannt, deren mächtige Vierungstürme schon von Weitem sichtbar sind. Die Straßen sind teils sehr eng, doch wenn man sich auf die Anfahrt zu den ausgewiesenen Parkplätzen beschränkt und auf gleichem Weg zurück zur Landstraße fährt, können auch größere WOMOs ohne Weiteres bis zur Abtei gelangen (stellvertretend für mehrere Parkplätze N 49°26'40 " E 00°57'48.0", Route de Quevillon).

Abbaye Saint-Georges-de-Boscherville

TOUR 3

Die ehemalige Benediktinerabtei wurde 1114 gegründet und im Gegensatz zur Abtei in Jumièges nie von mehr als 40 Mönchen bewohnt.

Wie so oft wurden die Mönche während der Französischen Revolution vertrieben und das Kloster verfiel. Die im romanischen Stil errichtete Abteikirche ist lichtdurchflutet und der Kapitelsaal besticht durch besonders schöne Kapitelle. Der einstige Kreuzgang wird durch Hecken markiert und im angrenzenden Abteigarten gedeihen Obst- und Gemüsearten sowie Heilpflanzen und Blumen. Auch hier sollte man sich Zeit für die Besichtigung nehmen und *die Verbindung von vornehmer, zurückhaltender Architektur sowie blühender Gärten lässt dieses normannische Paradies in unsere **Top Ten** aufrücken* *(November–März 14–17 Uhr, April–Oktober 9–18:30 Uhr, Eintritt für den Garten, Flyer in deutscher Sprache erhältlich, Hunde im Außengelände gestattet. www.abbaye-saint-georges.com).*

Mit großen Schritten nähern wir uns der normannischen Metropole **Rouen** (120.000 Einwohner, Großraum Rouen 500.000 Einwohner). Bevor wir auf Entdeckungstour durch diese sehenswerte Stadt gehen, muss zuerst ein Platz für das WOMO gefunden werden. An einem Wochenende haben wir in der Nähe zur Altstadt mit ihren Sehenswürdigkeiten einen Tagesparkplatz am Straßenrand vor dem Verwaltungssitz des Département de la Seine-Maritime gefunden (N 49°26'08" E 01°05'29", Quai Jean Moulin).

037 Rouen – *Port de Plaisance*

GPS/Kontakt: N 49°26'53" E 01°03'30", Boulevard Emile Duchemin. Telefon 0235083059, www.rouenportdeplaisance.fr. **Max. WOMOs:** 33.

Öffnungszeit: 15.04.–15.10. 8:30–11:30/15–19 Uhr, 16.10.–14.04. 9–12/14:30–18 Uhr, geschlossen 1.1. und 25.12. **Ausstattung:** V/E, Strom für 12 Plätze, Sanitärgebäude, Müllbehälter. **Beschreibung:** Der einfache, schattenlose, geschotterte Platz liegt unmittelbar im Hafengebiet am Ortsrand. Auch wenn es bei Vollbelegung eng zugeht, ist der Platz die erste Wahl bei unserem Stadtaufenthalt. Von hier kann man wunderbar mit dem Rad am Seine-Ufer entlang zur etwa 3,5 km entfernten Kathedrale fahren oder einen entsprechend langen Spaziergang einlegen. Bereits nach etwa 1 km sind diverse gastronomische Angebote an der Seine-Promenade erreicht. Für längere Radtouren bietet sich der direkt am Hafen vorbeilaufende *Seine-Radweg* an. **Preis:** 14 €. **Zufahrt:** Den Hinweisen zum Port de Plaisance folgen. **Hinweis:** Die Zufahrt auf das Gelände ist nur zu den Öffnungszeiten möglich!

038 Rouen – *Île Lacroix*

GPS: N 49°25'48" E 01°06'22", 2 Rue Sainte-Amélie. **Max. WOMOs:** 20. **Öffnungszeit:** Ganzjährig. **Ausstattung:** Müllbehälter. **Beschreibung:** Der einfache, fast schattenlose, asphaltierte Großparkplatz liegt auf einer Insel in der Seine nahe dem Piscine Guy Boissière am Rand eines Wohngebietes. Direkt am Fluss befinden sich drei Plätze zum Längsstehen auf Schotter. Die Kathedrale ist etwa 1,5 km entfernt und zu Fuß oder mit dem Fahrrad gut zu erreichen. Zusätzlich verkehrt die **Buslinie 11** ins Zentrum, die Haltstelle befindet sich am Schwimmbad. **Zufahrt:** Vom südlichen Seine-Ufer über die Brücke Pont Pierre Corneille/D840 auf die Île Lacroix fahren. Dort immer geradeaus und unter der Pont de Rouen/N28 hindurch bis zum Parkplatz fahren. **Hinweis:** Der maximale Aufenthalt beträgt 48 Stunden.

Rouen

Die Hauptstadt der Normandie war schon zur römischen Zeit als *Rotomagus* eine wichtige Provinzhauptstadt. Unter den Normannen wurde das Flussbett so mustergültig und vorausschauend vertieft, dass bis zum 19. Jahrhundert keine vergleichbaren Ausbauarbeiten nötig waren. In der fast 300 Jahre dauernden normannischen Herrschaft entwickelte sich nicht nur der Hafen, sondern Rouen wurde zudem eine der größten und reichsten Städte Frankreichs. Dies spiegelt sich unter anderem in den Imageprojekten wie der Kathedrale und der Abtei Saint-Ouen wider.
Im Hundertjährigen Krieg kapitulierte die Stadt nach Monaten andauernder Belagerung und die dann einziehenden Engländer regierten mit eiserner Hand. Erst als ***Jeanne d'Arc***, die gern Männerkleidung tragende Jungfrau von Orléans, den französischen König nach Reims führte, schöpfte man in der Normandie wieder Hoffnung. Vergeblich, denn Johanna wurde von den Burgundern gefangen genommen und an die Engländer ausgeliefert, die ihr den Prozess machten und sie zum Tode verurteilten. Erst als die

Jungfrau ihren Überzeugungen abschwor und fortan zusätzlich nur noch Frauenkleidung tragen wollte, wurde die Strafe in eine lebenslange Haft bei Wasser und Brot umgewandelt. Unter dem Druck der Engländer, die keine inhaftierte Märtyrerin dulden wollten, wurde Jeanne schließlich überlistet. Die Frauenkleider wurden gegen ihren Willen entwendet, und als sie das »stille Örtchen« aufsuchen musste, tat sie das notgedrungen durch bereitgestellte Männerkleidung. Damit war ihr endgültiges Schicksal besiegelt und sie wurde am 30. Mai 1431 bei lebendigem Leib auf der Place du Vieux-Marché verbrannt. Lange währte die englische Herrschaft indes nicht, denn 1449 zog der französische König Charles VII. doch noch in Rouen ein. 1456 wurde Jeanne d'Arc rehabilitiert, 1920 heiliggesprochen und zur Schutzheiligen Frankreichs erhoben.
Nach Beendigung des Hundertjährigen Krieges setzte ein Aufschwung ein, der die Stadt aufblühen ließ. Unzählige öffentliche und sakrale Bauten sowie prachtvolle Palais und stattliche Bürgerhäuser entstanden. Die Religionskriege beendeten das sogenannte »Goldene Jahrhundert« und erst nach der Französischen Revolution erstarkte die Stadt mit Beginn der Industrialisierung wieder. Der Zweite Weltkrieg setzte Rouen schwer zu und am Ende blieb nur ein riesiges Trümmerfeld übrig.

Cathédrale Notre-Dame

Nach dem Krieg entschlossen sich die Stadtplaner, das mittelalterliche Straßengefüge beizubehalten und, soweit es möglich war, die historische Bausubstanz zu retten. Nichtsdestotrotz gibt es auch weniger schöne Nachkriegsbauten, die jedoch *dem fast unwiderstehlichen Charme der attraktiven Altstadt* nicht viel anhaben können.

Das Verwaltungs- und Industriezentrum hat von jeher seinen Reichtum und Wohlstand durch den Hafen als Warenumschlagplatz auf halber Strecke zwischen Paris sowie dem Meer bezogen und heute setzt sich diese Tradition im fünftgrößten Seehafen Frankreichs fort. Zum lebendigen Bild von Rouen trägt sicher auch die Universität bei, deren Studenten zu einer ungezwungenen Atmosphäre und zum gewissen Etwas, der Seele der Stadt, beitragen.

Eine besondere Atmosphäre: Vorbeiziehende Schiffe an den Quais und die untergehende Sonne hinter der Pont Gustave-Flaubert.

Unser Weg vom **Port de Plaisance** führt am rechten Ufer der Seine entlang der in den letzten Jahren neu gestalteten Quai-Anlage und renovierten Hangars mit zahlreichen Restaurants und Bars direkt ins pulsierende Herz von Rouen zur nicht zu übersehenden Kathedrale. Gegenüber befindet sich in einem schönen Renaissancegebäude aus dem 16. Jahrhundert das **Office de Tourisme** *(Mai–September Mo–Sa 9–19 Uhr, Di ab 10 Uhr, So/Feiertage 10–18 Uhr, Oktober–April Mo–Sa 9:30–18 Uhr, Di ab 10 Uhr, So/Feiertage in den kleinen Schulferien 10–18 Uhr, Place de la Cathédrale, Telefon 0232083240, www.visiterouen.com. Während Sanierungsarbeiten des Gebäudes ist das Office de Tourisme im Musée des Beaux-Arts untergebracht, wird aber nach Beendigung der Arbeiten wieder an der alten Stelle zu finden sein. Möglicherweise wird im Museum eine Dependance bleiben. Stand Januar 2024).* Neben verschiedenen **Stadtführungen** in französischer Sprache wird ein Audio-Guide (auch in deutscher Sprache) zum Ausleihen angeboten, der die Besucher bei einem Rundgang begleitet und die Sehenswürdigkeiten beschreibt (Gebühr). Hierbei kann der Nutzer die Geschwindigkeit des eigenen Gehens bestimmen, der vorgegebenen Strecke folgen oder einen eigenen Weg wählen. Alternativ kann das Touristenbähnchen, **Le Petit Train**, bestiegen werden, das in etwa 45 Minuten die gleiche

Église Saint Maclou an der Place Barthélémy

Strecke abfährt *(April–Oktober 10–13/14–17 Uhr, Abfahrt jede volle Stunde vor der Kathedrale, Gebühr).*

Die Fassade der **Cathédrale Notre-Dame** gehört mit ihrem üppigen Skulpturenschmuck zu den schönsten Kirchenfassaden in Europa. Sie wurde auf dem Fundament einer Basilika aus dem 4. Jahrhundert und einer Kirche aus dem 11. Jahrhundert erbaut und spiegelt die Entwicklung der gesamten gotischen Baukunst vom 12. bis Anfang des 16. Jahrhunderts wider. Der Vorgängerbau wurde 841 durch die Wikinger vernichtet und 1944 waren es die Bombardierungen im Zweiten Weltkrieg, die für massive Zerstörungen verantwortlich waren. Immer wieder aufgebaut, befindet sich die Kathedrale noch heute in einer steten Entwicklungs- und Renovierungsphase. Der frühgotische, linke **Tour Saint-Romain**, ist der ältere der beiden mächtigen Türme an der Westfassade und dient als Uhr- und Glockenturm. Der rechte **Tour de Beurre**, der 1507 fertiggestellt wurde, erhielt den Namen »Butterturm«, da er zum Teil aus Ablassgeldern finanziert wurde, die jeder zu entrichten hatte, der während der Fastenzeit Milch und Butter verzehren wollte. An der Südseite fällt der Vierungsturm auf, der im 19. Jahrhundert mit einem gusseisernen Helm versehen wurde und mit 151 Metern der höchste Kirchturm Frankreichs ist.

Insgesamt reflektieren das Äußere und die imposanten Ausmaße bereits die Macht und den Herrschaftsanspruch der Erbauer, die das Innere der Kathedrale hell und mit farbigen Glasfenstern gestalteten, um den Sieg über die Finsternis darzustellen. Das Hauptschiff ist mit zahlreichen Arkaden, Emporen, einem Laufgang und Hochfenstern versehen, die von einem faszinierenden Kreuzgewölbe überspannt werden. Der Chor wirkt edel und im nördlichen Querhaus fällt eine steinerne, reich verzierte Treppe aus dem 15. Jahrhundert auf. Diese ermöglichte den Chorherren einen bequemen Übergang in das benachbarte Gebäude, in dem eine Bibliothek untergebracht war. Die »Buchhändlertreppe« führte zunächst nur bis zum ersten Stock und wurde im 18. Jahrhundert, nachdem die Bibliothek aufgestockt war, um eine Etage erweitert. Im Altarraum sind die Gräber der Herzöge der Normandie zu finden, darunter jenes von Rollo, dem Gründer des Herzogtums. Zudem fand auch das Herz von König Richard Löwenherz

Aître Saint-Maclou

hier seine letzte Ruhestätte. Der Kathedrale ist ein erzbischöfliches Palais angegliedert, das noch heute Sitz des Erzbischofs ist *(April–Oktober Mo 14–19 Uhr, Di–Sa 9–19 Uhr, So/Feiertage 8–18 Uhr, **Ende Juni–September wird die Fassade bei Einbruch der Dunkelheit mit einer Lichtinstallation angestrahlt**, www.cathedrale-rouen.net)*.

In unmittelbarer Nähe, östlich der Kathedrale und umgeben von zahlreichen schönen Fachwerkhäusern, steht die **Église Saint Maclou**, ein Kirchenmeisterwerk im spätgotischen Flamboyant-Stil, auf einem kleinen Platz inmitten eines Kaufmannviertels. Nur wenige Schritte entfernt, im Innenhof eines Hauses, befindet sich das **Aître Saint-Maclou**. Einer der letzten mittelalterlichen Friedhöfe Europas hat seinen Ursprung in der Zeit der Schwarzen Pest im Jahr 1348. Auf die Nekropole weisen düstere Knochen- und Schädelschnitzereien aus Holz hin *(9–18 Uhr)*. Dort, wo die Menschen dem Tod auf die Spur kommen möchten, bietet sich inmitten des Stadtrummels aber auch ein Ruhepol und man kann draußen unter mächtigen Bäumen oder im Inneren des ***Café Hamlet*** eine Pause einlegen *(Di–So ganztägig, Telefon 0235004627, www.cafe-hamlet.fr)*.

In der ***Stadt der einhundert Glockentürme***, wie Victor Hugo sie nannte, besuchen wir die nördlich gelegene einstige Abteikirche **Église Saint-Ouen** aus dem 14. Jahrhundert, die ebenfalls im herrlichen Flamboyantstil und mit einem 33 Meter hohen Gewölbe glänzt. Vom 14. bis 16. Jahrhundert

Le Gros Horloge

gehörte sie zu den bedeutendsten Benediktinerklöstern der Normandie und wird von einem eindrucksvollen Licht erfüllt *(April–September 10–12/14–18 Uhr, Mo/Fr geschlossen, Oktober–März 10–12/14 -17 Uhr, Mo/Fr geschlossen).*

Durch die teils ***engen Gassen mit zahlreichen Fachwerkhäusern*** (besonders schön: Rue Eau de Robec), die mit meist gerade nach oben verlaufenden Balken sowohl streng als auch würdevoll aussehen und durch Schnitzereien verziert sind, bummeln wir zurück zur Kathedrale. Immer wieder ***laden unzählige Cafés und Restaurants in verwunschenen Winkeln oder an belebten Straßen und Plätzen zur Einkehr ein***.

Wir gehen nun durch eine der belebtesten Straßen der Altstadt über Kopfsteinpflaster und flankiert von weiteren schönen Fachwerkhäusern der **Gros-Horloge** (Große Uhr) und dem **Beffroi** (Stadtturm) entgegen. Das prestigeträchtige Ensemble setzt sich aus einem gotischen Turm, einer Renaissance-Arkade mit dem prächtigen, reich verzierten Zifferblatt der Uhr und einem Brunnen aus dem 18. Jahrhundert zusammen. Der Turm kann bestiegen werden *(April–September Di–So 10–13/ 14–19 Uhr, ansonsten bis 18 Uhr, Eintritt).*

Nördlich liegt der Justizpalast, **Palais de Justice**, der wohl bedeutendste französische Profanbau der Gotik. Mit einem kleinen Schlenker vorbei am einstigen Adelspalais **Hôtel de Bourgthéroulde**, einem der schönsten Renaissance-Gebäude von Rouen, erreichen wir die **Place du Vieux-Marché**. Auf dem alten Marktplatz erinnert einiges an die Verbrennung von Jeanne d'Arc. Ein großes Kreuz steht an der Stelle des Scheiterhaufens und das Kirchendach der modernen, etwas gewöhnungsbedürftigen **Église Sainte-Jeanne-d'Arc** ist den Flammen nachempfunden. So sehr das Äußere des Sakralbaus im krassen Gegensatz zu allen anderen bisher gesehenen Kirchen steht, so bestechen im Inneren Glasfenster der 1944 zerstörten Kirche St-Vincent aus der Renaissancezeit.

Um den Platz mit einer modernen **Markthalle** *(Markt täglich außer Mo 8–12:30 Uhr/Markthalle täglich außer Mo 7–19 Uhr, So bis 13 Uhr)* gruppieren sich Fachwerkhäuser mit zahlreichen Cafés und Restaurants.

Zu erwähnen sind das vom Preis-/Leistungsverhältnis ansprechende **Restaurant *Gill Côte Bistro*** *(Mittags- und Abendmenüs, 14 Place du Vieux Marché, Telefon 0235898872, www.gill-cote-bistro.fr).* Wenn man im angeblich

Place du Vieux-Marché

ältesten Gasthof Frankreichs bei einer klassischen Küche einkehren möchte, dann führt der Weg ins **Restaurant *La Couronne*** *(Mittags- und Abendmenüs, 31 Place du Vieux Marché, Telefon 0235714090, www.lacouronne-rouen.fr).*

Die **Museumslandschaft** in Rouen ist mannigfaltig und abwechslungsreich. Stellvertretend für mehrere Museen im Altstadt-Bereich, die sich zu einem Netzwerk zusammengeschlossen haben und *einen freien Eintritt zu sämtlichen Dauerausstellungen gewähren*, sei eines der beeindruckendsten Kunstmuseen Frankreichs genannt: Das **Musée des Beaux-Arts** präsentiert Gemälde, Zeichnungen und Skulpturen sowie Möbel und Kunstgegenstände. Hier finden sich Werke aus den letzten fünf Jahrhunderten unter anderem von *Velázquez, Rubens, Caravaggio,* von fast allen namhaften Impressionisten Frankreichs und von *Degas* oder *Millet (täglich außer Di 10–18 Uhr, www.mbarouen.fr).* Zu dem Ringwerk gehören außerdem das **Keramikmuseum**, das **Kunstschmiedemuseum**, das **Naturgeschichtliche Museum**, das **Museum für Antiquitäten** und der **Schlossturm**. Ein weiteres Museumshighlight ist das **Historial Jeanne d'Arc**, in dem der Besucher audiovisuell und mit 3D- Projektionen dem Schicksal der historischen Persönlichkeit nahekommen kann *(Di–So 10–19 Uhr, Eintritt, www.historial-jeannedarc.fr).*

Rouen hat natürlich weitere schöne Facetten, die wir unmöglich alle in diesem Buch beschreiben können und jeder Besucher wird ohne Anstrengung sein Lieblingsplätzchen finden. Allein für den angedeuteten Stadtrundgang sollte man sich mindestens einen halben bis ganzen Tag Zeit nehmen. Wenn dann auch noch ein Museumsbesuch hinzukommt, kann sich der Aufenthalt entsprechend verlängern – er ist es aber auf jeden Fall wert!

Wem das alles noch immer nicht genügt, der findet bei diversen Veranstaltungen ein abwechslungsreiches Unterhaltungsprogramm. Der unumstrittene Höhepunkt ist die nur alle fünf bis sechs Jahre stattfindende maritime Großveranstaltung **L'Armada**, bei der sich über 50 Schiffe vom Großsegler über Kreuzfahrt- und Marineschiffe bis zu außergewöhnlichen Booten ein Stelldichein im Hafen von Rouen geben. Konzerte, ein Feuerwerk und die kostenfreie Besichtigung sowie die große Abschlussparade der Schiffe ziehen dann ein Millionenpublikum an und der Ausnahmezustand an den Kais und Wiesen entlang der Seine bis Honfleur ist vorprogrammiert *(zuletzt 2023, www.armada.org).*

Le Marité auf dem Weg zur L´Armada Rouen

TOUR 3

Château de Robert-le-Diable

Nach einem wunderschönen Aufenthalt in Rouen verlassen wir die Stadt in südliche Richtung und landen auf der Autobahn A13/Caen. Hier passieren wir eine Schlossruine, verlassen die Autobahn und haben schon bald das zu **Moulineaux** gehörende **Château de Robert-le-Diable** erreicht (N 49°20'22" E 00°57'42").

Die Anlage ist Teil eines Festungsringes, der Rouen im Mittelalter schützte. Der Name »Robert, der Teufel« bezieht sich auf den Vater von Wilhelm dem Eroberer, in dessen Auftrag die strategisch günstig gelegene Anhöhe befestigt wurde. Die einer Ritterburg ähnelnde Ruine ist wegen Einsturzgefahr nur von außen zu besichtigen.

Ganz in der Nähe zieht es seit jeher die Einwohner von Rouen in den beliebten Ausflugsort **La Bouille**, der im 19. Jahrhundert noch mit dem Dampfschiff angefahren wurde.

039 La Bouille – *Seineufer*

GPS: N 49°21'04.0" E 00°56'00". **Max. WOMOs:** 3–5. **Öffnungszeit:** Ganzjährig. **Ausstattung:** WC, Müllbehälter. **Beschreibung:** Der asphaltierte, einfache Parkplatz liegt direkt am Fähranleger am Ortsrand und verfügt über einen kurzen Fußweg von ca. 200 m ins Ortszentrum mit Bäckerei und Restaurants. Wir befinden uns hier direkt am *Seine-Radweg* und wer mit der Fähre übersetzt, erreicht nach etwa 20 km Rouen mit dem Rad. Diesseitig der Seine führt der Radweg in ca. 35 km nach Jumièges. Der Parkplatz ist gut von Pkw frequentiert und morgens sowie am Abend ist es besonders unruhig. **Zufahrt:** Im Ort den Hinweisen zur Fähre folgen. **Hinweis:** Der maximale Aufenthalt beträgt 24 Stunden.

Schon Schriftsteller, Dichter und Maler ließen sich von den mit Kopfstein gepflasterten Gassen und den mit Schnitzereien verzierten Häusern inspirieren. Noch heute kann man herrlich am Ufer entlangspazieren oder in einem der Restaurants einkehren. Empfehlenswert ist das ***Les Gastronomes*** mit hervorragender Küche *(Mittags- und Abendmenüs Fr–Di, Telefon 0235180207, 1 Place du Bateau, www.les-gastronomes.fr).*

Während die Tour auf der rechten Seite der Seine vorwiegend etwas für Liebhaberinnen und Liebhaber sakraler Bauten war, *werden im weiteren Verlauf dieser Route vermehrt die Naturfreundinnen und - freunde auf ihre Kosten kommen*.

Schon jetzt spüren und genießen wir nach dem Gewusel aus Menschen, Autos und den unterschiedlichsten Geräuschen der Croßstadt Rouen die Entschleunigung und Ruhe.

Dafür sorgen der träge dahinfließende Fluss, der sich bequem in seinem Bett eingerichtet hat, und eine Gegend, die scheinbar die ganze Farbpalette der Natur beinhaltet. Dazwischen grasen Kühe, Schafe, Esel sowie Pferde und kleine Ortschaften mit hübschen Häusern, Herrenhäusern als auch Domänen prägen diese uralte Kulturlandschaft. Alles wirkt friedlich und es ist nicht verwunderlich, dass die Einwohner aus dem nahen Rouen oder dem ferneren Paris hier ihre Ferienzeit verbringen und dann entsprechend viel los ist!

Um einen Teil des Naturparks **Parc Naturel Régional des Boucles de la Seine Normande** gemütlich zu erkunden, bietet sich eine Fahrradtour an. Die mit einem Obst-Logo auf braunen Grund versehenen Hinweisschilder begegnen uns im Verlauf unserer Reise immer wieder. Auch von einigen der folgenden Stellplätze bietet sich der Einstieg in diese Strecke an.

Radfahren auf der Obststraße

Die ausgewiesene 62 Kilometer lange *Route des Fruits* folgt den Schleifen der Seine, verführt zur Flussüberquerung mit der Fähre und streift Obstgärten sowie historisch-sakrale Bauten wie die Abtei in Jumièges.

Das Picknick unterwegs kann mit am Straßenrand erstandenen frischen Früchten oder Cidre bereichert werden oder man besucht eines der an der Strecke liegenden Gasthäuser. Sollte keine Bäckerei zu finden sein, tut es schon einmal ein Baguette aus dem Automaten, dem Baguettomat. Natürlich kann die Route auch zu Fuß erkundet werden – wenn man der entsprechenden Beschilderung folgt, ist ein Einstieg jederzeit möglich (Flyer bei den entsprechenden Office de Tourisme).

Durch das landwirtschaftlich geprägte Gebiet erreichen wir zunächst **Barneville-sur-Seine** und einen **WOMO-Stellplatz** abseits der Touristenströme.

040 Barneville-sur-Seine – *Domaine de Karoli*

GPS/Kontakt: N 49°22'39" E 00°51'29", 73 La Mare Foulon. Am besten vorher telefonisch unter Nummern 0627206329 oder 0601324590 reservieren, www.domainedekaroli.fr. **Max. WOMOs:** 3–5. Wasser, Strom, WC, ganzjährig geöffnet, Preis 15 €, Rad- und Wanderwege.

Direkt an der Seine und zwischen Kirschplantagen gelegen, gehen wir immer wieder gerne in **Heurteauville** nicht nur zum »Schiffegucken« vor Anker und im nahen **La Mailleraye-sur-Seine** wartet bereits der nächste empfehlenswerte Stellplatz am Wasser.

041 Heurteauville – *La Palmeraie*

GPS/Kontakt: N 49°26'52" E 00°48'50", 1418 Rue du Village. Telefon 0618912010. **Max. WOMOs:** 20. **Öffnungszeit:** Ganzjährig. **Ausstattung:** V/E, Strom, Müllbehälter. **Beschreibung:** Der durch ein Tor gesicherte, schattenlose Stellplatz liegt direkt an der Seine sowie am Ortsrand und ist klappstuhlgeeignet. Die einzelnen Parzellen sind geschottert und besitzen jeweils eine kleine Grasfläche für Tische und Stühle. Baguette und Croissants können für den nächsten Tag bestellt werden. Direkt vor dem Stellplatz verlaufen sowohl der *Seine-Radweg* als auch die ***Route des Fruits***. Das alles zusammen lässt La Palmeraie zu einem unserer Lieblingsplätze an der Seine werden. **Preise:** 12 €. **Zufahrt:** Im Ort den WOMO-Piktogrammen folgen.

042 La Mailleraye-sur-Seine – *Aire de Camping-Car*

GPS: N 49°29'00" E 00°46'26", Quai Paul Girardeau.
Max. WOMOs: 34.
Öffnungszeit: Ganzjährig.
Ausstattung: V/E, Müllbehälter.
Beschreibung: Der schattenlose, durch Schranke gesicherte Stellplatz liegt auf Wiese und Schotter direkt an der Seine sowie am Ortsrand und ist klappstuhlgeeignet. Nach nur wenigen Metern sind Restaurants, Bäckerei sowie eine Épicerie zu erreichen. Es gibt Wanderwege und donnerstags einen **Markt**. Auch hier verlaufen sowohl der *Seine-Radweg* als auch die *Route des Fruits*. **Preis:** 8 €. **Zufahrt:** Im Ort dem WOMO-Piktogramm folgen. **Hinweis:** Durch die nahe Kläranlage kann es ggf. zu Geruchs- und auf den hinteren Plätzen zu Geräuschbelästigungen kommen. Sollte der Stellplatz wegen einer Veranstaltung geschlossen sein, ist das Ausweichen auf einen am Ortsrand liegenden kleinen Campingplatz möglich.

Im **Parc Naturel Régional des Boucles de la Seine Normande** darf natürlich ein Naturparkzentrum nicht fehlen, das wir bei der Weiterfahrt nach **Notre-Dame-de-Bliquetuit** erreichen (N 49°29'49" E 00°45'32").

Im **Maison du Parc** erhalten wir jede Menge Informationsmaterial über den Regionalpark, die Freizeitmöglichkeiten im Umland und selbstverständlich Informationen über die Route des Fruits *(April–Juni/September Mo 12:30–17:30 Uhr, Di–Fr 9:30–12:30/13:30–17:30 Uhr, Juli/August Mo–Fr 9–18 Uhr, auch Sa/So/Feiertage 10–18 Uhr, www.pnr-seine-normande.com).*

Hier endet auch die *Route des Fruits*, die von der ausgeschilderten *Route des Chaumières* abgelöst wird.

TOUR 3

Route des Chaumières

Die rund 50 Kilometer lange Rundroute wird uns nach Osten bis zum Sumpfgebiet des Marais Vernier führen. Dabei werden wir charmante Dörfer streifen, die immer noch oder nach Sanierungen wieder über typische Reetdach-Häuser verfügen und damit den einzigartigen Charakter der Normandie ausmachen.

Der Begriff *Chaumières* beschreibt ein mit Reet gedecktes Haus, das aus Lehm, Stein, Holz und Stroh besteht. Bereits 4.600 v. Chr. wurden diese Materialien im Seine-Tal zum Hausbau verwendet und dokumentieren heute die lange Tradition der normannischen »Häuslebauer«. Unter der Reethaube werden des Öfteren sehr dünne und senkrecht dicht nebeneinanderliegende Streben verwendet und die Balken der Füllhölzer sind unregelmäßiger als die bei deutschen Fachwerkbauten. Dies ist ein gewolltes Gestaltungsmittel, das zusätzlich in Städten oft mit reichen Schnitzereien versehen ist. Zur Versteifung und Ausfüllung der Gefache dienen ein einfaches Winkelkreuz oder kleine Nebenstreben. Die Fenster sind meist recht schmal, da die dicht stehenden Streben keine breiteren Fenster zulassen.

Die Häuser und Gehöfte sind entweder bewirtschaftet oder werden als Wohn- und Ferienhaus genutzt. Meist sind sie von bunten Bauern- und Ziergärten umgeben und nicht selten weiden Kühe davor. Gut, dass wir im Wohnmobil etwas erhöht sitzen, denn so können wir über teils hohe Hecken die sonst versteckte Idylle erspähen.

Nicht verschweigen wollen wir, dass es hier auch eine Menge »normaler« Häuser gibt, die der Gegend jedoch nicht ihren Reiz nehmen.

Von den folgenden Stellplätzen kann man in die Strecke mit dem Fahrrad einsteigen oder zu Fuß die Orte erkunden. Wir rollen gemütlich mit dem WOMO los und genießen die gut ausgeschilderte Route durch den Naturpark. *Manchmal sind die Straßen recht schmal, aber wenn es zu eng werden sollte, weicht man einfach auf die für Busse ausgewiesene Strecke aus.*

Kurz nachdem wir einen Blick auf die **Pont de Brotonne** werfen konnten, sind wir auch schon in **Saint-Nicolas-de-Bliquetuit**.

043 Saint-Nicolas-de-Bliquetuit – *Seine-Blick*

GPS: N 49°31'16" E 00°43'38". **Max. WOMOs:** 5. **Öffnungszeit:** Ganzjährig. **Ausstattung:** V/E, Tisch und Bänke. **Beschreibung:** Der asphaltierte, teils schattige, einfache Parkplatz liegt außerorts direkt an der Seine mit Blick auf Caudebec-en-Caux. Die Parkbuchten sind teils eng und der Platz eignet sich als Ausgangspunkt für Rad- und Wandertouren. Wer mit dem Fahrrad ein wenig die Zufahrtsstraße zurückfährt, trifft auf den *Seine-Radweg*. **Zufahrt:** Im Ort dem WOMO-Piktogramm folgen. **Hinweis:** Der maximale Aufenthalt beträgt 48 Stunden.

In **Aizier** legen wir an einem beschilderten Picknickplatz an der Seine eine kurze Verschnaufpause ein, um das Gesehene Revue passieren zu lassen (N 49°25'52" E 00°37'30", Le Bourg).

Hier sollte auch geparkt werden, wenn man den folgenden kuscheligen Weiler **Vieux-Port** etwas genauer inspizieren möchte.

Spaziergang von Aizier nach Vieux-Port

Leichte Wanderung von etwa fünf Kilometer Länge mit kleinem An- und Abstieg.

Wir gehen vom Picknickplatz in Aizier auf die Seine-Wiese und schlagen links neben einem Picknicktisch den Weg mit der weiß-roten Markierung ein. Durch das **Marais de Aizier** erreichen wir nach rund 1,5 Kilometer Vieux-Port, in dem alles bisher Gesehene an Reetdach-Häusern getoppt wird. Der Bummel durch das Örtchen führt uns vorbei an der aus dem 14. Jahrhundert stammenden Kirche und *wir erfreuen uns an der Schönheit der Fachwerkhäuser.* Im Ort weist ein Schild zur hoch über der Seine und in einem Waldstück liegenden **Chapelle Thomas** aus dem 12. Jahrhundert. Die Kapelle wurde einst Thomas Becket, dem Erzbischof von Canterbury, geweiht und bot 350 Jahre eine Heimstatt für Leprakranke. Die Geschichte der heutigen Ruine wird in englischer und französischer Sprache auf Informationstafeln erläutert. Nachdem wir zurück nach Vieux-Port gegangen sind, schlagen

wir den gleichen Weg durch das Marais zurück nach Aizier ein.

Der Ausflug hat uns hungrig gemacht und so kehren wir in Aizier ins preislich angenehme **Restaurant *Le Relais des Chaumières*** ein *(Mittags- und Abendmenüs Mi–So, an der Kreuzung D95/D139 mitten im Ort, Telefon 0973186093, www.lerelaisdeschaumieres.fr).*

Das Landschaftsbild hat sich spürbar verändert, als wir in **Sainte-Opportune-la-Mare** ankommen und die D810 überqueren. Wir haben die ausgedehnten Eichen- und Buchenwälder des **Forêt de Brotonne** hinter uns gelassen und wollen nun *das weite Schwemmland Marais Vernier, das seit dem 17. Jahrhundert durch Entwässerungskanäle urbar gemacht wurde,* durchfahren. Der ehemalige Sumpf (*Marais*) wird auf der einen Seite von der Seine, auf der anderen Seite von einer Hügelkette eingeschlossen, auf den Wiesen weiden Kühe sowie Pferde und es blühen Apfelbäume. Alles wirkt sehr abgeschieden, manch einer würde vielleicht auch eintönig sagen. Auch wenn hier kurzzeitig kein Hinweis auf die *Route des Chaumières* zu sehen ist, so führt sie jenseits der D810 auf schmalem Sträßchen mit Ausweichstellen weiter. Von einem **Aussichtsturm** ermöglicht sich der umfassende Blick über den Großen Teich (*Grand Mare*) und das Sumpfland (N 49°25'13" E 00°32'02").

Im Örtchen **Marais-Vernier** können wir das Wohnmobil auf einem Wanderparkplatz abstellen, um auf dem ausgeschilderten *Circuit Pedestre, einen 5,4 Kilometer langen Rundweg* durch das Marais einzuschlagen (N 49°25'07" E 00°27'25", Chemin du Roy). Der Wanderweg ist von Oktober bis Februar gesperrt und alternativ bietet sich eine Ausfahrt auf dem durch das Marais verlaufenden *Seine-Radweg* an.

Nach rund 18 Kilometer Fahrt und einem entfernten Blick auf den sind wir in **Quillebeuf-sur-Seine**, dem ersten Ort, den die Schiffe die Seine aufwärts vom Meer nach Rouen passieren, angekommen.

044 Quillebeuf-sur-Seine – *Phare*

GPS: N 49°28'24" E 00°31'33", Place du Phare. **Max. WOMOs:** 6. **Öffnungszeit:** Ganzjährig. **Ausstattung:** V/E, Tisch und Bänke, Spielplatz, Müllbehälter. **Beschreibung:** Die geschotterten, klappstuhlgeeigneten Plätze liegen an einem Leuchtturm, teils unter großen Kastanien direkt an der Seine und am Ortsrand. Eine Bäckerei ist ca. 500 m entfernt. Selbstverständlich findet sich der *Seine-Radweg* in der Nähe. **Zufahrt:** Im Ort dem WOMO-Piktogramm folgen. **Hinweis:** Auch wenn die Aussicht durch die Industrieanlagen (mögliche Geruchsbelästigung) am gegenüberliegenden Ufer etwas getrübt wird, so kann man doch dem Schiffsverkehr zuschauen.

Am Wasser folgen wir den letzten Kilometern der Route des Chaumières bis zurück nach Sainte-Opportune-la-Mare und folgen dann der D810 Richtung Pont-Audemer.

Eine *Panoramaaussicht über das Marais Vernier* eröffnet sich, wenn man wenig später den entsprechenden Hinweisen von der D90 aus folgt (N 49°24'10.5" E 00°28'04.0", An der D103).

Jetzt haben wir schon den halben Weg zur nächsten bemerkenswerte Aussicht zurückgelegt.

Blick über das Marais

045 Saint-Samson-de-la-Roque – *Phare de la Roque*

GPS: N 49°26'38" E 00°25'32". **Max. WOMOs:** 2–3. **Ausstattung:** Müllbehälter. **Beschreibung:** Der geschotterte, teils schräge, einfache Parkplatz liegt weit außerhalb des Ortes und ist besonders am Wochenende durch Besucher stark frequentiert. Die *Aussicht von der Pointe de la Roque* ist nach wenigen Metern zu Fuß erreicht und es kann durch die im Tal entlangführende Straße unter Umständen zu Geräuschbelästigungen kommen. **Zufahrt:** Im Ort den Hinweisen zum Phare de la Roque folgen. **Hinweis:** Die Zufahrt führt teilweise über ein einspuriges, durch Äste und Hecken zugewuchertes Sträßchen. Wenn das WOMO breiter als 2,20 m ist, kann es zu unschönen Kratzern am Lack kommen!

Wer die relativ lange Anfahrt nach **Saint-Samson-de-la-Roque** nicht scheut, wird *mit einem grandiosen Panorama über das Mündungsdelta der Seine* belohnt. Wir sehen die Pont de Normandie und können dahinter die Hafenanlagen von Le Havre erkennen.

In **Pont-Audemer** (9.000 Einwohner) gestaltet sich das Parken in der Stadt etwas schwierig und man kann nur auf einen Parkplatz am Straßenrand hoffen. Wir sind an der Place du Général de Gaulle fündig geworden, was sich als Vorteil erweist, da das **Office de Tourisme** nicht weit entfernt ist *(Oktober–April Mo–Sa 9:30–12:30/13:30–17:30 Uhr, Mai–September bis 18 Uhr, 11 Rue Thiers, Telefon 0232410821, www.tourisme-pontaudemer-rislenormande.com)*. Für einen längeren Aufenthalt bietet sich der etwa zwei Kilometer entfernte und in der Stadt ausgeschilderte **Camping Risle Seine Les Etangs***** an.

046 **N 49°22'01" E 00°29'15"**, Route des Étangs, 27500 Toutainville, Telefon 0232424665, www.camping-risle-seine.com, geöffnet Ende März/Anfang April–Oktober, Preise 20–34 €.

Das hübsche sowie lebendige Städtchen im Tal der Risle wird von Kanälen und Flussarmen durchzogen und *trägt nicht umsonst den Namen normannisches Venedig*.

Der Wasserreichtum zog einst Gerber an, deren Häuser an der Holzverschalung und den Schieferdächern zu erkennen sind. Auffallend sind die hervorspringenden Stockwerke, in denen die gegerbten Häute getrocknet wurden. Die Lebensader des Ortes ist die Rue de la République, an der Montag- und Freitagvormittag der **Markt** abgehalten wird. Sehenswert ist die **Église Saint-Ouen**, deren älteste Teile aus dem 11. Jahrhundert stammen und die mit schönen Renaissancefenstern aufwarten kann. Das Stadtmuseum **Musée municipal Alfred Canel** ist im ehemaligen Wohnhaus des Historikers und Politikers untergebracht und präsentiert eine umfangreiche Büchersammlung über die Normandie. Daneben werden einem Kuriositätenkabinett gleich naturwissenschaftliche Sammlungen, Möbel, archäologische Fundstücke, Gemälde und Skulpturen gezeigt *(Mai–September Mo, Mi–Fr 14–18 Uhr, Sa/So 10–12:30/14–18 Uhr, Oktober–April Mi/Fr 14–18 Uhr, Sa/So 10–12:30/14–18 Uhr, kein Eintritt)*.

Wir werfen von der Brücke über die Risle einen Blick auf den von alten Gerberhäusern gesäumten Fluss, schlendern durch schmale Fachwerkgassen, entdecken Hinterhöfe und sehen herrschaftliche Stadthäuser – alles zusammen macht den Charme dieser normannischen Vorzeigestadt aus!

Nachdem wir die Seine ein Stück ihres Weges begleitet und uns mittlerweile von ihr entfernt haben, wollen wir nun dahin, wo sie sich ins Meer ergießt.

Doch bevor es soweit ist, verzeichnen wir an der Strecke nach Honfleur mit Blick auf die Pont de Normandie in **La Riviére-Saint-Sauveur** einen Stellplatz.

047 La Rivière-Saint-Sauveur – *Aire de Camping-Car*

GPS: N 49°24'32" E 00°16'05", Chemin du Banc. **Max. WOMOs:** 20. **Öffnungszeit:** Ganzjährig. **Ausstattung:** V/E, Strom, Tisch und Bänke, Müllbehälter. **Beschreibung:** Der geschotterte, teils schattige Platz liegt am Ortsrand direkt unterhalb der Autobahnbrücke und ist bei Vollbelegung eng, aber teils klappstuhlgeeignet. Eine Bäckerei befindet sich ca. 200 m im Ort. **Zufahrt:** Im Ort dem WOMO-Piktogramm folgen. **Hinweis:** Wer nicht geräuschempfindlich ist, findet hier durchaus eine Alternative zum etwa 3 km entfernten Stellplatz in Honfleur.

Tour 4

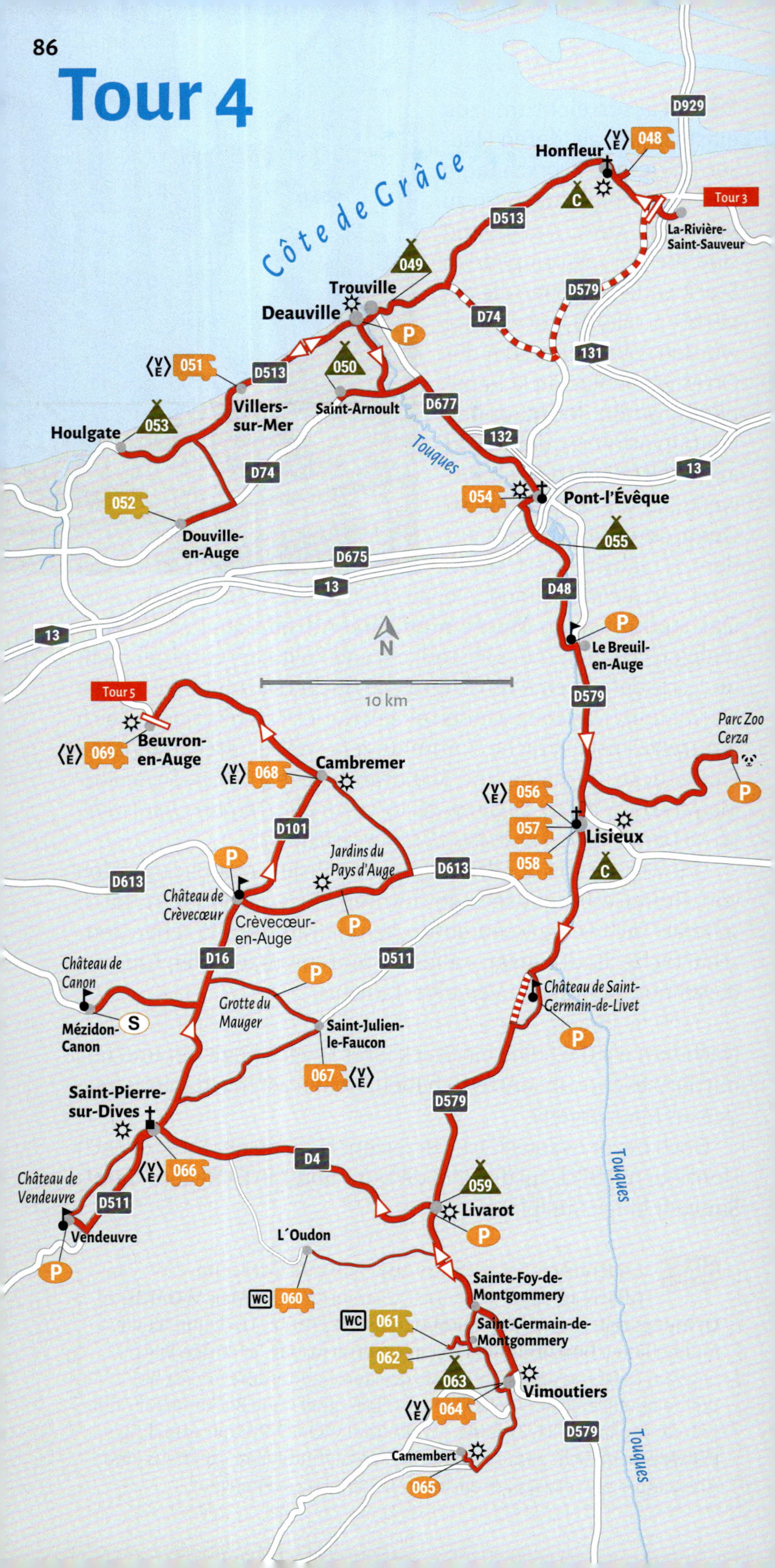
Côte de Grâce
Honfleur
048
D929
Tour 3
La-Rivière-Saint-Sauveur
D513
049
Trouville
Deauville
D579
D74
131
050
051
D513
Villers-sur-Mer
Saint-Arnoult
D677
Houlgate
053
Touques
132
13
D74
054
Pont-l'Évêque
052
055
Douville-en-Auge
D675
13
D48
13
N
Le Breuil-en-Auge
Tour 5
10 km
D579
Parc Zoo Cerza
069
Beuvron-en-Auge
068
Cambremer
056
Lisieux
057
D101
058
Jardins du Pays d'Auge
D613
D613
Château de Crèvecœur
Crèvecœur-en-Auge
D16
D511
Château de Canon
Grotte du Mauger
Château de Saint-Germain-de-Livet
Mézidon-Canon
S
Saint-Julien-le-Faucon
067
Saint-Pierre-sur-Dives
D579
066
D4
Château de Vendeuvre
D511
059
Vendeuvre
Livarot
L´Oudon
Touques
WC
060
Sainte-Foy-de-Montgommery
WC
061
Saint-Germain-de-Montgommery
062
063
Vimoutiers
064
D579
Camembert
065
Touques

Cidre, Camembert und Calvados
215 km

In dieser Tour werden wir uns vorwiegend im Département Calvados aufhalten. Außer traumhaften Sandstränden und traditionsreichen Seebädern, die bei Reisen in die Normandie ganz hoch im Kurs stehen, erwarten Sie:
- **Vieux Bassin in Honfleur**
- **Basilika Sainte-Thérèse in Lisieux**
- **Sandstrand von Houlgate**
- **Calvados- und Cidre Verkostungen**
- **Bummel durch Beuvron-en-Auge**

Darüber hinaus zeigen die Gebiete im Hinterland der **Côte de Grâce** und der **Côte Fleurie** mit dem **Pays d'Auge** eine geradezu malerische Landschaft mit Herrensitzen und Gartenanlagen, grünen Wiesen und Weiden, Apfelbäumen sowie ungeheuer vielen Kühen. Kein Wunder, dass die Region für ihre landwirtschaftlichen Erzeugnisse wie Calvados und Käse weit über ihre Grenzen hinweg bekannt ist. Der Titel dieser Tour ist also vom Essen und Trinken geprägt. Aber nicht nur im Pays d´Auge, sondern verteilt über die gesamte Normandie, konnten wir die abwechslungsreichen Küchenerlebnisse der unterschiedlichsten Restaurants, Bistros, Cafés sowie Bäckereien, Konditoreien, Käsereien, Distellerien und Cidrerien immer wieder genießen. *Aus diesem Grund gehört für uns die facettenreiche normannische Küche zweifelsfrei in die Aufzählung unserer persönlichen **Top Ten***.

Zunächst wollen wir uns jedoch noch einmal der Seine, genauer gesagt, ihrem Mündungstrichter am Ärmelkanal bei **Honfleur** (8.000 Einwohner) nähern.

048 Honfleur – *Aire de Camping-Car*

GPS: N 49°25'10" E 00°14'31", Bassin Carnot. **Max. WOMOs:** 160. **Ausstattung:** V/E, Strom, Müllbehälter. **Öffnungszeit:** Ganzjährig. **Beschreibung:** Der mit einer Schranke gesicherte, geschotterte, meist schattenlose, einfache Parkplatz liegt ca. 500 m nordöstlich vom Ortszentrum. Besonders während den Saisonzeiten, aber mittlerweile auch häufig in den übrigen Jahreszeiten ist der Platz stark frequentiert

und trotz Parzellierung stehen die WOMOs eng an eng. Bei Regen bilden sich teilweise große Pfützen auf dem Platz. Zwischen 8 und 8:30 Uhr kommt der Bäckerwagen und manchmal ein Obst- oder Gemüsehändler. Frischen Fisch kann man an der zweiten Brücke vom Stellplatz Richtung Stadt kommend in der ***Poissonnerie L'Hippocampe*** erwerben oder in ungezwungener Umgebung sofort verzehren (Mo Ruhetag). Alternativ gibt es den **Camping du Phare**** am nordöstlichen Ortsrand zu nennen (geöffnet April–September, www.normandie-sur-mer.fr). **Preis:** 14 €. **Zufahrt:** Im Ort den Hinweisen zum Stellplatz folgen.

Das bezaubernde Hafenstädtchen bietet alles, um das maritime Urlaubsfeeling perfekt zu machen: Pittoreske sechs Stockwerke hohe, mit Schiefer verkleidete Häuser gruppieren sich um das alte Hafenbecken mit vor Anker liegenden Freizeitschiffen, im neueren Hafen werden frischer Fisch und Krustentiere von Fischerbooten angelandet, und in den Gassen der Altstadt sind die unzähligen Bars und Restaurants im Sommer meist bis auf den letzten Stuhl mit gut gelaunten Ausflüglern besetzt. Geschäfte und Galerien in schmucken Fachwerkhäusern laden zum Stöbern ein, sodass der Stadtbummel auf vielfältige Weise zum abwechslungsreichen Ferienerlebnis wird.

Wahrscheinlich von den Normannen gegründet, entwickelte sich der Ort zu einer Zwischenstation zwischen Rouen und England. An die ehemalige Stadtbefestigung erinnert der Sitz des Gouverneurs, die **Lieutenance** aus dem 16. Jahrhundert an der Einfahrt zum **Vieux Bassin** (altes Hafenbecken).

Ohne Touristenrummel früh am Morgen am Vieux Bassin mit frischen Croissants und duftendem Kaffee in den Tag starten.

Obwohl der Hafen zu versanden drohte und der französische König Le Havre als Ersatzhafen gründete, blieb Honfleur ein bedeutender Küstenort. Während des amerikanischen Unabhängigkeitskrieges verlor der Ort jedoch seine Rolle als Hafenstadt an das am anderen Ufer der Seine liegende Le Havre.

Im 19. Jahrhundert wurde Honfleur zum Zentrum künstlerischer Aktivitäten. Das **Musée Eugène Boudin** besitzt eine umfangreiche Sammlung impressionistischer Malerei und dokumentiert die im wahrsten Sinne des Wortes malerische Atmosphäre der Stadt *(Ende März/Anfang April–Juni/September 10–12/14–18 Uhr, Juli/August 10–18 Uhr,*

Vieux Bassin

ansonsten 10–12/14:30–17:30 Uhr, Di Ruhetag, Eintritt, www.musees-honfleur.fr). Das Museum **Maison Satie** widmet sich dem Musiker Erik Satie, dessen Werken sich der Besucher mittels Audioguide durch ein buntes und unterhaltsames Programm nähern kann *(täglich außer Di 10–18 Uhr, Eintritt, www.musees-honfleur.fr).* Das **Musée de la Marine** dokumentiert die Seefahrertradition und das **Musée d'Ethnographie et d'Art populaire** zeigt die lokale Kultur in neun historisch eingerichteten Räumen *(April–Juni/September 10–12/14–18 Uhr, Oktober–März 10–12/14–17:30 Uhr, Di Ruhetag, Eintritt, www.musees-honfleur.fr).*

Für weitere Unterhaltung sorgt das **Naturospace**, in dem auf 800 Quadratmetern tropische Schmetterlinge ihre Leichtigkeit des Seins entfalten können *(April–Juni/September 9:30–18:30 Uhr, Juli/August 9:30–19:30 Uhr, Oktober–März 9:30–16:30 Uhr, Eintritt, www.naturospace.com).*

Das ungewöhnlichste Bauwerk in Honfleur ist die aus dem Jahr 1468 stammende **Église Sainte-Catherine**. Sie wurde mangels anderer Materialien von Schiffszimmerleuten ebenso wie der separat stehende Glockenturm **Clocher Sainte-Catherine** bis auf das Fundament vollständig aus Holz errichtet.

Bei einem Bummel durch das hübsche und sehr lebendige Städtchen flanieren wir durch kleine und größere Parks sowie Gärten. Ein wenig Ruhe vom Touristengetümmel finden wir im kleinen, bezaubernden **Jardin du Tripot**, der versteckt liegt und mittels eines Durchgangs von der Rue de la Chaussée in zweiter Reihe südlich des alten Hafenbeckens betreten werden kann. Zwischen Pflanzen plätschern fröhlich kleine Wasserläufe und Tafeln erläutern das alte Gerbereihandwerk, das hier früher ansässig war.

Clocher Sainte-Catherine

Am nördlichen Ortsrand und im Mündungsbereich der Morelle und angrenzend an die **Plage du Butin**, an der das Baden zumindest in Stadtnähe verboten ist, befindet sich der weitläufige **Jardin des Personnalités**. Der Garten wurde dem Wattenmeer abgerungen und ist bekannten Persönlichkeiten gewidmet, die aus Honfleur stammen oder hier lebten.

Im **Office de Tourisme** werden **Bootsausflüge** vermittelt oder Hinweise zu Veranstaltungen wie beispielsweise die **Fêtes des Marins** am Pfingstsonntag gegeben, bei der eine Prozession mit bunt geschmückten Booten stattfindet. Für die Entdeckung der Altstadt bietet sich auch das Ausleihen eines gebührenpflichtigen Audioguides mit 16 Beiträgen in deutscher Sprache zu den historischen Örtlichkeiten an *(Ostern–Juni/September Mo–Sa 9:30–12:30/14–18:30 Uhr, So/Feiertage 10–12:30/14–17 Uhr, Juli/August Mo–Sa 9:30–19 Uhr, So/Feiertage 10–17 Uhr, Oktober–Ostern Mo–Sa 9:30–12:30/14–18 Uhr, Oktober/Schulferien So/Feiertage 9:30–13:30 Uhr, Quai Lepaulmier, Telefon 0231892330, www.ot-honfleur.fr)*.

Wenn das Wetter nicht mitspielen sollte oder man einfach nur mal so seinen Kaufrausch ausleben möchte, dann kann der Weg in das am südöstlichen Stadtrand gelegene **Honfleur Normandy Outlet** führen *(10–19:30 Uhr, www.honfleuroutlet.com)*.

Zum Abschluss des gelungenen Aufenthaltes in Honfleur wird uns die Wahl eines Restaurants wahrlich nicht leicht gemacht. In der exponierten Lage am alten Hafenbecken wird man sicher gut, aber auch entsprechend teuer bedient. Wir entfernen uns nur wenige Meter weiter und erleben für den annähernd gleichen Preis einen kulinarischen Höhepunkt. Das **Restaurant *Entre Terre et Mer*** bewegt sich gekonnt zwischen Meer sowie normannischem Hinterland und bietet eine vorzügliche Weinkarte *(Mo/Mi/Fr/So, in der Saison täglich Mittag- und Abendmenüs, 12 Place Hamelin, Telefon 0231897060, www.entreterreetmer-honfleur.com)*.

Der Wege nach **Trouville-sur-Mer** (5.100 Einwohner) und **Deauville** (4.000 Einwohner) gibt es mehrere. Die Straße nahe der Küste ist obwohl gut zu befahren, für Fahrzeuge über 3,5 Tonnen Gesamtgewicht und für Busse gesperrt. Wer dort nicht entlang fahren möchte oder darf, verpasst nichts Wesentliches und gelangt auf einer der anderen ausgewiesenen Straßen in die zusammengewachsenen traditionsreichen Seebäder.

Das Parken für WOMOs gestaltet sich ein wenig schwierig und wir parken tagsüber meist am Bahnhof Trouville-Deauville nahe dem Flüsschen *La Touques* (N 49°21'36" E 00°05'00", Place Louis Armand, Gebühr, ***für WOMOs über 7–7,50 Meter Länge nicht geeignet***). Für größere Wohnmobile und einen längeren Aufenthalt empfehlen sich deshalb zwei Campingplätze.

049 Trouville-sur-Mer – *Camping Au Chant des Oiseaux*

GPS/Kontakt: N 49°22'39" E 00°05'43", 11 Route de Honfleur. Telefon 0231880642, www.campingtrouville.com. **Öffnungszeit:** April–Oktober. **Ausstattung:** Kinderspielplatz, Fitnessraum, Angelmöglichkeit, Waschmaschine, Wäschetrockner, WiFi, Aquapark, Wellness-Zentrum, Fahrradverleih, Restaurant/Bar, Shop, Animationsprogramm. Grillen erlaubt. **Beschreibung:** Neben vielen Mobilhomes finden fast alle Wohnmobile eine Parzelle mit Aussicht aufs Meer. Da diese Plätze rar gesät sind, ist der Anreisestau vorprogrammiert und man sollte den Campingplatz zeitig anfahren oder im Idealfall vorher reservieren. Wenn man dann nach dem ersten Blick aufs Wasser zufrieden durchgeatmet hat, dann kann man sich dem einfachen Restaurant oder dem auf dem Platz erworbenen Baguette zuwenden. Gestärkt bietet sich eine *Fahrraderkundung ins etwa 15 km entfernten Honfleur* an, man schaut im etwa 2 km nahen Trouville vorbei oder gelangt über einen eigenen (ziemlich steilen) Treppenzugang direkt an den Strand. **Preis:** 30 €. **Zufahrt:** Der D513 bis zum Campingplatz folgen.

050 Deauville/Saint Arnoult – *La Vallée de Deauville*******

GPS/Kontakt: N 49°19'43" E 00°05'09", Avenue de la Vallée. Telefon 0231885817, www.camping-deauville.com. **Öffnungszeit:** Mitte März–Oktober. **Ausstattung:** Kinderspielplatz, Fitnessraum, Angelmöglichkeit, Waschmaschine, Wäschetrockner, WiFi, Aquapark, Wellness-Zentrum, Fahrradverleih, Restaurant/Bar, Shop, Animationsprogramm. Grillen erlaubt. **Beschreibung:** Auf dem familienfreundlichen Platz gibt es viele Mobilhomes und die durch Hecken unterteilten Wiesenparzellen für WOMOs sind zwar breit, aber in der Länge nur für WOMOs mit max. 7,50 m Länge geeignet (vielleicht gibt es vereinzelt längere Plätze, die wir aber nicht gesehen haben). *Direkt vor dem Campingplatz verkehrt regelmäßig der Bus nach Deauville*. **Preis:** 32–44 €. **Zufahrt:** Aus dem Ort Richtung Lisieux/Caen den Hinweisen zum Campingplatz folgen.

Das ehemalige Fischerdorf **Trouville** entwickelte sich ab der ersten Hälfte des 19. Jahrhundert zum Badeort, als es unzählige Künstler wie Alexandre Dumas, Gustave Flaubert oder die impressionistischen Maler anzog. Diese suchten Ruhe als auch Inspiration und bis heute hat sich der Ort seine bodenständige, familiäre Atmosphäre erhalten.

Fischhalle La Poissonniere

Auch wenn das für ein französisches Seebad obligatorische **Casino** und ein Hafen für edle Jachten nicht fehlen, so verrichten die einheimischen Fischer immer noch ihr traditionelles Handwerk. Sehenswert ist die **Fischhalle La Poissonniere**, in der täglich ein überquellendes Angebot von Fisch und Krustentieren beworben wird. Schön ist aber auch ein Spaziergang auf den **Planches**, wie die aus hölzernen Planken zusammengefügte Strandpromenade genannt wird.

Nachdem wir genug vom Strand und den am Meer gelegenen **Villen der Belle Époque** gesehen haben, überqueren wir das Flüsschen Touquet und spüren sofort die Veränderung (**Office de Tourisme** *April–Oktober Mo–Sa 10–18 Uhr, So/Feiertage 10–17 Uhr, November–März Mo–Sa 10–18 Uhr, So/Feiertage 10–13:30 Uhr, Juli/August 9:30–19 Uhr, So/Feiertage 10–18 Uhr, 32 Boulevard Fernand Moureaux, Telefon 0231146070, www.trouvillesurmer.org*).

Deauville *ist mit Abstand das mondänste Seebad der Normandie*. Das kleine Bauerndorf zwischen Dünen und Sümpfen entwickelte sich ab 1860 auf Initiative des Halbbruders von Napoléon III. zum feinen Ferienort der Pariser Gesellschaft.

Bei einem Spaziergang fällt sofort das luxuriöse Ambiente auf. Die Pferderennbahn sowie eines der bekanntesten europäischen **Casinos** sorgen für niveauvolle Zerstreuung und im Jachthafen ankern schicke Jachten. Pferderennen, Segelregatten, Golf-, Polo- und Tennisturniere sowie das Filmfestival ziehen ein internationales Publikum vom Sternchen bis zum Star an. Die vornehme Kleidung wird in Nobelboutiquen erworben und wer etwas auf sich hält, steigt im feinen **Hotel Normandy Barrière** im Fachwerkstil ab.

Bei einem Bummel stechen die unterschiedlichen Architekturstile der Villen, Herrenhäuser und anderer Bauwerke ins Auge, die sich jedoch zu einem harmonischen Ganzen fügen und unter anderem zum Reiz des Ortes beitragen. Der **Boulevard Eugène-Cornuché** führt uns an den prächtigsten Villen vorbei und auf die Terrasse eines der beliebtesten Treffpunkte der Stadt. Im **Dupont avec un thé** lassen wir uns Gebäck sowie andere Köstlichkeiten munden, bevor es uns ans Meer zieht *(8:30–19 Uhr, Do Ruhetag, 20 Place de Morny)*.

Am langen Sandstrand, der mit bunten, allzu fotogenen Sonnenschirmen betupft ist, gehört ein Spaziergang auf den **Planches** zum Pflichtprogramm. Nicht nur zur Festspielzeit entwickelt sich die 653 Meter lange Strandpromenade zum Laufsteg der Reichen und Schönen. Dahinter reihen sich kleine Badehäuschen aneinander, an denen auf weißen Holzgittern die Namen bekannter Hollywoodschauspieler und -regisseure stehen, die das 1975 gegründete und jährlich im September stattfindende **Amerikanische Filmfestival** mit ihrer Anwesenheit beehren (**Office de Tourisme** *September–Dezember Mo–Sa 10–18 Uhr, So 10–13/14–18 Uhr, Juli/August Mo–Sa 9–19 Uhr, So 10–18 Uhr, Quai de l'impératrice Eugénie, Telefon 0231144000, www.indeauville.fr).*

Im westlich gelegenen Badeort **Villers-sur-Mer** gibt es einen ausgeschilderten, engen, aber sonst recht ordentlichen, durch Hecken parzellierten **offiziellen WOMO-Stellplatz** mit 14 Plätzen, die in der Saison schnell belegt sind. Von hier kann der etwa 300 Meter entfernte Strand besucht werden oder eine Umrundung des nahen **Naturschutzgebietes** sorgt für Abwechslung.

051 **N 49°19'44" E 00°00'47"**, Rue des Martrois, frei zugängliche V/E, Strom, ganzjährig geöffnet, Preis 15 €.

Wer eher die ländliche Umgebung bevorzugt, findet nahe dem kleinen Dorf **Douville-en-Auge** im Weiler **La Maison Blanche** vielleicht etwas Passendes:

052 **N 49°16'17" W 00°01'58"**, La Maison Blanche, am besten telefonisch unter 0631492833 reservieren, ganzjährig geöffnet, Preis 10 €. Die Stellplätze auf Wiese liegen sonnig an sowie auf den Weiden und sind großzügig bemessen.

Wir lieben zugegebenermaßen das Meer, und mit viel Glück und meist nur nach telefonischer Reservierung fühlen wir uns *im kleinen, aber hübschen Seebad Houlgate mit seinen alten Villen* und einem einfachen Campingplatz sehr wohl.

053 Houlgate – *Camping de la Plage****

GPS/Kontakt: N 49°18'21" W 00°04'17", 59 Rue Henri Dobert, Telefon 0231287307, www.camping-houlgate.com. **Öffnungszeit:** April–Oktober.

Ausstattung: Reinigungsplatz für die Ausbeute der Fußfischer. **Beschreibung:** Der kleine, terrassierte, mit nur fünf Plätzen für Wohnmobile ausgestattete Platz verfügt über sehr einfache Sanitäranlagen und liegt am Ortsrand. Die Betreiber sind sehr freundlich und entgegenkommend, aber die Lage direkt über dem langen Sandstrand mit eigenem Zugang ist das unbestrittene Highlight! Zudem ist es nicht weit in den hübschen Ort mit kleineren Geschäften, Cafés, Bars und Restaurants. Von letzteren empfehlen wir uneingeschränkt das ***L'Eden***, in dem man aufgrund seiner Beliebtheit und hervorragenden Qualität unbedingt einen Tisch reservieren sollte *(Mittags- und Abendmenüs Mi–So, 7 Rue Henri-Fouchard, Telefon 0231248437, www.eden-houlgate.com)*. Einer der wenigen offiziell ausgewiesenen Hundestrände der Normandie befindet sich rechts vom Campingplatz. **Preise:** 22–34 €. **Zufahrt:** Im Ort den Hinweisen zum Campingplatz folgen. **Hinweis:** Besonders in der Hauptsaison, aber vorsichtshalber auch zu anderen Zeiten unbedingt vorher nachfragen, ob ein Platz für ein Wohnmobil frei ist und dann sofort reservieren! Im Allgemeinen wird man vom Campingpersonal auf die teilweise etwas schwierig und ggf. rückwärts anzufahrenden Parzellen eingewiesen.

Nachdem wir ausreichend von der mit Eleganz und Stil angereicherten Luft dieser Gegend geatmet haben, verabschieden wir uns vorerst von der Küste, um im Landesinneren das **Pays d'Auge** zu erkunden.

Das Pays d'Auge, die Bocage und die drei großen »C«

Eine Bilderbuchlandschaft, in der normannische Fachwerkhäuser, lustig gefleckte Kühe und knorrige Apfelbäume das Bild prägen.

Wie in vielen ländlichen Bereichen der Normandie werden die welligen Felder und Äcker durch Hecken und Wallhecken begrenzt. Dieser Landschaftstyp wird in Frankreich als **Bocage** bezeichnet und wurde erstmals vor etwa 2.000 Jahren durch keltische Bauern angelegt. Die hohen Wälle waren mit verschiedenen Straucharten bewachsen und konnten eine stattliche Höhe von über vier Meter annehmen. Im Laufe der Jahrhunderte ersetzten die Bauern die Wälle häufig durch Eichen und andere Baumarten oder kombinierten alles. Es entwickelte sich eine fast undurchdringliche Barriere, die Wind und Wetter trotzt und noch heute als natürliche Einfriedung in der Viehhaltung dient. Die Heckenlandschaft stellt einen wichtigen Lebensraum für Flora sowie Fauna dar und bietet Futter für das Vieh. Wie unterschiedlich die Landschaftstypen der Bocage ausfallen, werden wir im Verlauf unserer Reise noch oft feststellen.

Bocage

In der landwirtschaftlich geprägten Region finden sich aber auch viele Schlösser, Herrenhäuser und schmucke Fachwerkdörfer. Allerdings darf nicht unerwähnt bleiben, dass die Landflucht auch hier spürbar ist. Die Landschaft ist wunderschön und entspricht dem Idealbild des bäuerlichen Landlebens, sodass es jetzt viele Städter mit Zweitwohnsitzen in die authentische Gegend zieht.

In der Normandie werden rund 30 verschiedene Käsesorten hergestellt. Kein Wunder, denn die exzellente Milch der Kühe will verarbeitet werden und bringt im Pays d'Auge unter anderem den Livarot und den Pont-l'Eveque auf das Käsebrett. Weltweit bekannt ist der normannische **Camembert**, dessen Geschmack sich hier vor Ort deutlich von industriell hergestellten Produkten unterscheidet.

Unschwer zu erkennen ist, dass wir uns in einem Apfelland befinden, das uns zu den nächsten beiden »C« bringt. Für die Herstellung des **Cidre** werden spezielle Apfelsorten angebaut, die kleiner und reicher an Gerbstoffen als die uns bekannten Tafeläpfel sind. Wie so oft macht es die Mischung, denn aus dem Saft gepresster süßer, saurer und bitterer Sorten wird der natürlich vergorene Apfelmost gewonnen. Dieser wird je nach Zucker- und Alkoholgehalt in vier verschiedene Klassen eingeteilt, von denen der in Flaschen gegärte *Cidre Bouché* die beste Qualität entwickelt. Das Pendant, der *Poiré*, wird aus Birnen hergestellt und ist genauso schmackhaft. Der fein prickelnde, erfrischende Cidre wird von einem Häubchen hellen Schaums gekrönt und als Aperitif oder zum Essen getrunken.

Wird der Apfelmost in einem zweistufigen Destillationsprozess in einer Brennblase gebrannt, so entsteht der berühmte **Calvados**. Doch damit nicht genug: Das Gemisch reift anschließend jahre- beziehungsweise jahrzehntelang in Eichenfässern mit hohem Tanninanteil und wird mit anderen Jahrgängen und Ernten gemischt, damit die Qualitäten der einzelnen Brände hervorgehoben werden. Der junge Calvados verändert im Laufe der Jahre seine Farbe und wird mit dem Alter dunkler, sodass er am Ende bernstein- oder cognacfarben ins Glas läuft. Zudem schmeckt er samtiger und aromatischer.

Calvados-Fässer in der Destillerie Château du Breuil

Eine Spezialität ist der **Calvados domfrontais**, bei dessen Herstellung mindestens 30 Prozent Birnen verwendet werden. Eine weitere Variante ist der meist als Aperitif gereichte **Pommeau**, für den ein Drittel junger Calvados mit zwei Dritteln Apfelsaft gemischt werden. Zum *Trou normand* (normannisches Loch) wird der Calvados, wenn er zwischen der Menüabfolge genossen wird und das "Loch" für den nächsten Gang schaffen soll. *Santé!*
Bei unserer Weiterfahrt werden wir immer wieder die **Route de Cidre** kreuzen, an deren 40 Kilometer langem Streckenverlauf lokale **Cidre-Hersteller** ihre Produkte zur Verkostung (*Dégustation*) und zum Verkauf anbieten (www.larouteducidre.fr).

In **Pont-l'Évêque** (4.200 Einwohner) ist es das erste Mal soweit, denn am Ortseingang die Möglichkeit, die Produktion von Calvados und anderer Spirituosen in der **Destillerie Père Magloire** kennenzulernen. Am Ende der Besichtigung steht eine Verkostung der Produktpalette *(Oktober–März 10–13/14–18 Uhr, April–September 9:30–19 Uhr, letzter Einlass 1¼ Stunden vor Ladenschluss, Besichtigungen 1¼ Stunden, Gebühr, www.calvados-pere-magloire.com).*

054 Pont l´Évêque – *Place Foch*

GPS: N 49°17'09" E 00°11'15". **Max. WOMOs:** 5. **Öffnungszeit:** Ganzjährig. **Ausstattung:** Müllbehälter. **Beschreibung:** Der geschotterte, schattenlose, einfache Parkplatz liegt im Ort etwas abseits der Hauptstraße und ist dadurch relativ ruhig. Das Office de Tourisme sowie Bäckereien, Geschäfte, Restaurants sind fußläufig und auch die Küste ist mit *Bus und Bahn* nach 15-minütiger Fahrt gut zu erreichen. Zudem führt die *Véloroute Littorale* über Saint-Arnoult bis nach Deauville/Trouville (einfache Strecke ca. 16 km). **Zufahrt**: Im Ort Richtung Centre Ville und am **Office de Tourisme** *(September–Juni Mo–Sa 10–12:30/14–18 Uhr, Juli/August Mo–Sa 10–18 Uhr, Oster-, Pfingstsonntag und Juli–September So 10–13 Uhr, 16 Place Jean Bureau, Telefon 231641277, www.terredauge-tourisme.fr)* zum ausgeschilderten Parkplatz fahren. **Hinweis:** Am Montag ist das Parken von 7–15 Uhr aufgrund des Marktes verboten.

In Pont L´Évêque denken wir natürlich sofort an den gleichnamigen, traditionsreichen Käse mit gelb gewaschener Rinde, der in einer quadratischen Spanschachtel verkauft wird. Seit 1976 ist der **Weichkäse** mit dem AOP-Siegel ausgezeichnet und entfaltet nach fünf bis sechs Wochen Reifedauer seinen würzigen, aber nicht zu kräftigen Geschmack (im Sommer nicht gut transportfähig!).

Darüber hinaus sollte man es aber nicht versäumen, den kleinen normannischen Ort am Zusammenfluss von Yvie, Calonne und Touques, dem nach dem Zweiten Weltkrieg hässliche Nachkriegsbauten erspart blieben, ein wenig näher zu betrachten. Im Ort steht noch das schmucke Rathaus **Hôtel de Brilly**, das **Couvent des Dominicaines** aus dem 16./17. Jahrhundert sowie die spätgotische **Église Saint-Michel** mit ausladenden Strebepfeilern

TOUR 4

Volkstanz beim Marché l´Ancienne

und einem wuchtigen Turm.

Neben der Kirche und direkt am Flussufer lädt das traditionsreiche **Gasthaus *Auberge de la Touques*** zu sehr guter regionaler Kost ein *(Mittags- und Abendmenüs, Di geschlossen, Telefon 0257546302, www.aubergedelatouques.com)*. Sehr großen Zulaufs erfreut sich der *Marché l'Ancienne, auf dem Produkte aus dem Pays d'Auge angeboten werden*. Bei unserem letzten Besuch durften wir uns zudem an folkloristischen Darbietungen erfreuen *(Oster- und Pfingstsonntag, Juli/August So 10–13 Uhr)*.

Ganz in der Nähe verspricht der **Lac de Pont l´Évêque** im Sommer *Freizeitvergnügen mit allem Drum und Dran* und für einen längeren Aufenthalt empfiehlt sich der am See gelegene, freundlich anmutende Campingplatz (Hunde sind am See nicht gestattet).

055 Pont l´Évêque – *Camping du Lac*****

GPS/Kontakt: N 49°16'29" E 00°12'18", 48 Route Départemental, Telefon 0231643131, *www.lacdepontleveque.fr.* **Öffnungszeit:** Mitte März/Anfang April–Oktober. **Ausstattung:** Badestrand, Kinderspielplatz, Tischtennis- u. Bouleanlage, Angelmöglichkeit, Waschmaschine, Wäschetrockner, Snackbar, Baguetteservice. **Beschreibung:** Der außerorts gelegene Campingplatz verfügt neben den fast obligatorischen Mobilhomes über 35 Stellplätze für Zelte, Wohnwagen sowie Wohnmobile und bietet sich als Ausgangspunkt für Wander- und Radtouren an. Die Plätze sind recht großzügig bemessen und meist sonnig. **Preise:** 30–50 €. **Zufahrt:** Im Ort den Hinweisen Parc de le Loisiers und Campingplatz folgen. **Hinweis:** Gegebenenfalls Geräusche durch die Autobahn. Die Zufahrten auf dem Platz sind für große Wohnmobile teils etwas eng.

Wir durchfahren das weite Tal der Touques nach **Le Breuil-en-Auge**, denn hier erwartet uns schon die nächste Destillerie, die inmitten des weitläufigen Parks von **Château du Breuil** aus dem 16./17. Jahrhundert zu finden ist (N 49°13'48" E 00°13'02"). Die geführten *Besichtigungen in einer der bekanntesten Calvados-Brennereien* enden selbstverständlich mit einer Verkostung und in der Boutique können der am besten schmeckende Calvados, Pommeau oder eine andere Spirituose käuflich erworben werden *(täglich 10 Uhr, 11 Uhr, 14 Uhr, 15 Uhr, 16 Uhr, 17 Uhr. Wer Französisch spricht, der kann auf spielerisch-abenteuerliche Weise beim Adventure-Game den Park durchstreifen, Gebühr, www.spiriterie.com.).*

Auf der D579 nach **Lisieux** passieren wir den Hinweis zum etwa zehn Kilometer entfernten **Parc Zoo Cerza** (N 49°11'09" E 00°18'17", Départementale 143, 14100 Hermival les Vaux). In dem 60 Hektar großen Landschaftstierpark leben Löwen, Tiger, Panther, Giraffen und allerlei anderes Getier in einem weitestgehend natürlichen Lebensraum, in dem auch ein Streichelzoo nicht fehlen darf. Die Fahrt mit dem Safari-Bähnchen durch das weitläufige Areal wird nicht nur für jüngere Besucher zu einem Erlebnis *(Februar/März/Oktober/November 10–17:30 Uhr, April–Juni/September 9:30–18:30 Uhr, Juli/August 9:30–19 Uhr, Eintritt, Hunde nicht gestattet, www.cerza.com).*

Mit **Lisieux** (23.500 Einwohner) haben wir das führende Handels- und Industriezentrum des Pays d'Auge erreicht und orientieren uns zunächst im Zentrum an den Hinweisen zum **Office de Tourisme** *(April/Mai/Oktober Mo–Sa 9:30–12:30/13:30–17:30 Uhr, Juni–September bis 18 Uhr, November–März Di–Sa 9:30–12:30/13:30–17:30 Uhr, 11 Rue d'Alençon, Telefon 0231481810, www.authenticnormandy.fr).*

056 **N 49°08'33" E 00°13'39"**, Rue d'Alencon. Auf dem ganzjährig geöffneten *Parking Mgr. Germain* direkt gegenüber vom Office de Tourisme befindet sich eine V/E mit zwei direkt davor liegenden WOMO-Stellplätzen (WOMOs über 6,50–7,00 Meter Länge sollten auf gar keinen Fall weiter auf den engen, meist gut besuchten Parkplatz fahren!)

057 **N 49°08'29" E 00°14'03"**, Avenue Jean XXIII. Ausgesprochen schräger, gebührenpflichtiger, ganzjährig geöffneten Parkplatz gegenüber der Basilika, den wir genau wie den vorgenannten nur der guten Ordnung halber aufführen.

Wirklich überzeugend sind beide Stellplätze nicht und wer länger in Lisieux bleiben möchte, dem empfehlen wir den ausgeschilderten **Camping Lisieux** (Mitte April–Anfang/Mitte Oktober, camping-lisieux.fr) oder für einen Kurzaufenthalt den Stellplatz an der Bowling-Bahn.

058 Lisieux – *Bowling de Lisieux*

GPS: N 49°08'47" E 00°14'19", 69, Rue de Paris **Max. WOMOs:** 10. **Öffnungszeit:** Ganzjährig. **Ausstattung:** Strom, Bowling und Billardspiel gegen Gebühr möglich. **Beschreibung:** Der hinter dem Gebäude der Bowlingbahn liegende, teils schattige Wiesenplatz liegt am Ortsrand ca. 1 km vom Zentrum entfernt und ist klappstuhlgeeignet. **Preis:** 10 €. **Zufahrt:** Im Ort Richtung Paris abbiegen und den Hinweisen zur Bowlingbahn folgen. **Hinweis:** Die Zufahrt ist relativ eng! Bitte bei Ankunft in der Bowlingbahn melden! Auf den ersten Blick mutet das Umfeld nicht besonders einladend an, der Stellplatz punktet dann aber hinter dem Gebäude mit einer Wiesenfläche unter Bäumen.

Lisieux wurde einst Lexovii genannt und kann auf eine bald 2.000 Jahre alte Geschichte zurückblicken. Mit einem einzigartigen geschlossenen Stadtbild galt der Ort bis zum vernichtenden Bombardement im Zweiten Weltkrieg als die normannische Fachwerkstadt schlechthin – eines der erhaltenen Fachwerkhäuser haben wir bereits in Étretat gesehen und wissen, warum es die Zeiten überdauert hat. Einige wenige andere stehen noch in der *Rue Aristide Briand* sowie der *Rue Henry Chéron* und zeugen von der einstigen Pracht.

Auch die **Cathédrale Saint-Pierre** blieb vom Bombenhagel weitgehend verschont und präsentiert sich in einem frühgotischen Stil. Das **Musée d'Art et d'Histoire** erinnert in seiner Ausstellung an die ehemalige Fachwerkmetropole und widmet sich unter anderem archäologischen Funden aus dem Pays d'Auge *(Di–So 14–18 Uhr, kein Eintritt)*.

Das Hauptaugenmerk richtet sich jedoch auf die **Basilique Sainte-Thérèse**, die 1954 geweiht wurde und mit einer Größe von 4.500 Quadratmetern und einer 95 Meter hohen Kuppel *zu den größten im 20. Jahrhundert gebauten Sakralbauten gehört*.

Basilique Sainte-Thérèse

Die Kirchen- und Kryptamauern sind mit großen, bunten Mosaiken verziert, die die Botschaft der Heiligen Thérèse aufnehmen und im Querschiff befinden sich die Reliquien der Heiligen *(November–März 9–17:30 Uhr, April–Oktober 9–19 Uhr, www.therese-de-lisieux.com).*

Wer ist aber jene *Thérèse, zu deren Grab jährlich rund eineinhalb Millionen Pilger strömen* – nur Lourdes wird von mehr Wallfahrern besucht?!

Sainte-Thérèse de Lisieux

Thérèse Martin wurde am 2. Januar 1873 als jüngstes Kind einer tiefreligiösen Familie in Alençon geboren. Nachdem die Mutter früh verstarb, wandte sich die Vierjährige dem Glauben zu und wollte ihren älteren Schwestern ins Kloster folgen. Dies wurde ihr jedoch aufgrund ihres jugendlichen Alters verwehrt. Von tiefster Frömmigkeit durchdrungen, pilgerte sie mit ihrem Vater nach Rom, um dort den Papst (vergeblich) umzustimmen.

Erst der Bischof von Bayeux erlaubte es Thérèse und so trat sie im Alter von 15 Jahren in das strenge Karmeliterinnenkloster von Lisieux ein und führte ein frommes sowie demütiges Leben. Nach einer Tuberkulose-Erkrankung starb sie im Alter von nur 24 Jahren am 30. September 1897. Ihre posthum veröffentlichte Biografie mit dem Titel *Geschichte einer Seele* ist das nach der Bibel meistgelesene geistliche Buch in französischer Sprache. Nachdem Pilger von wundersamen Heilungen in Lisieux berichteten, wurde Thérèse 1923 selig- sowie 1925 heiliggesprochen, und Papst Johannes Paul II. ernannte sie 1997 zur Kirchenlehrerin. Erstmals in der Kirchengeschichte wurden 2008 auch die Eltern einer Heiligen seliggesprochen.

Wer sich auf die Spuren der **Heiligen Thérèse** begeben möchte, folgt einer **blauen Linie** durch die Straßen von Lisieux und wird zu verschiedenen Orten ihres Lebens geführt.

Südlich von Lisieux erreichen wir in einem ruhigen Tal unweit des kleinen Ortes **Saint-Germain-de-Livet** ein aus dem 16. Jahrhundert stammendes und *von Wassergräben umgebenes Renaissanceschloss, das zu den schönsten Schlössern der Normandie gehört* und ein architektonisches Meisterwerk ist (N 49°05'21" E 00°12'59").

Château de Saint-Germain-de-Livet

Ein Bächlein gluckst munter neben dem Parkplatz, der mit Tisch sowie Bänken zu einem Picknick einlädt und auf der anderen Straßenseite betritt man durch einen Torbogen die ungewöhnliche Anlage, in der man unter Umständen von frei laufenden Pfauen begrüßt wird. Das Schloss hat eine schachbrettartige Fassadendekoration aus glasierten Backsteinen und der versetzte Flügel zeigt schönes Fachwerk. Im Inneren sind kostbare Möbel und Fresken vom Ende des 16. Jahrhunderts zu bewundern.

Gegenüber dem Schloss, auf einem ehemaligen Friedhof, erinnert der **Garten des Abbé Marie** an die Blumenpracht, die während religiöser Feste eine Rolle spielten *(April–Anfang November Di–So 10:30–12:30/14–18 Uhr, Führungen obligatorisch, Hunde nicht gestattet, Eintritt).*

Durch die hügelige und grüne Bocage-Landschaft kurven wir durch von Weiden und Wäldchen umgebene Weiler und an Landsitzen vorbei in die Käsestadt **Livarot** (2.500 Einwohner), deren Zentrum einige Fachwerkhäuser aufweisen kann (**Office de Tourisme** *Mo 9:30–12:30/13:30–17:30 Uhr, Di–Fr 9–12:30/14–18 Uhr, Sa 9–12:30 Uhr, Place Georges Bisson, Telefon 0231634739, www.livarot-tourisme.com).*

059 Livarot – *Camping Municipal*

GPS/Kontakt: N 49°00'13" E 00°09'02", Rue du Général Leclerc. Telefon 06774309. **Öffnungszeit:** Anfang April–Mitte September. **Ausstattung:** Strom, Müllbehälter. **Beschreibung:** Genau genommen handelt es sich um den stillgelegten Campingplatz, der mittlerweile eher einem großzügigen Stellplatz auf Wiese gleicht. Der Platz liegt am Ortsrand und das kleine Zentrum mit Bäckerei und Geschäften ist ca. 200 m, die Fromagerie Graindorge 500 m entfernt. Das einfache, saubere Sanitärhaus war bei unserem letzten Besuch gerade erneuert worden. **Preis:** 12 €. **Zufahrt:** Im Ort den Hinweisen Camping/Stade folgen und über einen Parkplatz zum etwas versteckt liegenden Campingplatz fahren.

Das bis ins 17. Jahrhundert auf Metallbearbeitung spezialisierte Livarot ist heute vor allem für seinen gleichnamigen Käse bekannt. Der runde **Weichkäse** mit orange-roter Rinde schmeckt kräftig, ist aber milder als er riecht. Umgangssprachlich wird er auch *Colonel* genannt, da sein Rund mit einer Art Bauchbinde aus Papierstreifen oder Riedgras umwickelt ist, die den fünf Dienstgradabzeichen eines französischen *Colonel* (Oberst) ähneln. Mit der Käseherstellung kamen im 19. und im beginnenden 20. Jahrhundert Reichtum und Wohlstand in die Stadt.

Die Geheimnisse um diese Käsespezialität, die mit der geschützten Herkunftsbezeichnung AOP seit 1975 gekennzeichnet ist, werden in der **Fromagerie E. Graindorge** ein wenig gelüftet (N 49°00'05" E 00°09'05", Rue Général-Leclerc. Übernachtung möglich!).

Alles Käse – Besuch in der Fromagerie

Ein Museum und der Spaziergang entlang der "gläsernen" Produktion vermitteln Eindrücke von der Herstellung des *Livarot* sowie des *Pont l' Evêque* und werden von Erläuterungen in deutscher Sprache begleitet. In der angegliederten Boutique kann vor dem Kauf eine Verkostung verschiedenster Käsesorten vorgenommen werden *(November–März Mo–Fr 10–12:30/14:30–17:30 Uhr, Sa 10–13 Uhr, April–Juni/September/Oktober Mo–Sa 9:30–13/14–17:30 Uhr, Juli/August Mo–Sa 9:30–17:30 Uhr, So 10:30–17:30 Uhr, weitere Sonderöffnungszeiten. www.graindorge.fr).*

Durch die für Augen und Seele so wohltuende Landschaftsform gelangen wir in das Mini-Örtchen **L'Oudon**.

060 L'Oudon – *Le Billot*

GPS: N 48°58'08" E 00°04'19". **Max. WOMOs:** 10–15. **Öffnungszeit:** Ganzjährig. **Ausstattung:** Wasser, Strom, in der Nähe befinden sich ein WC, Müllbehälter. **Beschreibung:** Der an einer Wiese bisher kostenfreie Stellplatz ist sonnig bis teils schattig. Er liegt ruhig am Ortsrand an

Streuobstwiesen und bietet teilweise eine wunderschöne Aussicht ins Land. Der Platz ist klappstuhlgeeignet. Das WOMO kann seinen Platz auf Asphalt, aber auch am Rand der Wiese finden und wir Menschen können von hier zu Rad- und Wandertouren aufbrechen (Infotafel vor Ort) oder nur wenige Minuten entfernt im **Restaurant *Le Relais du Billot*** (Mo geschlossen) den Magen füllen. **Zufahrt:** Von der D39 am nördlichen Ortsrand dem WOMO-Piktogramm folgen.

Wenn man nicht nur einen ruhigen Stellplatz vor einer Apfelbaumwiese sucht, sondern *zusätzlich die feinen Erzeugnisse von den Bäumen verkosten möchte*, dann ist man im nahen **Saint-Germain-de-Montgommery** bei einem freundlichen Cidre-Hersteller *in the middle of nowhere* genau richtig.

061 Saint Germain-de-Montgommery – *Cave Cidricole Didier Gautard*

GPS/Kontakt: N 48°56'22" E 00°09'43", Telefon 0233392752. **Max. WOMOs:** 5. **Öffnungszeit:** Ganzjährig. **Ausstattung:** Wasser, Strom, WC, Müllbehälter. **Beschreibung:** Der Stellplatz liegt sehr ruhig im Grünen neben der Cidrerie. Die großzügigen, sehr gepflegten Parzellen auf Wiese sind durch Hecken getrennt und liegen an bzw. unter Bäumen. Der Platz ist klappstuhlgeeignet und der kleine Hofladen bietet auf Vorbestellung Baguette und andere Kleinigkeiten an. Das Übernachten ist kostenfrei, doch ein Einkauf ist erwünscht! Das ist jedoch nicht weiter schwer, denn wir können die feine, hauseigene Produktpalette von Didier Gautard sehr empfehlen. Von hier kann man mit dem Rad die Gegend erkunden oder sich einfach der Ruhe hingeben. **Zufahrt:** Von der D579 bzw. D179 den WOMO-Piktogrammen folgen. **Hinweis:** Die Anfahrt führt über schmale Sträßchen und die Einfahrt zum Grundstück ist eng, sodass große WOMOs ab 7,50 m Länge Probleme bekommen können.

Im Weiler **Le Bas Vaucanu**, der zu Saint Germain-de Montgommery gehört, bietet Jean-Pierre Gautard an seiner Cidrerie einen weiteren **offiziellen WOMO-Stellplatz** mit Verkostung an.

Das Umfeld ist erfreulich und die flüssigen Erzeugnisse aus dem Keller von **Jean-Pierre Gautard** köstlich.

062 **N 48°56'19"E 00°11'09"**, Le Bas Vaucanu, Telefon 0233392513, ganzjährig geöffnet, Einkauf erwünscht.

Wir rollen den Berg hinab und sind schon bald in **Vimoutiers** (3.700 Einwohner). Die ansprechende Kleinstadt liegt beschaulich zwischen sanften, mit Apfelbäumen bepflanzten Hängen an der Vie.

Direkt neben dem Stellplatz lädt der städtische **Camping Municipal** am Sportplatz zu einem längeren Aufenthalt ein.

063 Vimoutiers – Camping La Campière

N 48°55'57" E 00°11'48", Rue du Dr Dentu. Telefon 0233391886, www.camping-campiere-vimoutiers.fr, geöffnet April–Oktober, Preis: 11 €.

064 Vimoutiers – *Aire Intercommunale*

GPS: N 48°55'54" E 00°11'46", Rue du Dr Dentu. **Max. WOMOs:** 7. **Öffnungszeit:** Ganzjährig. **Ausstattung:** V/E, Strom, WC, Müllbehälter. **Beschreibung:** Das geschotterte, von einem Pkw-Parkplatz abgetrennte einfache Areal liegt am Ortsrand direkt an der Straße und neben einem Busparkplatz, auf dem ggf. die Busse warmlaufen. Bei Vollbelegung ist er sehr eng. Das Ortszentrum mit Bäckerei, Geschäften und Restaurants ist etwa 400 m entfernt. **Zufahrt:** Im Ort dem WOMO-Piktogramm folgen. Im Zentrum gruppieren sich um das Hôtel de Ville etliche Geschäfte sowie Gasthäuser, von denen das **Restaurant *Le Soleil d'Or*** erwähnenswert erscheint *(Mittag- und Abendmenüs, So Abend/Fr Ruhetag, Telefon 0233390715, www.soleildor-vimoutiers.fr)*. In der **Boulangerie-Pâtisserie *Bonhomme*** erwerben wir köstliche Konditoreierzeugnisse und ein vorzügliches Baguette, das hervorragend zum Käse passt.

Dass Frankreich eine Käsenation ist, dürfte hinlänglich bekannt sein. *Einer der bekanntesten Käse stammt aus der hiesigen Gegend* und in Vimoutiers ist den Milch gebenden Kühen ein lebensgroßes Denkmal gesetzt. Es befindet sich vor der neugotischen Kirche mit bunten Glasfenstern und leitet zum nächsten Denkmal über. Auf einem Steinsockel sehen wir die steinerne Figur einer Frau in traditioneller Tracht, die drei kleine runde Käselaibe in Händen hält und als Erfinderin des Camemberts gilt. Der Legende nach soll ***Marie Harel*** einen Priester während der Französischen Revolution im nahen Dorf Camembert versteckt haben. Zum Dank weihte er sie in die Käseherstellung ein und der kleine Runde trat sehr schnell seinen Siegeszug um die Welt an. Im nahen **Musée du Camembert** wird die Geschichte sowie die Herstellung des Käses gezeigt und selbstverständlich darf auch eine Verkostung nicht fehlen *(April Anfang November Nebensaison 14–18 Uhr, Hochsaison 10–18 Uhr, Eintritt, www.museeducamembert.fr)*.

Nach dieser Einstimmung wollen wir nun das durch die Käseherstellung in der ganzen Welt bekannt gewordene kleine Dorf **Camembert** (200 Einwohner) anschauen und dem würzigen Käse auf die Spur zu kommen.

065 **N 48°53'32" E 00°10'41"**, Le Bourg. Der geschotterte, einfache, schräge Parkplatz liegt an der wenig befahrenen und nachts ruhigen Straße am Ortsrand.

Camembert

Der verschlafen wirkende Weiler Camembert besteht nur aus wenigen Häusern und einer Kirche aus dem 14. Jahrhundert. Hauptanziehungspunkt

ist die **Maison du Camembert**, in der sich alles um den typischen französischen Weichkäse und Marie Harel dreht. Wem nun das Wasser im Mund zusammengelaufen ist, der kann sich in der **Boutique** mit einer Auswahl lokaler Spezialitäten eindecken *(März/April/Oktober Mi–So 10–11:30/14–16:45 Uhr, September täglich wie vor, Mai–August täglich 10–11:30/14 -17:15 Uhr, die Boutique hat leicht veränderte Öffnungszeiten, www.maisonducamembert.com).*

Der echte normannische **Camembert** wird mit der Hand und einer Schöpfkelle per Hand geformt und unterscheidet sich damit von industriell hergestellten Produkten. Die feinen Gärlöcher im Inneren des cremigen Teiges verleihen dem Weichkäse, der seit 1983 das AOP-Label trägt, einen leicht nussigen Geschmack. Anfänglich hatte er eine graublaue Schimmelrinde, die erst nach der Züchtung der Edelpilzkultur »Penicillium candidum« im Jahr 1910 für eine weiße Oberfläche sorgte.

Nachdem wir uns mit einer Reihe der regionalen Käsesorten beschäftigt haben, weht uns mittlerweile ein angenehmer Käseduft aus dem Kühlschrank entgegen und es fehlen nur noch einige weitere lokale Produkte, um ein herrlich normannisches Mahl zu genießen. Was liegt also näher, als nach **Saint-Pierre-sur-Dives** (4.000 Einwohner) zu fahren, *um dort einen der größten Märkte weit und breit zu besuchen*. Der Ortsname ist dem Zusammenschluss mehrerer Gemeinden zu verdanken und genau genommen steuern wir jetzt, wie noch in einigen Straßenkarten vermerkt und auch häufig von Einheimischen verwendet, Saint-Pierre-en-Auge an.

066 Saint-Pierre-sur-Dives – *Place du Marché*

GPS: N 49°01'03" W 00°01'51". **Max. WOMOs:** 5. **Öffnungszeit:** Ganzjährig. **Ausstattung:** V/E, Müllbehälter. **Beschreibung:** Der geschotterte, teils schattige, einfache Parkplatz liegt im Ort und trotzdem relativ ruhig. Er befindet sich am Rand eines Großparkplatzes vor einer Mauer und das Zentrum mit Bäckerei, Geschäften und Restaurants ist fußläufig zu erreichen. **Preise:** Tagsüber kostenfrei, 5 €/Nacht. **Zufahrt:** Der Durchgangsstraße ins Zentrum folgen und an einer Ampel zum Parkplatz abbiegen. Die Stellplätze liegen im oberen Teil des Parkplatzes und sind an einer Mauer ausgewiesen. **Hinweis:** Montags von 6:30–15:30 Uhr ist das Parken auf dem Parkplatz wegen des Marktes verboten! Doch nach unseren Erfahrungen besuchen genug WOMO-Besatzungen das Markttreiben und parken trotzdem dort.

Im Schatten der ehemaligen **Benediktinerabtei**, deren Bau sich vom 12. bis ins 16. Jahrhundert erstreckte, entwickelte sich die uralte Marktstadt. Imposant ist die gotische Kirche des ehemaligen Klosters sowie der dekorative Kapitelsaal und der Kreuzgang. In diesem Komplex befindet sich das **Office de Tourisme** *(Mo 9:30–12:30/13:30–17:30 Uhr, Di–Fr wie vor, jedoch bereits ab 9 Uhr, Sa 9–12:30 Uhr, Rue de l'Abbatiale, 0231209790, www.authenticnormandy.fr).* Direkt gegenüber findet man im **Jardin Conservatoire** eine

TOUR 4

Les Halles in Saint-Pierre-sur-Dives

kleine Oase der Ruhe, die rund 500 Pflanzen des Pays d'Auge beheimatet und in Vergessenheit geratene Gemüsesorten, seltene Blumen sowie Sträucher zeigt *(Mai–September Mo–Fr 10–12/14–18 Uhr, Sa 10–12 Uhr)*.

Die Ruhe kann man nach einem Besuch auf dem traditionellen Markt auch gut vertragen, denn dann quillt die Stadt von Besuchern über! Die Marktstände sind ein Fest für alle Sinne – Obst und Gemüse stapeln sich vor staunenden Augen und die verschiedensten Düfte regen den Speichelfluss beachtlich an. *Der bekannteste Markt der Region am Montagvormittag* findet seit fast 1.000 Jahren in der lang gestreckten Markthalle statt, die wohl die älteste ihrer Art in der Normandie ist. **Les Halles** stammt aus dem 11. Jahrhundert und beeindruckt mit ihren kolossalen Ausmaßen von 85 Meter Länge und 21 Meter Breite sowie der Holzkonstruktion im Inneren.

Etwa 5 Kilometer südwestlich der Stadt befindet sich die Mitte des 18. Jahrhunderts errichtete Sommerresidenz der Familie Vendeuvre (N 48°59'15" W 00°04'53").

Château de Vendeuvre

Das gleichnamige Dorf wurde seinerzeit kurzerhand versetzt, damit das Schloss den besten Bauplatz der Gegend erhalten konnte. Heute werden in der

Orangerie historische Miniaturmöbel gezeigt und die mit opulenten Originalmobiliar ausgestatteten, repräsentativen Räumlichkeiten des Schlosses sowie die Küche können besichtigt werden. Ein Spaziergang durch die weitläufige Parkanlage führt zu exotischen Pflanzen und die Wasserspiele sorgen für ein kurzweiliges Erlebnis. Während des Tulpen-festivals im Frühjahr erfreuen eine paar Tausend Tulpen und Narzissen die zahlreichen Besucher *(Tulpenfestival im April–Juni 14–18 Uhr, Juli/August 12:30–18:30 Uhr, September 14–18 Uhr, Allerheiligenferien 14–18 Uhr, Eintritt, Hunde an der Leine im Park gestattet, www.vendeuvre.com).*

Im nördlich gelegenen **Mézidon-Canon** wartet nach einer beeindruckenden Anfahrt über eine lange Allee bereits das nächste Schloss, *dessen Parkanlagen für Gartenliebhaber durchaus einen Umweg wert sind*. (N 49°04'42" W 00°05'36").

Château-de-Canon

Außer dem Besuch des klassizistischen Schlosses ist es die Mixtur aus formal-französischen und romantisch beeinflussten englischen Gärten, die das Verweilen und das Lustwandeln so reizvoll gestaltet. Danach kann hübsches Gartenzubehör in der Boutique erstanden werden oder man lässt es sich auf der Terrasse des **Salon de Thé** gut gehen *(April–Juni/September 14–18 Uhr, Di Ruhetag, Juli/August Mo–So 10:30–19 Uhr, Eintritt, diverse Gartenfeste und Veranstaltungen unter www.chateau-decanon.com).*

Etwa 15 Kilometer östlich wartet der kleine Ort **Saint-Julien-le-Faucon** ein schöner Stellplatz mit Radewegeanschluss.

067 Saint-Julien-le-Faucon – *La Gare*

GPS: N 49°04'09" E 00°04'58", Hameau de Versailles. **Max. WOMOs:** 10. **Öffnungszeit:** Ganzjährig. **Ausstattung:** V/E, Müllbehälter. **Beschreibung:** Der meist schattenlose Platz verfügt über geschotterte Stellplätze. In fußläufiger Entfernung befinden sich Restaurants, Supermarkt, eine Bäckerei sowie ein Pizza-Automat. Besonders zu erwähnen ist der *Radweg Voie Verte*, in deren 25 km langen Streckenabschnitt zwischen Mézidon-Canon und Livarot an dieser Stelle prima eingestiegen werden kann. Im Tal der Vie mit seinen sanften Hügeln kann man Herrenhäuser, Fachwerkbauernhöfe entdecken und dort natürlich von den angebotenen *drei C's* kosten. **Zufahrt:** Am westlichen Ortseingang direkt an der nachts ruhigen D511 gelegen.

Unterwegs mit dem Rad

Wenn man den im Stellplatzkasten erwähnten Radweg verlässt, kann über enge, aber im Allgemeinen ruhige Nebenstraßen nördlich von Le Mesnil-Mauger die **Grotte du Mauger** erreicht werden, die im ersten Moment einem Baum ähnelt. Bei näherer Betrachtung ist das ungewöhnliche Bauwerk jedoch aus Beton entstanden (N 49°05'40" E 00°01'00", an der D 154).

Wir steuern in **Crèvecœur-en-Auge** nun *ein Schloss an, das wie kein zweites die Burgaufteilung im Mittelalter dokumentiert* (N 49°07'22" E 00°00'46").

Château de Crèvecœur

Die im 11. Jahrhundert erbaute Burg wurde auf einer kleinen Anhöhe errichtet und später um einen Wassergraben mit Holzbrücke erweitert. Sehr schön ist die Aufgabenteilung des mittelalterlichen Lebens ersichtlich, die den Bauernhof samt Wirtschaftsgebäuden, Scheune, kleiner Kapelle und einem Taubenhaus kreisförmig, aber separat der Wohnburg ansiedelt.

Die Anlage beherbergt auch das **Musée Schlumberger**, das zum einen an die Elsässer Brüder Conrad und Marcel Schlumberger erinnert, die eine Methode für die Suche nach Erdölquellen erfanden. Sie kauften die Burganlage 1970 und ließen sie in ihren heutigen Zustand versetzen. Zum anderen dokumentieren Ausstellung sowohl das bäuerliche Leben als auch die Konstruktion des Fachwerks in der Normandie. In der Kapelle aus dem 17. Jahrhundert wird zusätzlich auf den religiösen Alltag der Laien im Mittelalter eingegangen. Vieles ist interaktiv aufbereitet, sodass auch Kinder einen spannenden Besuch verleben können und auf dem *Parcours Aventure* können

Rätsel gelöst werden, bei denen spielerisch und kindgerecht Wissen über das Mittelalter vermittelt wird *(Mitte März/April–Juni/September Mo–So 11–18 Uhr, Juli/August Mo–So 11–19 Uhr, Oktober So 14–18 Uhr, Audioguide in deutscher Sprache, diverse Veranstaltungen, Eintritt, Hunde an der Leine gestattet. www.chateaudecrevecoeur.com).*

Auf dem weiteren Weg nach **Cambremer** (1.100 Einwohner) begleiten uns grasende Pferde und wiederkäuende Kühe auf großen Wiesenflächen. Auf der insgesamt 40 Kilometer langen **Route de Cidre** wird es dann hügeliger und *wer mag, kann bei diversen Produzenten für eine Cidre- oder Calvados-Verkostung anhalten* (www.routeducidre.com).

068 Cambremer – *Aire Communale*

GPS: N 49°08'58" E 00°02'48", Avenue des Tilleuls. **Max. WOMOs:** 12. **Öffnungszeit:** Ganzjährig. **Ausstattung**: V/E, Strom, Tisch und Bänke, Müllbehälter. **Beschreibung:** Der asphaltierte, teils schattige, einfache Parkplatz ist an einigen Stellen ziemlich schräg. Er befindet sich am Ortsrand und das kleine hübsche Zentrum mit Bäckerei und Restaurants ist etwa 200 m entfernt. Der Parkplatz ist der perfekte Einstieg in den ausgeschilderten *Radweg Cidre et Pays d'Auge*, der auf rund 35 km über schöne Straßen und durch typische Dörfer mit herrlichen Ausblicken zu den regionalen Cidre-Produzenten mit Verkostungsmöglichkeiten und einigen Sehenswürdigkeiten wie den unten erwähnten Gärten führt. **Zufahrt:** Der Parkplatz liegt am südlichen Ortseingang direkt an der nachts ruhigen D101.

Der Ort, der eine aus dem 11. Jahrhundert stammende Pfarrkirche vorweisen kann, ist eine **Hochburg der Cidre-Herstellung**. Der *Cru de Cambremer*, ein in der Flasche gegärter Cidre, ist wegen seiner hohen Qualität sehr beliebt. Gegenüber dem Stellplatz bietet die **Domaine Pierre Huet** eine Führung durch ihre Produktion mit anschließender Verkostung an *(Mo–Sa 9–12:30/14–18 Uhr, So/Feiertage 10–13/15–18 Uhr, April–September Besichtigung 75 Minuten täglich 11/14:30/15:30/16:30 Uhr, in englischer Sprache nur Mo/Di 14:30 Uhr, Oktober–März Mo–Fr 11/15 Uhr, Eintritt, www.calvados-huet.com).*

Der feine Cidre kann aber auch zusammen mit einem guten ländlichen Mahl im **Restaurant *Au P'tit Normand*** zu angemessenen Preisen genossen werden *(Mittags- und Abendmenüs Oktober–Mai Di–Sa/Feiertage, Juni–September Di–So, Place de l'Èglise, Telefon 0231320320, www.auptitnormand.com).*

Einmal mehr möchten wir mit den ausgewiesenen **Jardins du Pays d'Auge** *auf eine wunderbare ländliche Gartenanlage aufmerksam machen, in der man auf vier Hektar der normannischen Gartenkultur auf der Spur ist* (N 49°08'25" E 00°03'11"). Wen zwischendurch der Hunger überkommt, der kann in der dortigen **Crêperie** einkehren *(Gärten Mai–September Mo–So 10–18:30 Uhr, Oktober Mo–Fr 10–17 Uhr, Eintritt, Infos in deutscher Sprache, Hunde an der Leine gestattet. Crêperie Mai–September 12–14/19–21:30 Uhr, www.lesjardinsdupaysdauge.com).*

Teilweise bewegen wir uns jetzt auf der *Route de Cidre* und bestaunen immer wieder aufs Neue die vielen Apfelbäume, die im Frühjahr die Wiesen und Hänge in ein weiß-rosa Blütenmeer verwandeln. Die schmale Straße ist auf beiden Seiten mit beschnittenen Hecken und Bäumen hoch bewachsen, sodass wir fast wie an einer grünen Wand entlangfahren. Dazwischen blitzen immer wieder Wiesen in hellerem Grün auf und der Blick fällt auf kleinere und große Anwesen, bis wir schließlich **Beuvron-en-Auge** (220 Einwohner) erreichen.

069 Beuvron-en-Auge – *Aire Communale*

GPS: N 49°11'10" W 00°02'58", Rue de la Gare. **Max. WOMOs:** 15. **Öffnungszeit:** Ganzjährig. **Ausstattung:** V/E, Tische und Bänke, Müllbehälter. **Beschreibung:** Die Stellplätze befinden sich zum einen auf Schotter und zum anderen auf befestigten Boden und zum Teil unter Bäumen. Der klappstuhlgeeignete Parkplatz liegt am Ortsrand und der kleine Ortsmittelpunkt mit Bäckerei, Restaurants sowie Geschäften ist ca. 300 m entfernt. Auch hier ist der Einstieg in den *Radweg Cidre et Pays d'Auge* möglich. **Preis:** 10 €/Nacht, zahlbar in der Töpferei zu den Öffnungszeiten. **Zufahrt:** Im Ortseingang den WOMO-Piktogrammen folgen. **Hinweis:** Der maximale Aufenthalt beträgt 24 Stunden.

Stellplatz am Ortsrand von Beuvron-en-Auge

Der kleine Weiler gehört zu einem der 100 schönsten Dörfer Frankreichs, dessen Mittelpunkt ein kleiner Dorfplatz bildet.

Hierum gruppieren sich etwa 40 alte Fachwerkhäuser, die teils aus dem 17. Jahrhundert stammen und die normannische Baukunst in all ihren Facetten zeigen. Für Erfrischungen und traditionelle Gerichte empfehlen sich einige Einkehrmöglichkeiten und in kleinen Geschäften werden nicht nur normannische Produkte angeboten. *Viel Blumenschmuck an den Fenstern vervollkommnet das ländliche Postkartenidyll,* das besonders in den Sommermonaten und am Wochenende jede Menge Ausflügler anzieht. Beim Bummel durch die wenigen gewundenen Gassen können wir uns dem Charme des einem Freilichtmuseum gleichenden Ortes tatsächlich nicht entziehen und beschließen, den Abend hier ausklingen zu lassen. In der ehemaligen Markthalle auf dem Dorfplatz verbringen wir im **Restaurant *Le Pavé d'Auge*** in gediegener Atmosphäre zu gehobenen Preisen eine sehr angenehme Zeit *(Mittags- und Abendmenüs, Mo/Di Ruhetag, Telefon 0231792671, Hunde nicht gestattet, www.pavedauge.com).*

Auf dem Dorfplatz in Beuvron-en-Auge

Tour 5

Tour 4
Dozulé
Beuvron-en-Auge
D675
13
D613
N158
D562
Merville-Franceville-Plage
Sallenelles
Ranville
Hérouvillette
Orne
D513
Caen
D515
Ouistreham
Sword Beach
Luc-sur-Mer
Douvres-la-Délivrande
Fontaine-Henry
Bény-sur-Mer
Thaon
Bernières-sur-Mer
Courseulles-sur-Mer
Juno Beach
Côte de Nacre
Creully
Prieuré Saint-Gabriel
Château de Brécy
D82
Martragny
N13
84
15 km
Gold Beach
D514
Arromanches-les-Bains
Longues-sur-Mer
D104
Bayeux
D572
Château de Balleroy
Balleroy
Le Molay-Littry
Musée de la Mine
Moulin de Marcy
Cerisy-
Port-en-Bessin-Huppain
Aure-sur-Mer
Colleville-sur-Mer
Omaha Beach
Saint-Laurent-sur-Mer
Englesqueville-la-Percée
Pointe du Hoc
Grandcamp-Maisy
La Cambe
Isigny-sur-Mer
Vire
Tour 6
071
072
073
074
075
076
077
078
079
080
081
082
083
084
085
086
087
088
089
090
091
092
093
094
095
096
097
098
099
100
101

Landungsstrände und Hinterland

305 km

Auch in dieser Tour sind wir im Département Calvados unterwegs und werden einen Eindruck von der Landung der Alliierten in der Normandie im Juni 1944 erhalten. Reisende kommen an den Invasionsstränden, aber auch im Landesinneren kaum an diesen entscheidenden Tagen und Monaten während des Zweiten Weltkrieges vorbei. Gleichwohl sorgen Kultur als auch Natur immer wieder für ein erfreuliches Gleichgewicht:

- **Sandstrände an der Côte de Nacre**
- **Städtisches Flair in Caen**
- **Landungsküste und D-Day**
- **Schlösser und Gärten im Bessin**
- **Teppich von Bayeux**

Von jeher war die Normandie Schauplatz von Einmärschen und Vorstößen: Im 9. Jahrhundert landeten die Wikinger an ihren Stränden und später stach Wilhelm der Eroberer von hier in See, um England in Besitz zu nehmen. Im Frühsommer 1944 begann eine Invasion, die die Weltgeschichte entscheidend verändern sollte und der man bei einer Reise durch die Normandie fast überall in irgendeiner Form begegnet.

Bisher haben wir nur am Rande die Schäden, die durch den Zweiten Weltkrieg in den Städten und Orten entstanden, erwähnt, doch nun ist es an der Zeit, sich intensiver mit der kriegerischen Vergangenheit auseinanderzusetzen. Keine Bange, in dieser Tour werden wir dennoch über genug Schönes als auch Angenehmes berichten können, sodass unbeschwerten Urlaubstagen nichts im Wege steht.

Auf den Spuren der Operation Overlord

Nach einem »Blitzkrieg« marschierten deutsche Truppen 1940 in Frankreich ein und besetzten das Land. Dem französischen Marschall *Pétain* wurden in Vichy Regierungsvollmachten übertragen, und ab Oktober 1940 entschloss sich die »Vichy-Regierung« zur Kollaboration mit Deutschland. Schon bald regte sich Widerstand gegen die Besatzer sowie die Regierung *Pétain* und die *Résistance* begann mit Protesten als auch mit Sabotageakten. Im weiteren Verlauf des Zweiten Weltkrieges zeichnete sich zunehmend eine Niederlage Deutschlands ab und am aktiven Widerstand beteiligten sich in ganz Frankreich bis zu 200.000 Personen.

Spätestens nach der missglückten Landung kanadischer Truppen in Dieppe sowie dem Einmarsch der Alliierten in Nordafrika im Jahr 1942 und deren Landung auf Sizilien im Jahr 1943 mussten die Deutschen auch mit einer Invasion an der französischen Atlantikküste rechnen. Der Ausbau des **Atlantikwalls**, ein gigantischer Abwehrgürtel von über 2.600 Kilometer befestigter Stellungen entlang der Küsten des Atlantiks, des Ärmelkanals

Willys-Jeeps in Arromanches-les-Bains

und der Nordsee, wurde vorangetrieben. Es entstanden Bunker, Gefechtsstationen, Minenfelder und Panzersperren. Im Meer wurden Stahlspinnen sowie verminte Hemmbalken errichtet und alle Straßen zum Wasser mit Betonmauern versehen.

Auf der gegenüberliegenden Seite des Ärmelkanals formierten sich die Alliierten in dieser Zeit zum größten Landungsangriff der Kriegsgeschichte. Mit der **Operation Overlord** sollte die Befreiung Europas eingeleitet werden und in Südengland sammelten sich die Streitkräfte mit mehr als 6.000 Schiffen und 11.000 Flugzeugen sowie über einer Million Soldaten.

Obwohl erwartet, wurden die Deutschen in den frühen Morgenstunden des 6. Juni 1944, dem **D-Day**, von der alliierten Großoffensive überrascht, da sie den Angriff weiter nördlich in der Picardie und zudem später im Jahr vermutet hatten. Der Vorstoß erfolgte zwischen Ouistreham im Osten und Sainte-Mère-Église im Westen auf einer Breite von knapp 100 Kilometern.

Als erstes landeten alliierte Fallschirmspringereinheiten, wenig später kamen an den östlichen Strandabschnitten mit den Codenamen *Juno*, *Gold* und *Sword* kanadische und britische Einheiten an Land, während amerikanische Truppen ihre Ziele westlich am *Utah* und *Omaha Beach* erreichten. Hinter den feindlichen Linien sprangen britische sowie amerikanische Luftlandedivisionen ab und vom Meer wurden die an diesem Tag landenden 170.000 Soldaten durch Luftangriffe und Artilleriebeschuss unterstützt. Gleichzeitig setzte heftiges deutsches Gegenfeuer ein und die Landungsstrände waren innerhalb kürzester Zeit von zertrümmertem Kriegsgerät und toten Soldaten übersät. Für alle beteiligten Seiten müssen diese Vorgänge die Hölle gewesen sein!

Den Alliierten gelang es relativ schnell, ins Hinterland vorzustoßen und bereits am 7. Juni wurde Bayeux befreit. Brückenköpfe wurden errichtet und um den Nachschub zu sichern, musste bei Arromanches-les-Bains der künstliche Hafen *Mulberry* aus Betonhohlkörpern fertiggestellt werden. Bis Ende Oktober 1944 erreichten hier über 200.000 Soldaten sowie über 600.000 Tonnen Nachschub und 40.000 Fahrzeuge das Land.

Auch wenn die Deutsche Wehrmacht alles versuchte, um den Vorstoß der Alliierten zu stoppen, drangen diese während der **Operation Cobra** ab Juli 1944 immer weiter ins Landesinnere vor. Nach schweren Gefechten und

Kesselschlachten brach die deutsche Verteidigung innerhalb weniger Wochen zusammen, der Zweite Weltkrieg erhielt eine entscheidende Wende und die deutschen Truppen zogen sich über die Seine nach Osten zurück.

Die Verluste an Menschen, Material wie Panzern und schweren Waffen, die Zerstörungen in den Städten und das große Leid der Zivilbevölkerung waren immens!

Bis heute ist die Befreiung der Normandie fest im Bewusstsein der Bevölkerung verankert und wird jedes Jahr in den Wochen um den 6. Juni herum mit dem **D-Day Festival** ganz groß gefeiert. In verschiedenen Orten gibt es Paraden mit Oldtimern vom Jeep bis zum Sherman Panzer, »alliierte Soldaten« in historischen Uniformen werden von Frauen und Kindern in Kleidung der 1940er-Jahre jubelnd begrüßt, auf den Friedhöfen und in Biwaks treffen letzte Veteranen auf junge Menschen und Vorträge sowie Tanzveranstaltungen unterhalten das internationale Publikum. Die Stimmung ist entspannt und mit dem Abstand von Jahrzehnten zum Schrecken von Besetzung und Krieg herrscht fast so etwas wie Volksfeststimmung. Mittlerweile sind wir als Deutsche glücklicherweise wieder willkommen und können ungezwungen an den Veranstaltungen teilnehmen. Wir gehen sogar so weit und sagen aus mehrjährigen Erfahrungen, dass wir gemeinsam mit allen anderen Europäern gern gesehene Gäste sind!

TOUR 5

Mit den Spuren der alliierten Landungstruppen und der deutschen Verteidigung werden Reisende in normannischen Städten und Dörfern flächendeckend konfrontiert und es gibt verschiedene Möglichkeiten, um diesen zu folgen.

Zum einen kann man auf ausgewiesener Strecke mehr als 1.100 Kilometern den historischen Ereignissen folgen – die Bewältigung nimmt vermutlich einige Wochen in Anspruch. Zum anderen kann man unseren Touren ganz oder teilweise folgen und an einigen Museen, Kriegsschauplätzen und Gedenkstätten für eine Besichtigung anhalten.

Der hohe Blutzoll aller beteiligten Kriegsparteien wird auf vielen der kleinen und großen Soldatenfriedhöfe auf erschreckende Weise deutlich. Es gibt wohl kaum ein menschliches Wesen, das angesichts Tausender Gräber und Kreuze unbeeindruckt und nicht nachdenklich die Gedenkstätten verlässt!

Wem das Betreten der Landungsstrände oder der dortige Anblick von badenden Familien pietätlos oder unpassend erscheint, der kann sich die Inschrift der Kapelle auf dem amerikanischen Soldatenfriedhof in Colleville-sur-Mer zu Herzen nehmen und sich dann vielleicht an spielenden Kindern am Strand sogar erfreuen. Frei übersetzt besagt sie, dass die Gefallenen ihr Leben opferten, damit nachfolgende Generationen ein Leben in Freiheit und Frieden genießen können.

D-Day-Festival in Sainte-Mère-Église

Aus dem beschaulichen Beuvron-en-Auge gelangen ins städtische **Caen** (110.000 Einwohner). Wir peilen direkt das Mémorial an, da sich dort ein Stellplatz mit Busanbindung in die Stadt befindet. Parkplätze in der Stadt sind für WOMOs rar gesät, einzig in der Nähe vom Port de Plaisance kann sich eine gebührenpflichtige Möglichkeit auf den engen Parkplätzen für kurze Fahrzeuge oder am Straßenrand ergeben (N 49°10'55" W 00°21'14", Quai Vendeuvre oder N 49°10'44" W 00°21'06", Quai de Juillet).

Um sich umfassend über Caen und die nahe Umgebung zu informieren, empfiehlt sich ein Besuch des **Office de Tourisme** *(Oktober–März Mo–Sa 9:30–13/14–18 Uhr, außer Dienstagmorgen, April–Juni/September Mo–Sa 9:30–18:30 Uhr, Di ab 10 Uhr, So/Feiertage 9:30–13:30 Uhr, Juli/August Mo–Sa 9–19 Uhr, So/Feiertage 10–13/14–17 Uhr, Place Saint-Pierre, Telefon 0231271414, www.caen-lamer-tourisme.fr)*. Hier werden verschiedene **Stadtführungen** meist in französischer Sprache angeboten oder man erhält eine deutschsprachige Broschüre mit allem Wissenswerten. Darin werden unter anderem zwei Stadtrundgänge unterschiedlicher Länge und Dauer beschrieben. Wer nicht gern zu Fuß unterwegs ist, der besteigt ein **Touristenbähnchen** und lässt in 45 Minuten die schönsten Sehenswürdigkeiten an sich vorüberziehen *(April–Mai Do–So 11–18 Uhr, Juni–August täglich 10–19 Uhr, September täglich 11–18 Uhr, Gebühr)*.

070 Caen – *Camping-Car Park*

GPS: N 49°11'50" W 00°22'50", Rue des Roquemonts. **Max. WOMOs:** 20. **Öffnungszeit:** Ganzjährig. **Ausstattung:** V/E, Strom, Müllbehälter. **Beschreibung:** Der gepflasterte, noch schattenlose, in recht großzügige Parzellen unterteilte Stellplatz liegt am Ortsrand nahe der nachts ruhigen Straße im Umfeld des Mémorial. Das **Mémorial** und die Gärten sind ca. 200 m entfernt. Der Bus Linie 2 fährt von der ebenfalls nicht weit entfernten Haltestelle Mémorial in etwa 20 Minuten bis ins Zentrum (größere Hunde nicht gestattet, kleinere Hunde in der Tasche oder auf dem Schoß eventuell). **Preis:** 14 €. Parken bis zu 5 Stunden 6 €. **Zufahrt:** Die Périphérique Nord an der Ausfahrt 7 verlassen und den Hinweisen zum Mémorial folgen. Der Stellplatz befindet sich links unterhalb des Museums.

Caen ist die Hauptstadt des Département Calvados und der Region Basse-Normandie. Im Zweiten Weltkrieg wurden wochenlang schwere Kämpfe um die Stadt ausgefochten, die große Verluste in der Zivilbevölkerung bedeuteten und immense Lücken ins Stadtbild rissen. Die Sakralbauten blieben vom Bombenhagel weitestgehend verschont und das historische Stadtprofil ist heute wiederzuerkennen. Zur Lebendigkeit der Stadt trägt sicher auch das studentische Flair bei, das der direkt in der Innenstadt befindlichen Universität zu verdanken ist. Zusätzlich punktet Caen durch einen Jachthafen und weitläufige Grünanlagen wie zum Beispiel den **Jardin des Plantes**, der nordwestlich des Schlosses liegt.

Ein Schloss mit zwei Museen

Bereits im 11. Jahrhundert gewann die Stadt an Ansehen, als der Normannenherzog Wilhelm, der spätere Eroberer, oberhalb der Orne auf einem Felsen eine Festung baute. Das mitten im Stadtzentrum gelegene **Château de Caen** ist eines der größten mittelalterlichen Befestigungswerke Europas und das Gelände hinter den restaurierten Mauern und Toren ist frei zugänglich.

Das weitläufige Areal beherbergt einen kleinen Park und zwei Museen. Das **Musée Beaux-Arts** zählt zu den wichtigsten und schönsten Kunstmuseen Frankreichs. Neben ständigen Wechselausstellungen werden Gemälde vom 14. Jahrhundert bis heute gezeigt *(Di–Fr 9:30–12:30/13:30–18 Uhr, Sa/So 11–18 Uhr, Juli/August auch Mo, Eintritt, Hunde an der Leine im Außenbereich gestattet. Ermäßigtes Kombiticket mit Musée Normandie möglich, mba.caen.fr)*. Das **Musée de Normandie** präsentiert den normannischen Kulturraum von der Frühgeschichte bis in die Gegenwart anhand archäologischer und ethnografischer Sammlungen *(Öffnungszeiten s. o., Eintritt, ermäßigtes Kombiticket mit Musée Beaux-Arts möglich, www.musee-de-normandie.caen.fr)*.

TOUR 5

Gegenüber der Burg ragt der Turm der gotischen **Église Saint-Pierre** 78 Meter empor und in unmittelbarer Nähe befindet sich das **Office de Tourisme**. Orientiert man sich weiter östlich und bummelt durch das Altstadtviertel **Quartier historique du Vaugueux**, stößt man auf die reich ausgestattete **Église Sainte-Trinité** sowie die **Abbaye-aux-Dames**. Die Frauenabtei wurde 1062 von Königin Mathilde, der Gemahlin Wilhelm des Eroberers gegründet, und ihr Grabmal befindet sich im Chorraum der ehemaligen Abteikirche *(14:30–16 Uhr, kostenfreie Führungen täglich 14:30/16 Uhr)*.

Château de Caen

Quartier historique du Vaugueux

Am **Port de Plaisance**, von dem ein Kanal bis zum Meer führt, reihen sich entlang des Quai Vendeuvre unzählige Restaurants aneinander. Zwei haben wir herausgepickt und für gut befunden: **Restaurant *Le Carlotta***, in dem Fisch und Meeresfrüchte aller Art, aber auch Fleischgerichte zu empfehlen sind *(Mittags- und Abendmenüs, So Ruhetag, 16 Quai Vendeuvre, Telefon 0231866899, www.lecarlotta.fr)* und **Brasserie-Pizzeria *Le Napoli*** *(Mittags- und Abendmenüs, So geschlossen, 56 Boulevard des Alliés, Telefon 0231861015, www.lenapoli-caen.com)*.

Zurück am Schloss halten wir uns nun westlich und schlendern durch die teils autofreie Einkaufsstraße und deren Nebensträßchen. Wir streifen verschiedene Kirchenbauten, halten an Plätzen inne, sehen alte Fachwerkhäuser und die Fassaden schöner Stadtpalais. Dazwischen laden Geschäfte zum Shoppen sowie Cafés und Restaurants zur Einkehr ein. In einem hübschen Innenhof lockt das kleine **Restaurant *Les Dunes*** zu einer beinahe intimen Pause *(Crêperie Mo–Sa Mittagsmenüs, Salon de Thé Mi–Sa bis 17:30 Uhr, 30 Rue Arcisse-de-Caumont)*.

Vorbei an der **Église Saint-Étienne-le-Vieux** aus dem 10. Jahrhundert und mit schönem Laternenturm versehen, stehen wir wenig später vor der **Abbaye-aux-Hommes**, einem Schmuckstück der romanischen und gotischen Architektur. Ungefähr zur selben Zeit wie Sainte-Trinité gegründet, besticht die imposante **Abteikirche Saint-Étienne** durch eine elegante und harmonische Silhouette. Gestiftet wurde sie von keinem Geringeren als Wilhelm dem Eroberer, dessen Grab sich direkt vor dem Altar befindet. In den klösterlichen Gebäuden befindet sich heute das Rathaus von Caen *(Führungen, Treffpunkt Rathaus Mo–So 11/14:30/16 Uhr Juni/August 10/11/12:30/14/15/16/17:30 Uhr)*.

Nicht versäumen sollte man die **Märkte** auf der Place Cour-

Abbaye-aux-Hommes

tonne mit 400 Marktständen am Port de Plaicance *(So vormittags)* oder auf der Place Saint-Sauveur mit 220 Ständen am Freitagmorgen.

In der Normandie gibt es viele Museen und Gedenkstätten, die sich mit dem D-Day und der Invasion auseinandersetzen. In den Randbezirken von Caen haben uns die zwei folgenden besonders beeindruckt (Parkplatz Mémorial N 49°11'57" W 00°23'09", 8:45–21 Uhr).

Mémorial de Caen und D-Day Wings Museum

Das **Mémorial de Caen** unterscheidet sich in seiner Präsentation methodisch, multimedial und in seinem Umfang sehr von den anderen Museen in der Normandie, sodass ein Besuch für uns unumgänglich ist und stellvertretend für andere Ausstellungen ausführlicher beschrieben werden soll. Es versteht sich als Zentrum für Geschichte, Versöhnung und Frieden und dokumentiert die Vorgeschichte, die historisch relevanten Hintergründe und Hauptereignisse im Zweiten Weltkrieg sowie deren Auswirkungen. Das Konzept des Mémorial soll zum Erinnern, zum Nachdenken und zur Bewahrung von Frieden und Demokratie anregen.

Bereits der die Außenfassade durchlaufende Bruch soll die Zerstörung der Stadt und gleichzeitig die Bresche symbolisieren, die die Alliierten in den Atlantikwall schlugen. Im Inneren begeben wir uns in die Vorkriegszeit, erleben die Weltwirtschaftskrise sowie den Aufstieg des Nationalsozialismus. Wir verfolgen die Besatzungszeit, hören von Kollaborateuren und werden mit Deportation und Verfolgung konfrontiert. Ausführlich wird über die Landung der Alliierten in der Normandie berichtet, aber auch über den weltumspannenden Zweiten Weltkrieg, der in Hiroshima und Nagasaki sein Ende fand. Eine weitere Abteilung beschäftigt sich mit der Nachkriegszeit, dem neuen Wettrüsten mit Atombombentests und dem Kalten Krieg bis zum Fall der Berliner Mauer. Die Inszenierung erfolgt weniger anhand von Uniformen und Waffen, sondern setzt auf Fotoausstellungen, Plakate und Modelle. Beeindruckend sind Zeitdokumente, Augenzeugenberichte von Militärangehörigen oder Zivilisten sowie das Filmmaterial

zum Kriegsgeschehen. Hierbei steht, wie in einem Bunker unter dem Gebäude, die Schlacht um die Normandie im Mittelpunkt. Für den lohnenden Besuch sollte inklusiv der in kleinen Kinos gezeigten Filme wenigstens ein halber Tag eingeplant werden. Für eine Pause stehen ein Restaurant, eine Cafeteria oder Picknickflächen zur Verfügung. Im Außenbereich empfiehlt sich der Spaziergang durch die frei zugänglichen **Gärten der Erinnerung**, die von Amerikanern, Kanadiern und Briten geschaffen wurden *(Februar/März 9–18 Uhr, April–September 9–19 Uhr, Oktober–Dezember 9:30–18 Uhr, Schließtage bitte auf der Homepage nachsehen, Beschilderung/Audioguide in deutscher Sprache, Eintritt, ermäßigtes Kombiticket mit Cinema Circulaire 360° in Arromanches-les-Baines/Falaise Memorial möglich, Hunde nicht gestattet. www.memorial-caen.fr).*

Das **D-Day Wings Museum** befindet sich bereits westlich der Stadt im kleinen Ort Bretteville-sur-Odon (N 49°10'33" W 00°26'30", Rue Jules Védrines). Es ist das einzige Museum in der Normandie, das sich mit den Flugzeugen und der Luftoperation während des D-Days beschäftigt, die für die Landung der Alliierten und die anschließende Schlacht von entscheidender Bedeutung war. Hier sollen alle an den Lufteinsätzen in der Normandie beteiligten Flugzeuge zu finden sein und die Besucher können in das Cockpit eines Jagdflugzeugs oder in den Turm eines Bombers steigen (Juli–September 9:30–18:30 Uhr/*eventuell verändern sich die Öffnungszeiten, Eintritt, Hunde an der Leine gestattet, www.ddaywingsmuseum.com).*

Über die Périphérique Nord/Abfahrt 3a verlassen wir Caen und stoßen in **Ranville** auf das **Mémorial Pegasus Bridge**. Die strategisch wichtige Brücke wurde in der Nacht zum 6. Juni 1944 durch britische Fallschirmspringer erobert, deren Wappentier das geflügelte Ross (*Pegasus*) war. Mittlerweile führt ein Nachbau über den Kanal und das Original ist im Museum zu besichtigen *(Februar/März 10–17 Uhr, April–September 9:30–18:30 Uhr, Oktober–Mitte Dezember 10–17 Uhr, Eintritt, Hunde an der Leine gestattet, www.memorial-pegasus.org)*. Das nahe **Café Gondrée** kann sich rühmen, das erste befreite Haus in Frankreich gewesen zu sein.

Naturliebhaberinnen und -liebhaber mit Hang zum Wandern oder Radfahren sollten über die Pegasus-Brücke fahren und sich anschließend auf dem adretten, teils schattigen **Campingplatz** in Ranville oder einem der folgenden **WOMO-Stellplätze** einzuquartieren, um von dort in das *Estuaire de l'Orne* (Mündungsgebiet der Orne) zu starten. *Das Naturschutzgebiet besitzt eine charakteristische Sumpflandschaft mit einer artenreichen Flora und Fauna, das am besten erwandert oder mit dem Rad erkundet wird.* Aussichtspunkte, Orientierungstafeln und ein Informationszentrum gestalten die Wege abwechslungsreich und interessant.

Ein weiterer, nicht nur in der Hauptsaison gut besuchter Stellplatz befindet sich in **Merville-Franceville Plage** direkt hinter den Dünen und der nahe Strand ist bei Kite-Surfern sehr beliebt.

TOUR 5

071 Ranville - *Camping des Capucines*
N 49°14'17" W 00°15'26", Rue de la Côte Fleurie, Telefon 0673623290, campingdescapucines.com, ganzjährig geöffnet, Preis 20 €.

072 Hérouvillette – *Aire de Camping-Car*

GPS: N 49°13'11" W 00°14'41", Avenue de Caen, **Max. WOMOs:** 8. **Öffnungszeit:** Ganzjährig. **Ausstattung:** V/E, Müllbehälter. **Beschreibung:** Der einfache, meist schattenlose, asphaltierte Platz befindet sich neben einem kleinen Park und ist teils durch Hecken unterteilt. Bei Vollbelegung ist er sehr eng und das Parken außerhalb der vorgegebenen Flächen ist verboten. Eine Bäckerei ist fußläufig zu erreichen. **Zufahrt:** Im Ort dem WOMO-Piktogramm bis an den südwestlich gelegenen Ortsrand folgen.

073 Sallenelles – *Aire Intercommunale*

GPS: N 49°15'54" W 00°13'38", Boulevard Maritime. **Max. WOMOs**: 2. **Öffnungszeit:** Ganzjährig. **Ausstattung:** V/E. **Beschreibung:** Wenig anheimelnder, schattenloser, aber direkt am Rad- und Wanderweg mit Aussicht auf das Naturschutzgebiet gelegener einfacher Parkplatz. Eine Bäckerei befindet sich ca. 200 m entfernt. **Zufahrt:** Am nordöstlichen Ortsrand gelegen. **Hinweis:** Nur für WOMOs bis ca. 6,50 m Länge geeignet!

074 Merville-Franceville Plage – *Aire Intercommunale*

GPS: N 49°17'06" W 00°12'36", Boulevard Wattier. **Max. WOMOs:** 6. **Ausstattung:** V/E, Müllbehälter. **Beschreibung:** Der asphaltierte, schattenlose Platz liegt am Ortsrand in einem Wohngebiet und ist ca. 200 m durch die Dünenkette vom langen Sandstrand entfernt. Bäckerei, Geschäfte und Restaurants befinden sich ca. 500 m entfernt und der Fußweg zum **Info-Zentrum Maison de la Nature et de**

l'Estuaire beträgt ca. 1 km. Von hier kann man zu Touren per Rad oder per pedes aufbrechen oder auch am nahen Strand ein Sonnenbad nehmen. Der Platz füllt sich nach unseren Erfahrungen schnell und dann wird es ausgesprochen eng. Für diesen Fall und für den längeren Aufenthalt empfehlen sich die nahen **Campingplätze**, die jedoch nur saisonal geöffnet haben. Die *Vélomaritime* verläuft direkt am Stellplatz und lädt zu Radtouren entlang der Küste ein. **Zufahrt:** Im Ort Richtung Plage fahren, der Stellplatz liegt am nordwestlichen Ortsrand. **Hinweis:** Aufgrund der Einfahrt und Wendemöglichkeiten unter Umständen bei Vollbelegung nur für WOMOs bis 7 m Länge geeignet.

Wenden wir uns nun wieder der linken Seite der Orne zu, an der wir nach **Ouistreham** (9.200 Einwohner) fahren und den zweckdienlichen, schattenlosen, mit Schranke gesicherten **WOMO-Stellplatz** in der Nähe des unter Umständen lauten Fährterminals notieren. Der Vorteil besteht in der fußläufigen Entfernung zum Strand.

075 **N 49°17'15" W 00°14'59"**, Boulevard Maritime. V/E, Strom, ganzjährig geöffnet, Preis 13 €.

Ouistreham gehörte bereits im Mittelalter zu den bedeutendsten normannischen Küstenorten und ist heute vor allem durch eine Fährverbindung nach Portsmouth in England bekannt. Im historischen Zentrum ist die **Église Saint-Samson** sehenswert, die angeblich von Wilhelm dem Eroberer und seiner Frau gestiftet worden ist. Viele Jahrhunderte später und wenige Stunden nach der Eroberung der Pegasus-Bridge betraten hier englische Landungstruppen französischen Boden. An die Kämpfe erinnern das **Musée du Commando No. 4** *(10–13/14–18:30, Eintritt. www.musee-4commando.org)* sowie das **Musée du Mur de l'Atlantique** in einem Hochbunker *(Mitte Februar–März/Oktober–Anfang Januar 10–18 Uhr, April–September 9–19 Uhr, Eintritt, www.museegrandbunker.com)*. Am **Strand Riva Bella**, der sich im Schutz der Dünen lang nach Westen erstreckt, ist für allerlei Freizeitanimation gesorgt und während der Saison tummeln sich Liebhaber fast aller Wassersportarten am äußerst beliebten langen Sandstrand. In der Nähe des Stellplatzes befindet sich das **Office de Tourisme** *(Juli/August 9:30–18:30 Uhr, April–Juni/September 10–13/14–17:30, Oktober–März 10–12:30/14:0–17 Uhr, außer Di, Esplanade Lofi, Telefon 0231971863, www.ouistreham-rivabella.fr)*.

Fahrradfahren leicht gemacht

Der 1.500 Kilometer lange Fernradweg *La Vélomaritime,* der gleichzeitig auch der französische Abschnitt des EuroVelo 4 ist, führt von Roscoff in der Bretagne bis nach Bray-Dunes an der nordfranzösisch-belgischen Grenze.

Vom Ärmelkanal bis zur Nordsee haben wir bereits eine Reihe legendärer, aber auch viele unbekannter Orte auf dieser maritimen Strecke erkunden können und es werden weitere entlang von Felsformationen, Buchten, Dünen und Steilküsten folgen. Wir stoßen in dieser Tour entlang der D-Day-Landungsstrände auf das Teilstück der erst kürzlich fertiggestellten *Voie Verte de Liberté* und stellen fest, dass sie genauso wie der gesamte Radwanderweg gut markiert ist.

TOUR 5

Die Route wird all jene beglücken, die *eine Mischung aus Herausforderungen, gemächlichen Fahrens auf alten Bahntrassen und kulturellen sowie kulinarischen Entdeckungen* lieben. **Zwischen Le Tréport und Cherbourg** verläuft der Radfernweg zu zwei Dritteln auf kleinen, verkehrsarmen Landstraßen mit streckenweise großen Höhenunterschieden und teils provisorischen Übergangsstrecken, die zu einem späteren Zeitpunkt weiter ausgebaut werden sollen (beispielsweise *Véloroute du Lin*, vgl. Tour 2). Von **Cherbourg bis zum Mont-Saint-Michel** erwarten uns hingegen überwiegend *Voie Vertes* (Grüne Routen) mit wenigen Höhenunterschieden, die durch das Landesinnere führen.

Von einigen der folgenden Park- und Stellplätze bietet sich erneut der Einstieg in dieses Raderlebnis an, bei dem man so herrlich die salzige Seeluft und die herrliche maritime Landschaft genießen kann (www.lavelomaritime.fr).

Wir befinden uns mittlerweile an der **Côte de Nacre**, der Perlmuttküste, die von Ouistreham bis Courseulles-sur-Mer reicht und *mit kleinen, wenig spektakulären, aber dennoch hübschen Küstenorten gespickt ist, deren touristische Anziehungskraft die lang gestreckten Sandstrände sind*.

076 Colleville-Montgomery – *AirePark*

GPS/Kontakt: N 49°16'15" W 00°17'56", D35/Route de St-Aubin d'Arquenay, www.aireparkreservation.com. **Max. WOMOS:** 16. **Öffnungszeit:** Ganzjährig. **Ausstattung:** V/E, Strom, Müllbehälter. **Beschreibung:** Die meist schattenlosen, befestigten Parzellen liegen am Ortrand. Eine Bäckerei ist fußläufig zu erreichen (Dem kleinen

Weg vom Stellplatz in den Ort folgen, dort rechts auf der Grande Rue). Etwa 1,5 km entfernt befindet sich die **alte Gefechtsstellung Site Hillman** mit einer unterirdischen Bunkeranlage. **Preise:** 13 €, Parken bis zu 5 Stunden 5,70 €. **Zufahrt:** Der Stellplatz liegt am südöstlichen Ortsrand.

077 Hermannville-sur-Mer

GPS: N 49°17'11" W 00°18'43", 110 Rue Verte. Der im Ort befindliche, einfache Parkplatz ist bei Vollbelegung eng, besitzt eine V/E und ist ganzjährig geöffnet. Möglicherweise wird der Platz von einer Betreibergesellschaft übernommen, der Preis soll dann 13 € betragen.

078 Lion-sur Mer – *Camping-Car Park*

GPS/Kontakt: N 49°18'03" W 00°18'57", Boulevard Carnot, www.campingcarpark.com. V/E, Strom, Müllbehälter, mit Schranke gesicherter, schattenloser, unter Umständen enger Stellplatz im Ort, ganzjährig geöffnet, Preis 14 €, Parken bis zu 5 Stunden 6 €.

Seit dem **D-Day** haben sich bei den Bezeichnungen der Strände die Codenamen der Alliierten manifestiert, und die Küstenabschnitte werden meist mit dem **Sword- und Juno-Beach** gleichgesetzt, an denen britische sowie kanadische Divisionen landeten. Die Hinterlassenschaften der Operation Overlord sowie die deutschen Verteidigungslinien sind immer noch präsent, jedoch überwiegt im Sommer das Strand- und Badevergnügen.

In **Luc-sur-Mer** registrieren wir einen als **WOMO-Stellplatz** ausgewiesenen, ganzjährig zugänglichen Parkplatz an der D514. Nicht wirklich schön, aber mit einem kurzen Weg zum Strand und in den Ferienort.

079 **N 49°18'51" W 00°20'36"**, Route du Lion, V/E.

Am Strand kann man kleines Meeresgetier wie Miesmuscheln finden, im Ort gibt es hingegen einen wahren Koloss zu entdecken. Im Januar 1885 wurde hier der wohl größte je an einer europäischen Küste angespülte Blauwal gefunden. Das immerhin 19 Meter lange und 40 Tonnen schwere **Skelett des Meeresriesen** ist heute am Rand des gepflegten **Parc de la Balaine** hinter dem Rathaus zu sehen. Das **Musée de la Baleine** hält zudem zahlreiche Informationen über den Wal bereit und berichtet über Legenden und Anekdoten *(April während der Schulferien Mo–Sa 10–12/14–18 Uhr, Juli/August Mo–Sa 10–12/14–18 Uhr, Rue de la Mer, Eintritt).*

Von der Küstenstraße schwenken wir landeinwärts nach **Douvres-la-Délivrande**, um uns die einzige Radarstation an den Landungsstränden anzuschauen (N 49°17'07" W 00°24'14", Route de Bény).

Musée Radar 1944

Das Musée Radar 1944 widmet sich ausschließlich der Geschichte der Radartechnik. Abgesehen vom Leben deutscher Soldaten in den Bunkern und Kasematten wird hier über die Rolle der Radargeräte im Zweiten Weltkrieg und die Weiterentwicklung ab 1945 anschaulich informiert. Besonders beeindruckend ist der **Würzburg Riese** (Foto oben). Drei dieser Radargeräte wurden 1944 fast unbeschadet von der britischen Armee erbeutet und den französischen Streitkräften überlassen *(Mitte Mai–Mitte September 10–18 Uhr, Mo geschlossen, Juli/August 10–19 Uhr, Informationsmaterial in deutscher Sprache, Eintritt, www.musee-radar.fr)*.

Vom Museum gelangen wir recht bald nach **Fontaine-Henry**, in dem zwischen all den Kriegsgeschichten sowie den Hinterlassenschaften aus Beton und Stahl *das örtliche Schloss eine wahre Augenweide ist und für einen sehr erfreulichen kulturellen Ausgleich sorgt* (N 49°16'30" W 00°27'06")!

Château de Fontaine Henry

Ein französischer Schriftsteller bezeichnete es gar als *ein Loire-Schloss in der Normandie*. Das Bauwerk mit hochgezogenen Pyramidendächern besticht durch einen wunderbaren Renaissancestil, wobei die Treppentürme

des Haupttraktes zu den ältesten Teilen gehören. Reiche Verzierungen und feine Steinmetzarbeiten runden das harmonische Bild ab. Alle Räume sind möbliert und werden teilweise von der gräflichen Besitzerfamilie bewohnt. Zum wertvollen Inventar gehören neben persönlichen Erinnerungsstücken, Porzellan und Gemälde von *Rubens* sowie *Rigaud*. In einem Schlafzimmer erblicken wir gar einen *Tizian*. Das Schloss ist von einem Park mit gotischer Kapelle sowie Steinskulpturen umgeben und Nachbildungen historischer Holzspielzeuge laden zum Spiel ein *(Mitte April–Juni/ab Mitte–Ende September Sa/So/Feiertage 14:30–18:30 Uhr, Führungen 15:15/16:45 Uhr, Juni–Mitte September Mi–Mo 14–18:30 Uhr, Führungen 15:15/16:15/17:15 Uhr am besten vorher reservieren, Eintritt, Hunde nicht gestattet, www.chateaudefontainehenry.com).*

Wir bleiben noch ein wenig in dieser Gegend, die zum **Pays du Bessin** gehört. Das westlich von Caen zwischen Bayeux und Vire gelegene Bessin wird durch die Bocage mit ihren von Hecken und Büschen umgrenzten Äckern und Weiden geprägt.

Gut zwei Kilometer südlich vom Schloss und außerhalb des Weilers **Thaon** liegt die alte Pfarrkirche des Dorfes (N 49°15'51" W 00°27'11", an der D170). Die kleine romanische **Ancienne Église Saint-Pierre** aus dem 12. Jahrhundert liegt im abgeschiedenen Tal des Flüsschens Mue. Rechts neben dem Parkplatz führt ein schattiger Hohlweg hinab zum etwa 500 Meter entfernten Kirchlein, das einen Glockenturm mit tiefen Zwillingsbögen und ein pyramidenförmiges Dach besitzt. Friedlich ist es hier und wer mag, *kann Picknickdecke und -korb mitbringen oder einfach nur die Füße im klaren Wasser des Baches baumeln lassen*.

Auf einem Hügel der kleinen Stadt **Creully-sur-Seulles** wacht seit dem Mittelalter über dem Tal der Seulles ein ansehnliches Schloss (N 49°17'14" W 00°32'11").

Château de Creully

Das ansehnliche Schloss, das wegen seines Befestigungscharakters durchaus auch als elegante Burg durchgehen könnte, wurde vom 11. bis 16. Jahrhundert errichtet und wacht auf einem Hügel über dem Seulles-Tal. Es verfügt über eine freizugängliche große Terrasse, von der man einen Blick auf das benachbarte *Château de Creullet* und ins Bessin hat. Nach der Landung der Alliierten installierte die BBC im quadratischen Schlossturm einen Radiosender und berichteten von hier über den Kriegsverlauf in der Normandie. Diese Zeit wird im kleinen **Museum** anschaulich dokumentiert,

während das Schloss den perfekten Rahmen als Event-Location bietet *(Schlossführung/Musée de la radio Mitte Juli–Mitte August Mo 14/15/16/17 Uhr, Di–Do 10/11/14/15/16/17 Uhr, Fr 10/11 Uhr, Eintritt. Der Park ist in der Saison von 8–21 Uhr geöffnet und frei zugänglich, Hunde an der Leine gestattet).*

Die am Parkplatz beginnende leichte und gut ausgeschilderte *12 Kilometer lange Rundwanderung* führt auch zur im Jahr 1058 durch die Benediktinermönche von Fécamp gegründeten **Prieuré Saint-Gabriel**. Wer die Strecke mit dem Wohnmobil zurücklegen möchte, dem sei die schlechte Parksituation im gleichnamigen kleinen Örtchen vor Augen gehalten. Da sich die Anlage in Privatbesitz befindet und lediglich die Kapelle *(ab Mai Sa/So 14:30–18:30 Uhr, Juli/August Mi–Mo)* sowie der schöne Garten mit Heilkräutern und Blumen besichtigt werden kann *(9–12/14–18 Uhr, www.prieuresaintgabriel.fr)*, empfiehlt sich der Besuch im Rahmen der zuvor erwähnten **Wanderung** *Sur la trace des Barons.*

In **Saint-Gabriel-Brécy** erwartet uns bereits *das nächste Schloss, dessen Gartenanlage einen unbedingten Abstecher wert ist* (N 49°15'50" W 00°34'30").

Jardins du Château de Brécy

Das Herz eines jeden Gartenliebhabers wird beim Spaziergang durch dieses Paradebeispiel klassischer französischer Gartenanlagen ein Stückchen höher hüpfen und auch weniger Ambitionierte werden dieses gärtnerische Kleinod lieben. Nachdem wir das monumentale Portal und den Ehrenhof durchschritten haben, gelangen wir durch eine eher unscheinbare Tür in den ersten intimen Gartenteil.

Stufen und Wege verbinden die vier ansteigenden Gartenterrassen auf der Rückseite des Schlosses und es ist offensichtlich, dass hier alles auf die optimale und akkurate Perspektive ausgelegt ist. Kunstvoll getrimmte Hecken und Bäume dominieren die in der zweiten Hälfte des 17. Jahrhunderts begonnene Gartenanlage und die Ornamente der Buchsbaum-Hecken sind typisch für italienische Renaissancegärten. Dazwischen gibt es immer wieder lauschige, mit Klematis und Glyzinien berankte Eckchen, die zum

Verweilen einladen. Die Kirche erinnert an das aus dem 13. Jahrhundert angesiedelte Benediktinerkloster und im angrenzenden Rosengarten blühen und duften zahllose Rosen *(Ostern–Allerheiligen Di/Do/So, im Juni auch Sa 14:30–18:30 Uhr, Eintritt, Hunde nicht gestattet).*

Die abwechslungsreichen Garten- und Parkanlagen gehören zu unseren Lieblingsorten in der Normandie. Die gepflegte Anlage von Brécy ist dafür ein intimes, duftendes Beispiel und steht stellvertretend für große als auch kleine sowie bekannte und weniger bekannte grüne Kunstwerke in unseren persönlichen ***Top Ten***.

Das folgende Schloss entpuppt sich diesmal als dekorative Kulisse für einen Campingplatz.

080 Martragny – *Château de Martragny*****

GPS/Kontakt: N 49°14'34" W 00°36'21", Hameau Saint-Léger. Telefon 0231802140, www.chateau-martragny.com. **Öffnungszeit:** Mitte/Ende Mai–August. **Ausstattung:** Pool, Spielplatz, Tennisplatz, Waschmaschine, WiFi, Restaurant, kleiner Shop. **Beschreibung:** Die auf Wiese liegenden, teils leicht schrägen Stellplätze befinden sich unter Bäumen entlang der Zufahrt zum Schloss. Der Campingplatz liegt am Ortsrand. **Preise:** 32–43 €. **Zufahrt:** Im Ort den Hinweisen zum Campingplatz folgen.

Von hier wären wir im Nu in Bayeux, doch wir entscheiden uns erneut für die Fahrt an die Küste und setzen zurück nach Creully, um hinter Douvres-la-Délivrande schon bald wieder von der Operation Overlord eingeholt zu werden.

Erinnerungen am Juno Beach

Oberhalb des Küstenabschnitts Juno Beach, an dem die 3. Kanadische Division am 6. Juni 1944 landete, ist der **Cimetière Canadien** in **Bény-sur-Mer** angelegt worden, auf dem über 2.000 Soldaten ihre letzte Ruhestätte

TOUR 5

Juno Beach Canadian Mémorial

gefunden haben (N 49°18'09" W 00°26'59"). Wie auf anderen Kriegsgräberstätten des Commonwealth sind die hell leuchtenden Gräber der toten Soldaten in Reihen angeordnet und auf den Grabplatten befinden sich Name, Alter, Rang und Name der Einheit sowie das Todesdatum und das Emblem des Regimentes. Manchmal sehen wir auch nur ein Ahornblatt, das für die kanadische Nationalität steht oder ein Symbol, welches auf die Religionszugehörigkeit hinweist.

In **Bernières-sur-Mer** erinnert das **Juno Beach Canadian Mémorial** an die Landung der Kanadier und in **Courseulles-sur-Mer** informiert das **Juno Beach Centre** über die Invasion aus kanadischer Sicht *(Februar/März/November/Dezember 10–17 Uhr, September/Oktober 10–18 Uhr, April/Mai 10–18:30 Uhr, Juli/August 9:30–19 Uhr, Eintritt, Hunde im Außenbereich an der Leine gestattet, www.junobeach.org).*

An dem schwer umkämpften Strandabschnitt sprach der britische Premierminister *Winston Churchill* bereits am 12. Juni 1944 und nur vier Tage später der englische *König George VI.* den kämpfenden Truppen Mut zu. Zudem betrat am 14. Juni der bis dahin im Exil lebende General *Charles de Gaulle* an dieser Stelle wieder französischen Boden, um durch seine Präsenz den Machtanspruch auf das befreite französische Gebiet zu unterstreichen. Das auf einer kleinen Anhöhe stehende **Croix de Lorraine** (Lothringer Kreuz) erinnert an diese Begebenheit (N 49°20'09" W 00°27'49", Tagesparkplatz bis 19 Uhr).

Heute ist **Courseulles-sur-Mer** (4.000 Einwohner) ein beliebter Badeort mit großem Jachthafen sowie für seine Austernzucht bekannt. Für den Aufenthalt muss auf einem der offiziellen Stellplätze eingecheckt werden.

081 Courseulles-sur-Mer – *Parc de l'Edit*

GPS: N 49°19'48" W 00°26'34", Route de Bernières. **Max. WOMOs:** 10. **Öffnungszeit:** Ganzjährig. **Ausstattung:** V/E, Strom. **Beschreibung:** Der asphaltierte, teils schattige, einfache Parkplatz liegt am Ortsrand direkt an der nachts ruhigen Straße und ist bei Vollbelegung sehr eng. In den Ort mit Bäckerei, Geschäften und Restaurants sind ist es ca. 1–1,5 km Fußweg, zum Strand etwa 600 m und bis zum Juno Beach Centre ungefähr 2 km. Die *Vélomaritime* verläuft direkt am Stellplatz und lädt zu Radtouren entlang der Küste ein. **Zufahrt:** Am östlichen Ortseingang direkt an der D514 gelegen.

082 Courseulles-sur-Mer – *Aire de Camping-Car*

GPS: N 49°20'04" W 00°26'51", Avenue de la Combattante.
Max. WOMOs: 22. **Öffnungszeit:** Ganzjährig. **Ausstattung:** Müllbehälter. **Beschreibung:** Der asphaltierte, meist sonnige, einfache Parkplatz liegt direkt im Ort zwischen den Häusern und ist bei Vollbelegung sehr eng. Der Platz punktet auf jeden Fall durch seine zentrale Lage, denn der Strand ist nur wenige Schritte und das Juno Beach Centre ungefähr 1,5 km entfernt. Auch Restaurants befinden sich in fußläufiger Entfernung. Nachts ist es erstaunlich ruhig. Die *Vélomaritime* verläuft direkt am Stellplatz und lädt zu Radtouren entlang der Küste ein. **Zufahrt:** Am östlichen Ortsrand von der D514 den Hinweisen zum Camping Capfun folgen und hinter dem Skaterpark rechts abbiegen.

Hinweis: Der Aufenthalt ist auf maximal 3 Tage begrenzt und das Benutzen von Tischen, Stühlen, Satellitenschüsseln und Keilen untersagt.

TOUR 5

Wir rollen dem **Gold Beach** entgegen, kleine Badeörtchen säumen die Straße, das Meer plätschert sacht ans Ufer und Kühe grasen auf den Weiden. Sommerfrischler blinzeln in die Sonne, Kinder lassen ihre Drachen im Wind Saltos schlagen und *wir stellen erfreut fest, dass auch in der Normandie immer mehr Fahrradwege neben den Straßen entstehen.*

Zwischen Asnelles und **Arromanches-les-Bains** (600 Einwohner) steigt die Straße ein wenig an und nichts erinnert an die große Schlacht vor 80 Jahren … wären da nicht die Überreste des **künstlichen Hafens Mulberry B**, auf die wir vom **Jardin du Souvenir**, der anlässlich des 75. Jahrestags des D-Days entstand, einen guten Blick haben (Foto).

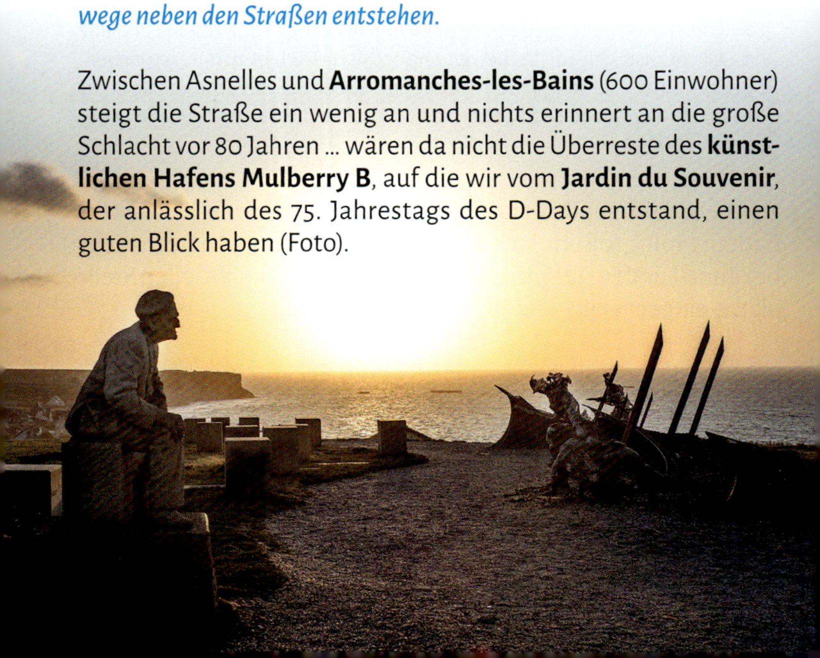

Durch die letzten sichtbaren acht Jahrzehnte alten Fragmente im Wasser wird die Invasion für uns gegenständlicher und unter dem Eindruck der zahlreichen Soldatenfriedhöfe aller Nationen und der Museen ist die Vorstellung, dass am Horizont urplötzlich eine kriegerische Armada auftauchen könnte, sehr greifbar und erschreckend vorstellbar.

Nirgends sonst berührt uns der Blick über den Ärmelkanal mehr als hier und wir möchten *Mulberry B sowie die Landungsstrände, alle Gedenkstätten, Museen und Mahnmale in unsere persönlichen **Top Ten** aufnehmen*. Mögen die verlustreichen Tage und Monate um den D-Day in der Normandie uns daran erinnern, wie wichtig doch das immerwährende Streben nach einem friedlichen Miteinander ist!

Abgesehen vom Invasionstourismus, der hier besonders ausgeprägt erscheint, ist der Badeort mit breitem Sandstrand jedoch auch für einen längeren Aufenthalt geeignet. Ein **Campingplatz** (April–September, campinglesbascarreaux.com) liegt außerhalb des Ortes an der D514 und wenn wir dem ganzen Rummel in Arromanches entfliehen wollen, dann ziehen wir uns meist aufs Land zurück.

083 Arromanches-les-Bains – *Aire de Camping-Car*

GPS: N 49°20'17" W 00°37'35", Avenue de Verdun. **Max WOMOs:** 50. **Öffnungszeit:** Ganzjährig. **Ausstattung:** V/E, WC (das scheinbar nicht immer funktionstüchtig ist), Müllbehälter. **Beschreibung:** Der geschotterte, teils schattige Platz ist terrassenförmig angelegt und die Zufahrt ist recht eng. Er liegt nah am Ort mit Restaurants, Bäckerei und Sehenswürdigkeiten. **Preis:** 11 €. **Zufahrt:** Im Ort dem WOMO-Piktogramm folgen.

084 Arromanches-les-Bains – *Belvédère*

GPS: N 49°20'22" W 00°36'50", An der D514. **Max. WOMOs:** 90 **Ausstattung:** V/E, WC, Müllbehälter. **Beschreibung:** Der teils geschotterte bzw. asphaltierte, schattenlose und einfache Parkplatz liegt an der nachts ruhigen Straße am Ortsrand auf den Klippen und das Zentrum mit Bäckerei sowie Restaurants befindet sich ca. 500 m entfernt bergab. In der Hochsaison haben wir hier schon dicht an dicht mit anderen WOMOs oder im windigen November alleine gestanden und aus der ersten Reihe die grandiose Aussicht auf Mulberry und den Ärmelkanal genossen.

Das 360°-Kino befindet sich in unmittelbarer Nähe und da der Parkplatz auch von Pkw gut frequentiert wird, ist es tagsüber entsprechend unruhig. Eine kleine **Strandwanderung** kann hinab nach La Fontaine Saint-Côme oder Asnelles (hier lohnt sich die Einkehr im **Restaurant *La Baraka*** (Di–So Mittagsmenüs, Fr/Sa auch abends, Telefon 0231211570) und am Strand zurück nach Arromanches führen. Radfahrer kommen auf den zum Teil neu angelegten Radwegen auf ihre Kosten und können über Land z. B. bis nach Bayeux radeln. Auch verläuft die ***Vélomaritime*** direkt am Stellplatz vorbei und lädt zu Radtouren entlang der Küste ein. **Preis:** 11 €. **Zufahrt:** Vor dem östlichen Ortseingang an der D514 gelegen. **Hinweis:** Wir befinden uns hier in einem der am stärksten frequentierten Orte der Landungsküste und insbesondere um die Feierlichkeiten zum D-Day kann es, wie vom direkten Stellplatznachbarn leidvoll erfahren, zu Einbrüchen kommen. *An dieser Stelle möchten wir Sie darauf hinweisen, nach Möglichkeit keine wertvollen Dinge im unbeaufsichtigten WOMO zurückzulassen und das Fahrzeug gut zu sichern!*

TOUR 5

085 Saint-Vigor-le-Grand – *Ferme Aire des Peupliers*

GPS/Kontakt: N 49°17'58" W 00°40'29", Telefon 0687040377, Rue de Magny. **Max. WOMOs:** 20. **Öffnungszeit:** Ganzjährig. **Ausstattung:** V/E, Strom, Müllbehälter. **Beschreibung:** Die schönen, teils parzellierten und durch Hecken getrennten, großzügigen Stellplätze befinden sich auf Schotter oder Wiesenboden und sind klappstuhlgeeignet. Der Empfang der Gastgeberin ist sehr herzlich, wir bekamen einen passenden Platz zugeteilt, erhielten einige Tipps zur Erkundung der Gegend und Cidre oder Pommeau können käuflich erworben werden. Wenn niemand vor Ort ist, dann sucht man sich seinen Platz und wartet, bis jemand vorbeikommt. Direkt am bewirtschafteten Bauernhof führt die *Fahrradroute Voie Verte* vorbei und nach 4 km Fahrt ist Bayeux erreicht, nach 7 km Arromanches oder nach 10 km Longues-sur-Mer. **Preis:** 13 €. **Zufahrt: 1. Von Arromanches** der D514 aus dem Ort folgen und auf die D516 Richtung Magny/Bayeux wechseln, dann dem WOMO-Piktogramm über die D153 folgen. **2. Auf dem Weg nach Bayeux** von der D 104 auf die D153 Richtung Sommervieu abbiegen, die D516 überqueren und dem WOMO-Piktogramm folgen.

086 Manvieux – *Ferme Hue Cotte!*

GPS/Kontakt: N 49°20'08" W 00°39'39", Telefon 0674966887, Route de Port. **Max. WOMOs:** 6. **Öffnungszeit:** Ganzjährig. **Ausstattung:** V/E, Strom, Müllbehälter. **Beschreibung:** Die geschotterten, schattenlose, leicht schrägen Plätze befinden sich am Ortsrand an einem bewirtschaftetet Bauernhof. Die WOMOs stehen unmittelbar an den Wiesen und Pferdekoppeln sowie dem Reitplatz. Der Platz ist klappstuhlgeeignet und wer möchte, kann sich zu Ausflügen auf dem Rücken der Pferde anmelden. **Preis:** 14 €. **Zufahrt:** Direkt am westlichen Ortsrand gelegen.

Nahe dem Parkplatz auf den Klippen befindet sich das **Cinema Circulaire 360°**. Im Panoramakino werden die Ereignisse um den 6. Juni 1944 in eindrücklichen Bildern und mit entsprechender Musik in Szene gesetzt *(Oktober–März 10–17 Uhr, April–August 10–18 Uhr, September 10–17:30 Uhr, einige Wochen im Januar und einzelne Tage im Jahr geschlossen, Eintritt, ermäßigtes Kombiticket mit Mémorial in Caen/Falaise Memorial, www.arromanches360.com)*. Im Ortszentrum stellt das **Musée du Debarquement** die verschiedenen Phasen der Landung der Alliierten dar und erläutert unter anderem den Bau sowie die Nutzung des künstlichen Hafens Mulberry auf Projektionsflächen auf sehr reale und anschauliche Weise *(Mai–August 9–19 Uhr, April/September 9–18 Uhr, Oktober/März 9:30–17:30 Uhr, November/Dezember/Februar 10–17 Uhr, Eintritt, www.musee-arromanches.fr)*.

Neben diversen historischen Kettenfahrzeugen fallen im Ort Teile der Landungsbrücken auf, über die der Nachschub von Mulberry ans Festland transportiert wurde. Außerdem befindet sich das **Office de Tourisme** im Ortszentrum *(November–März Sa/So 14:30–17:30 Uhr, März Mo–So 10–13/14–17 Uhr, April–Juni/September/Oktober Mo–So 10–13/14–18 Uhr, Juli/August Mo–Sa 9–19 Uhr, So/Feiertage 10–13/14–19 Uhr, 2 Rue Maréchal Joffre, Telefon 0231223645, www.bayeux-bessin-tourisme.com)*. Von hier gehen wir Richtung Strand und kehren anschließend im **Restaurant *La Marine*** ein, von dem wir einen schönen Blick aufs Meer einschließlich eines Sonnenunterganges haben und in dem wir ein qualitativ sowie preislich ansprechendes Mahl zu uns nehmen *(Mittags- und Abendmenüs, Quai du Canada, Telefon 0231223419, www.hotel-de-la-marine.fr)*.

Von Arromanches aus kann man unser nächstes Ziel **Longues-sur-Mer** erwandern oder, um im militärischen Jargon zu bleiben, dorthin marschieren. Auch das WOMO kann bemüht werden, findet es doch einen ausgewiesenen Parkplatz, der jedoch nur tagsüber zu nutzen ist (N 49°20'31" W 00°41'28", Verbot von 20–9 Uhr).

Cap Manvieux und Batterie Longues-sur-Mer

Leichte Wanderung von ca. 12,5 Kilometer Länge mit einem sachten An- bzw. Abstieg. ***Nicht zu nah an die Abbruchkanten treten!***

Am westlichen Ende des Ortes und parallel zum Strand spazieren wir auf der Straße und lassen die letzten Häuser hinter uns. Die Straße geht in den Küstenpfad über, der leicht bergauf zum Hochplateau führt.

TOUR 5

Gefechtsbatterie Longues-sur-Mer

Etwa 800 m später erreichen wir eine Wegekreuzung und einen geteerten Weg. Bei einem Abstecher nach rechts *eröffnet sich am Cap Manvieux ein herrlicher Blick auf die Küste und das Meer sowie auf Mulberry*.

Zurück an der Wegekreuzung folgen wir dem Küstenweg in einem Bogen bis nach Manvieux. Dort schwenken wir an der ersten Möglichkeit rechts und an der nächsten Abzweigung nochmals rechts. Durch die Felder mit Blick aufs Meer geht es bis zu einem Teerweg, an dem wir uns nach rechts wenden und dann auf dem Küstenweg leicht ansteigend bis zur nächsten Wegekreuzung gehen. Folgt man rechts dem steil abfallenden Weg hinab zum Meer, gelangt man zum Fuß der Klippen. Hier hat sich die See tief in die Sedimentschichten eingegraben und die oberen Schichten zum Einsturz gebracht. Das Gestein türmt sich in bizarren Formationen auf und wird prägnant als **Le Chaos** bezeichnet.

Wieder auf dem Plateau gehen wir auf dem Küstenweg weiter bis zu einem Bunker und biegen wenig später links ins Landesinnere ab. Der Weg führt zu den Überresten der deutschen **Gefechtsbatterie Longues-sur-Mer** (*Batterie de Longues*). In den vier wuchtigen Betonbunkern sind noch die zerstörten 150-Millimeter Kanonen zu sehen, deren Reichweite bei knapp 20 km lagen. In der Nacht zum 6. Juni 1944 von der Royal Air Force heftig unter Beschuss genommen, konnte die Batterie noch bis zum nächsten Abend standhalten, bis sie von Panzerkreuzern endgültig gefechtsunfähig geschossen wurde. Die Anlage diente 1962 als authentische Kulisse für den Film »Der längste Tag« (*Führungen in englischer u. französischer Sprache möglich Juli/August tägl., sonst auf Nachfrage, Eintritt. Die Anlage ist frei zugänglich, Hunde an der Leine gestattet.*). Vor der Batterie halten wir uns links und erreichen einen Parkplatz mit dem **Office de Tourisme** (*November–März Sa/So 14:30–17:30 Uhr, März Mo–So 10–13/14–17 Uhr, April–Juni/September/Oktober Mo–So 10–13/14–18 Uhr, Juli/August 9–19 Uhr,* Telefon 0231214687, *www.bayeux-bessin-tourisme.com*).

Hier schwenken wir auf der D104 kurz rechts, um dann links durch die Felder über die Hochfläche zu gehen. An der nächsten Möglichkeit folgen wir dem Sträßchen links Richtung Meer, um bald an die vom Hinweg bekannte Gabelung zu kommen, an der es rechts auf gleichem Weg zurück nach Arromanches geht.

Bei der Fahrt durch das von Weiden geprägte Bessin nach Bayeux streifen wir die **Abbaye de Sainte-Marie** aus dem 12. Jahrhundert, deren Areal in Privatbesitz ist und die Besichtigungszeiten dadurch nur eingeschränkt wahrgenommen werden können (bitte vor Ort informieren).

Von Weitem sehen wir schon bald die Türme der *Kathedrale von Bayeux, die zusammen mit dem wohl berühmtesten Teppich der Welt einen Höhepunkt der normannischen Kultur darstellt*. Die Möglichkeiten für WOMOs sind klar geregelt: Für den längeren Aufenthalt empfiehlt sich der städtische Campingplatz und für einen Kurzbesuch bevorzugen wir den Stellplatz in der Rue Pierre Trébucien sowie den Parking Place Saint-Patrice (N 49°16'46" W 00°42'32", Rue Saint-Patrice. Nur am Sonntag zu empfehlen, da ansonsten zu eng oder Markttag!). Alternativ sei nochmals der Stellplatz in Saint-Vigor-le-Grand genannt, um von dort mit dem Fahrrad in die Stadt zu fahren.

087 Bayeux – *Camping Municipal des Bords de l'Aure****

GPS/Kontakt: N 49°17'04" W 00°41'51", Boulevard Eindhoven. Telefon 0231920843, www.camping-bayeux.fr. **Öffnungszeit:** April–Oktober. **Ausstattung:** Bouleplatz, Kinderspielplatz, Tischtennis, Baguetteservice, Benutzung des städtischen Schwimmbades, WiFi. **Beschreibung:** Die auf Wiese angelegten Parzellen sind recht groß und die Ausstattung befriedigend. Der Platz liegt an einer der Hauptausfallstraßen und das Stadtzentrum ist ca. 1 km entfernt. **Preise:** 18–30 €. **Zufahrt:** Im Ort den Hinweisen zum Campingplatz folgen.

088 Bayeux – *Aire de Camping-Car*

GPS: N 49°16'36" W 00°42'46", Rue Pierre Trébucien. **Max. WOMOs:** 10–15. **Öffnungszeit:** Ganzjährig. **Ausstattung:** Müllbehälter, eine V/E befindet sich bei N 49°16'54.1" W 00°41'46.4", Voie de la Rivière.

Beschreibung: Der asphaltierte, schattenlose, einfache Parkplatz liegt vor der Friedhofsmauer in einem Wohngebiet. Er ist etwa 800 m vom Zentrum entfernt und nachts ruhig. **Preis:** 6 € von 18:30–8 Uhr. **Zufahrt:** Von der D5 dem WOMO-Piktogramm folgen. **Hinweis:** Die Parkplätze sind bei Vollbelegung nur für WOMOs bis etwa 7–7,50 m Länge geeignet. Längere WOMOs müssen sich nach Möglichkeit schräger in die Parkbuchten stellen.

089 Bayeux – *Musée Mémorial de la Bataille de Normandie*

GPS: N 49°16'21" W 00°42'39", Boulevard Fabian Ware. **Max. WOMOs:** 10. **Öffnungszeit:** Ganzjährig. **Ausstattung:** Müllbehälter. **Beschreibung:** Der geschotterte, teils schattige, einfache Parkplatz liegt am Ortsrand an einer der Hauptausfallstraßen unmittelbar neben dem Museum und in der Nähe des englischen Soldatenfriedhofs. Er eignet sich gut für den Museumsbesuch und ist auch für die Besichtigung des etwa 1 km entfernten Stadtzentrums geeignet. **Preis:** 6 € von 18:30–8 Uhr. **Zufahrt:** Den Hinweisen zum Museum folgen. Der Parkplatz befindet sich rechts der Einfahrt.

Bayeux (15.000 Einwohner) hat eine lange Geschichte hinter sich. Zuerst siedelten hier die Kelten, es folgten die Römer und nach einem bretonischen Intermezzo waren es die normannischen Herzöge, die der Stadt zur Blüte verhalfen. Hier wurde der Sohn von Rollo geboren und der Halbbruder ***Wilhelm des Eroberers***, Bischof Odo von Conteville war es wohl, der den heute allseits bekannten Teppich in Auftrag gab. Später, als Rouen an Frankreich fiel, war in Bayeux noch lange die Sprache der Nordmänner zu vernehmen. Der Hundertjährige Krieg und auch die Religionskriege meinten es mit der Stadt nicht gut und ihre Bedeutung schwand. Im Zweiten Weltkrieg hatte Bayeux jedoch Glück, denn es wurde als erste französische Stadt von den Alliierten befreit, sodass ihr das Schicksal der Zerstörung erspart blieb. Die Fußgängerzone und *die mit Fachwerkhäusern besäumten schmalen Gassen im Stadtzentrum strahlen heute einen beschaulichen Charme aus*. Schön ist auch ein Spaziergang entlang der Aure, an der die Wassermühle für eine harmonische Atmosphäre sorgt.

Bayeux ist gut zu Fuß zu erschließen und die Beschilderung führt uns zu allen Sehenswürdigkeiten und zum **Office de *Tourisme*** *(November–März 10–13/14:30–17:30 Uhr, April–Juni/September/Oktober Mo–Sa 9:30–13/14–18 Uhr, So/Feiertage 10–13/14–18 Uhr, Juli/August 9–19 Uhr, Pont Saint-Jean, Telefon 0231512828, www.bayeux-bessin-tourisme.com)*. Hier werden beispielsweise Stadtführungen in englischer und französischer Sprache angeboten, man erhält aber auch eine deutschsprachige Broschüre, die mit den wichtigsten Informationen gespickt ist. Um nicht alle Wege zu Fuß absolvieren zu müssen, besteigt man *Le p'tit Train*. Das **Touristenbähnchen** fährt auf seiner Erkundungsfahrt durch die historische Altstadt bis zum Musée Mémorial sowie zum britischen Soldatenfriedhof und hält auf Nachfrage für eine Besichtigung an *(Mitte März–Oktober Haltestellen Office de Tourisme, Kathedrale, Juni–Mitte September auch Haltestellen Musée Mémorial, Mi nur Haltstelle Kathedrale, Gebühr, Hunde an der Leine gestattet)*.

Ein wenig nordwestlich vom Office de Tourisme befindet sich das **Restaurant *L'Angle Saint Laurent***, das in moderner Atmosphäre eine frische regionale Küche in einem sehr guten Preis-Leistung-Verhältnis anbietet *(Di–Fr Mittags- und Abendmenüs, Sa nur am Abend geöffnet, 4 Rue des Bouchers, Telefon 0231920301, www.langlesaintlaurent.com. Bei unserem letzten Besuch waren Hunde im Gastraum nicht mehr gestattet)*. Unsere Lust auf asiatische Küche stillen wir hingegen im **Restaurant *Kim-Lai***, das ebenfalls nahe des Touristenbüros zu finden ist *(Mittags- und Abendmenüs, So geschlossen, 6 Rue Larcher, Telefon 0231164679, www.kimlai.fr)*.

Eine Zeitreise durch die Geschichte und was es mit dem Teppich von Bayeux auf sich hat

Im Mittelpunkt der Stadt steht die **Cathédrale Notre-Dame** (Foto unten), *ein Juwel der Romanik und der normannischen Gotik*. 1077 durch Bischof Odo geweiht,besticht die dreischiffige Basilika mit Klarheit und Eleganz *(8:30–19 Uhr, Führungen in englischer und französischer Sprache möglich)*.

Ganz in der Nähe ist im ehemaligen Palast der Bischöfe das **Musée d'Art et d'Histoire Baron Gérard** (*MAHB*) untergebracht. Es zeigt prähistorische Funde, mittelalterliche Kunst, Fayencen sowie Gemälde und Spitzenarbeiten

und Porzellan *(Mai–September 9:30–18:30 Uhr, Oktober–Dezember/Februar–April 10–12:30/14–18 Uhr, wenige Tage im Dezember/Januar geschlossen, Eintritt, ermäßigtes Kombiticket mit den zwei anderen Museen möglich, www.bayeuxmuseum.com).*

Die Hauptattraktion der Stadt ist aber unbestritten die **Tapisserie de Bayeux**, in der sich alles um das Meisterwerk der romanischen Textilkunst dreht. Das Museum ist in zwei Bereiche unterteilt. Zum einen erläutert eine Ausstellung im ersten Stock des Gebäudes die historische Einordnung des Wandteppichs und weiht uns ein wenig in die Geheimnisse seiner Herstellung ein. Anhand von Burgmodellen und Informationstafeln werden wir ins 11. Jahrhundert entführt und erleben die Kultur zurzeit der Normannen. Gut gemacht und auch für Kinder nachzuvollziehen!

Im unteren Stockwerk wird in einem abgedunkelten Raum das wichtigste Museumsexponat präsentiert. ***Die Herkunft des Wandteppichs, der seit 2007 zum UNESCO Weltdokumentenerbe gehört ist nicht sicher belegt.*** Es wird jedoch vermutet, dass Bischof Odo, Wilhelms Bruder, den Teppich in Auftrag gegeben hat, um seine Kathedrale damit zu schmücken. Untermauert wird diese These damit, dass sich der Bischof sitzend neben Wilhelm und sogar die Keule schwingend verewigen ließ. Im Mittelalter waren die Menschen oft des Lesens und Schreibens nicht mächtig, und so sollten sie, ähnlich einem Comic oder einer Dokumentation, wohl auf diese Weise die Eroberung Englands durch Wilhelm erleben können.

In 58 handgestickten Szenen wird die Sicht der Sieger wiedergegeben und zeigt, wie der englische Gesandte Harold dem normannischen Herzog den Vasalleneid leistet. Als Harold sich später zum englischen König krönen ließ, Wilhelm jedoch selbst diesen Titel beanspruchte, wurde nach normannischer Lesart der Eid gebrochen und es war aus mit der Freundschaft. Um seinen Anspruch durchzusetzen, ließ Wilhelm eine Schiffsflotte bauen und segelte mit seinem ganzen Tross gen England. In der Schlacht von Hastings im Jahr 1066 fiel Harold, Wilhelm erlangte in den Folgemonaten die Herrschaft über ganz England, ließ sich zum englischen König krönen und hieß fortan Wilhelm der Eroberer.

Teppich von Bayeux

Soweit die Kurzfassung der Geschichte, die auf 70 Meter Länge und 50 Zentimeter Breite hinter Glas viel umfassender und vor allen Dingen detaillierter dargestellt wird. Die Engländer sind an Schnauzbärten und langen Haaren zu erkennen, die Normannen am kahl geschorenen Nacken. Wir sehen den Mont Saint Michel und den Halleyschen Kometen, der als böses Omen für Harold galt. Fasziniert schauen wir auf die fein herausgearbeitete Kleidung der Protagonisten, betrachten Ritter in voller Rüstung und Schützen mit gespannten Bögen.

Auch wenn man sich in der Hauptsaison schon sehr anstrengen muss, um eine langandauernde Sicht auf dieses Meisterwerk der gestickten Erzählkunst zu erlangen, ***sollte man unter gar keinen Umständen auf einen Besuch des Museums verzichten*** *(März–Oktober 9–18:30 Uhr, November–Februar 9:30–12:30/14–18 Uhr, Eintritt, ermäßigtes Kombiticket mit den zwei anderen Museen möglich. Ein Audioguide in deutscher Sprache ist unerlässlich, um einen tieferen Einblick in die Geschichte des Teppichs zu erhalten, www.bayeuxmuseum.com).*

Bayeux wurde während des Zweiten Weltkriegs nicht zerstört und doch sind die Kriegsgeschehnisse präsent. Im **Musée Mémorial de la Bataille de Normandie** wird in chronologischer Reihenfolge die Schlacht in der Normandie geschildert. Das Museum präsentiert zusätzlich eine sehr umfangreiche Sammlung von historischen Fahrzeugen, Geschützen und Uniformen der alliierten Landungstruppen *(Februar–April/Oktober–Dezember 10–12:30/14–18 Uhr, Mai–September 9:30–18:30 Uhr, Eintritt, ermäßigtes Kombiticket mit den zwei anderen Museen möglich, www.bayeuxmuseum.com).*

Schräg gegenüber des Museums befindet sich der **Cimetière Militaire Britannique**. Die Kriegsgräberstätte ist der größte britische Soldatenfriedhof des Zweiten Weltkriegs auf französischem Boden. Hier ruhen an die 4.000 britische und kanadische Soldaten, aber auch Australier, Neuseeländer, Südafrikaner, Polen, Russen, Franzosen, Tschechen, Italiener und Deutsche. Die britische Tradition gebietet es, Soldaten dort zu bestatten, wo sie gefallen sind. Deshalb liegen die britischen Soldatengräber an sehr unterschiedlichen Orten. Allein im Département Calvados gibt es 19 Soldatenfriedhöfe. Das gegenüberliegende Mahnmal trägt die Namen

Musée Mémorial de la Bataille de Normandie

von 1.801 Soldaten des Commonwealth, deren Überreste nicht gefunden oder nicht identifiziert werden konnten. Die Inschrift der Gedenkstätte erinnert auch an Wilhelm den Eroberer: »Wir, die wir einst von Wilhelm besiegt wurden, haben nun das Heimatland des Siegers befreit«.

Unsere Zeitreise durch die Geschichte endet nur wenige Schritte entfernt in einem kleinen Park am **Mémorial des Reporters de Guerre**. Hier tragen etwa 30 helle Stelen mehr als 2.000 Namen der Kriegsberichterstatter, die seit 1944 bis heute weltweit in der Ausübung ihres Berufes ums Leben kamen.

TOUR 5

Knapp 20 Kilometer südwestlich von Bayeux und wiederum im **Pays du Bessin** gelegen, erreichen wir das gut ausgeschilderte, aber nur mit einem kleinen Parkplatz ausgestattete **Château de Balleroy** (N 49°10'50" W 00°50'20", Parken am besten am Straßenrand). Der herrschaftliche Bau schmiegt sich perfekt an das gleichnamige Dorf und wenn man in den Genuss der zentralen Sichtachse kommen möchte, dann lässt man das WOMO vom örtlichen Campingplatz über die von Häusern und Bäumen gesäumte Allee auf das Schloss hinabrollen oder geht den Weg zu Fuß.

090 Balleroy – *Camping Château de Balleroy****

GPS/Kontakt: N 49°11'12" W 00°49'28", Route de Castillon. Telefon 0231214148, www.camping-leclosdeballeroy.fr. **Öffnungszeit:** April–Oktober. **Ausstattung:** Pool, Snackbar, kleiner Supermarkt, Tischtennisplatten, Spielplatz, WiFi. **Beschreibung:** Der einfache, aber ordentliche Platz ist besonders familienfreundlich und die großzügigen Parzellen liegen auf Wiese. Der Fußweg zum Schloss beträgt etwa 1,5 km. **Preise:** 18–28 €. **Zufahrt:** Von der D572 Richtung Castillon ausgeschildert oder im Ort den Hinweisen zum Campingplatz folgen.

Château de Balleroy

Die Anlage wurde 1631 vom französischen Architekten François Mansart, dem Erfinder der nach ihm benannten Mansarden, erbaut. Die harmonische Anordnung der Gebäude und die Angliederung an das Dorf sollen

sogar in die Baupläne von Versailles einbezogen worden sein. Im Inneren können opulent ausgestattete Räumlichkeiten mit Holztäfelungen, aufwendigen Wandmalereien und kostbaren Gemälden besichtigt werden.

In einem Nebengebäude befindet sich das **Musée des Ballons**, welches sich mit der Geschichte der Heißluft- und Gasballons von ihrer Entstehung bis zur Gegenwart beschäftigt. Im Anschluss an das Besichtigungsprogramm kann ein Spaziergang durch den angrenzenden Park im englischen und französischen Stil folgen oder man verbringt noch ein wenig Zeit im kleinen ***Salon de Thé*** *(April–Juni/September/Oktober Mi–So 10:45–18 Uhr, Juli/August täglich 10:45–18 Uhr, das Schloss ist nur im Rahmen einer 45-minütigen Führung zu besichtigen, Eintritt, Hunde an der Leine im Park gestattet. www.chateau-balleroy.fr).*

Da wir schon mal in der Gegend sind, steuern wir direkt durch den **Forêt de Cerisy** nach **Cerisy-la-Forêt**, *um uns ein typisches Bauwerk der normannischen Romanik anzuschauen*.

091 Cerisy-la-Foret – *Abbaye Saint-Vigor*

GPS: N 49°11'53" W 00°55'55", L'Église. **Max. WOMOs:** 2–3. **Öffnungszeit:** Ganzjährig. **Ausstattung:** Tische und Bänke, Spielplatz, WC, Müllbehälter. **Beschreibung:** Der geschotterte, einfache Parkplatz am Ortsrand liegt direkt neben einem Skulpturenpark und nahe einem Teich. Das Ortszentrum mit Bäckerei und Restaurant ist ca. 500 m entfernt. **Zufahrt:** Im Ort den Hinweisen zur Abtei folgen und dort vorbei bis zum ca. 100 m entfernten Parkplatz fahren. **Hinweis:** Zum Zeitpunkt unserer Recherche gibt es die lange Jahre vorhandene V/E nicht mehr. Es scheint aber Überlegungen zu geben, den WOMO-Stellplatz neu zu beleben. Über das Jahr verteilt finden hier immer wieder Veranstaltungen statt, sodass der Parkplatz auch schon mal nicht angefahren werden kann.

Abbaye de Cerisy-la-Forêt

Im 6. Jahrhundert ließ Vigor, einer der ersten Missionare im Bessin und späterer Bischof von Bayeux, die Abtei errichten. Nach der Zerstörung durch die normannischen Invasoren war es der Vater Wilhelm des Eroberers, der an gleicher Stelle 1032 ein neues, dem Heiligen Vigor geweihtes Kloster erbaute.

Die majestätische Abteikirche gilt als Vorbild beim Bau vieler Kirchen in England und besticht durch ihre große

Höhe sowie ihren klaren Innenraum, der in drei Höhenstufen gegliedert ist. Große Rundbögen wechseln mit Säulen sowie Tribünen und die oberen Fenster sorgen für einen milden Lichteinfall. Besonders der Chor mit einem Gestühl aus dem 13./14. Jahrhundert und die Apsis zeugen von der hellen, eleganten Romanik des 11. Jahrhunderts, als die meisten zuvor errichteten Kirchenbauten noch dunkel und behäbig waren.

Im Außenbereich erinnert die gotische Chapelle Saint-Gerbold aus dem späten 13. Jahrhundert in ihrer Einfachheit an die Sainte-Chapelle in Paris und zeigt hübsche Malereien *(April Di–So 11–18 Uhr, Mai–August Mo–So 10–18 Uhr, September täglich 11–18 Uhr, Oktober Sa/So 11–18 Uhr, Führungen Mai–August Mi 15 Uhr, Infomaterial in englischer Sprache, Eintritt, Hunde an der Leine im Außenbereich gestattet, www.abbaye-cerisy.fr).*

Unser weiterer Weg führt nach **Le Molay-Littry** und in eine ganz andere Epoche. Zunächst besuchen wir die ausgeschilderte **Moulin de Marcy**, eine der letzten Wassermühlen der Normandie (N 49°13'44" W 00°54'13").

Die ehemalige Getreidemühle gehörte früher zur Abtei Cerisy, wurde in den späteren Jahrhunderten erweitert sowie zusätzlich als bäuerliches Anwesen genutzt und erst 1986 zum Museum umgewandelt. Heute sind die Mühle und der kleine Bauernhof mit Molkerei sowie die Bäckerei zu besichtigen. Nach der Besichtigung kann die nähere und etwas weitere Umgebung auf zwei markierten *Rundwanderwegen* (9 und 19 Kilometer lang) erkundet werden.

Wenig später parken wir das WOMO vor dem gut beschilderten **Musée de la Mine**, einem ehemaligen Kohlebergwerk, dessen Geschichte Mitte des 18. Jahrhunderts begann und das knapp 100 Jahre später 950 Bergleuten Arbeit bot (N 49°14'32" W 00°52'45", Rue de la Fossé Frandemiche). Die starke Konkurrenz aus Nordfrankreich und England ließ jedoch den örtlichen Kohleabbau unrentabel werden und so schloss die Mine bereits im Jahr 1880. Nach einer zehnminütigen Videodokumentation kann ein 70 Meter langer rekonstruierter Bergwerksstollen und etliches Werkzeug besichtigt werden *(Eintritt. Da die Öffnungszeiten variieren, bitten wir jeweils unter www.ville-molay-littry.fr nachzuschauen).*

Nach dieser Exkursion ins Landesinnere ziehen wir eine weitere Schleife ans Meer und nach **Port-en-Bessin-Huppain** (2.000 Einwohner).

092 Port-en-Bessin-Huppain – *Aire de Camping-Car*

GPS: N 49°20'44" W 00°45'30", Rue du 11 Novembre. **Max. WOMOs:** 33. **Öffnungszeit:** Ganzjährig. **Ausstattung:** V/E, Strom, mit Schranke gesichert, Müllbehälter. **Beschreibung:** Der geschotterte, schön angelegte, meist schattenlose, am Rand eines Wohngebiets befindliche Stellplatz

hat markierte Flächen, die klappstuhlgeeignet sind. Vom nachts sehr ruhigen Platz sind es ca. 500 m hinab zum Ortszentrum mit Bäckerei, Geschäften und Restaurants sowie zum Hafen. Die *Vélomaritime* verläuft direkt am Stellplatz und lädt zu Radtouren entlang der Küste ein. **Preise:** 10 €. **Zufahrt:** Im Ort Richtung Grandcamp-Maisy den WOMO-Piktogrammen folgen. Hinweis: Eine weitere V/E-Station und 4 enge Stellplätze befinden sich am *Super U* an der Hauptstraße unmittelbar neben einer Waschanlage.

Der von Klippen umgebene Ort bezeichnet sich selbst als Stadt, deren Hafen das ganze Jahr über lebt. Kein Wunder, sind wir doch in einem der bedeutendsten Fischereihäfen der Normandie. Davon kann man sich überzeugen, *wenn die kleinen und großen Fischereischiffe einlaufen und ihren Fang in der Criée, der Fischauktionshalle, am Hafenbecken anbieten*.

Das maritime Leben kann auch bei weiteren geführten Touren, jedoch meist nur in französischer oder englischer Sprache, erkundet werden. Weitere Informationen sind im **Office de Tourisme** zu erhalten *(Juli/August Mo–Sa 9–19 Uhr, So 10–13/14–19 Uhr, November–März Sa/So 10–13 Uhr, April–Juni/September/Oktober Mo–So 10–13/14–18 Uhr, Quai Baron Gérard, Telefon 0231224580, www.bessin-normandie.com)*. Die Hauptaktivität der Fischer liegt bei der Hochseefischerei vor der Südwestküste Englands und beim Schleppnetzfang von Jakobsmuscheln in der Seinebucht. Reizvoll ist am Sonntagvormittag der **Fischmarkt** am Kai, auf dem natürlich auch Jakobsmuscheln angeboten werden. Rechts des Hafenbeckens kann man bei Ebbe ein kleines Wunder der Natur betrachten, denn dort sammeln sich Abertausend durch die Strömung angetriebene Muschelschalen, die zu einem bizarren Kunstwerk verschmelzen. Gute Adressen für fangfrische Fischgerichte sowie leckere andere Gerichte sind das **Restaurant *La Marie du Port*** *(Mittags- und Abendmenüs, Nebensaison Di/Mi Ruhetag, 8 Quai Félix Faure, Telefon 0231217245)* oder das **Restaurant *La Table des 2 Marcel*** *(Mittags- und Abendmenüs, Di nur mittags, Mi geschlossen, 4 Rue de la Fontaine, Telefon 0231166185)*.

Lohnend ist der kurze Aufstieg zu einem im 17. Jahrhundert vom Festungsbaumeister Vauban errichteten Turm, von dem sich ein toller Blick auf den Hafen bietet. Der Küstenwanderweg ist ab hier aufgrund der Abbruchgefahr der Kreidefelsen gesperrt, aber über die Rue du Castel und weiter leicht bergauf gelangen wir dennoch auf das Plateau. Hier zeigt eine Infotafel, wo wir entlanglaufen dürfen und auch wenn es nur ein relativ kurzer Spaziergang ist, lassen wir uns den Wind tüchtig um die Nase wehen.

Wir folgen der Küstenlinie und streifen den ausgesprochen empfehlenswerten, außerhalb des Ortes gelegenen **Yelloh Village Camping Portland****** mit viel Animations- und Aktivitätsprogramm, Pool, Gastronomie und unter anderem mit Premiumstellplätzen, die über ein eigenes Sanitärhäuschen verfügen. Toll gemacht und besonders bei Familien sehr beliebt!

093 **N 49°20'47" W 00°46'17"**, Telefon 0231510706, www.camping-portland.fr, geöffnet April–Oktober, Preise 35–55 €.

Wer sich mit der einfachen Variante eines Stellplatzes zufriedengibt, der findet im nächsten Ort eine Alternative.

094 Aure-sur-Mer – *Aire de Camping-Car*

GPS: N 49°20'55" W 00°48'59", Route d'Omaha Beach. **Max. WOMOs:** 30. **Öffnungszeit:** Ganzjährig. **Ausstattung:** V/E, Strom. **Beschreibung:** Der ein klein wenig abseits der Straße auf Wiese und Schotter gelegene und schattenlose Stellplatz befindet sich neben einer Autowerkstatt im Ort. Die **Vélomaritime** verläuft in der Nähe des Stellplatzes und lädt zu Radtouren entlang der Küste ein. **Preis:** 10 €. **Zufahrt:** Im Ort den WOMO-Piktogrammen folgen.

In **Colleville-sur-Mer** fällt uns zuerst nur der Hinweis für eine Cidre- und Pommeau-Verkostung auf. Doch bei näherer

Betrachtung gehört zu diesem Bauernhof auch ein idyllisch gelegener Stellplatz auf der gegenüberliegenden Straßenseite an den Pferdeweiden.

095 Colleville-sur-Mer – *La Ferme du Clos Tassin*

GPS/Kontakt: N 49°20'57" W 00°50'23", 498 Route d'Omaha Beach, Telefon 0688488227, www.clostassin.fr. **Max. WOMOs:** 10. **Öffnungszeit:** Ganzjährig. **Ausstattung:** Wasser, Tisch und Bänke, Müllbehälter. **Beschreibung:** Die auf Wiese gelegenen, durch Hecken abgetrennten Plätze sind beinahe schattenlos am Ortsrand, etwas abseits der Straße gelegen und nachts ruhig. Auf der gegenüberliegenden Straßenseite befindet sich der Bauernhof mit einem Hofladen, zu dem jeden Morgen der Bäcker kommt. **Preis:** 8 €. **Zufahrt:** Im Ort an der D514 auf den Hinweis Clos Tassin achten und gegenüber der Einfahrt zum Bauernhof zum Stellplatz fahren.

Bei der Weiterfahrt gelangen wir an einen Kreisverkehr, an dem das **Overlord-Museum** vor allem diverses Kriegsgerät präsentiert *(Februar/März/Oktober–Dezember Mo–So 10–17:30 Uhr, April/Mai September Mo–So 10–18:30 Uhr, Juni–August 9:30–19 Uhr, Eintritt, www.overlordmuseum.com)*. Hier schwenken wir zu einem der eindrucksvollsten Plätze der Invasionsküste (N 49°21'19" W 00°51'10").

Der **Omaha Beach** war der am D-Day am härtesten umkämpfte Strandabschnitt. Die Landung der amerikanischen Truppen stand unter einem ungünstigen Stern, da es den Bombern nicht gelungen war, die deutschen Stellungen auszuschalten und von 30 Panzern erreichten später nur zwei mit ihren Besatzungen den Strand. Die aus den Landungsbooten stürmenden Soldaten wurden vom deutschen Maschinengewehrfeuer regelrecht niedergemäht, sodass anfangs nur einer von zehn Soldaten lebend den Strand erreichte.

Cimetière Américain

Der amerikanische Soldatenfriedhof bei Colleville-sur-Mer ist nicht nur das bekannteste Mahnmal gegen den Krieg, sondern *nach dem Mont-Saint-Michel eines der am häufigsten besuchten Ziele in der Normandie*. Am östlichen Rand von Omaha Beach wird im streng bewachten Besucherzentrum die Tragweite und Bedeutung der Operation Overlord auf nachhaltige Weise geschildert.

Im Garten der Vermissten sind an einer halbkreisförmigen Wand die

Namen von 1.557 verschollenen Soldaten eingraviert Eine Bronzerosette neben den Namen kennzeichnet jene, die später doch gefunden und identifiziert wurden. In der Mitte des Ehrenmals blickt eine Statue nach Westen und erinnert an den *Spirit of American Youth*.

Große Karten und Texte in den Kolonnaden erläutern die Operation der Alliierten in der Normandie sowie Nordwesteuropa und von einem Aussichtspunkt bietet sich ein weiter Blick über Omaha Beach. Dort beschreibt eine Orientierungstafel die Bewegungen der Truppen in den ersten Tagen der Invasion.

Vom Ehrenmal schauen die Besucher über ein Wasserbecken auf eine weiße Kapelle, die inmitten des Friedhofs steht. Auf den immergrünen Rasenflächen erinnern 9.387 weiße Marmorkreuze und Davidsterne in präzise ausgerichteten Reihen auf zehn Gräberfeldern an einen Teil der zahlreichen Opfer der amerikanischen Landungstruppen.

Wer einmal diesen ungewöhnlichen Ort der Erinnerung und Mahnung besucht hat, wird ihn nicht so schnell vergessen – und das ganz sicher nicht nur wegen seiner exponierten Lage hoch über dem Omaha Beach *(Mitte April–Mitte September 9–18 Uhr, ansonsten 9–17 Uhr, 25.12.–01.01. geschlossen, Hunde nicht gestattet, www.abmc.gov)*!

Auf dem **Circuit de la Plage d'Omaha** kann der gesamte Strandabschnitt zu Fuß erkundet werden. Hierzu parken wir das WOMO westlich und unterhalb des Friedhofs auf einem Parkplatz, den wir bei Erreichen der später erwähnten Metallskulptur »Les Braves« rechts parallel zum Strand fahrend erreichen (N 49°21'54" W 00°51'48", Rue de la 2ème Division US).

Circuit de la Plage d'Omaha

Leichte Wanderung von rund 5 Kilometern mit leichten An- und Abstiegen.

Vom Parkplatz schlagen wir auf Höhe des Denkmals der 2. US Infantry Division beziehungsweise am Zebrastreifen den Fußweg nach links ein und gehen über eine Wiese, dann zwischen einigen Bäumen hindurch und erreichen am Ende der Wiese ein Waldstück, das wir links über einen etwas versteckten Pfad betreten. Leicht ansteigend, entlang eines plätschernden Bächleins erreichen wir eine Wegkreuzung, an der wir uns links nochmals ansteigend bis zur nächsten Kreuzung halten. Dort wenden wir uns erneut links, bis wir auf eine Straße stoßen. Wir gehen rechts, später zweimal links, um den amerikanischen Soldatenfriedhof zu umrunden. Über den kleineren, am Ende der Straße rechts gelegenen Pkw-Parkplatz und dann über eine breite Rasentreppe erreichen wir abwärts das Monument der 1st US Infantry Division und im weiteren Verlauf eine Aussichtsplattform. Vor uns breitet sich der gesamte, heute so friedliche Omaha Beach aus. Von hier gehen wir noch ein Stück bergab und dann links entweder am Strand oder auf dem Dünenpfad zurück bis zum Ausgangspunkt der Wanderung.

Wir nähern uns nun **Saint-Laurent-sur-Mer** und fahren hinab zum Omaha Beach, an dem das **Musée Mémorial d'Omaha Beach** die Ereignisse des D-Day dokumentiert *(Februar 10–17 Uhr, März 10–18 Uhr, April/Mai 9:30–18:30 Uhr, Juni–August 9:30–19 Uhr, September–November 9:30–18/18:30 Uhr, Eintritt, www.musee-memorial-omaha.com)*.

Am Strand fällt die monumentale **Metallskulptur Les Braves** auf. Das von der französischen Künstlerin *Anelore Banon* entworfene Denkmal soll die Hoffnung und den Mut der Soldaten symbolisieren, die sich im Kampf um die Freiheit verbrüdern.

Heute lädt der herrliche, lange Sandstrand zum Spaziergang ein oder Sulky-Fahrer lassen ihre Pferde bei Ebbe durch den Sand traben. Nach dem bisher Gesehenen und Erlebten folgen wir der Küstenstraße ein wenig nachdenklich und sind zwiegespalten, ob wir einfach nur die Küstenlandschaft genießen oder doch eher betroffen an die Vergangenheit denken sollen.

Wir entscheiden uns dankbar für die Gegenwart, denn nur so können wir dem Kämpfen und Sterben junger Menschen an diesem ansonsten so wundervollen Flecken Erde einen Sinn abringen!

Wir entfernen uns vom Wasser und erreichen die D514. Zur weiteren Erkundung dieser vor rund acht Jahrzehnten so malträtierten und bis auf die unzähligen in Bussen und anderen Vehikeln angekarrten Touristen heute so friedlich wirkenden Landschaft bieten sich drei Aufenthaltsmöglichkeiten an:

096 Saint-Laurent-sur-Mer – *Aire de Camping-Car Privée*

GPS/Kontakt: N 49°21'31" W 00°52'45", 8 Route de Port en Bessin, Telefon 0613224668. **Max. WOMOs:** 10. **Öffnungszeit:** Ganzjährig. **Ausstattung:** Wasser. **Beschreibung:** Die klappstuhlgeeigneten Plätze liegen auf einer gemähten Wiese am Ortsrand, sind schattenlos, teils ziemlich schräg und eine kleine Oase der Ruhe. Manchmal kommt der Bäcker vorbei. **Preis:** 8 €. **Zufahrt:** In Saint-Laurent-sur-Mer östlich des Kreisverkehrs von der D514 in eine private Einfahrt abbiegen und zur Wiese hinter den Häusern fahren. **Hinweis:** Vor Ankunft bitte anrufen.

097 Saint-Laurent-sur-Mer – *La Ferme du Lavoir*

GPS/Kontakt: N 49°20'27" W 00°53'45", An der D517, Telefon 0231225689, www.fermedulavoir.fr. **Max. WOMOs:** 5. **Öffnungszeit:** Ganzjährig. **Ausstattung:** V/E, Strom, Dusche, WC, Tisch und Bänke, WiFi, Müllbehälter. **Beschreibung:** Die klappstuhlgeeigneten Plätze liegen auf Schotter und Wiese direkt an und unter den Obstbäumen. Die Dusche und das WC sind einfach, aber je nachdem wie sich die Gäste benehmen, sauber. Der Hofladen bietet eine Auswahl an Cidre und Pommeau, die man vor dem Kauf verkosten kann. Manchmal kommt der Bäcker vorbei. **Preis:** 15 €. **Zufahrt:** In Saint-Laurent-sur-Mer von der D514 den Hinweisen nach Formigny bis zum ausgeschilderten Bauernhof folgen.

098 Vierville-sur-Mer – *Flower Camping Omaha-Beach****

GPS/Kontakt: N 49°22'46" W 00°54'35", Rue de la Hérode. Telefon 0231224173, www.camping-omaha-beach.fr. **Öffnungszeit**: EndeMärz/Anfang April–Ende Oktober/Anfang November. **Ausstattung:** Indoor-Pool, Snackbar (gute Moules Frites), Brot auf Vorbestellung, kleiner

Waschmaschinen, WiFi.
Beschreibung: Der am Ortsrand gelegene ordentliche Platz verfügt zum einen über relativ großzügige, durch Hecken getrennte Parzellen auf Wiese, zum anderen über teilweise gut markierte Wiesenparzellen mit toller Aussicht hoch über dem Meer auf Omaha Beach und den Ärmelkanal. Zum langen Sandstrand und zu einigen Restaurants führt ein ca. 300 m langer Fußweg bergab. Auch von hier kann man natürlich in die vorgenannte **Wanderung** einsteigen und geht zunächst parallel zum Meer an der Straße in östliche Richtung bis zum o. g. Parkplatz. An der Zufahrt zum Campingplatz befindet sich das **D-Day Omaha Musée** (*April–Mai/September 10:30–18 Uhr, Juni–August 10–19 Uhr, Eintritt, Hunde an der Leine gestattet, www.dday-omaha.fr*). Die *Vélomaritime* verläuft direkt am Campingplatz und lädt zu Radtouren entlang der Küste und nach Carentan ein. **Preise:** 18–35 €. **Zufahrt:** Von der D514 den Hinweisen zum Campingplatz folgen.

099 Englesqueville-la-Percée – *Ferme de la Rouge Fossé*

GPS/Kontakt: N 49°23'16" W 00°56'55", Le Haut Chemin. Telefon 0231511852 6. **Öffnungszeit**: Ganzjährig. **Max. WOMOs:** 6. **Ausstattung:** V/E, Strom, Müllbehälter.

Beschreibung: Von den großzügig bemessenen, geschotterten, schattenlosen, klappstuhlgeeigneten Stellplätzen hat man einen schönen Blick ins Grüne. Der bewirtschaftete Bauernhof liegt am Ortsrand. **Preise:** 10 €. **Zufahrt:** Von der D514 nahe dem Abzweig D125 nach Englesqueville-la-Percée dem WOMO-Piktogramm hinter das Gehöft folgen.
Hinweis: Der maximale Aufenthalt beträgt 48 Stunden.

Die Straße führt uns nun zur **Pointe du Hoc**, einem Kalkplateau aus der Jurazeit, das abrupt mit steilen Klippen am Meer endet und den westlichen Rand des Omaha-Beach markiert. Auch wenn ein Teil der 25 Meter hohen markanten Silhouette der Felsformation im Jahr 2022 erosionsbedingt ins Meer stürzte und einige Wege auf dem weitläufigen Gelände gesperrt werden mussten, lohnt sich ein Besuch nach wie vor (N 49°23'31" W 00°59'24")!

Pointe du Hoc

Die grandiose und weite Aussicht über das Meer und die Küste bis zum weiter westlich gelegenen Cotentin bot für die deutsche Wehrmacht ideale strategische Voraussetzungen. Den Alliierten war deshalb daran gelegen, die hier errichtete deutsche Gefechtsbatterie so schnell wie möglich einzunehmen.

In den frühen Morgenstunden des 6. Juni 1944 erfolgten die ersten Bombardements aus der Luft sowie von Panzerkreuzern vom Meer her. 225 speziell ausgebildete Ranger versuchten mit Seilen und mit Leitern die Klippen vom Wasser aus zu erstürmen und stießen auf erbitterten Widerstand. Unter großen Verlusten erreichten nur 90 kampffähige Soldaten das Plateau, um dort zunächst eingekesselt zu werden und erst durch militärische Unterstützung von Land die Stellung endgültig einzunehmen. Eine Granitsäule am Rand der Klippen erinnert an die Gefallenen und tiefe Bombentrichter sowie zerstörte Bunker zeugen noch heute von den heftigen Kämpfen *(Besucherzentrum April–September 9–18 Uhr, Oktober–März 9–17 Uhr, Eintritt. Der Zugang zur Pointe du Hoc ist freizugänglich, Hunde auf dem Gelände nicht gestattet).*

Durch die von der Bocage geprägte Landschaft sind wir im Nu in **Grandcamp-Maisy** (1.700 Einwohner), wo uns am Ortseingang die **Statue pour la Paix dans le Monde**, eine Metallstatue für den Weltfrieden, in überdimensionaler Größe empfängt.

100 Grandcamp-Maisy – *Camping-Car Park*

GPS/Kontakt: N 49°23'12" W 01°02'15", Rue du Moulin d'Odo. **Max. WOMOs:** 33. **Öffnungszeit:** Ganzjährig. **Ausstattung:** V/E, Strom mit Schranke gesichert, Tische und Bänke, Grillplatz. **Beschreibung:** Der geschotterte, meist schattenlose, aber klappstuhlgeeignete Platz liegt mit Blick auf eine Wiese am Ortsrand und das Zentrum sowie der Hafen sind etwa 1 km entfernt. Im Ort verläuft die **Vélomaritime** und lädt zu Radtouren entlang der Küste ein. **Preise:** 13–15 €/Parken inkl. V/E 8 €. **Zufahrt:** Im Ort den WOMO-Piktogrammen folgen.

In dem beschaulichen, für seine Austern sowie Jakobsmuscheln bekannten Fischerort spielt sich das Leben rund um den Hafen ab. Hier dreht sich alles um den letzten Fang, der jeden Tag in der offenen **Fischhalle** angeboten wird. Am besten wird der zubereitete Fisch im **Restaurant *La Marée*** auf die Teller gebracht, das über eine Sonnenterrasse mit Blick auf den Hafen verfügt *(Mittags- und Abendmenüs, 5 Quai Henri Chéron, Telefon 0231214100, www.restolamaree.com).*

Der D514 folgend und dann Richtung »La Mer« abbiegend, wird der **Parc á huitres** erreicht. Dort kann man bei **Alain Pourtier** frische Austern kaufen oder die **Austernzucht** besichtigen (N 49°22'58" W 01°05'04"). Die Vermittlung übernimmt das **Office de Tourisme** *(Juni–September 10–13/14–18:30 Uhr, So Nachmittag geschlossen, April/Mai Di–So 9:30–12:30/14–18 Uhr, Di/So Nachmittag geschlossen, ansonsten eingeschränkte Öffnungszeiten, 26 Quai Crampon, Telefon 0231226244, www.isigny-grandcamp-intercom.fr).*

Weiter Richtung Osmanville ist von der D514 die ehemalige deutsche **Batterie Maisy** mit langen Schützengräben, Tunneln und Gefechtsstellungen zu erreichen *(April–Mai/September 10–17 Uhr, Juni–August 10–19 Uhr, letzter Einlass eine Stunde vor Schließung, Eintritt, Hunde an der Leine gestattet, www.maisybattery.com).*

Im Ort orientieren wir uns nach **La Cambe**, um den letzten großen Soldatenfriedhof dieser doch sehr kriegslastigen Tour zu besuchen.

Der **Cimetière Militaire Allemand** ist ausgeschildert und die Zufahrt durch den **Friedenspark** mit 1.200 Ahornbäumen beeindruckend (N 49°20'35" W 01°01'32"). Mit etwa 21.200 Gräbern ist der **deutsche Soldatenfriedhof** in La Cambe der größte von weiteren fünf in der Normandie.

Im Gegensatz zu den alliierten Kriegsgräberstätten ist dieser Friedhof einfach und nüchtern angelegt. Auf einem Hügel in der Mitte der in dunklen Farben gehaltenen Anlage befindet sich ein großes Kreuz mit zwei lebensgroßen Steinfiguren. Von hier blickt der Besucher auf dunkle Steinkreuze, die in Fünfergruppen auf der Rasenfläche unter mächtigen Eichen angeordnet sind. Schlichte Bodenplatten weisen auf die Doppelgräber der Gefallenen hin und es scheint, als ob über allem ein Hauch von Kummer und Schwermut weht. Das gegenüberliegende **Informationszentrum** unter der Ägide des Volksbundes Deutscher Kriegsgräberfürsorge möchte in einer Dauerausstellung zum Nachdenken über Krieg und Frieden anregen *(8–19 Uhr, im Winter bis 17 Uhr)*.

Frische Isigny-Butter auf knackigem Baguette, dazu noch Käse oder Austern – für uns ein Leben wie Gott in Frankreich!

In **Isigny-sur-Mer** (3.000 Einwohner) macht uns die große Molkerei darauf aufmerksam, wofür Isigny bekannt ist. Von den saftigen Weiden des Umlandes kommt die Milch für eine der berühmtesten Buttersorten der Welt.

Butter und Karamell aus Isigny

Die **Beurre d'Isigny** (Butter aus Isigny) wird in vielen guten Restaurants Frankreichs verwendet und im kleinen Ladengeschäft der Molkerei kann man sie für den Geschmackstest erwerben. Täglich liefern die Bauern die Milch in der Fabrik an, damit sie dort zu Crème fraîche d'Isigny, Camembert Normand und eben für die feine Butter verarbeitet wird.

Die Butter findet natürlich auch bei der Herstellung von Karamell Verwendung und die verführerischen Bonbons müssen sich ebenfalls einem Geschmackstest unterziehen (N 49°18'36" W 01°06'06", ZA Isypôle, gut über die 2. Ausfahrt von der N13 nach Isigny zu erreichen). Neben dem Einkauf in der Boutique von **Caramels d'Isigny** kann man in der gläsernen Manufaktur

TOUR 5

Boote in Isigny-sur-Mer

die Produktion verfolgen und ein kleines Museum besuchen. *Wer gerne Karamelleis isst, sollte die hiesige Kreation auf jeden Fall probieren* (*Oktober–März Mo–Fr 9–17 Uhr, Sa/Schulferien 10–17 Uhr, April–September, Mo–Fr 9–18 Uhr, Sa/So 10–13/14–18 Uhr, Eintritt. www.caramels-isigny.com*).

Am Ufer der Aure und am Sportboothafen gelegen, befindet sich ein Stellplatz, der sich in WOMO-Kreisen großer Beliebtheit erfreut und schnell belegt ist. Wer einen Platz gefunden hat und vom Hunger geplagt wird, dem können wir das **Restaurant *De France*** im gleichnamigen Hotel an der Durchgangsstraße empfehlen. Zu den regionalen Spezialitäten gehören natürlich eine ordentliche Käseplatte und Austern (*Mittags- und Abendmenüs, 13 Rue Émile Demagny, Telefon 0231220033, www.hotel-france-isigny.fr*).

101 Isigny-sur-Mer – *Aire de Camping-Car*

GPS: N 49°19'18" W 01°06'19", Quai Neuf. **Max. WOMOs:** 8–15.
Öffnungszeit: Ganzjährig. **Ausstattung:** V/E, Müllbehälter.
Beschreibung: Der befestigte, parzellierte, meist schattenlose Parkplatz liegt am Ortsrand an einem Seitenarm der Vire und vor dem örtlichen Freizeitzentrum mit Spielplatz. Evtl. kann das WC im Freizeitzentrum benutzt werden. Weitere, relativ kurze und enge Stellplätze befinden sich an der Straße. Das lebendige, kleine Ortszentrum mit Bäckerei, Geschäften und Restaurants ist etwa 400 m entfernt. Die *Vélomaritime* verläuft direkt am Stellplatz und lädt zu Radtouren entlang der Küste und nach Carentan ein. **Zufahrt:** Im Ort an der Flussbrücke dem WOMO-Piktogramm folgen.

Tour 6

Tour 7
Cherbourg-Octeville
Le Becquet-de-Digosville
Bretteville
Cap Lévi
Cosqueville
Fermanville
WC
Moulin
Réthoville
Phare de Gatteville
Gatteville-le-Phare
Barfleur
D116
D901
D902
N13
La Pernelle
Réville
Jonville
Pointe de Saire
D1
Saint-Vaast-la-Hogue
Valognes
Montebourg
Quinéville
Écausseville
Aerobase Hangar
Batterie
Azeville
Saint-Marcouf de L´Isle
Ravenoville
D15
Sainte-Mère-Église
Ste-Marie-du-Mont
Utah Beach
D2
D900
D903
D913
D974
Parc Naturel Régional
des Marais du Cotentin
et du Bessin
Carentan
Taute
Tour 5
Isigny-sur-Mer
N
15 km
C
131
132
130
127
128
129
125
122
123
124
126
121
120
119
118
117
116
114
115
113
112
111
109
108
107
106
105
110
104
103
102
P

Die östliche Cotentin -Halbinsel

210 km

In den nächsten beiden Touren führen wir Sie in den nordwestlichen Teil der Normandie, der zum Département Manche gehört und von der Halbinsel Cotentin geprägt ist. Sie müssen uns nicht auf der gesamten Strecke folgen, sondern können sich auch direkt den folgenden Tipps zuwenden:

- **Landungsküste und D-Day**
- **UNESCO Welterbe Fort de la Hogue**
- **Kurzwanderung zum Phare de Gatteville**
- **StreetArt auf dem Cotentin**
- **Cité de la Mer in Cherbourg-Octeville**

355 Kilometer Küstenlinie umschließen das Département Manche und das Landesinnere ist vergleichsweise dünn besiedelt. Der von den Römern unter Kaiser Constantinus Chlorus (etwa 250 bis 306) genannte Landstrich »Constantinus Pagus« trug später die Bezeichnung Costentin, aus dem sich im Laufe der Jahrhunderte Cotentin ableitete (www.encotentin.fr).

Ungefähr die Hälfte des Verwaltungsbezirkes wird durch den **Parc Naturel Régional des Marais du Cotentin et du Bessin** bedeckt, dessen 145.000 Hektar große Fläche zu knapp 20 Prozent aus Marsch- und Polderlandschaft besteht. Das ehemals als *Marais de Carentan* bezeichnete Sumpfgebiet ist von zahlreichen Kanälen durchzogen und bietet mit Mooren sowie der Bocage eine artenreiche Flora und Fauna.

Von Isigny-sur-Mer ist es nach **Carentan-les-Marais** (6.500 Einwohner) nicht weit und für den Aufenthalt in der Stadt, die sich gerne als »Tor zum Cotentin« bezeichnet, bietet sich die folgenden Möglichkeiten an.

102 Carentan-les-Marais – *Flower Camping Le Haut Dick*****

GPS/Kontakt: N 49°18'35" W 01°14'21", 30 Chemin du Grand Bas Pays, Telefon 0233421689, www.camping-lehautdick.com. **Öffnungszeit:** Ende März/Anfang April–September. **Ausstattung:** Beheizter Pool mit Glasabdeckung, Restaurant mit der Möglichkeit zum Frühstücken, Baguette- und Croissant-Service, Grillstellen, WiFi, Waschmaschine, Wäschetrockner, Fahrradverleih. **Beschreibung:** Der gepflegte Platz besitzt teils schattige, teils

sonnige, recht großzügige Wiesenplätze, die zum Teil durch Hecken unterteilt sind. Von einigen ist der Blick auf die Rennbahn oder den Jachthafen möglich. Von der Ortsrandlage beträgt der Fußweg rund 800 m bis ins Zentrum mit Geschäften, Restaurants und Bäckerei. Am Port de Plaisance verläuft der *Vélomaritime-Radweg* und im dortigen ***Le Bistro d'à Côte*** haben wir gut gegessen *(Di–So ab 10 Uhr geöffnet)*. **Preise:** 18–25 €. **Zufahrt:** Im Ort den Hinweisen zum Campingplatz folgen.

103 Carentan – *Camping-Car Park Le Port*

TOUR 6

GPS: N 49°18'33" W 01°14'19", 30 Chemin du Grand Bas Pays. **Max. WOMOs:** 12. **Öffnungszeit:** Ganzjährig. **Ausstattung:** V/E, Strom, durch Schranke gesichert, Müllbehälter. **Beschreibung:** Der geschotterte, teils schattige Platz der Betreiberfirma ist klappstuhlgeeignet und befindet sich im Ort etwa 800 m vom Zentrum mit Bäcker, Geschäften und Restaurants entfernt. **Preise:** 12–14 €/Parken bis zu 5 Stunden 6 €. **Zufahrt:** Im Ort den Hinweisen zum Port de Plaicance und den WOMO-Piktogrammen folgen. **Hinweis:** Da sich das Schwimmbad des benachbarten Campingplatzes neben dem Stellplatz befindet, kann es unter Umständen tagsüber durchaus lauter werden.

Das kleine Landstädtchen, das sich in die Bucht von Les Veys schmiegt und durch einen Kanal mit dem Meer verbunden ist, profitiert vom landwirtschaftlich bestimmten Umland. Sehenswert sind die **Église Notre-Dame** mit einer eleganten Südfassade und *die für die Normandie untypische Häuserfront mit Arkaden an der Place de la République*. Ganz in der Nähe befindet sich das **Office de Tourisme** *(Oktober–März Mo–Fr 9–12:30/13:30–17 Uhr, April–Juni/September Mo–Sa 9–12:30/13:30–17 Uhr, Feiertage 9:30–13:30 Uhr, Juli/August Mo–Sa 9–18:30 Uhr, So/Feiertage 10–13 Uhr, 24 Place de la République, Telefon 0233712350, www.ot-baieducotentin.fr)*. Für die kulinarische Einkehr empfiehlt sich das ausgezeichnete **Restaurant *L'Auberge Normande*** mit einem ansprechenden Preis-/Leistungsverhältnis *(Mittags- und Abendmenüs, 11c Boulevard de Verdun, Telefon 0233422828, www.aubergenormande.com)*.

Port de Plaisance in Carentan

Etwas außerhalb von Carentan kann mehr über den **Parc Naturel Régional** in Erfahrung gebracht werden (N 49°19'13" W 01°15'53").

Le Marais de Carentan

Im **Maison du Parc** sind alle Informationen über den Regionalpark Cotentin-Bessin erhältlich und gleichzeitig ist hier der ideale Ausgangspunkt für die Erkundung des Sumpflandes. Je nach Jahreszeit führt beispielsweise ein zwei bis fünf Kilometer langer **Lehrpfad** auf eine Entdeckungstour zu Flora und Fauna oder das Naturschutzgebiet kann bei einer **Bootstour** mit einem Naturparkführer erlebt werden *(Januar–März/Oktober–Anfang Dezember Di–So 9–13/14–17:30 Uhr, April–Juni/September Di–So/Feiertage/Ferien 10–13/14–18:30 Uhr, Juli/August 10–18:30 Uhr, Vogelschutzgebiet geschlossen Ende September–Anfang Oktober, Hunde auf dem Lehrpfad nicht gestattet. www.parc-cotentin-bessin.fr).*

Das Marais bei Carentan im Winter

Das Feuchtgebiet wurde im 18. Jahrhundert durch Fluttore zum Meer hin begrenzt, damit sich Salz- und Süßwasser nicht vermischen. In den Gewässern spiegeln sich die Bäume, und die Bezeichnung »grüne Sümpfe« wird verständlich. ***Ein faszinierendes Naturphänomen zeigt sich hingegen meist von Dezember bis Februar***, wenn Wasservögel den Platz von Kühen und Pferden auf den Weiden einnehmen, Kanäle und Flüsse durch den Regen über die Ufer treten und Weiden, aber manchmal auch Straßen großflächig überflutet werden. Dann reflektiert der Wasserspiegel das Weiß der Wolken und die Normannen sprechen hingegen von den **Weißen Sümpfen**.

Auch in und um Carentan tobten die Kämpfe der Operation Overlord und der Stadt kam aufgrund ihrer geografischen Lage

Marsch der Zivilbevölkerung bei der D-Day-Parade in Carentan

eine Schlüsselposition zu. Damit die amerikanischen Truppen einen Brückenkopf zwischen *Omaha Beach* sowie *Utah Beach* bilden konnten, musste die Stadt unbedingt erobert werden und die erbitterten Kämpfe gingen als »Schlacht um Carentan« in die Militärgeschichte ein.

Etwa drei Kilometer nördlich in **Saint-Côme-du-Mont** befand sich an einer Kreuzung das Hauptquartier der deutschen Truppen. In jenem Gebäude befindet sich heute **Dead Man's Corner.** Das Museum dokumentiert anhand authentischer Ausstellungsstücke aller Kriegsparteien, wie es amerikanischen Fallschirmspringern gelang, die Landungsabschnitte an den beiden Stränden miteinander zu verbinden.

104 **N 49°19'47" W 01°16'03"**, Village de l'Amont (nur in Verbindung mit einem Museumsbesuch!).

Gleich daneben wird im **D-Day Experience** die Landung der Fallschirmspringer auf ungewöhnliche Weise erlebbar. Multimedial werden wir von einem Offizier für unseren »Einsatz« gebrieft, besteigen anschließend einen Lufttransporter C-47 und machen uns auf den Weg nach Frankreich. Was in den nächsten zehn Minuten folgt, ist die annähernd perfekte Illusion eines Fluges ins Einsatzgebiet in der Normandie. Zwischendurch versichern wir uns tatsächlich gegenseitig, dass wir weiterhin auf festem Boden stehen und uns trotz Durchschüttelns, Rauchentwicklung und Bruchlandung rein gar nichts geschehen kann – irgendwie unheimlich und faszinierend zugleich *(Oktober–März 10–18 Uhr, April–September 9:30–19 Uhr, Eintritt, ermäßigtes Kombiticket für beide Museen möglich, www.dday-experience.com).*

Bald haben wir von einer Anhöhe den Blick aufs Meer und rollen hinab zum **Utah Beach** (N 49°24'52" W 01°10'43", An der D913. Auch wenn es eine temporäre Höhenbarriere gibt, haben wir auf dem großen Parkplatz auch schon Wohnmobile über Nacht gesehen).

Hier stießen die Amerikaner bei der Landung 1944 auf nur wenig Widerstand und der Küstenabschnitt sowie das Hinterland wurden relativ schnell unter Kontrolle gebracht. Im **Musée du Débarquement** werden diese Ereignisse ausführlich geschildert *(Februar–Mai 10–17 Uhr, Oktober–April 10–18 Uhr, Mai–September 9:30–19 Uhr, geschlossen 01.–25. Dezember, Eintritt, Hunde an der Leine im Außenbereich gestattet. www.utah-beach.com).*

Neben dem Museum fällt das **Higgins Boat Monument** auf, das an den Entwickler und Erbauer der Boote, die für die Landungsoperation benötigt wurden, erinnert. Die eckigen Fahrzeuge beförderten 36 Soldaten, die bei Erreichen des Strandes über eine Rampe schnell ans Ufer gelangen konnten. Hinter dem Boot steht **The Lone Sailor**, der alle amerikanischen Seeleute ehrt. Die Statue des einsamen Seemanns ist etwa 15-mal auf der Welt zu sehen und wurde als erste Nachbildung in Europa am 06. Juni 2022 aufgestellt (vgl. Seite 7 und Tour 5 Seite 133).

Die Sommerurlauber scheinen sich heute jedoch mehr für den schönen Sandstrand zu interessieren und es gibt mehrere Möglichkeiten für einen Aufenthalt. Vom Stellplatz über den einfachen Campingplatz und jenen mit allem »Schnick und Schnack« hat man bis Ravenoville die Freude der Wahl.

Higgins Boat Monument und The Lone Sailor am Utah Beach

105 Ste-Marie-du-Mont – *Camping-Car Park Utah Beach*

GPS: N 49°25'04" W 01°11'11", La Madeleine. **Max. WOMOs:** 49. **Öffnungszeit:** Ganzjährig. **Ausstattung:** V/E, Strom, Müllbehälter.

Beschreibung: Der geschotterte, durch Schranke gesicherte, wenig schattige Stellplatz der Betreiberfirma ist klappstuhlgeeignet und liegt nicht in Ortsnähe. Der lange Sandstrand ist etwa 500 m, das Museum am Utah Beach etwa 1 km entfernt. Je nach Jahres- und Tageszeit sind alle gastronomischen Einrichtungen rund um den Stellplatz geschlossen und man sollte darauf achten, dass man genug Ess- und Trinkbares an Bord hat. Alternativ ist der tatsächlich recht gute Pizza-Automat an der Zufahrt zu nennen. Folgt man der Straße am Stellplatz landeinwärts, so stößt man direkt auf den *Vélomaritime-Radweg*, der nördlich zu den einstigen Gefechtsbatterien und mit rund 35 km bis nach St-Vaast-la-Hogue führt. **Preise:** 12,80–14 €/Parken bis zu 5 Stunden 6 €. **Zufahrt:** Von der Küstenstraße den WOMO-Piktogrammen folgen.

TOUR 6

106 Sainte-Marie-du-Mont – *Camping Utah Beach****

GPS/Kontakt: N 49°25'10" W 01°10'54". Telefon 0233715369, www.camping-utahbeach.com. **Öffnungszeit:** April–Mitte September. **Ausstattung:** Imbiss, Shop, Brötchenservice, Indoor-Pool, Jacuzzi, Sauna, Animation für Kinder, Bouleplatz, Waschmaschine, Wäschetrockner, WiFi, Grillmöglichkeit. **Beschreibung:** Der Campingplatz liegt außerhalb der Ortschaft und ist nur durch die Straße vom langen Sandstrand getrennt. **Preise:** 30–47 €. **Zufahrt:** Von der Küstenstraße dem Hinweis zum Campingplatz folgen.

Utah-Beach

107 Ravenoville Plage – *Le Cormoran******

GPS/ Kontakt: N 49°28'00" W 01°14'07", 2, Rue Le Cormoran. Telefon 0233413394, www.camping-lecormoran.fr. **Öffnungszeit:** April–September. **Ausstattung:** Imbiss, Shop, Innen- und Außenpool, Animation für Kinder, Waschmaschine, Wäschetrockner, WiFi, Pkw-Vermietung usw. **Beschreibung:** Der Campingplatz liegt außerhalb der Ortschaft und ist nur durch die Straße vom langen Sandstrand getrennt. Uns gefiel dieser Campingplatz besser als der vorgenannte. **Preise:** Stop-Over WOMO zwischen 18–10 Uhr 12 €/Campingplatz 31–75 €. **Zufahrt:** Von der Küstenstraße den Hinweisen zum Campingplatz folgen.

Mehr oder weniger parallel zur Küstenlinie gelangen wir nach **Quinéville.** Dazwischen gibt es immer wieder Parkstreifen oder Parkbuchten, um das WOMO tagsüber an der Straße abzustellen und das Leben am Strand zu genießen. Das Örtchen kann nämlich bei Ebbe mit einem schier endlosen Strand und zusätzlich mit dem recht gut gemachten **World War II Museum** punkten *(April–Anfang November Mo–So 10–18 Uhr, Mai–August bis 19 Uhr, Eintritt, www.worldwar2-museum.com).*

108 Quinéville – *Plage de Quinéville*

GPS: N 49°30'57" W 01°17'12", Boulevard maritime. **Max. WOMOs:** 15. **Ausstattung:** Tische und Bänke, Müllbehälter. **Öffnungszeit:** Ganzjährig. **Beschreibung:** Der teils geschotterte, schattenlose, einfache, sehr unebene Wiesenparkplatz liegt im Ort und wird nur durch eine Mauer vom Sandstrand getrennt. Die Mauer sorgt aber auch dafür, dass es keine Aussicht gibt. Auf der anderen Seite des Platzes verläuft die Straße, eine Bar befindet sich in unmittelbarer Nähe und die Biscuiterie ist etwa 300 m entfernt. Wer die **Vélomaritime** jenseits des Hafens einschlägt, der kann von hier z. B. nach St-Vaast-la-Hogue oder in südliche Richtung zum Utah Beach radeln. **Zufahrt:** Im Ort den Hinweisen zum World War II Museum folgen. Der Parkplatz liegt direkt gegenüber dem Museum. **Hinweis:** Der max. Aufenthalt beträgt 24 Stunden. Campingverhalten ist nicht gestattet!

109 Quinéville – *Camping Municipal La Sinope****

GPS/Kontakt: N 49° 31' 01" W 1° 17' 26", 10 Rue du Port Sinope. Telefon 0233210738, www.camping-quineville.fr. **Öffnungszeit:** Ende März/ Anfang April–Mitte/Ende September. **Ausstattung:** Waschmaschine, Spielplatz. **Beschreibung:** Die durch Hecken abgetrennten Parzellen des am Ortsrand liegenden Platzes befinden sich auf Wiese und der Sandstrand liegt direkt hinter dem angrenzenden flachen Dünengelände. **Preise:** 16–18 €. **Zufahrt:** Im Ort den Hinweisen zum Campingplatz folgen.

Bevor wir weiterfahren, decken wir uns in der ***Biscuiterie de Quinéville*** mit sehr leckeren Keksen sowie Küchlein ein und möchten nicht unerwähnt lassen, dass man die empfehlenswerten herzhaften und süßen Backwaren auch direkt im **Salon de Thé** genießen kann *(Di–So 9–12.45/14–19 Uhr, ab April auch Mo 14.30–18.30 Uhr, Juli/August täglich vor- und nachmittags geöffnet, www.biscuiterie-quineville.com).*

Bereits an der Küstenstraße ist die Zufahrt zu einem im Hinterland auf einer Anhöhe bei **Saint Marcouf de L'Isle** gelegenen ehemaligen deutschen Gefechtsstand ausgeschildert (N 49°28'44" W 01°17'48").

Batterie de Crisbeque

Die rekonstruierte mächtige Küstenbatterie, deren teils an anderen Fronten erbeuteten großen Geschütze die Bucht von Saint-Vaast bis zur Pointe du Hoc sicherten, zeichnet in Unterständen und unterirdischen Bunkern das Leben der Soldaten nach.

Vom 6. bis zum 12. Juni 1944 tobten an und um die strategisch bedeutsame Batterie blutige Kämpfe, die den angreifenden amerikanischen Soldaten große Verluste zufügten. Aber auch von den 406 deutschen Verteidigern gingen 21 Soldaten in Gefangenschaft und nur 78 gelang die Flucht *(April–Juni/September–Mitte November Mo–So 10–18 Uhr, Juli/August 10–19 Uhr, Eintritt, Hunde an der Leine gestattet. www.batterie-marcouf.com).*

Auf der gegenüberliegenden Straßenseite ist eine weitere Gefechtsstation zu besichtigen und im etwas entfernten **Azeville** zeugt die **Batterie de Azeville** ebenfalls von den erbitterten Kämpfen im Juni 1944 (N 49°27'37" W 01°18'22", *April–Mai 10–18 Uhr, Juni–August 10–19 Uhr, September–Anfang November 13–18 Uhr, Eintritt*).

Unser Weg führt weiter landeinwärts und nach **Sainte-Mère-Église** (1.600 Einwohner).

110 Sainte-Mère-Église – *Aire Camping-Car*

GPS: N 49°24'29" W 01°18'43", Rue de la Liberté. **Max. WOMOs:** 50. **Ausstattung:** V/E am nahen, unwesentlich teureren **Campingplatz** (Anfang April–September), Müllbehälter. **Beschreibung:** Der teils auf Schotter, teils auf Wiese, klappstuhlgeeignete einfache Stellplatz liegt am Ortsrand an der nachts ruhigen Straße. Das Ortszentrum mit Museum, Bäckerei, Geschäften und Restaurants ist ca. 200 m entfernt. **Preise:** 8 Stunden 2 €, 23 Stunden 10 €, 24 Stunden 35(!) €. **Zufahrt:** Im Ort den WOMO-Piktogrammen folgen.

Der wohl bekannteste Mann an einem Kirchturm

Eigentlich ist Saint-Mère-Église ein Dorf, wie viele andere in der Normandie. Um den Dorfplatz mit einer massiven Kirche gruppieren sich einige nette Häuser mit mehr oder minder hübschen Fassaden. Spätestens beim Anblick des Kirchturms wird man jedoch stutzig: Da baumelt doch einer!?

Über dem Ort sprangen am D-Day die ersten amerikanischen Fallschirmspringer ab und der Soldat John Steele blieb unglücklicherweise mit seinem Fallschirm am Kirchturm hängen. Während tief unter ihm heftige Kämpfe tobten, stellte er sich tot und wurde erst nach stundenlangem, bangem Warten aus seiner misslichen Situation befreit. Die Szene wurde später im Spielfilm »Der längste Tag« verfilmt, heute pendelt eine Attrappe in Uniform und mit Fallschirm am Turm und ein Hotel-Restaurant trägt seinen Namen.

Im Inneren der aus dem 11. bis 13. Jahrhundert stammenden Kirche wird die Landung der amerikanischen Fallschirmjäger auf einem bunten Glasfenster dargestellt. In direkter Nähe befindet sich das **Musée Airborne** in zwei Gebäuden, die in Form eines geöffneten Fallschirms errichtet wurden. Im Mittelpunkt der Ausstellung stehen ein Lastensegler sowie ein Transportflugzeug, die zusätzlich mit militärischen Ausrüstungsgegenständen über die Luftlandung der alliierten Truppen informieren *(Mai–August 9–19 Uhr, April/September 9:30–18:30 Uhr, Oktober–März 10–18 Uhr, Eintritt. www.airborne-museum.org)*.

Wer es friedlicher mag, besucht das nördlich am Ortsrand gelegene **Ferme-Musée du Cotentin** *(April–Juni/September So–Fr 14–18 Uhr, Juli/August 11–19 Uhr, Eintritt)*. Das Bauernmuseum in einem traditionellen Kalksteinhof aus dem 17./18. Jahrhundert gewährt faszinierende Einblicke in die ländliche Vergangenheit des Cotentin. Kinder werden sich besonders für die lokalen Tierrassen begeistern, die natürlich auch gestreichelt werden dürfen.

In der Nähe des **Office de Tourisme** *(Oktober–März Mo–Fr 9:30–12:30/13:30–17 Uhr, April–Juni/September Mo–Sa 9–13/14–18 Uhr, So/Ferientage 10–13:30 Uhr, Juli/August Mo–Sa 9–18:30 Uhr, So 10–16 Uhr, 4 Rue Eisenhower, Telefon 0233210033, www.ot-baieducotentin.fr)* stärken wir uns in der kleinen ***Crêperie Cauquigny*** *(Mittags- und Abendessen, außerhalb der Saison Sonntagabend/Mo geschlossen)*.

Richtung Valognes erlauben wir uns einen Abstecher nach **Écausseville** und zu einem ungewöhnlichen, mitten in der Landschaft stehenden Gebäude (N 49°27'05" W 01°23'00") und können im weiteren Verlauf der Strecke einen Stellplatz für den Zwischenstopp empfehlen.

Aerobase – Hangar à Dirigeables

Im offenen Gelände fällt der im Ersten Weltkrieg errichtet **Hangar à Dirigeables** sofort auf.

In der riesigen Halle waren Luftschiffe untergebracht, die U-Boote aufspürten oder Schiffskonvois absicherten. 1940 wurde das Gelände von der deutschen Wehrmacht übernommen, nach Kriegsende diente der Hangar als Werkstatt für die US-Army und wurde dann von der französischen Marine genutzt. Heute informiert ein Museum über die Luftschifffahrt sowie die Kriegshandlungen in der Normandie.

Die Halle kann ebenfalls besichtigt werden und manchmal wird sie für Ausstellungen oder, wie bei unserem letzten Besuch, für einen Modellflug-Wettbewerb genutzt. Verpasst haben wir leider die Möglichkeit, mit dem Fluggerät **Aéroplume** selbst in die Luft zu gehen. Dabei kann man mithilfe eines Ballons und mit Flügelschlägen durch den Hangar schweben *(März Sa/So 14–18 Uhr, April/Mai/Juni/September/Oktober täglich 14–18 Uhr, außer Donnerstag, Juli/August Mo–So 10–18 Uhr, Eintritt, Hunde an der Leine gestattet, www.aeroplume.fr)*.

111 Montebourg – *Stadion*

GPS: N 49°29'06" W 01°22'29", Le Stade. **Max. WOMOs:** 10. **Öffnungszeit:** Ganzjährig. **Ausstattung:** V/E, Tische und Bänke, Grillmöglichkeit, Müllbehälter. **Beschreibung:** Der geschotterte, schattenlose, leicht schräge Stellplatz liegt am Ortsrand neben dem Sportplatz und ist bedingt klappstuhlgeeignet. Das Ortszentrum mit Bäcker, Geschäften und Restaurants ist ca. 300 m entfernt. **Zufahrt:** Von der N13 aus Sainte-Mère-Église kommend nach Montebourg abbiegen und am Ortseingang den WOMO-Piktogrammen folgen. **Hinweis:** Eventuell bei Veranstaltungen nicht zu nutzen!

Wir fahren in einem Rutsch nach **Valognes** (7.300 Einwohner) durch, das bereits in gallo-römischer Zeit als »Alauna« oder »Alaunia« ein Verkehrsknotenpunkt war. Die Stadt wurde im Hundertjährigen Krieg verwüstet, erlangte aber im Zeitalter des Sonnenkönigs wieder Ansehen und erwarb sich den Beinamen »Versailles der Normandie«. Hiervon zeugten Bürgerhäuser und prächtige Palais sowie ein Kloster. Später verlor die Stadt jedoch an Bedeutung und der Zweite Weltkrieg hinterließ starke Lücken im Stadtbild.

112 Valognes – *Aire de Service*

GPS: N 49°30'39" W 01°28'39", Voie de la Liberté/D974. **Max. WOMOs:** 3. **Öffnungszeit:** Ganzjährig. **Ausstattung:** V/E, Strom. **Beschreibung:** Die am Carrefour-Supermarkt gelegenen, asphaltierten, einfachen Parkbuchten auf einem Großparkplatz nahe der Straße sind lediglich als zweckdienlich zu bezeichnen. Von hier sind es 600 m Fußweg ins Zentrum. **Zufahrt:** Von der N13 nach Valognes abbiegen und der D974 bzw. den WOMO-/Campingplatz-Piktogrammen ca. 3 km durch den Ort folgen.

113 Valognes – *Camping Municipal Le Bocage*

GPS/Kontakt: N 49°30'42" W 01°28'31", 2 ter Rue Neuve, Telefon 0633676230 oder 0233958201, www.valognes.fr. **Öffnungszeit:** April–Mitte Oktober. **Ausstattung:** Tische und Bänke, Spielplatz, Müllbehälter. **Beschreibung:** Der kleine, teils schattige, einfache, aber

platz ist eine echte Alternative zum vorgenannten Stellplatz und unsere erste Wahl. Die auf Schotter und Wiese gelegenen Stellplätze sind klappstuhlgeeignet und der Weg ins Zentrum beträgt ca. 800 Meter. Am nahen Kreisel decken wir uns im **Café *Chez Pam–Maison Leblond*** sehr gerne mit Snacks, Brot und Baguette, Küchlein und anderen Leckereien ein *(Mo–Sa 6:30–19 Uhr, Sa 7:30–13:30 Uhr)*. **Preis:** 11 €. **Zufahrt:** Wie zum vorherigen Stellplatz, jedoch weiter dem Hinweis zum Campingplatz folgen.

Beim Bummel durch den Ort kehren wir gern im thailändisch angehauchten ***Chez Som*** ein *(Mittags- und Abendmenüs, So/Mo geschlossen, 16 Rue de l'Église, Telefon 0233038079)* und genießen anschließend die Ruhe im **Jardin Public** am Flüsschen Merderet. Zusammen mit dem Stadtpalast **Hôtel de Beaumont** aus dem 18. Jahrhundert lässt sich hier ein wenig von der einstigen Herrlichkeit des normannischen Versailles erahnen *(Osterwochenende, Juli/August 10:30–12/14:18:30 Uhr, Eintritt)*. Im nahen **Musée Régional du Cidre** dreht sich alles um die Herstellung des Apfelmostes und das **Musée de l'Eau de Vie et des Vieux Métiers** widmet sich der Calvados-Herstellung und der Destillerie sowie alten Handwerkstechniken *(bei unserem letzten Besuch vorübergehend geschlossen)*. Über die Wiedereröffnung des Museums und noch viel mehr erteil das **Office de Tourisme** Auskunft *(Januar–März/November/Dezember Mo–Sa, April–Juni/September/Oktober Di–Sa, Juli/August Mo–Sa jeweils 9:30–12:30/13:30–18 Uhr, 25 Rue de l'Eglise, www.encotentin.fr)*.

Stadtpalais Hôtel de Beaumont

Salzluft und frischer Wind locken wieder ans Meer und schon bald wir unsere Sehnsucht danach in **Saint-Vaast-La-Hogue** (2.000 Einwohner) gestillt.

Auf dem Weg zur Festung befindet sich ein schöner Picknickplatz, der sich als Parkplatz für deren Besichtigung und als Ausgangspunkt für einen Rundweg um die Landzunge oder für einen Strandbesuch eignet (N 49°34' 41" W 01°16'18", Route de la Houge, WC).

Die übrigen Parkplätze im Stadtgebiet sind für WOMOs eng und nur tagsüber zu nutzen. Alternativ kann stundenweise auf dem Stellplatz geparkt werden.

TOUR 6

114 Saint-Vaast-la-Hogue – *Camping la Gallouette*****

GPS/Kontakt: N 49°35'05." W 01°16'07", Rue de la Gallouette. **Telefon** 0233542057, www.camping-lagallouette.fr. **Öffnungszeit:** April–September. **Ausstattung:** Außen-Pool, Spielplatz, Animation, Boule-Platz, Sportplatz, Snackbar, Shop, Waschmaschine, Wäschetrockner, WiFi. **Beschreibung:** Der insgesamt sehr ordentliche Campingplatz am Ortsrand bietet durch Hecken abgetrennte Parzellen auf Wiese und auf Schotter. Die Sanitäranlagen scheinen etwas in die Jahre gekommen zu sein, sind jedoch sauber. Das Ortszentrum liegt etwa 500 m entfernt. Hier treffen wir auch wieder auf die *Vélomaritime*, die z. B. am Kreisverkehr an der D1 verläuft. **Preise:** 16–38 €. **Zufahrt:** Im Ort den Hinweisen zum Campingplatz folgen.

115 Saint-Vaast-la-Hogue – *Aire de Camping-Car*

GPS: N 49°35'02" W 01°16'02", Rue de la Gallouette. **Max. WOMOs:** 20. **Öffnungszeit:** Ganzjährig. **Ausstattung:** V/E, Strom, Müllbehälter. **Beschreibung:** Der direkt neben dem Campingplatz liegende, mit Schranke gesicherte, geschotterte, schattenlose Stellplatz ist aufgrund der Enge bedingt klappstuhlgeeignet und etwa 300 m vom Zentrum entfernt. Hier treffen wir auch wieder auf die *Vélomaritime*, die z. B. am Kreisverkehr an der D1 verläuft. **Preise:** 5 €/1–4 Stunden,10 €/24 Stunden. **Zufahrt:** Im Ort den Hinweisen zum Campingplatz und dem WOMO-Piktogramm folgen. Der Stellplatz liegt links neben dem Campingplatz. **Hinweis:** Der Stellplatz ist während der Hauptsaison schnell gefüllt und im hinteren Teil entsprechend eng.

Das kleine, aber lebendige Hafenstädtchen, dessen Name »Saint-Va« ausgesprochen wird, ist ein angenehmer Badeort und Zentrum der Austernfischerei. Eine kommentierte **Besichtigungstour** führt zu den zwischen dem Ort und der Insel Tatihou gelegenen **Austernbänken** *(Juli/August/September, Gebühr)*. Weiterführende Informationen sind im **Office de Tourisme** erhältlich *((Januar–März/Mitte November/Dezember Mo–Sa 9:30–12:15/13:30–17 Uhr, April–Juni/September–Mitte November Mo–Sa 9:30–12:15/13:15–18 Uhr, Juli/August Mo–So 9:30–12:15/13:15–19 Uhr, 41 Quai Vauban, Telefon 0233719971, www.encotentin.fr)*.

Das auf einer Landzunge gelegene **Fort de la Hogue** wurde von Sébastian le Prestre de Vauban, dem begnadeten Festungsbaumeister Ludwigs XIV. errichtet. Das Fort wurde zur Sicherung des Hafens genutzt und *gehört mit anderen französischen Festungsbauten Vaubans zum UNESCO Welterbe.* Es kann im Rahmen einer Führung besichtigt werden *(Juli/August täglich 13:30–18:30 Uhr, Mai/Juni/September Sa/So 13:30–17:30 Uhr, Eintritt)*.

Ein etwa *zwei Kilometer langer und schöner Spaziergang* führt rechts um die Festung nicht nur zum Eingang des kleinen Museums, sondern im weiteren Verlauf außerhalb der Mauern um die gesamte Landzunge. Dabei ist zu beachten, dass der Weg später auf einer Mauer direkt am Wasser entlangführt – *auf Trittsicherheit, besonders bei windigem Wetter und Flut ist also unbedingt zu achten!*

Eine weitere Vauban-Festung liegt auf der **Île de Tatihou**, die ungefähr ein Kilometer vor dem Hafen liegt. Die Silhouette des Vauban-Turms dominiert die Insel, auf der es ein lokalgeschichtliches **Museum**, angelegte **maritime Gärten** und ein **Vogelschutzgebiet** oder Strände zu erkunden gibt. Einige Jahre nach

der Errichtung des wuchtigen Turms mit einer Panoramaaussicht diente das 700 Meter lange und 400 Meter breite Inselchen als Quarantänestation für Pestkranke. Im Ersten Weltkrieg wurden deutsche Soldaten interniert und bis 1984 gab es ein Heim für schwer erziehbare Jugendliche. Heute kann man sich auf der Insel frei bewegen, lediglich der Zugang ist reglementiert und lässt nur 500 Besucher pro Tag zu. *Das Eiland kann bei Ebbe erwandert werden (knapp 3 Stunden, bitte unbedingt vorher über die Gezeiten informieren!)* oder mit einem **Amphibienfahrzeug** angefahren werden. Entweder man genießt nur die Fahrt mit dem Boot und den Rundgang auf der Insel oder bucht gleich noch die Besichtigung des Museums und des Turms mit *(im Allgemeinen verkehrt das Amphibienfahrzeug gegen Gebühr in der Hochsaison von 10–12/14–17 Uhr alle 30 Minuten bei Flut und alle 60 Minuten bei Ebbe, in der Nebensaison nur nachmittags. Genaue Abfahrtzeiten unter tatihou.manche.fr oder im Office de Tourisme. Die Tickets sind am Quai Vauban zu erwerben und nicht am Schiff! Hunde auf der Insel nicht gestattet!).*

Wer sich bisher noch nicht mit frischen Austern eingedeckt hat oder keine mag, aber dennoch von Hunger geplagt wird, der findet im **Restaurant *La Criée du Tomahawk*** in Hafennähe eine sehr gute Alternative *(Mittags- und Abendmenüs, Nebensaison So Abend/Mo Ruhetag, 1 Bis Quai Tourville, Telefon 0233231408, lacrieedutomahawk.com).*

Île de Tatihou

Vom Bunker zur StreetArt

An der Kaimauer in Saint-Vaast-la-Hogue Saint fällt es uns das erste Mal auf – aus einer kleinen ehemaligen Geschützstellung scheint eine Frau aus einem Bullauge herauszublicken.

Das Werk und noch viele mehr verdanken wir dem **Street-Art-Künstler Näutil**, der in Küstennähe inmitten von Bunkern und Geschützstellungen auf dem Cotentin aufwuchs und in den Betonhinterlassenschaften des Krieges, auf alten Waschhäusern, aber auch Hausfassaden perfekte Projektionsflächen für seine Straßenkunst fand. Wer mit offenen Augen und an Kunst interessiert über den Cotentin fährt oder wandert, der wird des Öfteren ins Grübeln geraten, ob er nicht gerade einem Näutil gegenübersteht. Seine Kunst ist jedoch vergänglich und wenn ein Bunker im Sand versinkt oder Wind und Wetter dem Kunstwerk zusetzen, ist es aus mit der Herrlichkeit.

Natürlich kann man auch ganz gezielt auf Schatz-, pardon, Kunstsuche gehen – auf Näutils Internetpräsenz findet sich eine Karte mit allen Standorten (www.nautil-art.com).

Auf der Küstenstraße (D1) nach Reville überqueren wir die Saire und halten uns am Ende der Straße rechts zur **Pointe de Saire.**

Das kleine, zu Reville gehörende Örtchen **Jonville** liegt inmitten eines Gemüseanbaugebiets und punktet mit netten Steinhäusern, die so typisch für den Cotentin sind, sowie vor allen Dingen durch einen wunderschönen Sandstrand.

116 Reville – *Camping Municipal de Jonville*

GPS/Kontakt: N 49°36'25" W 01°13'53", 117 Route du Phare. Telefon 0233544841, www. camping-jonville.fr. **Öffnungszeit:** April–Oktober. **Ausstattung:** Boule-Platz, Spielplatz, Tischtennis, Sportplatz, Snackbar, Baguetteservice in der Saison, Waschmaschine, Wäschetrockner. **Beschreibung:** Die kleine freundliche Anlage liegt direkt am feinsandigen Strand und bietet am Ortsrand in abgeschiedener Lage mit Hecken abgeteilte Parzellen auf Wiese. **Preise:** 18–23 €. WOMO von 15–12 Uhr am nächsten Tag 11,50–16 €. **Zufahrt:** Von der D1 an der Saire-Brücke nach Jonville abbiegen und zum Campingplatz fahren.

117 Reville – *Camping à la Ferme Latirre*

GPS/Kontakt: N 49°37'33" W 01°15'13" 165 Route des Monts. Telefon 0674819331. **Max. WOMOs:** 15. **Öffnungszeit:** März–November. **Ausstattung:** V/E, Strom, Tische und Bänke, Grillmöglichkeit, Hofladen.

Beschreibung: Gepflegtes, fast schattenloses Grundstück mit ruhigen Stellplätzen auf Wiesenboden, der klappstuhlgeeignet ist. Von hier kann man zu wunderbaren Rad- und Wandertouren aufbrechen und sich im Hofladen mit frischem Gemüse direkt vom Erzeuger eindecken. In etwa 1,5 Kilometer Entfernung befindet sich ein kleiner Sandstrand – den Weg dorthin beschreiben die ausgesprochen netten Stellplatzbetreiber gerne. Im etwa 1 km entfernten Ort gibt es eine Bäckerei, einen Lebensmittelladen sowie eine Metzgerei und das empfehlenswerte **Restaurant *Au Moyne de Saire*** *(Mittags- und Abendmenüs)*. **Preis:** 12 €. **Zufahrt:** Auf der D1 hinter der Saire-Brücke nach Reville-Bourg fahren und hinter dem Ort rechts dem WOMO-Piktogramm folgen.

Wer die Ruhe sucht, ist hier genau richtig und *kann zu ausgedehnten Radtouren starten* oder uns mit dem Wohnmobil zu einem Abstecher begleiten. Über Anneville-en-Saire gelangen wir schnell nach **La Pernelle**.

Für normannische Verhältnisse steigt die Straße ziemlich steil an und wir überlegen, ob es in der Hauptsaison nicht sinnvoll wäre, das Fahrzeug bereits an der Grotte unterhalb des 123 Meter hohen Plateaus stehen zu lassen und einen kurzen Fußweg nach oben einzuschlagen. Die kleine Kirche auf dem Berg ist nicht besonders sehenswert, aber die *tolle Panoramaaussicht über das von Landwirtschaft und Gemüseanbau geprägte Land und die Küste* von Saint-Vaast mit der Île de Tatihou bis zum Leuchtturm in Gatteville im Norden zieht jede Menge Besucher an. Bei entsprechendem Wetter sind gar die Klippen von Grandcamp-Maisy zu erkennen und auf jeden Fall sollte man *der kleinen, aber schönsten Mairie Frankreichs aus dem Jahr 2015 ein wenig Aufmerksamkeit schenken* (N 49°37'08" W 01°17'55").

Wir kehren im **Restaurant *Le Panoramique*** ein, das seinem Namen alle Ehre macht und uns während des feinen Abendessens einen erneuten Blick übers Land gewährt. Auf Nachfrage dürfen wir auf dem Hausparkplatz nächtigen *(Mittags- und Abendmenüs Mi–So, 1 Village de l'Église, Telefon 0233541379, www.le-panoramique.fr)*.

Mairie und Panoramaaussicht La Pernelle

Mit **Barfleur** (650 Einwohner) erreichen wir *ein weiteres der 100 schönsten Dörfer Frankreichs*. Hübsch anzusehen ist der kleine Badeort mit seinen aus Granit und Schiefer errichteten Häusern und der folgende Parkplatz ist die einzige Möglichkeit, um das Wohnmobil abzustellen.

118 Barfleur – *Aire de Camping-Cars*

GPS: N 49°40'26" W 01°15'53", Chemin de la Masse. **Max. WOMOs:** 20. **Öffnungszeit:** Ganzjährig. **Ausstattung:** V/E am Campingplatz gegen Gebühr, Müllbehälter. **Beschreibung:** Der geschotterte, schattenlose und einfache Parkstreifen am Rand einer wenig befahrenen, aber von Fußgängern und Radfahrern häufig benutzten Straße liegt etwa 300 m außerhalb des Ortes mit Bäckerei, Geschäften und Restaurants. Hinter dem Platz befinden sich Wiesen und über das Sträßchen ist der Blick zu Strand und Meer durch die ca. 2 m hohe Mole getrübt. Der nachts ruhige Platz eignet sich perfekt als Ausgangspunkt für eine Wanderung auf dem Küstenwanderweg oder für Radtouren. **Zufahrt:** Von der D902 kommend im Ort auf der für WOMOs empfohlenen Strecke Richtung D901 fahren und den Hinweisen zum Camping- bzw. Parkplatz folgen. **Hinweis:** Laut Auskunft vom Office de Tourisme ist auch das Übernachten gestattet (Stand 2023).

119 Barfleur – *Camping Municipal La Blanche Nef***

GPS/Kontakt: N 49°40'32" W 01°15'59", 12 Chemin de la Masse. Telefon 0233231540, camping.barfleur.fr. **Öffnungszeit:** Mitte Februar–Mitte November. **Ausstattung:** Boule-Platz, Spielplatz, Tischtennis, Baguetteservice in der Saison, Shop, Waschmaschine, Wäschetrockner, Fahrradverleih, WiFi. **Beschreibung:** Die Anlage liegt etwa 500 m außerhalb des Ortes und die Parzellen auf Wiese sowie Sand sind durch kleine Hecken getrennt. Von einigen Plätzen ist das Meer zu sehen und es gibt über die Straße einen direkten Strandzugang. **Preise:** 19–22 €. WOMO von 18–10 Uhr am nächsten Tag 16 €. **Zufahrt:** Von der D902 kommend im Ort Richtung D901 halten und den Hinweisen zum Campingplatz folgen.

Im Mittelalter besaß der damals 9.000 Einwohner zählende Ort einen großen Hafen, von dem Wilhelm der Eroberer nach England übersetzte. Einige Jahrzehnte später stach Richard Löwenherz von Barfleur aus in See, um sich in England zum König krönen zu lassen.

Diese glorreichen Zeiten sind lange vorbei und heute sind es vor allen Dingen das Licht und das Meer, die dem Dorf Leben einhauchen. Unweit des Hafens erhebt sich die trutzige **Église Saint-Nicolas** aus dem 17. Jahrhundert und an der Haupteinfallstraße befindet sich das **Office de Tourisme** *(Oktober–April Di–Sa 9:30–12:30/13:30–18 Uhr, Juli/August Mo–So bis 19 Uhr, 2 Rond-Point Guillaume le Conquérant, Telefon 0233530248, www.encotentin.fr)*.

Nicht nur bei Flut, wenn die Schiffchen im Hafenbecken dümpeln und Möwen kreischend verkünden, wo wir uns befinden, sondern auch nach einem erfreulichen Spaziergang durch das pittoreske Barfleur sind die Einkehr in der **Brasserie *Café de France*** *(Mittags- und Abendmenüs nur Juli/August, ansonsten Mi sowie am Abend geschlossen, prima Frühstück 8–11 Uhr, Telefon 0233540038)* *und im* **Restaurant *La Marée*** empfehlenswert *(Mittags- und Abendmenüs)*. Mit Blick auf den Hafen gibt es regionale Speisen und natürlich die bekannten Muscheln »Blondes de Barfleur« zu vernünftigen Preisen.

Hafen und Église Saint-Nicolas

Wer mit dem Wohnmobil zum **Phare de Gatteville** fahren möchte, dem sollte bewusst sein, dass man ein **Naturschutzgebiet** ansteuert, in dem seit dem Jahr 2023 ein obligatorischer Parkplatz Raum für motorisierte Fahrzeuge bietet (N 49°41'29" W 01°16'35", nichts für WOMOs über 8 Meter Länge). Aus diesem Grund kommt uns die nachstehende Kurzwanderung gerade recht, um auch zu Fuß zum bekannten Leuchtturm zu gelangen.

Einmal Barfleur und zurück

Leichte Wanderung von ca. 6 km entlang der Küste.

Von Barfleur aus bietet sich eine *Kurzwanderung zum nordöstlichsten Punkt des Cotentin und zum Phare de Gatteville an*. Mit einer Höhe von knapp 75 Metern ist der 1834 erbaute Leuchtturm der zweithöchste Frankreichs und als unübersehbare Landmarke gar nicht zu verfehlen.

Der Wanderweg GR223 führt entlang von Stell- und Campingplatz an einer Mühle und am kleinen **Hafen von Crabec** vorbei. Wer mag, kann die 365 Stufen des aus Granit bestehenden Leuchtturms erklimmen und *wird mit einem grandiosen Ausblick über die Halbinsel und den Atlantik belohnt (10–12/14–19 Uhr, April/September bis 18 Uhr, März/Oktober bis 17 Uhr, im Winter bis 16 Uhr).* Von der **Pointe de Barfleur** führt der GR223 immer weiter am Meer entlang, sodass einer beliebigen Erweiterung der Wanderung nichts im Weg steht. Wir gehen jedoch zurück nach Barfleur und empfinden die Strecke aus der »rückwärtigen« Perspektive genauso abwechslungsreich wie den Hinweg.

Bei diesem Ausflug gefiel uns der schon zu **Gatteville-le-Phare** gehörende, direkt an der Bucht von Crabec gelegene naturnahe und einfache **Camping La Ferme du Bord de Mer**** auf Wiese.

Phare de Gatteville

120 **N 49°40'48" W 01°16'24"**, 43 Route du Val de Saire, Telefon 0233540177, www.camping-gatteville.fr, ganzjährig geöffnet (keine Sanitäranlagen im Winter), Preise 18–30 €.

Bis auf einige Ausflüge nach rechts oder links bleiben wir der D116 bis Cherbourg treu. Bei **Réthoville** zweigen wir das erste Mal zur **Moulin de Marie Ravenel** ab. In der am Ende eines Heckenweges gelegenen Mühle wohnte im 18. Jahrhundert die Müllerin und Dichterin Marie Ravenel. Während der Besichtigung des renovierten, mit Stroh eingedeckten Hauses werden die traditionellen Arbeiten des Müllers gezeigt. Im Juli und August bietet ein Bäcker jeden Sonntag nach 14 Uhr frisch gebackenes Brot an *(Juli/August 10:30–12:30/13:30–18 Uhr, Mi/Do 13:30–18 Uhr, April–Juni/September So–Do 10:30–12:30/13:30–18 Uhr, Eintritt. www.moulinmarieravenel.fr).* Der Parkplatz, den man am besten über die ausgewiesene Busstrecke erreicht, erscheint uns übernachtungstauglich.

121 **N 49°41'23" W 01°21'54"**

Uns ist jetzt einmal mehr nach Sonne, Strand sowie Wellen, doch das ist an diesem Küstenabschnitt schwierig geworden. Zu viele Menschen teilen wohl die gleichen Sehnsüchte und wollen samt ihrer Fahrzeuge ganz nah ans Meer. *In der Konsequenz sind zwischen April und Oktober die Zufahrten zu vielen Parkplätzen am Wasser für Fahrzeuge über zwei Meter Höhe, zwei Meter Breite und fünf Meter Länge gesperrt und man darf dort noch nicht einmal parken! Auch wenn die vorhandenen Barrieren geöffnet sind, sollte man sich darauf einstellen, dass sie bei der Rückfahrt durchaus geschlossen sein können, und dann bleibt es möglicherweise nicht nur bei einer Ermahnung, sondern es kommt eine saftige Geldbuße obendrauf!*

Wenn man sich jedoch an die Regeln hält, dann steht einer entspannten Erkundung des Cotentins nichts im Weg!

Wir fahren einmal mehr durch die von der Bocage geprägte Landschaft, die, wenn wir uns Richtung Meer wenden, immer wieder Campingplätze und den einen oder anderen schönen Badeplatz zu bieten hat. Einer davon ist der einfache **Camping du Sablon** in **Vicq sur Mer**, der uns mit einem Zugang zum langen Sandstrand und freundlichen Betreibern überzeugen konnte.

122 **N 49°42'00" W 01°25'06",** 38 Hameau de la Mer, Cosqueville, Telefon 0233434172 oder 0612359656, www.campingdusablon.com. Geöffnet April–Oktober, Preis 15 €.

Die Küste ist in diesem Abschnitt wieder felsiger, aber an feinen Sandstränden mangelt es trotzdem nicht. *Obwohl alle genannten Plätze ohne womo-spezifische Infrastruktur auskommen, dürfen WOMOs dort laut offizieller Beschilderung tagsüber sowie nachts ohne Campingverhalten stehen bleiben und ihre Besatzungen den Aufenthalt genießen.*

123 Cosqueville – *Mairie de Vicq sur Mer*

GPS: N 49°41'41" W 01°24'36", Hameau de l'Église. **Max. WOMOs:** 8. **Öffnungszeit:** April–Oktober, aber wir haben hier auch schon in einer anderen Zeit gestanden. **Ausstattung:** WC, Tisch und Bänke in der Nähe, Baguette-Automat, Imbisswagen während der Saison, Müllbehälter.

Beschreibung: Der einfache schattenlose Wiesenparkplatz liegt hinter einem Parkplatz am Ortsrand und bietet einen klitzekleinen Blick auf das fußläufig oder mit dem Rad zu erreichende, etwa 1,5 km entfernte Meer. **Zufahrt:** Von der D116 den WOMO-Piktogrammen folgen.

124 Cosqueville – *Le Bercot*

GPS: N 49°41'49" W 01°25'09", Le Bercot. **Max. WOMOs:** 3 – 5. **Öffnungszeit:** April–Oktober. **Ausstattung:** Müllbehälter. **Beschreibung:** Der einfache, schattenlose, unter Umständen staubige Mix-Parkplatz liegt außerorts an der Zufahrt zu oben genanntem Campingplatz, den wir eindeutig bevorzugen würden. Der Strand ist etwa 600 m entfernt. **Zufahrt:** Von der D116 den Hinweisen zum Camping du Sablon und dann dem WOMO-Piktogramm folgen.

TOUR 6

Kleine StreetArt-Runde

Vom Campingplatz sind wir entlang des Strandes beziehungsweise auf dem Küstenwanderweg in östliche Richtung gewandert und nach etwa 6,5 Kilometern auf die **Batterie de Caqueret** gestoßen. Radfahrer schlagen sich über die kleineren Nebenstraßen in östliche Richtung bis nach Caqueret und dann zum Strand durch.

Wanderer finden auf den Betonwänden der alten Gefechtsstände bereits unterwegs, aber auch an der Batterie de Caqueret die Graffitis unbekannter Künstler sowie die von Näutil (vgl. S. 172). Unsere Strandwanderung gestaltet sich ausgesprochen abwechslungsreich, sodass der gleiche Rückweg überhaupt nicht langweilig wird. **Radfahrer** können ihre Runde erweitern und in Vrasville an der D116 oder südöstlich von Cosqueville an der D412 Näutils Werke bewundern.

Nicht immer ist das Auffinden so einfach wie an den Stränden, aber ein Blick auf die Karte der folgenden Website erleichtert die Suche (www.nautil-art.com).

125 Fermanville – *Fréval Plage*

GPS: N 49°41'39" W 01°26'36" Fréval. **Max. WOMOs:** 2–3. **Ausstattung:** Keine. **Öffnungszeit:** Ganzjährig. **Beschreibung:** Der schattenlose, einfache Parkplatz befindet sich auf Wiese einschließlich ein wenig Meerblick, etwa 100 m vom Strand und nicht weit von den nächsten Häusern entfernt. Der Strand schließt sich an die weiter unten erwähnte Plage Mondrée an. **Zufahrt:** Von der D116 hinter dem **Campingplatz de la Plage** (April–Mitte Oktober, www.campingdelaplage-fermanville.com) nach Le Fréval abbiegen und auf teils engem Sträßchen bis zum Parkplatz fahren.

Die Straße führt nun hinab ins **Vallée des Moulins.** *Hier lockt ein etwa acht Kilometer langer, bequemer Wanderweg ins Landesinnere*, der im Tal der No an alten, teils verfallenen, aber auch bewohnten Mühlen und einem Viadukt vorbeiführt.

126 Fermanville – *Vallée des Moulins*

GPS: N 49°40'58" W 01°26'52", An der D116. **Max. WOMOs:** 3–5. **Ausstattung:** WC, Bänke, Müllbehälter. **Beschreibung:** Der geschotterte, fast schattenlose einfache Parkplatz befindet sich an der Straße und nahe einiger Häuser, aber außerhalb des Ortes. Von hier bietet sich der Einstieg in die oben erwähnte Mühlen-Wanderung an. **Zufahrt:** Von der D116 in einer Rechtskurve auf den Parkplatz fahren.

Im Umfeld von **Fermanville** gibt es jedoch noch weitere Parkmöglichkeiten, die jede auf ihre Art und je nach Gusto zum Verweilen einladen. *Die Zufahrtsstraßen sind zum Teil eng oder zugewachsen und es gibt eine Ortsdurchfahrt von nur 2,50 Meter Breite.* In der Hauptsaison beziehungsweise an den Wochenenden mit viel Verkehr stehen unter Umständen bei Gegenverkehr schweißtreibende Ausweichmanöver bevor. *Mit WOMOs über 7,50 Meter Länge würden wir die Fahrt zum Port Levi nicht angehen, da Mauern das Ausschwenken des Hecks empfindlich stören könnten. Am besten folgen Sie unseren Zufahrtsbeschreibungen und nehmen auch den gleichen Weg zurück!*

Fermanville

127 Fermanville – *Phare Cap Lévi*

GPS: N 49°41'48" W 01°28'22". **Max. WOMOs:** 2–3. **Öffnungszeit:** Ganzjährig. **Ausstattung:** Keine. **Beschreibung:** Was für eine Aussicht! Der geschotterte, schattenlose und einfache Parkplatz am Küstenwanderweg ist von drei Seiten vom Meer umschlungen und bei schönem

TOUR 6

Wetter ein Traum. Bei »Sauwetter« könnte es eher ungemütlich werden und auch dann, wenn hier zu viele Pkw oder, wie an einem Tag Anfang Juni selbst erlebt, eine ganze Reisegruppe mit 15 WOMOs den kleinen Platz okkupieren! **Zufahrt:** Von der D116 im Ort dem Hinweis Le Phare/Semaphore und der Straße bis zum Leuchtturm folgen.

128 *Fermanville – Le Port-Lévi*

GPS: N 49°41'15" W 01°28'21", Le Cap Levi. **Max. WOMOs:** 2–3. **Öffnungszeit:** Ganzjährig. **Ausstattung:** Bänke, Müllbehälter. **Beschreibung:** Der geschotterte, schattenlose, einfache Parkplatz liegt am kleinen Hafen, am Küstenwanderweg und an der Zufahrtsstraße zum Fort du Cap Lévi außerhalb des Ortes, aber in der Nähe von Häusern. **Zufahrt:** Wie zum vorgenannten Stellplatz, jedoch am Abzweig zum Phare geradeaus der Straße zum Fort du Cap Lévi/Le Port ca. 1,5 km folgen. Hinweis: Aufgrund der teils engen Zufahrt im Ort ist der Parkplatz für WOMOs über ca. 7,50 m Länge eher nicht geeignet.

129 Fermanville – *Plage Mondrée*

GPS: N 49°41'28" W 01°27'18", Inglemare. **Max. WOMOs:** 2–3. **Öffnungszeit:** Ganzjährig. **Ausstattung:** Müllbehälter. **Beschreibung:** Der geschotterte, schattenlose und einfache Parkplatz liegt direkt am Küstenwanderweg sowie am Sandstrand und bietet eine schöne Aussicht über die gesamte Bucht. Der Strand schließt sich an die oben erwähnte Plage Fréval an. **Zufahrt:** Wie zu den vorgenannten Stellplätzen,

jedoch ca. 900 m hinter dem Abzweig von der D116 in einer Linkskurve den Hinweisen Port Pignot und Plage Mondrée ca. 500 m folgen. Dann rechts bis zum Parkplatz fahren.

Über den Küstenwanderweg führt ein wahrhaft aussichtsreicher Spaziergang vom **Fort du Cap Lévi**, das Anfang des 19. Jahrhunderts auf Befehl Napoléons gebaut wurde und heute ein Hotel beheimatet, zum Leuchtturm am **Cap Lévi** und weiter bis zur Fréval Plage und verbindet die vorgenannten Stellplätze von Fermanville (einfache Strecke ca. 2,5 Kilometer, die selbstverständlich in beide Richtungen beliebig fortgesetzt werden kann). Alternativ schnappt man sich das Fahrrad, durchfährt die kleinen Weiler mit Bruchsteinhäusern, lugt über Mauern, hinter denen sich die Blumen im Wind wiegen und macht Pause in der ***Bar de l'Escale*** bei einem Getränk oder einer Galette *(Do/Fr 8:30–14/17–00:00 Uhr, Sa/So ab 9 Uhr).*

Bei der Weiterfahrt haben wir Cherbourg schon fest im Blick und empfehlen Freunden von Hünengräbern in **Bretteville** einen kurzen Abstecher Richtung Maupertus-sur Mer/vers D901 (N 49°38'49" W 01°30'37"). Bei der **Allée couverte** handelt es sich um ein 16 Meter langes, 85 Zentimeter breites und etwa 4.000 Jahre altes Galeriegrab.

Bevor wir einen der bedeutendsten Häfen der Normandie besuchen, streifen wir den **Sandaya Camping L'Anse du Brick****** mit Strandzugang über eine Brücke und Stellplätzen, die teilweise Meeresblick bieten (www.sandaya.fr, Mitte März–Mitte September) und können zusätzlich am kleinen Hafen von **Le Becquet de Digosville** einen Parkplatz nennen.

130 Le Becquet de Digosville – *Port*

GPS: N 49°39'17" W 01°33'07", Le Port. **Max. WOMOs:** 3–5. **Ausstattung:** Müllbehälter. **Beschreibung:** Der asphaltierte, schattenlose und einfache Parkplatz liegt direkt an der Kaimauer im Ort am Hafenbecken mit entsprechendem Betrieb. In unmittelbarer Nachbarschaft befindet sich das **Restaurant *A l´Abri des Flots*** *(Di–Do/So Mittagsmenüs, Fr/Sa Mittags- und Abendmenüs)*. **Zufahrt:** Von der D116 gegenüber einem Einkaufszentrum, einem kleinen Hinweis *Le Port* folgen. Am Wasser links bis zum Parkplatz am Ende des Hafenbeckens fahren. **Hinweis:** Bitte kein Campingverhalten! Bei hohem Seegang nicht zu empfehlen!

Tourlaville sollte nicht unerwähnt bleiben, da die Ortschaft eine wenig charmante, schattenlose, asphaltierte, aber zweckdienliche Alternative zum oft überfüllten Stellplatz in Cherbourg bietet. Zusätzlich kann man auf einen der beiden nahen **Campingplätze** ausweichen. *Von Vorteil erweist sich in jedem Fall die nahe Haltestelle, von der man bequem den Bus nach Cherbourg besteigen kann* (Linie 2 in ca. 15 Minuten an der Cité de la Mer, capcotentin.fr).

131 N 49°39'15" W 01°33'59", Chemin de la Mare, V/E, Strom, ganzjährig geöffnet, Preis 15,20 €.

Cherbourg (40.000 Einwohner) ist sicher keine im klassischen Sinne als schön zu bezeichnende Stadt und eignet sich auch nicht unbedingt für einen langen WOMO-Urlaub. Sie ist eine typische große Hafenstadt mit Fährverbindungen nach Großbritannien und Irland, mit Containerschiffen sowie mit Hafendocks. Aus touristischer Sicht gibt es *sehenswerte Museen, insbesondere die Cité de la Mer und eine kleine, aber attraktive Altstadt, sodass Cherbourg erst auf den zweiten Blick seinen Charme spielen lässt*.

132 Cherbourg-Octeville – *Aire Municipale*

GPS: N 49°38'33" W 01°37'04", Allée du Président Menut. **Max. WOMOs:** 50.

Öffnungszeit: Ganzjährig. **Ausstattung:** V/E, Strom, Müllbehälter. **Beschreibung:** Der asphaltierte, fast schattenlose und einfache Parkplatz liegt nur wenige Gehminuten von der Cité de la Mer im Ort und etwa 800 m vom Zentrum entfernt. **Zufahrt:** Im Ort den Hinweisen zur Cité de la Mer bis zum Parkplatz folgen. **Hinweis:** Der Stellplatz ist aufgrund des Fährbetriebes meist gut belegt und wir haben WOMOs auch auf den in unmittelbarer Nähe befindlichen Parkplätzen stehen sehen.

Aufgrund der strategisch günstigen Lage ließen sich schon die Normannen in »Carisborc« nieder und errichteten eine Burg. Während des Hundertjährigen Krieges war Cherbourg der letzte Ort, den die Engländer in der Normandie an Frankreich verloren.

Die Nähe zum englischen Königreich war es wohl auch, die den Sonnenkönig *Ludwig XIV.* und später *Napoléon* veranlassten, den Hafen zu einem gigantischen militärischen Stützpunkt auszubauen.

Cherbourg im Wandel der Zeit

Vor der Küste entstand in über 75-jähriger Bauzeit durch das Versenken von Holzkegeln, die mit Bruchstein und Mörtel gefüllt waren, eine Art Deich, der sich jedoch im Laufe der Jahrzehnte durch die Naturgewalten des Meeres zum Teil wieder auflöste. Trotzdem überdauerte eine lang gestreckte künstliche Insel, die durch die Strömung eine leicht gebogene Form annahm und die als Basis für das Hafenaußenwerk mit drei Befestigungsanlagen diente. *Noch heute wird der gewaltige Wellenbrecher gehegt als auch gepflegt und bietet einen hervorragenden Schutz gegen die von Stürmen aufgewühlte See.*

Im Ersten Weltkrieg war Cherbourg ein wichtiger Militärhafen und im Zweiten Weltkrieg war es gerade diese strategisch günstige Lage, die für schwere Kampfhandlungen sorgte. Den Alliierten war daran gelegen, die Hafenanlagen so schnell wie möglich in ihren Besitz zu nehmen, die zerstörten Teile wiederaufzubauen und den künstlichen Hafen in Arromanches zu entlasten. Ab Dezember 1944 diente Cherbourg als größter Nachschubhafen der Alliierten. Bis in die Gegenwart ist das militärische Interesse groß und Teile des Hafens sind daher Sperrgebiet.

Heute ist die Stadt eine lebendige Innenstadt mit vielen Geschäften sowie Boutiquen und jeder Menge Kneipen, Cafés und Restaurants. Im Herzen der Fußgängerzone und unter Einheimischen lässt sich ein Stadtrundgang bestens im ***Café de l'Etoile*** bei *Café au lait* und *Tarte Normand* oder anderen Kleinigkeiten unterbrechen *(So/Montagvormittag geschlossen, Rue des Portes/Ecke Rue du Château)*. Hier trifft sich die *Cherbourgeoise* und von der Terrasse können wir vorbeieilende Justiziare in Robe, Studenten, Touristen und Hausfrauen mit ihren **Markteinkäufen** *(Mi/Do/So)* beobachten.

Im **Office de Tourisme** in der Nähe der Hafenbrücke sind ein Stadtplan sowie Informationen über **Stadtführungen**, **Entdeckungsralleys, Bootsfahrten** und vieles mehr erhältlich *(Januar–Juni/September–Dezember Mo–Sa 9:30–12:30/13–18 Uhr, Juli/August zusätzlich So, 56 Quai de Caligny, Telefon*

0233935202, www.encotentin.fr). Hier startet auch der **Train Touristique** *(Mitte April–Mitte Juli/September Mo–Sa 14/15/16/17 Uhr, Mitte Juli–August täglich 10:30/11:30/14/15/16/17 Uhr, Gebühr).* Die 45 Minuten dauernde Fahrt führt durch die Altstadt mit Fußgängerzone, den Hafen und die Gärten der Stadt.

Über Cherbourg thront **Fort du Roule**, welches das **Musée de la Libération** beherbergt. Das Museum widmet sich einmal mehr der Operation Overlord und der Befreiung Frankreichs *(Di–Fr 10–12:30/14–18 Uhr, Sa/So 13–18 Uhr, Eintritt).* Auch wenn sich der Besuch des 1852–1857 erbauten Forts wegen des grandiosen Ausblicks auf Cherbourg lohnt, sollte wohlüberlegt sein, ob man sich mit größeren WOMOs die Serpentinenfahrt auf den Berg zumuten möchte. Oben wartet nur ein Mini-Parkplatz und das Wenden kann unter Umständen schwierig werden.

In der Stadt warten jedoch genug Alternativen, die zudem fußläufig gut erreichbar sind. Das **Musée Thomas Henry** präsentiert Gemälde aus der Zeit vom 15. bis 19. Jahrhundert, und in der Nähe kann man bei einer 15-minütigen Führung in der **Manufacture des Parapluies** den Geheimnissen der Herstellung der Cherbourger Regenschirme nachspüren *(Musée Di–Fr 10–12:30/14–18 Uhr, Sa/So 13–18 Uhr, Eintritt. Manufaktur Mo–Sa 10–19 Uhr, parapluiedecherbourg.com).*

An der spätgotischen **Basilique Sainte Trinité** fällt der schöne Flamboyantstil des 15. und 16. Jahrhunderts auf und schräg gegenüber wacht *Napoléon* als Reiterstandbild über die mit Blumen geschmückte **Place Napoléon**. Unweit des Stadtzentrums befindet sich der **Parc Emmanuel Liais** mit zwei Gewächshäusern und tropischen Pflanzen sowie Bäumen aus Südamerika und Asien. Inmitten der kleinen Oase liegt das **Musée Emmanuel Liais** mit einer ethnografischen, archäologischen und naturhistorischen Abteilung (Das Museum wurde während unserer Recherche zu diesem Buch renoviert, die aktuelle Situation bitte beim Office de Tourisme erfragen).

Cherbourg verfügt über Jacht-, Handels- Fischerei- und Militärhäfen. Die Stadt besaß (und besitzt) aber auch einen großen transatlantischen Hafen, von dem sowohl arme Einwanderer als auch reiche Aristokraten sowie etliche berühmte Persönlichkeiten den Weg über den Atlantik fanden.

Cité de la Mer

In der riesigen Art-déco-Halle des ehemaligen Transatlantischen Bahnhofs, dem *Gare Maritime Transatlantique*, ist heute ein phänomenales Museum untergebracht. Der Eingangsbereich des Museums beherbergt neben einem Shop und einem Restaurant bereits mehrere kleine U-Boote. Im weiteren Verlauf des Museumsbesuchs erfahren wir Interessantes über die Tiefsee

forschung und sind fasziniert von der artenreichen Flora und Fauna des riesigen **Meerwasseraquariums** mit über 3.000 Fischen und weiteren 16 Aquarien. Daneben machen viele interaktive Stationen das Meer erlebbar und Groß wie Klein folgen gespannt dem virtuellen Spaziergang »unter dem Meer«. Auch Themen wie Unterwasserarchäologie und Tauchsport bleiben nicht unbeachtet.

Ein weiterer Höhepunkt ist die Besichtigung der ***Le Redoutable***, das nicht nur das erste französische Atom-U-Boot ist, sondern als das größte U-Boot der Welt gilt. Der Atomreaktor ist selbstverständlich nicht mehr vorhanden, aber ansonsten ist die gesamte Originalausstattung an seinem Platz. Bei einer Audioführung (auch in deutscher Sprache!) können das U-Boot sowie die Lebens- und Arbeitsverhältnisse individuell erkundet und eindrucksvoll nachempfunden werden.

Der dritte Schwerpunkt des Museums liegt bei der europäischen **Auswanderungsgeschichte**. Zwischen 1869 und 1969 suchten von Cherbourg aus über vier Millionen Menschen ihr Glück in der Neuen Welt. Im Gepäcksaal der ehemaligen Abfertigungshalle wird auf ungewöhnliche Weise deren Schicksal virtuell aufbereitet. Genau 100 Jahre nachdem die **Titanic** Cherbourg als letzten kontinentalen Hafen vor ihrem Untergang anlief, wurde 2012 dieser Museumsbereich eröffnet. In einer multimedialen Inszenierung erfahren wir vom Leben an Bord und erleben den Untergang des Ozeanriesen auf eindrucksvolle, fast gespenstige Weise.

Unser Resümee dieses abwechslungsreichen, interessanten und spannenden Museumsbesuchs: *Ein Abenteuer für die ganze Familie, das man sich auf gar keinen Fall entgehen lassen sollte und unbedingt in unsere **Top Ten** gehört!*

Für den Besuch sollte wenigstens ein halber, je nach Intensität ein ganzer Tag eingeplant werden. Um in der Hochsaison den Warteschlangen an den Kassen zu entgehen, kann das Ticket bereits einen Tag vorher erworben werden. Es ist den ganzen Tag gültig und der Besuch kann zwischendurch unterbrochen werden *(April–Juni/September 9:30–18 Uhr, Juli/August 9:30–19 Uhr, in den übrigen Monaten teilweise erst ab 10 Uhr geöffnet, Eintritt, Schließtage im Januar und in anderen Monaten sind auf der Homepage ersichtlich, www.citedelamer.com).*

Kabine der Ersten Klasse auf der sinkenden Titanic

Tour 7

Cap de la Hague
Pointe Jardeheu
Auderville
Omonville
Eculleville
Landemer
Querqueville
Cherbourg Octeville
Jobourg
Nez de Jobourg
Gréville-Hague
D45
D901
D900
Tour 6
Vauville
Biville
Dunes de Biville
Vasteville
D37
D650
Siouville-Hague
Tréauville
Flamanville
Les Pieux
D900
N13
Bricquebec
Le Rozel
D66
Surtainville
D650
Hatainville
Barneville-Carteret
D650
Portbail
Saint-Remy-des-Landes
Bretteville-sur-Ay
Saint-Germain-sur-Ay
Havre Saint-Germain-sur-Ay
Lessay
Créances
Pirou-Plage
Château de Pirou
D650
Gouville-sur-Mer
Agon-Coutainville
Tour 8
Pointe d´Agon
Sienne
Parc Naturel Régional des Marais du Cotentin et du Bessin
Côte des Havres
N
15 km
136 137 138 139 135 134 133 140 141 142 143 144 145 146 147 148 149 150 151 152 153 154 155 156 157 158 159 160 161 162

Der westliche Cotentin

295 km

Diesmal werden wir zu weiten Teilen auf der Route des Caps die nordwestliche Küste des Cotentin mit Ihnen erkunden und in eine der urwüchsigsten Regionen der Normandie vordringen:

- **Wanderung am Ende der Welt**
- **Dünen von Hatainville**
- **Lange Sandstrände**
- **Sandkästen der Natur**

Immer wieder werden sich fantastische Ausblicke auf das Meer ergeben und inmitten von Heide sowie Stechginster kuscheln sich die geduckten Steinhäuser in kleinen charmanten Weilern zusammen. Hin und wieder bieten Minihäfen den Booten Schutz vor aufschäumender Gischt und zwischen den Klippen locken einsame Sandstrände.

Die Landschaft um das Cap de la Hague ist herb, aber atemberaubend schön und lädt entlang von Steinmauern, die so typisch für das auch schon mal als »Klein-Irland« genannte Gebiet sind, zu ausgedehnten Wanderungen ein. Auf den engen Straßen sind meist keine expliziten Verbotsschilder zu finden, aber *wenn eine Umfahrung für Busse angegeben ist, dann sollten WOMOs über 3,5 Tonnen Gesamtgewicht diese unbedingt nutzen*.

Lieblicher wird die Landschaft an der Westküste des Cotentin, wenn wir weite Dünengebiete mit freundlichen Badeorten durchstreifen und an die **Côte des Havres** mit ihren Naturhäfen gelangen.

Bevor wir Cherbourg auf der D901 Richtung Équeurdreville verlassen, vermerken wir eine **Ver- und Entsorgungsstation** hinter einem Supermarkt (N 49°39'18" W 01°39'04", Rue Jean Bart). Um sich mit Frischwasser zu versorgen, müssen Jetons am nahen **Campingplatz La Saline** erworben werden.

Noch im Einzugsgebiet von Cherbourg gelegen, gelangen wir an die **Pointe de Querqueville** mit Aussicht auf **Fort de Chavagnac**, das einst wie das Fort de Querqueville zu den alten Befestigungsanlagen der Häfen gehörte.

133 Querqueville – Port

GPS: N 49°40'10" W 01°40'53", Rue du Port. **Max. WOMOs:** 3–5.

Ausstattung: Tische und Bänke, Müllbehälter. Der teils auf Schotter, teils auf Wiese befindliche schattenlose, einfache Parkplatz liegt außerhalb des Ortes vor den Mauern eines alten Forts am Hafenbecken. Ein besonderes Erlebnis ist es, wenn man auf dem gut 1 km langen Damm bis zum Leuchtturm »ins Meer« geht. **Zufahrt:** Von der D45 an einer Ampel den Hinweisen *Port* folgen.

Auf der *Route des Caps* erreichen wir zunächst Urville-Nacqueville und die abwechslungsreiche Fahrt führt uns mal kurvig durch Wäldchen oder auf dem Plateau entlang.

Immer wieder eröffnen sich neue Blicke über Gärten sowie Wiesen auf das Meer und von einem Picknickplatz bei **Landemer** lässt sich *die Aussicht über die Küstenlinie vom Cap Lévi bis zur Pointe de Jardeheu* in Ruhe genießen (N 49°40'46" W 01°46'11". Sehr schräg, teils eng und nichts für WOMOs über 7 m Länge!).

Im grün bewachsenen Hang ist der **Sentier du Littoral GR 223**, der vom Marschland bei Carentan entlang der Küste bis in die Bucht des Mont Saint Michel auf 430 Kilometer Länge führt, sehr gut auszumachen. In früheren Zeiten wurde der **Zöllnerweg** von Zollbeamten begangen, um die an der Küste agierenden Schmuggler bei ihrem Schwarzhandel zwischen dem Kontinent und den Inseln zu überwachen. Aus der Sicht des Wanderers kann man nur sagen, dass es zumindest bei schönem Wetter wahrlich schlechtere Arbeitsplätze gibt! Auch wenn die Parkmöglichkeit am oben genannten Picknickplatz eng und nicht übernachtungstauglich ist, so kann man von hier zur Erkundung einer Etappe des Weitwanderweges starten. Aber keine Bange, auch die Besatzungen von großen WOMOs können von einigen der folgenden Stellplätze ebenfalls in den Wandergenuss kommen.

Im malerischen Ort **Gréville-Hague** (800 Einwohner) sind jedoch zunächst die ambitionierten **Radfahrer** an der Reihe, die auf einem mit der Nummer 43 ausgeschilderten *33,5 Kilometer langen Rundkurs* die Heckenlandschaft und Strände der Umgebung erradeln können.

Küstenlinie an der Route des Caps

134 Gréville-Hague – *Aire de Camping-Car*

GPS: N 49°40'31" W 01°48'04".
Max. WOMOs: 3–5.
Öffnungszeit: Ganzjährig.
Ausstattung: V/E, Tische und Bänke, Bouleplatz.
Beschreibung: Der asphaltierte, schattenlose, bedingt klappstuhlgeeignete und einfache Parkplatz liegt ruhig am Ortsrand, aber dennoch nah genug, um die Bäckerei fußläufig zu erreichen. Direkt am Parkplatz starten ausgewiesene Rad- und Wandertouren. **Zufahrt:** Im Ort am Kreisverkehr dem WOMO-Piktogramm folgen. **Hinweis:** Auf dem hinteren Parkplatz ist das Parken von Mo–Fr 9 – 18 Uhr verboten!

Am Kreisverkehr »blickt« der als Landschaftsmaler berühmt gewordene *Jean-François Millet* von seinem Denkmal auf den Verkehr. Das Geburtshaus des im 19. Jahrhundert geborenen Millets liegt im etwa ein Kilometer entfernten kleinen Ort Gruchy (N 49°40'51" W 01°47'31", Parken von 19–10 Uhr nicht gestattet).

Das **Maison Natale de Jean-François Millet** kann besichtigt werden und vermittelt einen Eindruck des bäuerlichen Lebens, das Millet in seinem künstlerischen Schaffen geprägt hat *(Februar/März So–Do 14–18 Uhr, April–Juni/September/Schulferien Mo–So 14–18 Uhr, Juli/August Mo–So 11–18 Uhr, Eintritt, Hunde an der Leine gestattet, www.encotentin.fr).*

Wir folgen der D45 und peilen **Eculleville** an. *Mit unserem 7,50 Meter langen Wohnmobil gelangen wir gerade so über eine teils enge, nur mit einigen Ausweichstellen versehene Zufahrtsstraße, die am Ende zusätzlich ein Gefälle von 18 Prozent hat*, an die kleine, wunderschöne **Baie de Querviére** (N 49°41'25" W 01°49'27", keine Übernachtung!). Ein schmaler Treppenpfad führt ans Wasser und der **Sentier du Littoral** spricht Wanderer an.

Hier und auch im weiteren Verlauf der kommenden Strecke, fallen uns die Hinweise zum etwa sechs Kilometer entfernten »Maison Jacques Prévert« auf. Die Parksituation ist eingeschränkt und größere Wohnmobile sollte bereits in **Omonville-la-Petite** an der Kirche geparkt werden, damit die dazugehörenden Menschen die folgenden 500 Meter bis zum Museum anschließend zu Fuß gehen können (N 49°41'58" W 01°52'59", am besten der Busstrecke folgen!).

Perlen am Wegesrand

Der Fußweg durch den kleinen Ort bis zur mittlerweile musealen Heimstatt des Dichters *Prévert* entpuppt sich als Genuss. Im Zusammenspiel mit

dem kleinen, intimen und reizenden Garten, der die **Maison Jacques Prévert** umgibt, gehört das Ensemble zu einem unserer Lieblingsplätze. Den Museumsbesuch im Haus des in seiner Heimat sehr bekannten Lyrikers und Drehbuchautors gibt es sozusagen als Bonus *(April/Mai/Mitte Oktober–Anfang November 14–18 Uhr, Juni/September 11 -18 Uhr, Juli/August 11–19 Uhr, Eintritt, Hunde an der Leine im Garten gestattet. www.maison-prevert.manche.fr)*. Auf dem Rückweg schauen wir noch auf dem örtlichen Friedhof am Grab von Jacques Prévert *(4. Februar 1900–11. April 1977)* vorbei, bevor wir von der noch einmal zur D45 zurückkehren und das **Manoir du Tourp** aufsuchen (N 49°41'21" W 01°50'18.1).

In dem alten, einem Landsitz ähnelnden Bauernhof aus dem 16. Jahrhundert finden Ausstellungen und Kulturveranstaltungen statt. Die Dauerausstellung »La Hague à tous points de vue« beschäftigt sich mit der Geologie, der Fauna und Flora sowie der Geschichte rund um La Hague und wird durch eine Mediathek und einen Shop ergänzt. Auf dem Gelände befindet sich weiterhin ein Restaurant und es ist einfach nett, das gepflegte Umfeld zu erkunden *(Februar–Anfang April/September–Anfang November Di–So 14–18 Uhr, April–Anfang Juli Di–So 14–18 Uhr, Brückentage 10:30- 19 Uhr, Juli–August 10:30–19 Uhr, Hunde im Außenbereich an der Leine gestattet, www.letourp.com)*.

Wenig später laufen wir den hübschen, kleinen Hafen von **Omonville-la-Rogue** an. **Port du Hâble g**alt in früheren Zeiten unter Seefahrern als bester Liegeplatz auf dem Cotentin, da er niemals trocken wurde, sodass normannische Piraten hier Unterschlupf suchen konnten, um anschließend aus sicheren Gewässern gegen ihre Feinde in See zu stechen. Heute bietet der Hafen den Schiffen einiger Berufsfischer und Sportsegler Schutz. Auf dem Hafenparkplatz ist das Parken für WOMOs strikt verboten, doch der kleine städtische Campingplatz ist eine ansprechende Alternative, um den hübschen Ort und die Umgegend zu erkunden.

135 Omonville-la-Rogue – *Camping du Hâble***

GPS/Kontakt: N 49°42'16" W 01°50'27", 4 Rue de la Jonquière, Telefon 0233528615, www.campingduhable.lahague.com. **Öffnungszeit:** April–Anfang November. **Ausstattung:** WiFi, Waschmaschine, Wäschetrockner. **Beschreibung:** Der gepflegte Platz besitzt teils schattige, teils sonnige, recht großzügige Wiesenplätze, die zum Teil durch

Hecken oder Holzzäune unterteilt sind. Eine kleine Épicerie befindet sich direkt nebenan und entlang eines Bächleins gelangt man an den Hafen. Hier hat es uns im ***Restaurant du Port*** gefallen *(Mittags- und Abendmenüs Mi–So, Juli/August nur Mo außer an Feiertagen geschlossen, 55 Rue du Hable, Telefon 0233527413*, www.restaurantduport-omonvillelarogue.fr). Auf dem Küstenwanderweg kann man zu einer *Rundwanderung nach Gruchy zum Geburtshaus von J-F. Millet und zurück über das Manoir du Tourp* im Inland aufbrechen (ca. 13 km, der GPX-Track kann auf der Seite *www.encotentin.fr* heruntergeladen werden). **Preis:** 11 €. **Zufahrt:** Im Ort den Hinweisen zum Campingplatz folgen.

TOUR 7

Auf der **Route des Caps** eröffnen sich immer wieder Ausblicke auf Sand- und Kiesbuchten und wir sehen zerklüftete Felsen oder Landzungen wie die **Pointe Jardeheu** mit dem *Sémaphore* in die blaue See hineinragen. Landeinwärts trennen Böschungen, Hecken und Steinmauern die Wiesen und wir durchfahren kleine Weiler. Deren traditionelle, mit Schiefer eingedeckten robusten Häuser schmiegen sich in Talmulden aneinander, um den Unbilden des Winters oder den Winden vom offenen Meer zu trotzen und tragen zum Charme der Gegend bei.

Dazwischen führen immer wieder schmale Sträßchen ans Wasser, die jedoch für ausgewachsene WOMOs mit Vorsicht zu genießen sind. Oft enden sie in engen Schotterwegen und das Wenden wird fast unmöglich. Offizielle Aufenthalts- und Übernachtungsmöglichkeiten gibt es in der sensiblen Natur auf dem Cotentin in unmittelbarer Küstennähe ohnehin nicht mehr zu nennen. Wir beschränken uns darauf, bei **Digulleville** mit Blick auf die **Bucht von Saint Martin** lediglich einen *Parkplatz am Sentier Littoral mit Wandermöglichkeit und Strandzugang* zu erwähnen (N 49°42'37" W 01°52'06", Zufahrt an der Kreuzung D245/D45. Camping/Caravaning interdit!).

Bald haben wir den kleinsten Hafens Frankreichs erreicht, der nach einem der letzten unter *Napoléon* dienenden Korsaren benannt ist. Damals wählte François-Médard Racine den nur 800 Quadratmeter großen Hafen als Zufluchtsort, während heute die Boote der Freizeitfischer und -segler im **Port Racine** an Tauen verankert sind (N 49°42'42" W 01°53'50", WC, Restaurant).

In **Auderville**, nahe dem nordwestlichsten Punkt der Cotentin-Halbinsel, folgen wir den Hinweisen *Cap de la Hague*. Die Stellplatzsituation am Ende der Welt ist ganz klar geregelt: Keine WOMOs an der Landspitze von La Hague!

Das macht aber gar nichts, denn vom Stellplatz vor Goury hat man eine wunderbare Aussicht auf den 48 Meter hohen **Phare de Goury**, auch Phare de la Hague genannt.

136 Auderville – *La Hague*

GPS: N 49°42'52" W 01°56'05". **Max. WOMOs:** 15. **Öffnungszeit:** Ganzjährig. **Ausstattung:** Müllbehälter. **Beschreibung:** Der auf Wiese und Schotter gelegene, schattenlose, leicht schräge und einfache Stellplatz bietet eine schöne Aussicht über die Küstenlinie bis zum Leuchtturm sowie der Kanalinsel Alderney und ist jeweils ca. 500 m von Auderville mit dem **Restaurant *La Malle aux Épices*** *(Mittags- und Abendmenüs Di/Mi geschlossen, Juli/August So Abend/Mo ganztägig geschlossen, Telefon 0233031960, www.lamalleau-xepices.fr)* bzw. von Goury entfernt. Vom Parkplatz kann man bestens zu Wander- und Radtouren rund um das Cap de la Hague starten. Vom Office de Tourisme in Goury startet z. B. eine mittelschwere, *13 km lange, mit gelber Markierung versehene Rundwanderung*, die am besten entgegen dem Uhrzeigersinn gewandert wird. Eine aufgrund der vielen Höhenmeter als schwierig einzustufende, *14 km lange Radrunde* beginnt ebenfalls am Tourismusbüro und führt in die landschaftlich schöne Gegend (beide GPX-Tracks unter *www.encotentin.fr*). **Zufahrt:** An der D901 ca. 500 m vor Goury links der Straße gelegen.

Kleine Cap-Runde

Unsere etwa 6 Kilometer lange Abendrunde führt uns unterhalb des Stellplatzes und dem nächsten Weg rechts folgend bis zum Sémaphore.

Von dort halten wir uns links und südlich der Küstenlinie bis zum Parkplatz nach Goury. Dort kehren wir zum Apéro oder zum Essen ins **Restaurant *Ô P'tit Crabe de Goury*** ein *(Mo geschlossen, Telefon 0261819009)*, bevor wir den Bogen um den kleinen Hafenbereich schlagen und uns dann links auf der Straße den Hügel hinauf wenden. Hinter den Häusern von La Valette schwenken wir links und gelangen nach Auderville, wo wir kurz der D901 nochmals links folgen und wenig später über das schmale Gässchen *Chasse du Mirarda* abwärts zum Stellplatz gelangen.

Wenn der Fischimbiss nahe der Rettungsstation geöffnet hat: Dort von den feinsten Fish & Chips der Normandie kosten. Lecker!

Der dem Land vorgelagerte Leuchtturm weist den Schiffen seit

1837 den Weg. Das ist auch bitternötig, denn an der Landspitze gibt es eine der stärksten Gezeitenströme der Welt. Der **Raz Blanchard** verdankt seinen Namen der weißen Farbe der Schaumkronen, die sich aufgrund der schnellen Fließbewegung des Wassers durch die starke Strömung und der großen Tiefe zwischen dem **Cap de la Hague** und den Kanalinseln bilden.

Blick vom Stellplatz Auderville zum Phare de Goury

Die Einsamkeit und die wundervollen Natureindrücke rund um das Cap sind am besten bei einer Wanderung oder Radtour zu erkunden (siehe Stellplatzkasten). Entsprechende Informationen und Karten sind beim **Office de Tourisme** am Hafen in Goury erhältlich *(Januar–März/November/Dezember Mo–Sa 9:30–12:30/14–16:30 Uhr, April–Juni/September–Anfang November wie vor, jedoch 13:30–18 Uhr, Juli/August wie vor, jedoch 13–19 Uhr, www.encotentin.fr).*

Das zu **Jobourg** gehörende und zerklüftete Felsenkap **Nez de Jobourg** wirkt aus der Entfernung sehr beeindruckend und nach Möglichkeit sollte man die *traumhafte Panoramaaussicht* von einem Picknickplatz mit Parkbucht am steilen Straßenrand etwas ausgiebiger genießen (N 49°41'54" W 01°56'20"). Der Blick reicht über die **Baie d'Écalgrain**, das Cap und die Kanalinseln Alderney, Guernsey sowie Sark. Sollte der Seitenstreifen belegt sein, so können wir nur die nachfolgend beschriebene und hier vorbeiführende Wanderung empfehlen, bei der sich weitere fantastische Aussichten bieten.

Auch wenn das **Cap de la Hague** vom Namen her bekannter sein mag, so empfinden wir das **Nez de Jobourg** als imposanter und sehr viel reizvoller. Im kleinen Weiler Hameau Samson tasten wir uns vorsichtig durch eine Straßenengstelle, um anschließend auf dem großen Parkplatz an der »Nase von Jobourg« unser Nachtquartier zu beziehen.

137 Jobourg – *Nez de Jobourg*

GPS: N 49°40'41" W 01°56'19", Rue des Falaises. **Max. WOMOs:** 30. **Öffnungszeit:** Ganzjährig. **Ausstattung:** Tisch und Bänke, WC, Müllbehälter. **Beschreibung:** Je nachdem, wo man zum Stehen und zum geduldeten Übernachten kommt, steht man auf Asphalt oder auf der großen Wiese (Hier Parkverbot von 23–7 Uhr! Manchmal ist das Gatter auch geschlossen.). Von hier reicht der Ausblick bis zum Cap de la Hague und die *Rad-, aber vor allem Wanderexkursionen auf dem Küstenwanderweg* stehen ganz hoch im Kurs. Ganz in der Nähe gibt es eine (saisonale) Imbissbude sowie das **Restaurant *Auberge des Grottes*** *(s. u.)*. **Zufahrt:** Den Hinweisen zum Nez de Jobourg folgen.

Rund um Nez de Jobourg

TOUR 7

Wegen der Höhenunterschiede als mittelschwer einzustufende Wanderung von ca. 12 Kilometer Länge mit grandiosen Ausblicken. Wegweisend sind vorwiegend die weiß-roten und gelben Markierungen.

Vom Parkplatz gehen wir Richtung Meer und wenden uns hinter der ***Auberge des Grottes*** *(Bar/Salon de Thé jeweils vor- und nachmittags/außer Mi, Restaurant Mittags- und Abendmenüs Di abends/Mi ganztägig geschlossen, Juli/August nur Mi geschlossen, traumhafte Aussicht von der Terrasse! Hunde gestattet, www.aubergedesgrottes.com)* rechts auf den Zöllnerpfad GR223. Auf dem Wiesenplateau drehen wir Richtung Norden, bevor es bergab und nach der Überquerung eines Bächleins wieder bergauf geht.

Nach etwa 2 Kilometern erreichen wir den Parkplatz an der schönen **Baie d'Écalgrain.** Der GR223 verläuft mal auf, mal neben der D401 hinauf *bis zu einem Picknickplatz, von dem wir den bereits erwähnten grandiosen Panoramablick genießen können*. Hier biegen wir rechts hinter der Picknickbank auf einen Schotterweg ab und wandern zwischen Weiden und mit einer guten Aussicht bis zu einer Weggabelung, an der wir uns rechts halten. Auch an der folgenden Möglichkeit wenden wir uns rechts und erreichen Merquetot. Der Weiler wird nach rechts auf der Durchgangsstraße passiert und wir schwenken kurz hinter den letzten Häusern rechts in einen Feldweg ein. Leicht abwärts, zwischen Hecken gehend, gelangen wir zur D401, die wir nach links einschlagen.

Der Straße durch Hameau Samson folgend, kommen wir nach Hameau Dannery und richten uns nach dem Hinweis Nez de Jobourg. Hinter der ***Crêperie La Gravelette*** verlassen wir die Straße und gehen links erst auf einem breiten Feldweg, dann auf schmaler werdendem Weg und in Bögen hinab Richtung Meer.

Im felsigen Uferbereich treffen wir wieder auf den Zöllnerpfad GR223 und folgen ihm rechts mit einigem Auf und Ab. Hoch über der Bucht von Pivette haben wir bald das **Nez de Jobourg** im Blick. Die 128 Metern hochragenden Felsklippen gehören zu den höchsten auf dem europäischen Kontinent. Die Felsnase ist als Vogelschutzgebiet ausgewiesen und mit ein bisschen Glück kann man Kormorane, Kolkraben und Sturmvögel beobachten. Oberhalb der Bucht von Seninval erreichen wir das Nez des Voidries und damit den Ausgangspunkt dieser abwechslungsreichen Wanderung.

Bei all diesen wunderbaren Naturschönheiten vergisst man leicht die nur wenige Kilometer entfernt errichtete atomare Wiederaufbereitungsanlage, in der Atomabfälle entsorgt werden. Wen das nicht stört, der kann sein Haupt in **Jobourg** unbehelligt im WOMO auf einem einfachen, schattenlosen Parkplatz betten:

138 N 49°40'46" W 01°54'19", An der D401. Parken nicht vom 13.–15.8. und nur nachts gestattet!

Bisher blieb die Wiederaufbereitungsanlage unseren Blicken verborgen, doch spätestens bei der Weiterfahrt auf der D901 ist die Anlage sehr präsent und nicht mehr zu übersehen. Auch wenn sie zu den größten Arbeitgebern der Gegend zählt, schauen wir geflissentlich zur anderen Seite, erfreuen uns lieber an den weidenden Kühen sowie dem dahinter in der Sonne funkelnden Blau des Meeres und versuchen, die umstrittene Anlage einfach auszublenden.

Das gelingt uns optisch ganz schnell, denn wir zweigen direkt gegenüber nach Herqueville ab. *Die Route des Caps fällt steil ab und im weiteren Verlauf gilt unsere Aufmerksamkeit der enger werdenden Straße und dem Aussichtspunkt Treize Vents* (N 49°39'39" W 01°52'57", etwa 400 Meter entfernt gibt es einen nicht ganz so schiefen Picknickplatz).

Alternativ zu dieser schmalen, kurvigen, aber landschaftlich reizvollen Strecke kann die D901 bis Beaumont-Hague genommen werden. Je nachdem, welche Strecke gewählt wird, hält man sich **vor** beziehungsweise am dortigen Kreisverkehr nach **Vauville.**

Vor dem Ort kann von einem Parkplatz das etwa 700 Meter entfernte, fast verfallene **Megalithgrab Pierres Pouquelées** mit schönen Ausblicken erwandert werden (N 49°38'46" W 01°51'02", An der D318).

Das pittoreske Vauville, das mit einer Kirche aus dem 12. Jahrhundert, den Resten einer Festung und einem Herrenhaus aus dem 17. Jahrhundert aufwarten kann, liegt eingebettet in eine Heidelandschaft. An den Steinmauern gedeihen Blumen und ein durch den Ort fließendes Bächlein trägt zusätzlich zum idyllischen Touch bei. Um dem Kiesstrand, der bei Ebbe sandige Abschnitte hat, einen Besuch abzustatten, kann das Wohnmobil auf einem Tagesparkplatz geparkt werden oder man logiert gleich auf dem daneben liegenden städtischen Campingplatz.

139 Vauville – *Camping Municipal La Devise***

TOUR 7

GPS/Kontakt: N 49°37'59" W 01°50'58", 1 Rue de la Grande Vallée. Telefon 0233526469. **Öffnungszeit:** Mitte Juni–Mitte/Ende September. **Ausstattung:** Waschmaschine, Wäschetrockner. **Beschreibung:** Der kleine, sehr einfache Platz befindet sich direkt in den Dünen am langen Sandstrand auf sandigem Wiesenboden und ist etwa 500 m vom Ort entfernt. Dort gibt es das empfehlenswerte **Restaurant *Tamaris*** *(Mittagsmenüs Mi–So, Abendmenüs Fr/Sa, Schulferien Mittags- und Abendmenüs Di–So, Telefon 0233047404, www.lestamarins.com).* Morgens gegen 9 Uhr kommt manchmal der Bäcker auf den Campingplatz und selbstverständlich kann man von hier zu ausgedehnten Rad- und Wandertouren aufbrechen. **Preis:** 15 €. **Zufahrt:** Im Ort den Hinweisen zum Campingplatz folgen.

Dem milden Klima des nahen Golfstroms verdankt Vauville den **Jardin Botanique**, an dessen Besuch Gartenfreundinnen und -freunde einfach nicht vorbeikommen (N 49°38'03" W 01°50'46").

Der außergewöhnliche botanische Garten entpuppt sich als tropische Oase mit über 1.000 Pflanzenarten. Farne, Bambus und gigantische Palmen gedeihen auf dem 40.000 Quadratmeter großen Areal nur 100 Meter vom Meer entfernt. Nach einem Rundgang durch verschiedene Themengärten kann man im **Salon de Thé** entspannen oder in einem kleinen Shop Pflanzen erstehen *(April–September 14–18 Uhr, Juli/August bis 19 Uhr, Oktober Sa/So 14–18 Uhr, Eintritt, Hunde nicht gestattet,* www.jardin-vauville.fr).

Vauville

Die **Route des Caps** führt nun nach **Biville**, doch zuvor erlauben wir uns *einen Blick vom Belvédère du Thot auf die ausgedehnte Dünenlandschaft* (N 49°37'08" W 01°50'06"). Von den rund 700 Hektar Land steht ein knappes Drittel unter Naturschutz **und darf aufgrund der empfindlichen Flora nicht betreten werden.** In den Dünen leben Füchse, Dachse und Unmengen an Kaninchen.

Wenn das Wohnmobil in der Ortsmitte geparkt wird, sind die

Kirche von Biville, die als Wallfahrtsstätte des Umlandes gilt, und der **Calvaire des Dunes** nach etwa 200 beziehungsweise 800 Meter über einen Fußweg zu erreichen (N 49°36'48" W 01°49'14"). *Vom Kalvarienberg eröffnet sich ein eindrucksvoller Rundblick vom Nez de Jobourg über die Bucht von Vauville bis hin zu den Klippen von Flamanville.*

Für die Eroberung der schier endlos gezogenen Bucht mit einem sehr schönen Sandstrand und der **Dunes de Biville** bietet sich ein in den Dünen gelegene Tagesparkplatz an (N 49°36'34" W 01°50'29"). Bei Ebbe muss man einen längeren Fußmarsch bis zum Wasser in Kauf nehmen. Bei einem ausgedehnten **Strandspaziergang** in südlicher Richtung spüren wir einige dem Verfall preisgegebene Bunker auf und halten uns später landeinwärts durch die Dünen bis zu einem Schottersträßchen, das uns zurück zum Parkplatz bringt. Hierbei sollte man das eine oder andere Mal den Blick gen Boden richten, denn in der entsprechenden Jahreszeit säumen wilde, wunderschön blühende Orchideenarten und andere Pflanzen den Wegesrand.

Nach der Fahrt durch die stark landwirtschaftlich geprägte Region erreichen wir bald **Siouville-Hague**, wo die Herzen von Surferinnen und Surfern einen Freudensprung machen werden, denn *der lange, sanft abfallende Strand des Badeortes ist an diesem Küstenabschnitt der **Surf Spot** schlechthin*.

140 Siouville-Hague – *Aire Communale*

GPS: N 49°33'48" W 01°50'42", Avenue de Peupliers. **Max. WOMOs:** 30. **Öffnungszeit:** Ganzjährig. **Ausstattung:** V/E und Strom sind frei zugänglich, der Stellplatz ist ansonsten durch eine Schranke gesichert, Müllbehälter. **Beschreibung:** Der schattenlose, einfache Stellplatz liegt auf Wiese im Ort und es sind etwa 200 m zum Sandstrand, der quasi die Verlängerung des Strandes von Biville ist. In der Nähe befinden sich Bäckerei, Restaurants und ein Café. Natürlich kann man auch von hier zu Wanderungen oder zu Radtouren aufbrechen. Eine gute Alternative ist der einfache **Camping Clairefontaine** am nördlichen Ortsende (ganzjährig geöffnet, Preise 13–16 €, *www.siouville-hague.com*). **Zufahrt:** Der Stellplatz liegt am südlichen Ende des Ortes. **Hinweis:** Der maximale Aufenthalt beträgt 48 Stunden.

Über das südlich gelegene Diélette mit einem Jachthafen ist **Flamanville** bald erreicht. Am südlichen Ortsende liegt das **Château de Flamanville** aus dem 17. Jahrhundert, das von einem frei zugänglichen, 24 Hektar großen **Landschaftspark** im englischen Stil umgeben ist. Ein Spaziergang auf verschlungenen Wegen ist durchaus lohnenswert (N 49°31'36" W 01°52'02", Rue du Château) und anschließend bietet sich ein Stellplatz im Grünen zum Verweilen an.

141 Tréauville – *La Ferme de la Chaussée*

GPS: N 49°32'39" W 01°50'09", La Chaussée 1. **Max. WOMOs:** 10.

Öffnungszeit: Ganzjährig. **Ausstattung:** V/E, Strom. **Beschreibung:** Der Platz an einem Bauernhof liegt außerhalb der Ortschaft und ist von Wiesen umgeben. Die meist schattenlosen Stellplätze liegen auf einer befestigten Wiesenfläche, die klappstuhlgeeignet ist. **Preis:** 10 €. **Zufahrt:** Von der D23 R dem WOMO-Piktogramm folgen.

Wir rollen weiter ins Landesinnere nach **Bricquebec** (4.200 Einwohner) und nähern uns der lebendigen Kleinstadt, die *eine der größten und besterhaltenen Burganlagen des Département Manche* zu bieten hat. Die Ortsdurchfahrt ist für Fahrzeuge über 3,5 Tonnen Gesamtgewicht gesperrt. Obwohl dies jedoch keinen Menschen zu interessieren scheint, erwähnen wir es der guten Ordnung halber und nennen zusätzlich einen Parkplatz in der Stadt (N 49°28'18" W 01°37'54", Place Sainte Anne).

142 Bricquebec – *Aire de Camping-Car*

GPS: N 49°28'25" W 01°38'49", Le Bas de Cattigny. **Max. WOMOs:** 8.

Öffnungszeit: Ganzjährig. **Ausstattung:** V/E, Strom, Tische und Bänke, WC. **Beschreibung:** Der etwa 1 km außerhalb des Ortes liegende geschotterte, teils schattige, einfache Parkplatz liegt an der Straße, aber bei unserem Aufenthalt nachts dennoch ruhig an einem kleinen See.

Der Platz ist teils sehr schräg und es gibt einen Fußweg in die Stadt. **Zufahrt:** Von der D900 ca. 400 m vor dem Ortseingang rechts dem WOMO-Piktogramm zum Étang de Pêche abbiegen. **Hinweis:** Der maximale Aufenthalt beträgt 72 Stunden.

Das **Château de Bricquebec** aus dem 12. Jahrhundert wurde auf einem künstlichen Erdhügel *(Motte)* errichtet, um den sich die aufstrebende Handelsstadt entwickelte. Die Wehranlagen wurden später mehrfach umgebaut und der große Burghof wird von mehreren Türmen und Mauern aus dem 14. Jahrhundert umschlossen. Der Burghof ist frei zugänglich, während die Burg im Rahmen einer Führung besichtigt werden kann *(Juli/August täglich außer Di 14/16 Uhr, Gebühr). Nähere Informationen sind im* **Office de Tourisme** erhältlich *(Juli–Mitte September 10–12:30/14–18 Uhr, Telefon 0233522165, Place Sainte Anne, www.encotentin.fr)*. Bekannt ist Bricquebec für *einen bunten Montagsmarkt auf der Place Sainte Anne, der Besucher aus dem ganzen Cotentin anlockt!* Diesem Treiben kann man von der Terrasse des **Restaurant *Le Donjon*** zuschauen oder man genießt einfach nur den Blick auf das Schloss *(Mittags- und Abendmenüs Mo–Sa, 2 Place Sainte Anne, Telefon 0974563647, www.hotel-le-donjon.fr)*.

Während wir gemütlich durch die grüne sowie waldreiche Landschaft der Normandie fahren, die zusätzlich mit jeder Menge Biscuiterien gespickt ist, stoßen wir in **Sortosville-en-Beaumont** auf eine besonders pittoreske Keksfabrik *(8:30–19 Uhr, www.maisondubiscuit.fr)*. **La Maison du Biscuit** bietet zudem auch noch sehr gute Produkte von Schokoladen, Konfitüren, Konserven mit herzhafter Füllung über Bonbons und Gewürzen bis hin zu Getränken und weiteren Leckereien an (N 49°25'22" W 01°43'01", 1197 Route de Carteret).

Bald hat uns das blaue Meer wieder und damit man selbiges sowie die dazugehörenden feinen Sandstrände so richtig genießen kann, fehlen jetzt nur noch die passenden Aufenthaltsmöglichkeiten.

143 Surtainville – *Aire Camping-Car*

GPS: N 49°27'50" W 01°49'41", Route des Laguettes. **Max. WOMOs:** 6. **Öffnungszeit:** Ganzjährig. **Ausstattung:** V/E, Strom. **Beschreibung:** Der asphaltierte, schattenlose und einfache Parkplatz hat ungeheuer wenig Charme und wir nennen ihn lediglich der guten Ordnung halber. In der Nähe befinden sich Häuser sowie ein Supermarkt, Restaurants und eine Bäckerei. Der Strand ist etwa 200 m entfernt. Alternativ kann man sich auf dem dazugehörenden städtischen **Campingplatz Les Mielles***** einquartieren. **Zufahrt:** Im Ort den Hinweisen zum Campingplatz und dem WOMO-Piktogramm folgen. **Hinweis:** Der maximale Aufenthalt beträgt 24 Stunden.

TOUR 7

144 Le Rozel – *Camping Le Ranch******

GPS/Kontakt: N 49°28'49" W 01°50'32", La Mielle. Telefon 0233100710 oder 0967400711, www.camping-leranch.com. **Öffnungszeit:** April–September. **Ausstattung:** Innen- und Außenpool mit Wasserrutsche, Lebensmittelgeschäft, Bäckerei, Restaurant, verschiedene Sportmöglichkeiten, Minigolfplatz, Fahrrad-, E-Scooter- und Surfboatverleih, Spielplatz, Animationsprogramm, WiFi, Waschmaschine, Wäschetrockner. **Beschreibung:** Der bei Familien ausgesprochen beliebte Campingplatz erfüllt fast alle Wünsche, die man an einen Fünfsterneplatz hat: Atemberaubender Meerblick von den teils direkt oberhalb des Strandes gelegenen Parzellen mit Picknicktischen und picobello Sanitäranlagen, freundliches Personal und die Garantie zum Entspannen, wenn man einen Campingplatz in dieser Größenordnung mag. **Preise:** 30–60 €. **Zufahrt:** Von der D62/D517 den Hinweisen zum Campingplatz folgen.

Die **Route des Caps** hat uns nun wieder und wir folgen ihr etwas verschlungen landeinwärts, dann wieder am Wasser entlang und erreichen schließlich **Hatainville.**

145 Hatainville – *Aire Naturelle de Camping Les Ronds Duval*

GPS/Kontakt: N 49°24'08" W 01°48'23", 10 Impasse des Ronds Duval.

Telefon 0661497061. www.camping-lesrondsduval.fr. **Öffnungszeit**: April–September. **Ausstattung:** Waschmaschine, Brotservice. **Beschreibung:** Der schattenlose, teils schräge, einfache Wiesenstellplatz befindet sich in ländlicher Umgebung am Ortsrand, der von relativ großen Parzellen eine schöne Aussicht über das tiefer liegende Meer bis zu den Kanalinseln bietet. Der Strand ist etwa 1,5 km entfernt. **Preise:** 15–20 €. **Zufahrt:** Im Ort den Hinweisen zum Campingplatz folgen. **Hinweis:** Da die *Route des Cap* teilweise sehr kurvig und verschlungen ist, kann es für große WOMOs sinnvoller sein, wenn man den Ort über die D650 ansteuert.

Wir befinden uns inmitten des *unter Naturschutz stehenden Dünenmassivs von Hatainville, das sich an der Küste bis zu 60 Meter Höhe über dem Meeresspiegel erhebt* und in dem **Camping sowie Caravaning verboten sind.**

Auf unserer Weiterreise nach **Barneville-Carteret** (2.300 Einwohner) streifen wir einige der höchsten Dünen der Region und erreichen, der **Route des Caps** bis zu ihrem Ende folgend, den einfachen Parkplatz in der Nähe des Leuchtturmes am **Cap de Carteret** (N 49°22'30" W 01°48'11", Rue du Cap. Parken 7–22 Uhr verboten!).

Die Gemeinde möchte offensichtlich keine größeren Wohnmobil-Ansammlungen in ihren Grenzen haben und so ist das Parken lediglich am Bahnhof gestattet oder für den längeren Aufenthalt wird auf die umliegenden Campingplätze verwiesen.

146 N 49°22'49" W 01°46'55", Avenue de la République. April–15. Oktober nur tagsüber, 16. Oktober–März Tag und Nacht ohne Campingverhalten.

147 Barneville-Carteret – *Camping du Bocage*

GPS/Kontakt: N 49°22'52" W 01°47'10", 19 Rue du Bocage. Telefon 233528691 oder 618470036, www.campingdubocage.com. **Öffnungszeit:** April–September. **Ausstattung:** Waschmaschine, WiFi. **Beschreibung:** Der einfache, gepflegte Platz wird von Hecken unterteilt, ist teils schattig und bietet recht geräumige Parzellen. **Preise:** 13–26 €, der günstige Preis gilt von 18–6 Uhr. **Zufahrt:** Im Ort den Hinweisen zum Campingplatz folgen.

Die ursprünglich eigenständigen Gemeinden Barneville und Carteret verdanken ihren Zusammenschluss einer Verwaltungsreform. Während Barneville einen im Sommer äußerst beliebten Badestrand vorweist, ist Carteret das touristisch attraktivere Städtchen mit kleinen Boutiquen. Besonders beim Einlaufen der Fischerboote herrscht im Hafen reger Betrieb und der Freizeithafen sowie der Schiffsanleger für die **Fährverbindung zu den Kanalinseln Jersey und Guernsey** sorgt für zusätzliche Aktivitäten. Auch hier befindet sich ein bewachter Strandabschnitt, während der naturbelassene und wunderschöne Sandstrand nördlich des Cap Carteret aufgrund der starken Küstenströmung zum Schwimmen viel zu gefährlich ist. *Zudem pendelt der Train Touristique du Cotentin zwischen Barneville-Carteret und Portbail, sodass man beispielsweise zu den jeweiligen Märkten fahren kann* (*Do in Carteret, Place de Gare/Di in Portbail. Juli/August in der Regel täglich zwei Verbindungen, sonst nur Di/Do, Gebühr, www.train-touristique-du-cotentin.com*). Hierüber und über vieles mehr informiert das **Office de Tourisme** von Barneville-Carteret, das mit reduzierten Öffnungszeiten auch in Carteret vertreten ist *(April–Juni/September So 15–18 Uhr, Juli/August Mo/Di/Do/Sa 10–13/15–19 Uhr, Mi/Fr/So 15–19 Uhr, Place Flanders Dunkerque, www.otcdi.com)*. Naturgemäß gibt es in Badeorten ein reiches gastronomisches Angebot. Das erste Haus am Platze ist wohl das qualitativ hervorragende, aber auch sehr hochpreisige **Restaurant *La Marine*** *(Mittags- und Abendmenüs, Rue de Paris, Telefon 0233538331, www.hotelmarine.com)*. Uns haben es aber auch die Fischgerichte, besonders der gegrillte Hummer im **Restaurant *Le Cap*** angetan *(Mittags- und Abendmenüs, Rue du Port, 0233538589, www.hotel-le-cap.fr)*.

Cap Carteret und die Dünen von Hatainville

Die tolle, etwa 12 Kilometer lange **Dünenwanderung** kann an der oben genannten Aire Naturelle de Camping begonnen werden oder man startet am Bahnhof von Carteret. Auch der oben genannte Parkplatz in der Nähe des Leuchtturms bietet sich als Ausgangspunkt an.

Vom Campingplatz gehen wir zur Zufahrtsstraße zurück, halten uns etwa 100 Meter links und biegen in die Rue des Devalous (Sackgasse) ab. Das Sträßchen geht in einen Schotterweg über, der halb links bis zur Rue des Mielles führt, der man rechts und nochmals halb links bis in die weite **Dünenlandschaft von Hatainville** folgt.

Nach rund zwei Kilometern erreichen wir eine Straße, die rechts hinab bis zu einem Parkplatz oberhalb der langen **Plage de la Vieille Église** führt und zur nur wenig entfernten **Vieille Église**, der äußerst fotogenen alten Kirchenruine oberhalb des Strandes. Auf dem Küstenpfad umrunden wir in südliche Richtung das **Cap de Carteret** mit der alten **Cabane Vauban**, einem Beobachtungsposten in exponierter Lage.

TOUR 7

Der Zöllnerpfad führt nun hinab zu den ersten Häusern von Carteret und zum Hafenbecken. Hier kann man in einem der zahlreichen Restaurants oder Cafés eine Pause einlegen, bevor es in der Nähe des Bahnhofs auf der Avenue des Douits/D201 in nordwestlicher Richtung bergauf und aus dem Ort hinausgeht.

Hinter den letzten Häusern schwenken wir links und gehen am Rand des Dünengeländes parallel zur Straße weiter. Kontinuierlich bergauf gehend erreichen wir wieder die D201, auf der wir nach Hatainville gelangen, um dort links den Hinweisen zur Aire Naturelle und zum Ausgangspunkt unserer Wanderung zu gelangen.

Südlich von Barneville-Carteret setzen sich die langen Sandstrände des Cotentin fort und direkt vor den Dünen dürfen Wohnmobile auf dem folgenden Stellplatz auch über Nacht parken.

Vielle Église in Carteret

148 Saint-Georges-de-la-Riviére – *Dunes de la Cote des Isles*

GPS: N 49°21'05" W 01°44'53", Route de la Mer. **Max. WOMOs:** 6. **Öffnungszeit:** Ganzjährig. **Beschreibung:** Einfacher, schattenloser Parkplatz, von dem des etwa 100 m zum Strand sind. **Zufahrt:** Von der D650 in den Ort abbiegen und immer geradeaus bis zum Parkplatz fahren. **Hinweis:** Aufgrund der engen Zufahrt ist der Parkplatz eher nichts für WOMOs über 7,50 m Länge! Kein Campingverhalten!

Wenig später lockt das an der Mündung der Ollonde liegende Städtchen **Portbail** (1.700 Einwohner) mit einem weiteren Stellplatz.

149 Portbail – *Aire de Camping-Car*

GPS: N 49°20'15" W 01°42'03", Rue Lechevalier. **Max. WOMOs:** 10. **Ausstattung:** V/E an der Feuerwache und dem Bahnhof (N 49°20'16" W 01°41'34", Rue Robert Asselin). Müllbehälter. **Beschreibung:** Der geschotterte, schattenlose und einfache Parkplatz liegt am Ortsrand direkt an der Straße mit Blick auf den Havre. Das Zentrum mit Bäckerei, Geschäften und Restaurants ist etwa 500 m entfernt. Alternativ ist der auf den ersten Blick wenig einladende **Camping Le Vieux Fort** an der Flussmündung zu nennen. Wenn man alle Mobilehomes hinter sich gelassen hat, kann man mit dem WOMO immerhin direkt am Meer stehen (Mai–September, Telefon 0233048199). **Zufahrt:** Nordwestlich des Zentrums an der D50 gelegen. **Hinweis:** Der Platz ist bei Regen von Pfützen übersät und bei Trockenheit staubt es gewaltig. Zudem parken hier oft Busse bzw. es wird Baugerät abgestellt.

Um zu den langen Sandstränden zu gelangen, muss die **steinerne Brücke mit 13 Bögen** nahe der romanischen Kirche, die als öffentlicher Ausstellungsort genutzt wird, überquert werden. Portbail ist eines jener Hafenörtchen, die einfach nett sind und sich zur Hauptreisezeit in eine beliebte, lebendige Sommerfrische verwandeln.

Die »Pfunde« dieser Region sind die schier endlosen Sandstrände, die sich in südlicher Richtung bis zur Bucht von Saint Michel erstrecken. Einige sind erstaunlich wenig besucht, an anderen »steppt der Bär«. Eines haben alle Strände gemeinsam: Bei Ebbe muss man einen gehörigen Fußmarsch absolvieren, um ans Wasser zu gelangen – aber dann ist es einfach herrlich, stundenlang entlang der Wasserlinie zu marschieren.

Côte des Havres

Wir befinden uns an der »Küste der Häfen«, die zunächst von den eben beschriebenen langen Sandstränden vor einem weitläufigen, flachen Dünengürtel zwischen Barneville-Carteret im Norden bis kurz vor Granville im Süden dominiert wird.

TOUR 7

Bei der genaueren Betrachtung fallen weite Buchten auf, die von kleineren und größeren, dem Meer entgegenfließenden Flüssen durchzogen sind. Je nach Tidezeit strömt dagegen Salzwasser in die Buchten, die hier ***Havres*** (Häfen) genannt werden, und aus den trockenen, gigantischen »Sandkästen« ähnelnden Gebieten werden Feuchtwiesen oder große Wasserflächen. Ebbe und Flut sorgen für sich ständig verändernde Naturräume und bieten einer an diesen Zustand angepassten Tier- und Pflanzenwelt besondere Lebensräume.

Die Gegend um die insgesamt acht sehr unterschiedlichen Naturhäfen von Barneville, Portbail, Surville, Saint-Germain-sur-Ay, Gefosses, Blainville, Regnéville und Vanlée lädt zu langen Spaziergängen ein und besonders unsere Hunde lieben die endlosen Strände. Allerdings dürfen sie sich im Sommer nicht überall nach Herzenslust austoben und dort, wo Schafe auf den Salzwiesen grasen, kommen sie ohnehin an die Leine! Ganz unabhängig von vierbeinigen Begleitern ***sollte man sich bei den örtlichen Tourist-Informationen vor der Erkundung der Buchten zu Fuß über die Gezeiten informieren, da die Havres bei Flut schnell volllaufen können.***

Von der ansonsten unspektakulären D650 zweigen immer wieder schmale Stichstraßen zum Meer ab und wir haben im Folgenden einige der Parkplätze am Wasser angefahren und **als »womotauglich« eingestuft, soweit ein Campingverhalten unterbleibt.** Zusätzlich bieten sich zahlreiche ausgeschilderte Campingplätze für einen längeren Aufenthalt an.

Der erste Abzweig führt uns zur **Lindbergh-Plage** und zu einem Tagesparkplatz nahe an den Ferienhäusern (N 49°18'57" W 01°42'08").

150 Saint-Rémy-des-Landes – *La Mer*

GPS: N 49°17'46" W 01°41'23", Les Mielles d'Allonne. **Max. WOMOs:** 2–3. **Ausstattung:** Keine. **Beschreibung:** Der geschotterte, schattenlose und einfache Parkplatz liegt direkt am Küstenwanderweg außerorts vor der Dünenreihe, hinter der sich nach etwa 120 m der Sandstrand befindet. **Zufahrt:** Von der D650 dem Hinweis La Mer bis zum Parkplatz folgen.

151 Surville Plage – *Havre de Surville*

GPS: N 49°16'38" W 01°40'22", La Mielle. **Max. WOMOs:** 2–3. **Ausstattung:** Keine. **Beschreibung:** Der geschotterte, schattenlose und einfache Parkplatz liegt direkt am Küstenwanderweg außerorts vor der Dünenreihe, hinter der sich nach etwa 150 m der Sandstrand befindet. In der Nähe gibt es einige Häuser, die wohl vorwiegend von Feriengästen bewohnt werden. **Zufahrt:** Von der D650 gegenüber dem Hinweis nach Surville der D526 Richtung La Mer bis zum Parkplatz folgen.

Havre de Regnéville

152 Glatigny – *La Mielle de la Hogue*

GPS: N 49°13'58" W 01°39'50", an der D337. **Max. WOMOs:** 2–3. **Ausstattung:** Keine. **Beschreibung:** Der geschotterte, schattenlose und einfache Parkplatz liegt direkt am Küstenwanderweg außerorts vor der Dünenreihe, hinter der sich nach etwa 150 m der Sandstrand befindet. **Zufahrt:** Von der D650 dem Hinweis La Mer bis zum Parkplatz folgen.

153 Bretteville-sur-Ay – *Plage*

GPS: N 49°14'31" W 01°39'11", Rue de la Mer. **Max. WOMOs:** 3–5. **Ausstattung:** Infotafel, Bänke mit Strandblick, WC, Müllbehälter.

Beschreibung: Der geschotterte, schattenlose und einfache Parkplatz liegt direkt am Küstenwanderweg am Ortsrand vor der Dünenreihe, hinter der sich nach etwa 50 m der Sandstrand befindet. Die in der Nähe befindlichen Häuser werden wohl zum großen Teil von Feriengästen bewohnt. **Zufahrt:** Von der D650 rechts nach Bretteville-sur-Ay/Plage abbiegen und bis zum rechts gelegenen Parkplatz fahren. **Hinweis:** Durch die Strandsegler ist es oft recht turbulent und bei Veranstaltungen kann der Parkplatz temporär gesperrt sein.

Der Ferienort **Saint-Germain-sur-Ay** hat neben Geschäften für den täglichen Bedarf und einigen Bars sowie Restaurants Strandleben vom Feinsten zu bieten. Auch jene Menschen, die ihre Hüllen gerne fallen lassen, finden an *einem der beliebtesten FKK-Strände der Normandie* einen Platz zum Wohlfühlen.

154 Saint-Germain-sur-Ay Plage – *Camping-Car Park*

GPS: N 49°13'58" W 01°38'19", Route de la Mer. **Max. WOMOs:** 49. **Öffnungszeit:** Ganzjährig. **Ausstattung:** V/E, Strom, WiFi, Müllbehälter. **Beschreibung:** Das geschotterte, mit relativ großzügig bemessenen Wiesenplätzen versehene Areal ist noch schattenlos und befindet sich am Ortsrand. Etwa 400 m westlich gibt es einige Restaurants sowie einen kleinen Supermarkt, bevor nach 700 m der Strand erreicht ist. Der Plage Naturiste (FKK) ist nach rund 3 km an der südlich gelegenen Pointe du Banc erreicht – die Fahrt mit einem ausgewachsenen WOMO

ist dorthin aufgrund von Höhenbarrieren nicht angeraten. Auch ansonsten kann man die Gegend prima mit Fahrrad oder per pedes erkunden. **Preise:** 12 – 13,10 €, Parken für 5 Stunden inkl. Serviceleistung 5,50 €. **Zufahrt:** Von der D650 in den Ort und bis zum Stellplatz fahren.

155 Saint-Germain-sur-Ay Bourg – *Marais*

GPS: N 49°14'00" W 01°35'31", Rue du Presbytère. **Max. WOMOs:** 2. **Ausstattung:** Spielplatz, Terrain Multisports mit Basketballfeld. **Beschreibung:** Vom geschotterten, schattenlosen und einfachen Parkplatz reicht der Blick in das mit Schafen besprenkelte Marais. Von hier kann man prima zu Fuß (einfach durch das Gatter und dann rechts gehen) oder mit Rad die Gegend rund um den Havre erkunden. Richtung Meer ist nach rund 2 km das alte Wachhäuschen Corps de Garde mit einem versteckten Picknickplatz erreicht und der Strand ist etwa 5 km entfernt (Radweg in der Ortsmitte ausgeschildert).Im Ort findet sich gegenüber der Mairie eine Épicerie und im nur wenige hundert Meter entfernten **Restaurant *La Ferme des Mares*** lässt es sich vorzüglich speisen *(Abendmenüs, 26 Rue des Mares, Telefon 0233170102)*. Hier befindet sich ein weiterer Parkplatz am Reitplatz unter Bäumen, der am besten vom westlichen Ortsende an der D306 angefahren wird (N 49°14'00" W 01°35'49"). **Zufahrt:** Von der D650 am Kreisverkehr Richtung Saint-Germain-sur-Ay Bourg abbiegen und in der Ortsmitte dem Hinweis Terrain Multi-Sports folgen.

Der letztgenannte Parkplatz liegt am **Havre de Saint-Germain-sur-Ay**, dessen namengebender Fluss Ay die weite Bucht durchströmt, um sich dann ins Meer zu ergießen. Hier, aber auch später auf der anderen Seite der Bucht, können wir sehr schön beobachten, was es mit den zuvor bereits beschriebenen Havres, den normannischen »Sandkästen«, auf sich hat.

Bevor wir uns der anderen Seite der Bucht zuwenden, peilen wir **Lessay** (2.000 Einwohner) an. Hauptanziehungspunkt der Stadt ist die **Église Abbatiale** aus dem 11. Jahrhundert, die den romanischen Baustil normannischer Sakralbauten am besten bewahrt hat. Am zweiten Septemberwochenende platzt Lessay anlässlich des traditionellen Jahrmarktes drei Tage lang aus allen Nähten.

Église Abbatiale

TOUR 7

Die **Foire de la Sainte-Croix** wurde bereits im 12. Jahrhundert von Benediktinermönchen ins Leben gerufen und heute *kommen alljährlich mehr als 400.000 Besucher auf einen der größten Märkte Frankreichs*. Es werden Lebensmittel und Kleidung, aber auch Ziegen, Geflügel, Esel, Pferde sowie Haushaltgeräte angeboten. In der *Allée des Rôtisseurs* stehen allein mehrere Dutzend mobiler Grillstationen bereit, um die hungrigen Jahrmarktsbesucher zu verköstigen. Ein Spektakel, bei dem das Verkehrschaos vorprogrammiert ist und bei dem eine rechtzeitige Anreise angeraten wird.

156 Lessay – *Aire Communale*

GPS: N 49°13'07" W 01°32'11", An der D72. **Max. WOMOs:** 15. **Öffnungszeit:** Ganzjährig. **Ausstattung:** V/E, Infotafel, Müllbehälter. **Beschreibung:** Auf dem nett angelegten Stellplatz Ortsrand nahe der nachts ruhigen Straße stehen wir auf Rasen und fast schattenlos. Der Platz ist klappstuhlgeeignet und in den Ort mit Bäckerei, Geschäften und Restaurants sind es ca. 300 m Fußweg. **Zufahrt:** Kurz hinter dem westlichen Ortseingang an der D72 gelegen.

Auf der anderen Seite der bereits bekannten Bucht von Saint-Germain-sur-Ay gelangen wir nach **Le Haut Dy**.

157 Le Haut Dy – *Sentier de Découverte*

GPS: N 49°13'02" W 01°36'17". **Max. WOMOs:** 1–2. **Ausstattung:** Keine. **Beschreibung:** Der kleine, geschotterte, schattenlose und einfache

Parkplatz befindet sich außerorts an Wiesen sowie hinter der Dünenreihe etwa 300 m vom Strand entfernt. Von hier kann man der nachfolgend beschriebenen Wanderung folgen oder aber zu eigenen Exkursionen per Rad oder zu Fuß aufbrechen. **Zufahrt:** Von der D650 den Hinweisen Sentier de Découverte folgen und weiter links bis zum Parkplatz fahren. **Hinweis:** Hier erwartet uns ein wunderschönes Fleckchen Erde, das stellplatztechnisch sehr pfleglich behandelt werden möchte. Bitte kein Campingverhalten, denn sonst ist es nur eine Frage der Zeit, wann WOMOs unerwünscht sind!

158 Le Haut Dy – *Camping à la Ferme*

GPS/Kontakt: N 49°13'07" W 01°35'16", 197 Rue du Haut Dy, Telefon 0646651133. **Max. WOMOs:** 6. **Öffnungszeit:** Ganzjährig. **Ausstattung:** Wasser, Strom, Tisch und Bank. V/E in Creance am Carrefour Supermarkt (N 49°11'57" W 01°34'2"). **Beschreibung:** Die Wiesenplätze befinden sich an einem bewirtschafteten Bauernhof. Perfekte Lage für Wanderungen (z. B. auf dem Entdeckungspfad) und Radtouren. **Preis:** 13 €. **Zufahrt:** Von der D650 den Hinweisen Sentier de Découverte folgen und dem Sträßchen vorbei an der Zufahrt zum Entdeckungspfad etwa 350 m bis zum Stellplatz fahren.

Sentier de Découverte und der Dünenweg nach Créances

Am oben genannten Parkplatz startet ein **2,5 Kilometer langer Entdeckungspfad** mit neun Informationstafeln, der die Flora und Fauna der Salzwiesen sowie der Dünen in französischer Sprache erklärt.

Dabei wird die **Pointe du Becquet** mit einem fantastischen Blick über die Bucht umwandert. Wendet man sich an der Station 7 südwärts auf dem Küstenpfad, öffnet sich bald der Ausblick auf die **Pointe de Banc** auf der anderen Seite der Bucht. Im weiteren Verlauf wird nach etwa 2 Kilometer Créances Plage erreicht.

Wo auch immer die Wanderung begonnen wird bzw. welchen Umfang sie hat, zwischendurch sollte sich der Blick vom Horizont auf den Boden richten, damit die dort gedeihenden seltenen Orchideen Beachtung finden.

Auch im weiter südlich gelegenen **Pirou** (1.400 Einwohner) locken ein lang gestreckter Sandstrand, ein Campingplatz mit Strandzugang und ein ausgeschilderter WOMO-Stellplatz, der zwar nett, aber direkt neben der D650 und zudem ein Kilometer vom Meer entfernt angelegt ist.

159 N 49°09'56" W 01°35'23", Chemin des Matelots, Max. WOMOs 8, V/E, Müllbehälter, ganzjährig geöffnet.

Bevor wir uns auf die Suche nach etwas Gefälligerem machen, *statten wir der unbedingt besuchenswerten nahen Wasserburg einen Besuch ab*, die natürlich vom vorgenannten Stellplatz auch zu Fuß oder mit dem Rad nach etwa 1,5 Kilometern erreicht werden kann (N 49°09'46" W 01°34'23").

Château de Pirou

Die im 12. Jahrhundert erbaute Burg liegt verwunschen hinter Wassergräben in einem Park und gehört zu den ältesten normannischen Burganlagen. Natürlich rankt sich um die alten Gemäuer einmal mehr eine Legende, nach der die Bewohner die Gestalt von Gänsen annahmen, um den angreifenden Wikingern zu entfliehen.

Durch drei hintereinandergelegene Tore wird das Gelände betreten und die zahlreichen restaurierten, aber unmöblierten Wirtschaftsgebäude sowie die Kapelle können besichtigt werden. In der Kapelle ist es die einem umgedrehten Schiffsrumpf ähnelnde Decke, die besonders beeindruckt.

Von Mitte Mai bis September ist es jedoch die **Tapisserie de Pirou**, die ähnlich dem Bildteppich in Bayeux den Feldzug der Normannen gegen Sizilien zeigt, die die Besucher in ihren Bann zieht. *Abbé Lelégard*, der auch für die Restaurierung der später von uns besuchten Abbaye de La Lucerne verantwortlich zeichnet, animierte Thérèse Ozenne zu dieser handwerklichen Meisterleistung. 16 Jahre (1976–1992) arbeitete Madame an ihrem 58 Meter langen Stickereiwerk, das in Teilen im Original sowie als Reproduktion zu bestaunen ist.

Wer noch nicht dem mittelalterlichen Charme der Burganlage erlegen ist, der sollte spätestens jetzt über eine enge Treppe im Inneren des Burghofs

Teppich von Pirou

hinauf zum Wehrgang klettern. Aber Achtung, die Gänge sind schmal und zum Teil niedrig, sodass wir schon mal den Kopf einziehen müssen! Dafür werden wir bei guter Sicht mit einem schönen Blick bis zum Meer belohnt.

Insgesamt ein Erlebnis, das die ganze Familie anspricht und ins normannische Besichtigungsprogramm gehört *(Anfang April Mi–So 10–12/14–18 Uhr, Mitte April–Mitte Mai täglich 10–12/14–18 Uhr, Mitte Mai–Anfang Juli Mi–So 10–12 Uhr/14–18 Uhr, Pfingstmontag geöffnet, Anfang Juli–Anfang September täglich 10–12/14–18 Uhr, Anfang September–Angang Oktober Mi–So 10–12/14–18 Uhr, Mitte/Ende Oktober–Anfang November täglich 10–12/14–18 Uhr, 11./12. November, 23.12.–Anfang Januar 10–12/14–17 Uhr, Eintritt, Onlinetickets möglich, Hunde im Außenbereich an der Leine gestattet. www.chateau-pirou.fr).*

Château de Pirou

Château – Schloss oder Burg

Die vorgenannte Anlage ist nur eine Vertreterin der unzähligen mittelalterlichen Burgen, barocken Schlösser, anmutigen Herrenhäuser oder beeindruckenden Ruinen, die unter dem französischen Begriff *Château* zusammengefasst sind. Uns fasziniert die damit verbundene Geschichte der normannischen Herzöge genauso wie die unterschiedlichsten Einrichtungsstile und die dazugehörenden kunstvoll angelegten Parks und Gärten. Zwischen präzise geschnittenen Hecken und akkurat geharkten Kieswegen tanzt kein Blättchen aus der Reihe, prächtige Rhododendronsammlungen bestimmen weite Landschaftsgärten und üppige Rosenbüsche verströmen betörende Düfte. Diese Vielfalt an *Châteaux* und mit dem »grünen Daumen« gepflegter Gärten sowie Parks gehört zweifelsfrei in einem ohnehin parkähnlichen Landstrich zu den besuchenswerten Zielen der Normandie

Südlich von Pirou und von der D650 ausgeschildert, decken wir uns regelmäßig bei **Pascal Groult,** einem Direktvermarkter von Krusten- und Schalentieren, mit frischen Produkten ein *(Februar–Dezember Mo–Sa 9–12/14–17:30 Uhr, Juli/August Mo–So 9–13/16–18:30 Uhr, www.o-gredesvents.fr).*

Derart gut versorgt, finden wir in **Gouville-sur-Mer** ein feines Plätzchen, um unsere Beute mit angenehmer Meeresbrise zu verspeisen. Der Badeort besticht einmal mehr durch einen langen Strand, den kleine Badehäuser mit bunten Dächern säumen. Ein besonderes Erlebnis ist eine *Spazierfahrt im Pferdewagen durchs Watt bis zu den Muschel- und Austernbänken*. Bei einer Pause können die Austern mit einem Glas Wein verkostet werden (Gebühr). Detaillierte Informationen erteilt das **Office de Tourisme**, das im Hauptort zu finden ist *(Juli/August Mo–Sa 9:30–12:30/14–18 Uhr, 14.7./15.8. 9–13 Uhr, Mitte April–Juni/September–Anfang November Di/Sa 9:30–12:30 Uhr, Mi–Fr 9:30–12:30/14–18 Uhr, Anfang November–Anfang April Fr 9:30–12:30/13:30–17 Uhr, 1 Rue du Nord, Telefon 02331908, www.tourisme-coutances.fr).*

TOUR 7

160 Gouville-sur-Mer – *La Plage*

GPS: N 49°06'00" W 01°36'32", Rue du Beau Rivage. **Max. WOMOs:** 42. **Öffnungszeit:** Ganzjährig. **Ausstattung:** V/E, Strom, WC, Müllbehälter. **Beschreibung:** Der geschotterte, schattenlose und einfache Parkplatz liegt unmittelbar an der Dünenreihe sowie direkt hinter dem Sand-

strand. Ganz in der Nähe befinden sich Häuser und das **Restaurant *Le Dunes***, in dem uns das Essen mit Meerblick gut gefallen hat *(Mo geschlossen)*. Das eigentliche Ortszentrum mit Supermarkt und Bäckereien ist ca. 2 km entfernt. **Preis:** 12 € (19–10 Uhr). **Zufahrt:** Von der D650 den WOMO-Piktogrammen folgen. **Hinweis:** Der maximale Aufenthalt beträgt 72 Stunden. Auf allen anderen Parkplätzen des Ortes darf man tagsüber parken und Badefreuden oder Strandspaziergänge ausgiebig genießen.

Bevor wir zu einem weiteren Abstecher ins Landesinnere aufbrechen, wollen wir uns ein letztes Mal den Bade- und Wander- beziehungsweise Radfahrfreuden an der **Côte des Havres** hingeben und beziehen direkt im Anschluss an den **Havre de Blainville** in **Blainville-sur-Mer** Quartier.

Badehäuser am Strand von Gouville-sur-Mer

161 Blainville-sur-Mer *Camping La Melette*

GPS/Kontakt: N 49°04'05" W 01°35'45", Route de la Mer RD 651. Telefon 0233471484, www.tourisme-coutances.de. **Max. WOMOs:** 40. **Öffnungszeit:** Anfang April–Oktober. **Ausstattung:** V/E, Strom, WC/ Duschen gegen Gebühr, kleines Lädchen, Spielplatz, Waschmaschine. **Beschreibung:** Die Stellplätze auf Wiese sind mit einer Schranke gesichert und meist schattenlos. Trotz der Vielzahl von Mobilhomes ist hier ein großer Bereich für Wohnmobile abgeteilt worden und es sind großzügige Parzellen entstanden. Es gibt einen direkten Zugang zum Dünen- und Havregelände. Nach etwa 8 km entlang der D651 und kleinerer Nebenstraßen *ist die Pointe d'Agon gut mit dem Fahrrad zu erreichen*. Der ehemalige Campingplatz liegt außerhalb des Ortes. **Preis:** 11 €. **Zufahrt:** Von der D651 den Hinweisen zum Campingplatz folgen.

Der in der Bucht von Mont-Saint-Michel herrschende enorme Tidenhub macht sich um **Agon-Coutainville** schon bemerkbar und das Meer zieht sich bei Ebbe weit zurück. *Ein Eldorado für Fußfischer auf der Jagd nach Muscheln und Krebsen!*

162 162 Agon-Coutainville – *Aire de Camping-Car*

GPS: N 49°03'11" W 01°35'29", Boulevard Lebel-Jéhenne. **Max. WOMOs:** 40. **Ausstattung:** V/E, Strom. **Beschreibung:** Der mit Schranke gesicherte Stellplatz bietet teils schattige, relativ große und durch Hecken getrennte Wiesenparzellen, auf denen bei Vollbelegung oft zwei WOMOs Platz finden. Er liegt am Ortsrand an einer nachts ruhigen Straße am Golfplatz und ist meist gut belegt. Sowohl das Ortszentrum mit Geschäften und Restaurants als auch der Strand sind etwa 1 km entfernt. Ein Supermarkt findet sich allerdings bereits nach ca. 500 m an der Straße ins südlich gelegene Zentrum. Nach einem etwa 1 km langen Spaziergang zur Promenade bietet das **Restaurant *L'Ecume*** ein in Preis- und Leistung angemessenes, sehr gutes Essen mit Aussicht aufs Meer. Den Sonnenuntergang gibt es gratis dazu *(Mittags- und Abendmenüs, Mi/Do geschlossen, Telefon 0233452647, 2 Rue Ameraux Jehenne)*. **Preis:** 9 €. **Zufahrt:** Im Ort den WOMO-Piktogrammen folgen.

In unmittelbarer Nähe des Stellplatzes sind die städtischen **Campingplätze Le Marais**** und **Le Martinet**** eine echte Alternative für den längeren Aufenthalt. Das **Office de Tourisme b**efindet sich etwa einen Kilometer entfernt am Kreisverkehr in Coutainville *(Anfang November–Anfang April Di/Sa 9:30–12:30 Uhr, Mi–Fr 9:30–12:30/13:30–17 Uhr, Mitte April–Juni, September–Anfang November Di 9:30–12:30 Uhr, Mi–Sa 9:30–12:30/14–18 Uhr, Juli/August Mo–Sa 9:30–12:30/14–18 Uhr, So 9–13:30 Uhr, 6 Place du 28 juillet 1944,*

Telefon 0233190810, www.tourisme-coutances.fr).
Agon-Coutainville ist der traditionsreichste Bade- und Ferienort mit einer langen Deichpromenade vor einem schönen Sandstrand im Département Manche und wurde unter der Herrschaft von *Napoléon III.* gegründet. Häuser aus Naturstein säumen die Straßen und am südlichen Ortsende befindet sich an der Mündung der Sienne die große sandige **Landzunge Pointe d'Agon**, die unter Naturschutz steht und die am besten bei einer Wanderung oder einer Radtour erkundet wird. Als Ausgangspunkt bietet sich in der Nähe des **Camping Les Mouettes**** ein Tagesparkplatz nahe dem zentralen Strand an (N 49°02'13" W 01°35'46", Place Edouard Leroux. Do 8–14 Uhr aufgrund des Marktes gesperrt), da man mit dem Wohnmobil nicht bis zur Landspitze fahren darf und ein auf dem Weg liegender Parkplatz eine Höhenbarriere besitzt.

Einmal Pointe d'Agon und zurück

Leichte Wanderung von rund 13 Kilometer über den Sentier du Littoral mit schönen Aussichten aufs Meer. *Selbstverständlich kann die etwa 5 km lange Strecke auch mit dem Fahrrad über die Zufahrtsstraße zur Landspitze erfolgen.*

Vom Parkplatz gehen wir zunächst entlang der Strandpromenade und später auf dem Küstenwanderweg immer südwärts bis in die Nähe des Leuchtturms und von dort bis zur Pointe d'Agon. Die Landspitze wird von Sand sowie Dünen geprägt und erlaubt eine schöne Sicht in den **Havre de Regnéville-sur-Mer** (siehe Foto Seite 204/205).

Etwa auf Höhe des Leuchtturms führt uns der Küstenwanderweg leicht nordöstlich und entlang von Salzwiesen auf der einen und der Bucht auf der anderen Seite Richtung *Marais de Tourville.* Auf diesem Weg bleiben wir, bis er nach mehreren Weggabelungen eine spürbare Linkskurve macht und auf einen kleinen Schotterparkplatz trifft. Kurz danach halten wir uns auf einem Sträßchen (Charrière des Saulx) links, um auf diesem bis zum Dünengelände auf der westlichen Seite der Landzunge zu gelangen.

Der bereits bekannte Küstenwanderweg bringt uns diesmal in nördliche Richtung zur Strandpromenade und zum Ausgangspunkt unserer Wanderung zurück.

Tour 8

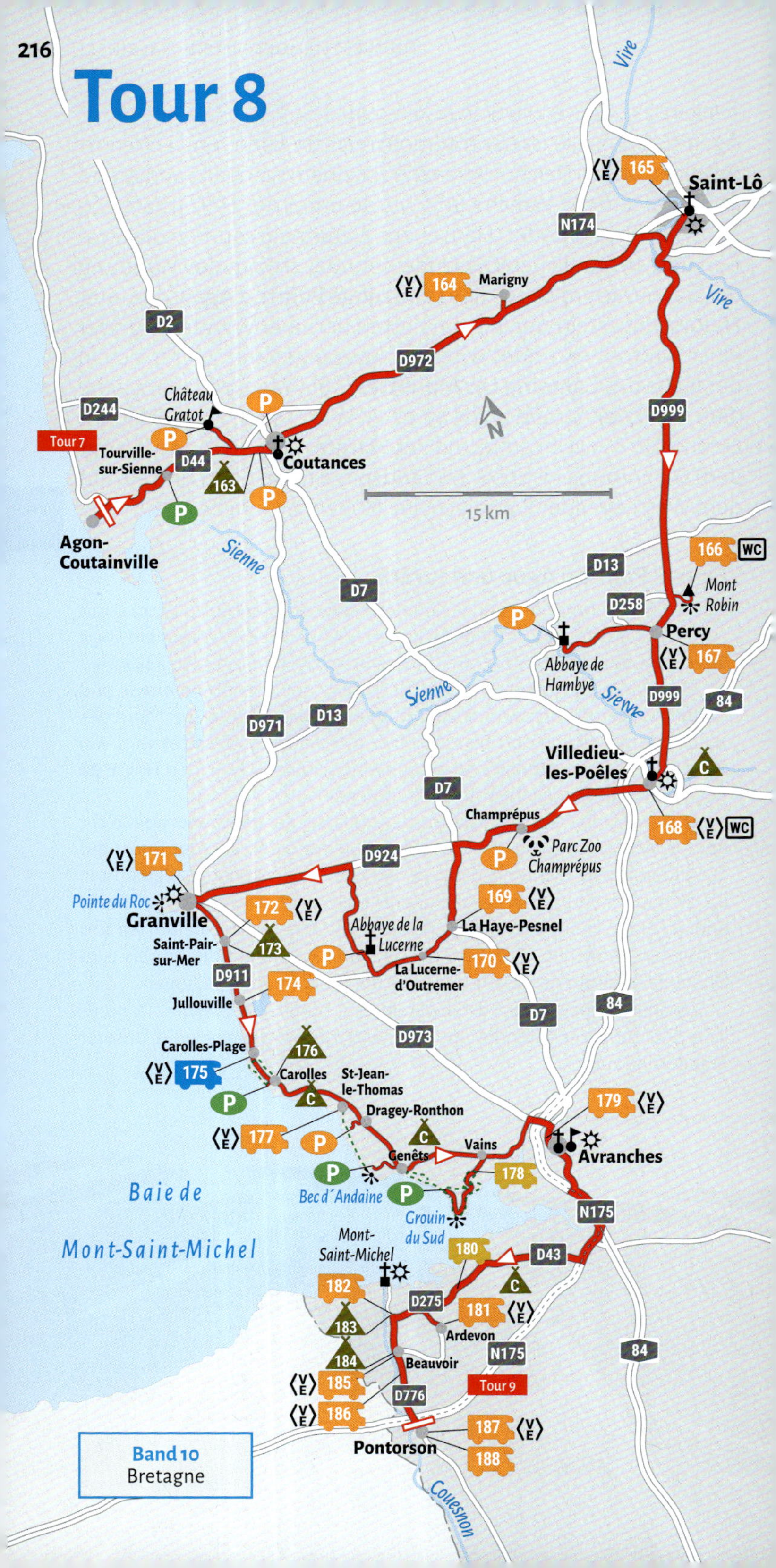

Saint-Lô
165
N174
Vire
164
Marigny
D2
D972
D999
D244
Château Gratot
Tour 7
Tourville-sur-Sienne
D44
Coutances
163
Agon-Coutainville
15 km
Sienne
166
WC
D13
Mont Robin
D7
D258
Percy
Abbaye de Hambye
167
D971
D13
84
Villedieu-les-Poêles
D7
Champrépus
168
WC
171
D924
Parc Zoo Champrépus
Pointe du Roc
Granville
172
169
Abbaye de la Lucerne
La Haye-Pesnel
Saint-Pair-sur-Mer
173
La Lucerne-d'Outremer
170
D911
Jullouville
174
D7
84
D973
Carolles-Plage
176
175
Carolles
St-Jean-le-Thomas
179
Dragey-Ronthon
177
Genêts
Vains
Avranches
178
Baie de Mont-Saint-Michel
Bec d´Andaine
Grouin du Sud
N175
Mont-Saint-Michel
180
D43
182
D275
181
183
Ardevon
184
Beauvoir
N175
84
185
Tour 9
D776
186
187
Pontorson
188
Band 10
Bretagne
Couesnon

Kunst, Kupfer und die Bucht von Saint Michel

235 km

Wir verlassen vorerst die langen Sandstrände auf dem Cotentin und unsere weitere Fahrt führt zunächst ins Landesinnere zu einigen beeindruckenden Abteien sowie anderen sakralen Sehenswürdigkeiten, um später den wohl unumstrittenen Höhepunkt einer jeden Normandie- oder Bretagnereise in der Bucht von Mont-Saint-Michel zu besuchen. Unsere besonderen Empfehlungen für Sie:

- **Cathédrale Notre-Dame in Coutances**
- **Glockengießerei in Villedieu-les-Poêles**
- **Shopping in Granville**
- **Naturerlebnis Wattwanderung**
- **Mont-Saint-Michel**

In **Tourville-sur-Sienne** reiben wir uns beim Anblick eines bombastischen Denkmals verdutzt die Augen und bringen das WOMO auf einem Parkplatz zum Stehen (N 49°02'42" W 01°32'42", Rue de l'Amiral).

Von weit oben schaut der steinerne Admiral Tourville auf uns hinunter und erinnert an heldenhafte Seeschlachten im 17. Jahrhundert. Das ist lange her und heute freuen sich Wanderer, wenn sie zu Füßen des Herrn Admiral den knapp 3-stündigen Rundwanderweg *Baie et Campagne* beginnen können. So steht es jedenfalls auf einem wegweisenden Schild – wir sind den Weg nicht gegangen und können nur noch anfügen, dass das Parken für WOMOs exakt auf die Wanderzeit begrenzt ist.

Rund fünf Kilometer entfernt ist in **Gratot** das gut beschilderte gleichnamige Schloss einen Abstecher wert (N 49°04'00" W 01°29'28", 80 Rue d'Argouges).

Château Gratot

Das von Wassergräben umgebene Schloss aus dem 13. Jahrhundert wechselte im Lauf der Jahrhunderte mehrmals die Besitzer, wurde an- und umgebaut und verfiel schließlich trotzdem. Erst ab Ende der 1960er-Jahre wurden die Gebäude restauriert und wir treffen heute auf eine imposante, fast dem Idealbild entsprechende mittelalterliche Burganlage.

Wie es sich gehört, führt eine Brücke über den Burggraben, der von der Feen-Quelle gespeist wird, und zum Torhaus. Der Innenhof wird von

Türmen bewacht und selbstverständlich rankt sich um einen von ihnen eine Legende. Diese besagt, dass der Herr von Gratot einst eine Fee heiratete. Als Ehegelöbnis verlangte sie von ihm, dass er niemals das Wort »Tod« aussprechen durfte. Es kam, wie es kommen musste, der Gemahl hielt sich nicht an das Versprechen und die Fee verschwand auf Nimmerwiedersehen im heute nach ihr benannten Feenturm.

Wir umrunden die malerische Anlage, die durch einen Flyer in deutscher Sprache erläutert wird und schauen uns in der Dauerausstellung um. Ein angenehmer Aufenthalt, der zum Herumklettern und Erkunden einlädt und zusätzlich durch einen drei Kilometer langen Rundweg zur Ermitage Saint-Gerbold, einer kleinen Kapelle, die 1620 zur Einsiedelei wurde, verlängert werden kann *(Mo–So 10–19 Uhr, Eintritt, Hunde an der Leine gestattet. www.chateaugratot.com).*

Schon von Weitem sind bald die Türme der auf der höchsten Erhebung von **Coutances** (8.700 Einwohner) stehenden Kathedrale zu sehen.

163 Coutances – *Camping Municipal Les Vignettes***

GPS/Kontakt: N 49°03'06" W 01°27'32", 27 Route de Saint-Malo. Telefon 0233454313 oder 0630276012, www.tourisme-coutances.fr. **Öffnungszeit:** Ganzjährig. **Ausstattung:** Waschmaschine, Wäschetrockner, Bouleplatz, Schwimmbad in der Nähe. **Beschreibung:** Der einfache Campingplatz mit recht großzügig bemessenen und durch Hecken geteilten, teils schattigen Wiesenplätzen befindet sich am westlichen Ortsrand etwa 1 km vom Stadtzentrum entfernt. *Bushaltestelle Linie 1 in der Nähe*, Busse verkehren vier Mal am Tag in die Oberstadt und zurück (www.cosibus.fr). **Preis:** 13 €. **Zufahrt:** Gleich hinter dem westlichen Ortseingang an der D44 gelegen. Im Ort den Hinweisen zum Campingplatz folgen.

Cathédrale Notre-Dame

Gleich nebenan befindet sich eine der wenigen sinnvollen Parkmöglichkeiten für einen Tagesbesuch der Stadt, da die Straßen und Parkgelegenheiten in der Innenstadt eng sowie begrenzt sind. Bei unserem letzten Besuch war uns das Glück hold und wir konnten das Wohnmobil auf dem **Parking Duhamel** platzieren (N 49°02'49" W 01°26'29").

Die lebendige Stadt wurde bereits zur Römerzeit besiedelt und von den Wikingern fast völlig zerstört. Den Normannen ist der Bau der **Cathédrale Notre-Dame i**m 11. Jahrhundert zu verdanken, die sich bald zum geistlichen Mittelpunkt der Region entwickelte. Nach einem Brand im 13. Jahrhundert neu errichtet und erweitert, gehört die Kathedrale heute zu den schönsten gotischen Gotteshäusern in Frankreich. Beeindruckend sind sowohl im äußeren wie im inneren Bereich die klare Linienführung, die sich zum Beispiel in den Türmen der Westfassade widerspiegelt. *Die graziösen Säulen im Inneren streben im gotischen Sinn nach Licht und finden ihren Abschluss in einem würdevollen Kreuzrippengewölbe.* Die Überreste des Vorgängerbaus sind noch unter dem gotischen Bau zu sehen und können bei einer Führung besichtigt werden. Dabei gelangt man auch in die oberen Galerien des Längsschiffes sowie des Chors als auch in den Laternenturm und ins Innere der romanischen Türme *(täglich 9–19 Uhr, cathedralecoutances.free.fr).*

Führungen und vieles mehr vermittelt das **Office de Tourisme** *(September–Juni Mo-Sa 9:30–12:30/13:30–17 Uhr, April–Juni bis 18 Uhr, Di jeweils geschlossen, Juli/August Mo-Sa 9:30–12:30/14–18 Uhr, So 9:30–13 Uhr, 6 Rue Milon, Telefon 0233190810, www.tourisme-coutances.fr).* Unweit der

Kathedrale befindet sich das **Musée Quesnel-Morinière**, das außer einer Gemäldegalerie auch archäologische Fundstücke, mittelalterliche Skulpturen, Trachten und normannische Keramik präsentiert *(14–18 Uhr, Do 12–18 Uhr, Juli/August zusätzlich So 14–18 Uhr, 2 Rue Quesnel Morinière, Eintritt)*.

Direkt an das Museum schließt sich der **Jardin des Plantes** an, der tagsüber frei zugänglich ist. Der botanische Garten ist Mitte des 19. Jahrhunderts terrassenförmig angelegt worden und besitzt zahlreiche subtropische Pflanzen und Bäume.

Wer an einem Donnerstagvormittag in Coutances Station macht, sollte auf keinen Fall den *in der gesamten Region wegen seines guten Angebotes bekannten Markt* auf der **Place Général-de-Gaulle** nahe der Kathedrale verpassen.

Für eine kulinarische Stärkung ist man in der Nähe der Kirche Saint-Pierre im **Restaurant *Côte Saint-Pierre*** bei qualitativ sehr guter Küche zu angemessenen Preisen gut aufgehoben *(Mittags- und Abendmenüs, So/Mo geschlossen, 55 Rue Geoffroy-de-Montbray, Telefon 0233479478, www.cote-saint-pierre.fr)*. Wir haben aber auch schon sehr gut und günstig während der Mittagszeit gemeinsam mit einheimischen Gästen im **Restaurant *L'Épicerie*** gegessen *(Mittags- und Abendmenüs Fr/Sa, Di–Do nur mittags, 28 Rue Geoffroy de Montbray, Telefon 0233764771)*.

Auf unserer weiteren Reise in nordöstlicher Richtung durchstreifen wir das Grün der Bocage in einer ansonsten landwirtschaftlich geprägten Gegend, können unterwegs einen ruhigen Stellplatz vermerken, um dann nach **Saint-Lô** (20.000 Einwohner) weiterzufahren.

164 Marigny – *Aire municipale*

GPS: N 49°05'59" W 01°14'50", Rue du Douyt Saint Pierre. **Max. WOMOs:** 10. **Öffnungszeit:** Ganzjährig. **Ausstattung:** V/E, Strom, Tische und Bänke. **Beschreibung:** Der geschotterte, fast schattenlose, einfache Parkplatz liegt in einem Wohngebiet. Im etwa 300 m entfernten Ortszentrum befinden sich Bäckerei, Geschäfte und Restaurants. **Zufahrt:** Von der D972 über die D29 in den Ort fahren. Vor der Kirche links Richtung St Sauveur Lendelin abbiegen und den WOMO-Piktogrammen folgen.

165 Saint-Lô – *Aire Intercommunale*

GPS: N 49°06'49.0" W 01°06'11.0", Place de la Vaucelle. **Max. WOMOs:** 12. **Öffnungszeit:** Ganzjährig. **Ausstattung:** V/E, Strom, Tisch und Bänke, Müllbehälter. **Beschreibung:** Die asphaltierten Buchten eines einfachen Parkplatzes liegen in einem Wohngebiet am Ortsrand unter Bäumen am Ufer der Vire mit nebenliegendem Radweg. Nach gut 300 m finden sich in der Nähe des Office de Tourisme am Kreisel als auch nach etwa 800 m in der Oberstadt Bäckerei, Geschäfte und Restaurants. Hier treffen wir auch wieder auf die *Vélomaritime*, die am anderen Ufer der Vire z. B. in nördliche Richtung nach rund 42 km Carentan erreicht oder Richtung Süden zum Teil gemächlich auf den Treidelpfaden entlang der Vire führt. **Zufahrt:** Auf der D999 Richtung Centre Ville fahren und im Innenstadtbereich am zentralen Kreisverkehr dem WOMO-Piktogramm/Euro-Relais bis zum Stellplatz folgen.

Saint-Lô ist das Verwaltungs- und Wirtschaftszentrum der Region und galt bereits in früheren Zeiten als Verkehrsknotenpunkt. Dieser Umstand wurde der Stadt während des Zweiten Weltkrieges zum Verhängnis, als im Juni 1944 etwa 90 Prozent in Schutt und Asche gelegt wurden.

Als eine der am schwersten zerstörten Städte in der Normandie erhielt sie den traurigen Beinamen »Hauptstadt der Ruinen« und noch heute sind die Kriegsschäden an der Fassade der **Église Notre-Dame** zu sehen. Der Südturm überstand das Bombardement, während der zerstörte Nordturm als Mahnmal nicht mehr aufgebaut wurde. Im Inneren der Kirche fällt der unregelmäßige Grundriss auf und die Mitte des Hauptschiffs des vom 13. bis 17. Jahrhundert erbauten Sakralbaus wird durch schöne Glasfenster erhellt. Das Äußere schmückt eine Außenkanzel an der Nordwand, von der die Bischöfe von Coutances ihre Urteile verkündet haben sollen.

TOUR 8

An die mittelalterliche Bedeutung der Stadt erinnern ansonsten nur noch einige Festungsmauern. Diese erreicht man vom Stellplatz entlang der Vire kommend nach etwa 300 Meter. An der Brücke über den Fluss befindet sich das **Office de Tourisme**

Festungsmauern in Saint-Lô

(Juli/August Mo–Fr 9:30–18:30 Uhr, Sa 9:30–12:30/14–18 Uhr, So 10–13 Uhr, April–Juni/September Mo 14–18 Uhr, Di–Fr 9:30–12:30/14–18 Uhr, Sa bis 17 Uhr, Oktober–März Mo 14–18 Uhr, Di–Fr 9:30–12:30/14–17 Uhr, Januar–März/Oktober–Dezember Di–Fr 9:30-12:30/14–17 Uhr, Sa 10–13 Uhr, So/Mo geschlossen April–Juni/September Mo 14–18 Uhr Di-Fr. 9:30–12:30 und 14–17 Uhr, Sa 10–12:30/14–17 Uhr, 60 Rue de la Poterne, Telefon 0214290017, saintlo-tourisme.fr).

Zum Besuch der Oberstadt steigen wir den Fußweg an der Festungsmauer empor und haben vom Felsvorsprung einen schönen Blick über das Vire-Tal. Auf dem Fluss wurden seit dem Mittelalter die unterschiedlichsten Handelsgüter transportiert, hiervon zeugen *die Treidelpfade entlang der Vire, die heute zum Spaziergang, Radfahren oder zum Joggen einladen*. Sehenswert ist das **Musée d'Art et d'Histoire** in der ansonsten etwas monoton wirkenden, neu erbauten Stadt. Das Museum präsentiert eine Gemäldesammlung von Künstlern des 19. Jahrhunderts sowie eine Ausstellung der Stadtgeschichte. Eine Besonderheit stellen die Tapisserien aus dem 16. bis 20. Jahrhundert dar *(Juli/August Di–So 10–12/14–18 Uhr, September–Juni Di–So 14–18 Uhr, Place du Champs de Mars, Eintritt).*

TOUR 8

Auf dem Rückweg zum Stellplatz kann man ruhigen Gewissens am Kreisverkehr in der **Brasserie *Les Capucines*** einkehren**,** die in legerer Atmosphäre eine gute Küche bietet *(Mittags- und Abendmenüs, 1 Rue Alsace Lorraine, Telefon 0233051536).*

Pferdefreunde wird es hingegen an den Stadtrand zum **Haras National de Saint-Lô** ziehen. Nach den Zerstörungen im Zweiten Weltkrieg wurde das von Napoléon gegründete Gestüt originalgetreu wiederaufgebaut und besitzt eine große Anzahl Zuchthengste, die in der Zucht von Trabrennpferden und französischen Reitpferden eingesetzt werden *(täglich 10–17 Uhr freie Besichtigung, Juli/August Mi–So 14/15/16/17 Uhr, Do Führungen um 17 Uhr nicht möglich, Eintritt. www.polehippiquestlo.fr).*

Fast schnurgerade rauschen wir auf der D999 südwärts durch die Landschaft und staunen aufs Neue über die vielen unterschiedlich gefärbten Kühe mit prall gefüllten Eutern. Wir befinden uns auf der historischen Strecke *Route de la Liberté, die von Nordfrankreich über Luxemburg nach Belgien führt und den 1.446 Kilometer langen Verlauf der Befreiung durch die Alliierten nach dem D-Day nachzeichnet*. Jeder Kilometer ist durch einen **Kilometerstein** markiert.

Einen guten Überblick über die Bocage-Landschaft erhalten wir von *einem der höchsten Geländepunkte des Départements Manche, dem 276 Meter hohen Mont Robin*.

Über eine Wiese gelangen wir zum etwas versteckten Kalvarienberg neben einer Relaisstation. Bei klarem Wetter soll von hier der Blick in nordwestliche Richtung über das Meer bis zu den Kanalinseln reichen. Doch bei der heutigen diesigen Witterung können wir noch nicht einmal die Türme der Kathedrale von Coutances ausmachen. Von einem Belvédère ist aber immerhin die Aussicht über die wunderschöne Heckenlandschaft bis hin zur Normannischen Schweiz zu erfassen.

Aussicht vom Mont Robin

166 Percy – *Le Mont Robin*

GPS: N 48°55'43" W 01°09'37". **Max. WOMOs:** 2. **Öffnungszeit:** Ganzjährig. **Ausstattung:** Tische und Bänke, WC, Spielplatz, Müllbehälter. **Beschreibung:** Der geschotterte, einfache Parkplatz am Waldrand ist leicht schräg und liegt in der Nähe einiger Häuser weit außerhalb des Ortes. **Zufahrt:** Von der D999 auf die D258 abbiegen und den Hinweisen zum Mont Robin bis zum Parkplatz folgen.

TOUR 8

Bald sind wir in Percy und erreichen von hier, wenn man den Weg nicht schon aus einem der vorherigen Orte eingeschlagen hat, eine einst zu den bekanntesten zählende normannische Abtei im beschaulichen Tal der Sienne (N 48°55'26" W 01°16'01")

Abbaye de Hambye

Das fast trutzig wirkende Benediktinerkloster aus dem 12./13. Jahrhundert gehörte zu den angesehensten Abteien der Normandie und wurde nach der Französischen Revolution aufgelöst. Die Ruinen der Abteikirche sind im Alleingang zu besichtigen und ein kleines Museum erläutert die Geschichte *(April–Juni/September 10–12/14–18 Uhr, Juli/August 10–18 Uhr. Oktober Mi–Fr 14–17:30 Uhr, Herbstferien 10–12 Uhr/14–17:30 Uhr, Eintritt, Hunde nicht gestattet, abbaye-hambye.manche.fr).*

Um das Klostergelände herum sind Wanderwege von 1,5–4,2 Kilometer Länge ausgeschildert. Nach einer dieser Kurzwanderungen bietet sich die Einkehr in der nahen ***Auberge de l'Abbaye*** bei bodenständiger Kost an *(Mittags- und Abendmenüs, Telefon 0233614219, www.aubergedelabbayehambye.com).*

Zurück in Percy müssen wir den dort vorhandenen Stellplatz noch nachreichen.

167 Percy – *Aire de Camping-Car*

GPS: N 48°54'56" W 01°11'26", Rue de l'École Maternelle. **Max. WOMOs:** 2. **Öffnungszeit:** Ganzjährig. **Ausstattung:** V/E, Strom, Müllbehälter, Bänke, Spielplatz. **Beschreibung:** Der geschotterte, einfache Parkplatz liegt im Ort an einer Mauer und rangiert für uns eher unter der Rubrik zweckmäßig. Bäckerei, Geschäfte und Restaurants finden sich in 200–300 m Entfernung. **Zufahrt:** Im Ort aus nördlicher Richtung kommend die erste Möglichkeit hinter dem Kreisel links abbiegen und geradeaus durch eine Hofeinfahrt dem WOMO-Piktogramm folgen. **Hinweis:** Die Koordinaten sind an der Hofeinfahrt genommen.

Der Weg nach **Villedieu-les-Poêles** (4.000 Einwohner) ist gar nicht zu verfehlen und schon bald kommen wir in der kleinen Stadt mit dem eigenartigen Namen an.

168 Villedieu-les-Poêles – *La Commanderie*

GPS: N 48°50'14" W 01°13'28". **Max. WOMOs:** 10. **Öffnungszeit:** Ganzjährig. **Ausstattung:** V/E, Tische und Bänke, Infotafel, WC. **Beschreibung:** Der mit Rasengittersteinen gepflasterte, teils schattige, einfache Parkplatz liegt neben einem mit Höhenbarriere versehenen Pkw-Parkplatz im Ort, ist nachts ruhig und etwa 200 m vom Zentrum mit Bäckerei, Geschäften und Restaurants entfernt. Alternativ ist der im Ort ausgeschilderte schöne **Camping Les Chevaliers de Malte***** zu empfehlen *(April–Mitte Oktober, www.camping-deschevaliers.com).*

Zufahrt: Im Ort auf der D924 dem Hinweis Centre Ville und dem WOMO-Piktogramm folgen.

Der Ort vermittelt beim Anblick der Granitfassaden der ersten Häuser bereits einen mittelalterlichen Charme, der sich in einem gewachsenen Stadtbild samt schmuckem Marktplatz fortsetzt.

Der Name geht zum einen auf den Verwaltungssitz der Malteser zurück, die der Stadt um 1530 den Namen *Villedieu (Stadt Gottes)* gaben und weist zum anderen auf die traditionsreiche Herstellung von Geräten aus Kupfer, insbesondere von *Poêles (Pfannen)* hin, die um 1750 ihren Höhepunkt erreichte. Zudem war die Stadt für ihre Glockengießereien bekannt und die hergestellten Glocken schlagen in vielen Kirchen Nordfrankreichs. Durch die laute Arbeit wurden die Handwerker oft taub oder schwerhörig und so erhielten die Einwohner den wenig schmeichelhaften Beinamen *les Sourdins (französisch sourd: taub).*

TOUR 8

Das **Musée de la Dentellière et Musée de la Poeslerie** zeigt die Kupferbearbeitung an Pfannen sowie Kesseln und informiert über die regionale Tradition der Spitzenklöppelei *(April–Oktober Mo–Fr 10–12:30/14–17:30 Uhr, Juli/August Mo–Fr 10–12:30/14–18 Uhr, Sa/So/Feiertage 14–18 Uhr, Eintritt).*

In der **Fonderie de Cloches Cornille-Havard** kann den Glockengießern in der aus dem 19. Jahrhundert stammenden Werkstatt bei der Arbeit zugeschaut werden. Bei einer Führung wird der Herstellungsprozess der Glocken in Verbindung von überlieferter Fingerfertigkeit und modernster Technologie anschaulich dargestellt. Der Besuch ist empfehlenswert und in der Boutique sind Souvenirs in Form von Glocken sowie Kupfergeschirr erhältlich *(Mitte Februar–Mitte November Di–Sa 10–12:30/14–17:30 Uhr, Mitte Juli–Mitte August täglich 9:30–18:30 Uhr, Eintritt. www.cornille-havard.fr).*

Ansonsten ist es einfach erfreulich, durch den lebhaften Ort mit der im spätgotischen Stil errichteten Église Notre-Dame zu schlendern und hier und da einen Blick in die hübschen Hinterhöfe zu werfen. Vielleicht ist gerade Dienstagvormittag, dann kann man den großen Markt rund um die Place de la République besuchen (freitags kleiner **Markt**) oder man bewundert die blitzblank geputzten Kupfertöpfe und -pfannen in den zahlreichen Geschäften. Bei unserem Besuch wurde auf der Place des Costils gerade ein großes Boule-Turnier neben dem **Office de Tourisme** veranstaltet *(Februar–Mai Mo–Sa 10–12:30/14–17:30, Juni–September täglich 9:30–13/14–18 Uhr, Oktober–Januar Mo–Sa 10–12:30/14–17:30, Mo Vormittag/Do Nachmittag geschlossen, Telefon 0233610569, www.ot-villedieu.fr).* Hier befindet sich auch das **Bistrot-Restaurant *L'Atelier*,** das preislich angemessene Mittag- und Abendmenüs anbietet *(Mittags- und Abendmenüs, Telefon 0233905103, www.le-fruitier.com).*

Auf dem Weg nach Westen streifen wir in **Champrépus** den **Parc Zoologique de Champrépus** (N 48°50'02" W 01°19'33", Rue St-Gaud).

In einer üppigen Pflanzenwelt leben hier Löwen, Tiger, Giraffen, Lamas, Affen neben exotischen Vögeln und vielen anderen Tieren. Kleine Besucher dürfen Ziegen und Schafe streicheln, sich in einem Kinderpark austoben oder bei der Fütterung von diversem Getier assistieren (*Mitte Februar–Mitte März 14–18 Uhr, April–August 10–19 Uhr, September 14–18 Uhr, Sa/So 11–18 Uhr, Oktober Sa/So 11–18 Uhr, Eintritt, Hunde nicht gestattet. www.zoo-champrepus.com*).

Wenig später starten wir über **La Haye-Pesnel** mit einem schlichten, asphaltierten WOMO-Stellplatz zu einem Abstecher zunächst nach **La Lucerne-d´Outremer**, um den dortigen Stellplatz zu vermerken.

169 **N 48°47'46" W 01°23'37"**, Rue Lanos Dior, V/E, ganzjährig geöffnet.

170 La Lucerne-d´Outremer – *Aire de Camping-Car*

GPS: N 48°47'04" W 01°25'38". **Max. WOMOs**: 6. **Öffnungszeit:** Ganzjährig. **Ausstattung:** V/E, Strom, Müllbehälter. **Beschreibung:** Der asphaltierte, an Bäumen liegende, einfache Parkplatz liegt im kleinen Ort. *Von hier kann man z. B. mit dem Fahrrad zur Abtei fahren.* Hierzu rollt man hinab zur D109 und folgt den Hinweisen. **Zufahrt:** Im Ort dem Hinweis Camping Cars folgen. **Hinweis:** Die Zufahrt ist recht schmal und führt im spitzen Winkel zum Parkplatz. Nur für WOMOs bis 7,50 m Länge! Der maximale Aufenthalt beträgt 2 Tage.

Nach fünf Kilometern haben wir eine weitere und abgeschieden im Tal des Thar gelegene, durchaus als sehr reizvoll zu bezeichnende Abtei erreicht (N 48°47'29" W 01°28'05").

Abbaye Sainte-Trinité de la Lucerne

Die im 12. Jahrhundert gegründete, einst bedeutende Prämonstratenserabtei wurde während des 100-jährigen Krieges mehrfach eingenommen, geplündert und verwüstet. Nach der Französischen Revolution wurde in der einst kirchlichen Anlage vorübergehend eine Spinnerei eingerichtet, bis die Gebäude schließlich verfielen und die Steine in der Umgebung als Baumaterial verwendet wurden. Erst im Jahr 1959 war es *Abbé Marcel Lelégard*, von dem wir bereits in Château Pirou hörten, der sich für die Wiederherstellung und Erhaltung der Abtei einsetzte. Heute wird sogar die Messe in der Abteikirche wieder abgehalten (*Juli/August So/Feiertage 11:15 Uhr*).

Nachdem wir das Eingangsgebäude verlassen haben, umfängt uns eine stille, fast friedliche Stimmung und wir schreiten auf das romanische Portal von 1178 des Gotteshauses zu. Die Fassade mit verzierten Bogenfenstern zeigt sich im normannischen Stil und im Inneren fallen die eigentlich für Zisterzienserabteien typische Schlichtheit sowie das große Fenster an der Ostseite auf. Letzteres lässt viel Licht in den Chor und überrascht mit einer Aussicht auf die Bäume im Park. Überhaupt vermissen wir die sonst so üppig bunten Kirchenfenster und sind vielleicht gerade deswegen so beeindruckt von der Klarheit und der Größe des Kirchenschiffes.

Weiterhin sehenswert sind der gotische Vierungsturm sowie die Klostergebäude mit dem ehemaligen Refektorium und dem Lavatorium, das Taubenhaus und der alte Kreuzgang *(Anfang April/Mitte Mai–Anfang Juli/September Mi–So 10–18 Uhr, Mitte April–Anfang Mai/Mitte Juli–Anfang September täglich 10–18 Uhr, Mitte Oktober–Anfang November täglich 10–17 Uhr, Weihnachten–Anfang Januar 10–17 Uhr/So 14–17 Uhr, Eintritt, Onlinetickets können im Vorfeld erworben werden, Hunde im Außengelände an der Leine gestattet. www.abbaye-lucerne.fr).*

Mit **Granville** (13.000 Einwohner) erreichen wir unsere letzte Etappe entlang der Küste, bevor es vom Höhepunkt eines jeden Besuches in der Normandie, dem Mont-Saint-Michel, endgültig ins Landesinnere gehen wird. Tagsüber können Wohnmobile, wenn es nicht ausdrücklich verboten ist, an der Zufahrtsstraße zum Stellplatz kostenfrei parken.

Blick von Saint-Pair-sur-Mer nach Granville

171 Granville – *Aire de Camping-Car*

GPS: N 48°50'06" W 01°36'36", Rue du Roc. **Max. WOMOs:** 20. **Öffnungszeit:** Ganzjährig. **Ausstattung:** V/E, Strom, Müllbehälter. **Beschreibung:** Der asphaltierte, teils schräge und schattenlose, einfache Parkplatz liegt in der Oberstadt nahe der Pointe du Roc am Ortsrand. Das Zentrum in der Unterstadt mit Bäckereien, Geschäften und Restaurants und der Hafenbereich ist ca. 500–1000 m entfernt. Der Stellplatz liegt ohne Aussicht hoch über dem Meer und abseits des im Ort herrschenden Trubels in der Oberstadt. **Preis:** 11 €. **Zufahrt:** Im Ort Richtung Centre Ville fahren, dort der Beschilderung Commisariat/Les Ports oder Pointe du Roc/Aquarium und den WOMO-Piktogrammen bis zum Stellplatz folgen. **Hinweis:** Der maximale Aufenthalt beträgt 24 Stunden.

Ähnlich wie das Fürstentum im Süden Frankreichs, *thront die Altstadt von Granville auf einem Felssporn über dem Meer und wurde einst als »Monaco des Nordens« beschrieben*. Freilich fehlt heute das Mondäne und die **Oberstadt (***haute ville***)** wirkt trotz ihres mittelalterlichen Flairs besonders am Abend eher wie ausgestorben. Die moderne **Unterstadt (***basse ville***)** bietet zwar keine historischen Sehenswürdigkeiten, doch *mehrere Geschäftsstraßen und Restaurants laden zum Shoppen, Bummeln und Verweilen ein. Kein Wunder, dass sich Granville zu einem der beliebtesten Einkaufsorte der Normandie entwickelt hat.*

Direkt am **Casino** beginnt der bei Flut schmale **Strand**, an dem bei Ebbe ein mit Meerwasser gefülltes Felsenbecken dem Schwimmvergnügen dient. Auf dem Cours Jonville und den angrenzenden Straßen findet Samstagvormittag ein großer **Markt** statt, während auf einem kleineren am Mittwochnachmittag auf der Place du 11-Novembre die Waren angeboten werden.

Entlang des Strandes sind **Musée et Jardin Christian Dior** nach etwa 800 Meter zu erreichen. Der bekannte Couturier fühlte sich seiner Heimatstadt stets verbunden und beim Anblick der mit Erkern geschmückten Villa über den Klippen ist das durchaus nachzuvollziehen. Wechselnde Ausstellungen bewahren das Andenken an den Modeschöpfer und im öffentlich zugänglichen Garten kann man wie einst Dior zwischen üppigen Blumenrabatten, unter schattigen Laubengängen oder durch den Rosengarten wandeln *(Museum: Mai–September 10–18:30 Uhr, Oktober–Mitte November Di–So 10–12:30/14–18 Uhr, täglich während der Schulferien, Eintritt. Garten: November–Februar 9–17 Uhr, März/Oktober 9–18 Uhr, April/Mai/September 9–20 Uhr, Juni–August 9–21 Uhr, Hunde nicht gestattet. www.musee-dior-granville.com).*

Seit den Zeiten als Kabeljauhafen und der Fischerei vor Neufundland bis zur Umwandlung zum Seebad ab Ende des 19. Jahrhunderts, ist Granville mit dem Meer eng verbunden. Heute liegt hier der **Dreimastschoner Le Marité**, der zum Kabeljaufang eingesetzt wurde und als letztes segeltüchtiges Holzschiff der Neufundlandflotte im Hafen vor Anker. *Etwas ganz Besonderes sind die Ausfahrten mit dem Segelschiff oder mit Schnellbooten zu den Îles de Chausey oder bis zur Kanalinsel Jersey.* Auch wenn wir nicht selbst unter die Seefahrer gegangen sind, so soll die Fahrt zu den **Îles de Chausey** ein spektakuläres Naturerlebnis sein. Bei Flut sind gerade einmal 52 Inselchen des Archipels zu sehen, während weitere 300 bei Ebbe aus dem Meer auftauchen. Einst wurden die Granitfelsen der Inselgruppe als Baumaterial für den Mont-Saint-Michel verwendet und nur eine Insel wird heute von ein paar Fischern bewohnt. Ansonsten gelten die Eilande mit einer paradiesischen Landschaft als Rückzugsgebiet für viele Vogelarten. Auskünfte über Bootsfahrten und unzählige andere Freizeitaktivitäten erteilt das **Office de Tourisme** in der Unterstadt von Granville *(November–März Mo–Sa 9:30–12:30/14–17:30 Uhr, April–Juni/September/ Oktober Mo–Sa 9:30–12:30/14 -18 Uhr, So/Feiertage 9–13 Uhr, Juli/August Mo–Sa 9:30–18:30 Uhr. So/ Feiertage 10:30–13/14–17 Uhr, 2 Rue Lecampion, Telefon 0233913003, www.tourisme-granville-terre-mer.com).*

Markthalle in der Unterstadt

Wir begeben uns vom Stellplatz ***auf einen der ausgewiesenen Rundwege durch die Oberstadt*** (blau 3 Kilometer, rot 1,4 Kilometer), die sich meist an den alten Befestigungsmauern orientieren und zahllose schöne Aussichten über Stadt und Meer garantieren. Ohne Orientierungsprobleme starten wir an der von mächtigen Wällen umschlossenen **Pointe du Roc**, von der schon die Normannen, später die Engländer während des Hundertjährigen Krieges und dann die Franzosen ihre Feinde herankommen sahen. In der Nähe können Meeres- und Süßwasserfische im **Le Roc des Harmonie** in Aquarien bewundert werden. Hinzu kommen eine Insektenabteilung sowie eine Sammlung außergewöhnlicher Exponate aus Muscheln *(Oktober–März 10–12:30/14–18:30 Uhr, April–September 10–19 Uhr, Eintritt. www.lerocdescuriosites.com)*. In der Oberstadt befindet sich weiterhin das **Musée d'Art Moderne Richard-Anacréon.** Die wertvolle Sammlung eines Pariser Bibliothekars umfasst moderne Kunst und literarische Dokumente *(Februar–Mai/Oktober–Mitte November Fr–So 14–18 Uhr, während der Schulferien Di–So 14–18 Uhr, Juni–September Di–So 11–18 Uhr, Eintritt)*.

TOUR 8

Über Treppen und kleine Gassen gelangen wir in die **Unterstadt** und suchen nach einem Rundgang durch die lebhaften Straßen am Hafen nach etwas Essbarem. Die Auswahl an Restaurants ist groß und bei einem ersten Besuch in Granville genossen wir die einfache, aber qualitativ gute Küche im **Restaurant *La Phare***, dessen Schwerpunkt natürlich Fischgerichte sind *(Mittags- und Abendmenüs, täglich geöffnet, So/Mo geschlossen, Telefon 0233501294, www.restaurant-lephare-granville.com)*. Diesmal lassen wir uns die hochpreisigere, aber dem Angebot angemessene Gourmetküche im **Restaurant *La Citadelle*** munden, besonders der in verschiedenen Variationen angebotene Hummer von den Chausey-Inseln hat es uns hier angetan *(Mittags- und Abendmenüs, Di/Mi Ruhetag, Telefon 0233503410, www.restaurant-la-citadelle.fr)*.

Wer Fisch und Meeresfrüchte lieber selbst zubereitet, der wird in der ebenfalls an der Hafenzeile gelegenen **Poissonnerie *Au P'tit Mareyeur*** fündig. Die in der Fischhandlung angebotenen Meeresfänge sind superfrisch, können mitgenommen werden oder gleich vor Ort in der **Bar à Huitres**, in der es natürlich nicht nur Austern gibt, für relativ »kleines Geld« verspeist werden *(Mo–So 8–19:30 Uhr, Bar à Huitres bis 19 Uhr, 64 Rue du Port, Telefon 0233904676, poissonnerie-auptitmareyeur.com)*.

In südlicher Richtung und über die **Route de la Baie** erreichen wir **Saint-Pair-sur-Mer**, ein wegen seines fünf Kilometer langen Sandstrandes beliebten Seebades, das ansonsten mit einer Deichpromenade und einer Dorfkirche aufwarten kann.

172 Saint-Pair-sur-Mer – *Aire de Camping-Car*

GPS: N 48°49'02" W 01°34'12". **Max. WOMOs:** 30. **Öffnungszeiten:** Ganzjährig. **Ausstattung:** V/E, Strom, WC, WiFi, Müllbehälter. **Beschreibung:** Der große, durch eine Schranke gesicherte, sowohl geschotterte als auch asphaltierte, schattenlose, einfache Parkplatz liegt am Ortsrand ca. 200 m vom Zentrum mit Bäckerei (bei unserem letzten Besuch kauften wir hier leckeres, dunkles Brot) und Geschäften sowie ca. 300 m vom Strand entfernt. Im **Restaurant** *Sème* sind wir bestens bekocht worden *(Mittags- und Abendmenüs Mi–Sa, So nur mittags, 33 Place Charles de Gaulle, Telefon 0233908515, www.semerestaurant.fr)* und in der Weinhandlung nebenan kann man zu Tapas feine Weine verkosten. **Preise:** 10 €. **Zufahrt:** Im Ort dem WOMO-Piktogramm folgen. **Hinweis:** Maximaler Aufenthalt 3 Tage.

TOUR 8

Die Küste ist für ihre langen Strände bekannt, aber unter WOMO-Fahrern auch für die Höhenbarrieren an den Parkplätzen, sodass uns nichts anderes übrig bleibt, als auf die am Wegesrand ausgeschilderten Campingplätze zu verweisen.

173 *Saint-Pair-sur-Mer – Camping Etoile de Mer*

GPS/Kontakt: N 48°47'23" W 01°34'01", 88 Rue du Pont Bleu, Telefon 0233496929, www.camping.etoiledemer.laliguenormandie.org. **Öffnungszeit:** April–Oktober. **Ausstattung:** Waschmaschine, WiFi, Animation während der Hauptsaison. Beschreibung: Wenn man die Mobile-Homes des einfachen Platzes hinter sich gelassen hat, dann finden sich einige Stellplätze direkt am wunderschönen Strand mit eigenem Zugang und Blick aufs Wasser. Die Sanitäranlagen sind ein wenig in die Jahre gekommen, aber ordentlich und sauber. Auf der Strandpromenade kann man nach Joulloville und Carolles mit etlichen Restaurants, Cafés und einer Bäckerei gehenoder man benutzt dazu den Radweg entlang der Hauptstraße. **Preise:** 18–30 €. **Zufahrt:** Im Ort den Hinweisen zum Campingplatz folgen.

Zusätzlich verweisen wir auf einen einfachen Stellplatz in **Joullouville** in der Nähe von Häusern, von dem man nach etwa einem Kilometer den Strand erreichen kann.

174 **N 48°46'18" W 01°33'36"**, Avenue Docteur Lanos-Dior.

Je näher wir dem Mont-Saint-Michel kommen, desto gespannter schauen wir nach rechts über die Bucht: Wann können wir den ersten Blick auf den Klosterberg werfen?

Während unserer Suche arbeiten wir uns nach **Carolles** vor und meinen, in der Ferne das unbestrittene Highlight der Bucht ausmachen zu können. Der Strand des Familienbades liegt am Fuß einer 60 Meter hohen Klippe, die gleichzeitig die letzte nennenswerte Anhöhe auf dem westlichen Cotentin ist.

175 Carolles Plage – *Camping-Car Park*

GPS: N 48°45'33" W 01°34'14". **Max. WOMOs:** 16. **Ausstattung:** V/E, Strom, mit Schranke gesichert, Müllbehälter. **Beschreibung:** Der mit Schranke gesicherte geschotterte Platz ist fast schattenlos, liegt am Ortsrand und nur 100 m vom Strand sowie von Restaurants entfernt. Bei Vollbelegung ist es sehr eng. **Preise:** 12–14 €, Parken für 5 Stunden inkl. Serviceleistung 6 €. **Zufahrt:** Im Ort den WOMO-Piktogrammen folgen.

TOUR 8

176 Carolles – *Camping Municipal La Guérinière***

GPS/Kontakt: N 48°45'00" W 01°33'25", 6 Rue des Jaunets, Telefon 0233619375, www.carolles.fr. Öffnungszeit: April–Oktober. **Ausstattung:** Waschmaschine, Wäschetrockner, Spielplatz, WiFi. **Beschreibung:** Der einfache Campingplatz ist für uns eine Alternative zum Stellplatz, obwohl wir nicht nah am Strand stehen. Die Sanitäranlagen sind ordentlich sowie sauber und die Parzellen zwar meist schattenlos, aber groß. Wenige Minuten entfernt finden sich eine Crêperie und eine gute Bäckerei. Eine schöne, rund *17 km lange Radtour* startet direkt am Campingplatz und ist mit einer weißen 4 auf blauem Grund markiert. Sie ist nicht allzu anspruchsvoll und führt vorwiegend auf Nebenstraßen. Es wird ein Naturschutzgebiet durchfahren und das Panorama auf die Bucht von Mont-Saint-Michel ist inklusive. **Preise:** 12–17 €. **Zufahrt:** Im Ort den Hinweisen zum Campingplatz folgen.

Wir wollen zu einer Wanderung durch schattige Täler und über steile Klippen aufbrechen. Vom Campingplatz oder von einem abseits gelegenen Wanderparkplatz führen unterschiedlich lange, markierte Strecken unter anderem durch das wilde **Vallée du Lude** oder das **Vallée des Peintres** und dann über den Küstenweg zur Cabane Vauban (N 48°44'57" W 01°33'53", *Übernachten vom*

01.06.–15.09. verboten! Der nur für Fahrzeuge bis 3,5 Tonnen gestattete Parkplatz sollte nur über die Rue Jacques Simon angefahren werden, da die andere Zufahrt sehr, sehr eng ist!).

Durch das Vallée du Lude und das Vallée des Peintres

Leichte Wanderung von etwa 8 Kilometer Länge mit einigen An- und Abstiegen sowie tollen Aussichten.

Vom Campingplatz gehen wir ins Ortszentrum und von dort über die Rue de Fontenelles zum ausgeschilderten Parkplatz, an dessen südlichem Ende wir den Wanderweg hinab ins Tal einschlagen. Nach rund 250 m halten wir uns links und folgen dem Bach entgegen seiner Fließrichtung bergauf. An einer Weggabelung halten wir uns geradeaus bis wir an eine Fahrstraße gelangen. Dort marschieren wir rechts bis zu einem Parkplatz am Rande des Waldes.

TOUR 8

Am Ende der Straße geht unser Weg in einen im Juni mit üppigen Margaritenbewuchs gesäumten Wiesenpfad, an dessen Ende wir links schwenken und nach weiteren 200 m auf die **Cabane Vauban**, einen ehemaligen Beobachtungsposten aus Stein, stoßen. *Von hier reicht der Blick weit über die Baie du Mont-Saint-Michel und bis zum Klosterberg.*

Der Küstenpfad führt uns nun nordwärts zu den imposanten Felsen Rocher du Sard, von denen sich wiederum ein schönes Panorama zeigt. Über den Küstenwanderweg steigen wir vorsichtig auf steilem und steinigem Pfad, teils über Felsstufen hinab in das wilde Vallée du Lude. Nachdem wir den Bach überquert haben, halten wir uns rechts und nur wenig später links kräftig bergauf.

Hoch über der Felsenküste folgen wir dem Pfad bis zum Croix Paqueray. Vom Aussichtspunkt oberhalb des Strandes von Carolles schauen wir diesmal nach Granville und natürlich weiterhin zum Mont-Saint-Michel. Ein Parkplatz wird überquert und entlang von Hecken erreichen wir auf dem rot-weiß markierten Weg einen Pfad unter Bäumen, der schon bald steil bergab bis zu einer Straße (Chemin des Pécheurs) führt.

Cabane Vauban

Dort gehen wir rechts bis zur D911, überqueren diese und folgen dem Hinweis geradeaus in das Vallée des Peintres. Unter schattigen Bäumen durchstreifen wir die mit Felsen durchsetzten Hänge und kommen, nun wieder aufwärtsgehend, an ein Viadukt. Hier halten wir uns auf der alten Bahntrasse rechts und wandern auf ihr bis nach Carolles hinein. Der Chemin de l'Aumone trifft auf eine breitere Straße, der wir rechts bis zur Kirche folgen. Von hier gehen wir zurück zum Campingplatz oder knicken in die Rue de la Poste ab, schwenken an der nächsten Kreuzung rechts, um in der folgenden Kurve geradeaus über die kleine Rue Jacques Simon den Parkplatz zu erreichen.

Auf der Küstenstraße rollen wir nach **Saint-Jean-le-Thomas** hinab und erwähnen, dass der dazugehörende Strand bei Ebbe endlos erscheint und für Furore sorgt. Direkt oberhalb des **städtischen Campingplatzes** (Mitte März–Mitte November) bietet der schön angelegte Stellplatz eine echte Alternative.

172 Saint-Jean-le-Thomas – *Aire de Camping-Car*

GPS: N 48°43'30" W 01°31'26", Boulevard Stanislas. **Max. WOMOs:** 17. **Öffnungszeit:** Ganzjährig. **Ausstattung:** V/E, Strom, Tische und Bänke, Infotafel, Müllbehälter. **Beschreibung:** Der schön angelegte, klappstuhlgeeignete Stellplatz auf Rasengittersteinen ist ringsherum begrünt und wird von einigen Bäumen gesäumt. Von einigen Plätzen eröffnet sich der Blick auf den etwa 10 km entfernten Mont-Saint-Michel. Der Strand ist etwa 300 m entfernt. Am nördlichen Ende haben wir es uns im **Strandrestaurant *JaJa*** *(Di und meist außerhalb der Saison geschlossen, Telefon 0233588717)* gut gehen lassen und den Apéro einmal mehr bei einem grandiosen Sonnenuntergang zu uns genommen. **Preise:** 10 €. Mitte November–Mitte März kostenfrei, kein Wasser/Strom. **Zufahrt:** Im Ort den Hinweisen zum Strand und zum Campingplatz sowie den WOMO-Piktogrammen folgen.

Auf dem Küstenweg zur Bec d'Andaine

Wir sind vom obigen Stellplatz aus dem Küstenweitwanderweg GR223 gefolgt (einfach am Strand in südlicher Richtung nach den rot-weiß Markierungen Ausschau halten) und nach einer rund 7 Kilometer langen Wanderung mal direkt am Wasser, mal etwas oberhalb und über einen Zaun kletternd zur Landspitze des Bec d'Andaine gelangt.

Von hier kann die Aussicht über die grasbewachsenen Dünen und die Salzwiesen bis zum Mont-Saint-Michel ausgekostet werden. Obwohl das Ziel fast aller Normandie-Reisenden noch knapp sechs

TOUR 8

Immer im Blick .... der Mont-Saint-Michel

Kilometer entfernt ist, liegt der Klosterberg zum Greifen nah vor uns.

Nachdem wir uns sattgesehen haben, marschieren wir auf gleichem Weg zurück zum Stellplatz, da die Alternativstrecke ansonsten vorwiegend an der Straße entlangführt. Unterwegs kann man an der Plage Dragey-Ronthon in einer saisonal geöffneten und herrlich unkomplizierten **Strandkneipe** pausieren.

Etwa auf halber Strecke der Wanderung befindet sich ein recht großes privates Wiesengelände, dessen Eigentümer die Nutzung durch Wohnmobile gestattet hat (Stand 2023). Wir haben allerdings gehört, dass die örtlichen Behörden von diesem Angebot in der *Site classé Dunes de Dragey* nicht begeistert sein sollen und nennen den Platz nur unter Vorbehalt, da er aus unserer Sicht eine prima Alternative für einen Aufenthalt in dieser Gegend darstellt. Möglicherweise dürfen Wohnmobile mittelweile dort ganz legal parken oder es ist ein generelles Verbot ausgesprochen worden. Probieren Sie es aus und teilen Sie uns gerne Ihre Erfahrungen mit (N 48°42'28" W 01°30'32").

Pointe du Grouin du Sud

Bei der Weiterfahrt gelangen wir nach Genêts. Der Ort bietet sich als idealer *Ausgangspunkt für eine geführte Wanderung zum Mont-Saint-Michel* an, da sich Wanderer nicht allein auf den Weg machen sollten (vgl. Seite 241).

Es gibt mehrere Anbieter und wir möchten stellvertretend die Firma **Chemins de la Baie** nennen, die im Ort Richtung La Plage/Bec d'Andaine zu finden ist (N 48°41'17" W 01°29'50", 34 Rue de l'Ortillon, Telefon 0233898088, Reservierung empfohlen, www.cheminsdelabaie.com). Der Parkplatz ist von 9–19 Uhr gebührenpflichtig und wir haben hier schon Wohnmobile über Nacht parken sehen. Bei einem längeren Aufenthalt empfehlen wir uneingeschränkt den **Camping Côté Ô****** (April–September, www.cote-o.fr).
Der Tourenbeginn richtet sich nach den Gezeiten und die Berechnung erfolgt aufgrund des Verlaufes der Wanderung. Je nach Angebot ist ein Rücktransport mit dem Bus möglich.

Auf dem **Bio-Bauernhof Cara–Meuh!** werden leckere Karamellbonbons in den unterschiedlichsten Geschmacksrichtungen, Butter, Käse und andere Leckereien hergestellt und im Hofladen oder in der Bar zum Verkauf angeboten. Zusätzlich sorgt ein Museum sowie ein Lehrpfad für Einblicke in die Milchverarbeitung und den Bauernhof. Wechselnde Ausstellung runden das auch für Kinder spannende Unterhaltungsprogramm ab *(29. August–25. Juni Mo–Fr 9–19 Uhr, Sa/So 10–12:30/13:30–18:30 Uhr, 26. Juni–27. August Mo–So 9–19:15 Uhr, Hunde auf dem Lehrpfad an der Leine gestattet).*

TOUR 8

178 Vains – *La Ferme des Cara-Meuh!*

GPS: N 48°40'25 W 01°25'52", 11 Saint-Léonard, Telefon 0233708240, www.cara-meuh.com. **Max. WOMOs:** 5. **Öffnungszeit:** Ganzjährig, außer 25.12./01.01./9.–17.01./06.–10.07./11.–18.09. **Ausstattung:** Strom an einigen Plätzen. **Beschreibung:** Die Stellplätze befinden sich auf einer Wiese, die im Winter oder bei Regen nicht zugänglich ist. Dann

werden geschotterte Plätze zur Verfügung gestellt. Wenn nötig, stellen die Betreiber manchmal auch weitere Plätze ohne Stromanschluss bereit. **Preise:** Kostenfrei, nur der Strom wird berechnet. Wir finden, ein Einkauf im Hofladen ist angebracht. **Zufahrt:** Im Ort den Hinweisen Cara-Meuh oder Écomusée folgen. Hinweis: Bei Anreise während der oben genannten Öffnungszeiten des Bauernhofes unbedingt an der Rezeption anmelden!

Natürlich kann man von hier die Umgegend mit dem Fahrrad erkunden und sich dabei bewusst sein, dass auf den Straßen insbesondere an den Wochenenden und während der Saisonzeiten viel Autoverkehr herrscht. Wir haben uns deshalb bei einer Wanderung sehr viel wohler gefühlt.

TOUR 8

Naturerlebnis an den Salzwiesen

Leichte Wanderung von etwa 13 Kilometer mit vielen Aussichten auf den Mont-Saint-Michel. Wegweisend sind die weiß-roten und gelben Markierungen.

Vom Stellplatz am Bauernhof gehen wir nach Saint-Léonard und durchlaufen den Ort auf der D591 bis zum Wasser. Hinter einem Gatter folgen wir dem GR223 nach rechts und wandern, immer der Küstenlinie folgend, vorbei an Le Grand Port nach Les Porteaux. Am dortigen kleinen Parkplatz nehmen wir rechts leicht bergauf die Straße, bis links ein Feldweg abzweigt. Über Wiesen kommen wir an eine Straße in Genêts, der wir rechts folgen und an der nächsten Straße links schwenken. Im Ort treffen wir auf die D911, der wir zunächst Richtung Dragey folgen und gegenüber einer Bushaltestelle rechts (Rue du Prieuré) abbiegen. Wir queren ein Bächlein und gehen an der nächsten Kreuzung links und in einem Bogen zurück zur D911. Dort kurz links und gleich wieder rechts marschieren wir bis zu einem Wendehammer. Links gehend erreichen wir einen weiteren Parkplatz mit Picknicktischen und können bei einer Pause spätestens jetzt *den wunderschönen Panoramablick über die Bucht zum Mont-Saint-Michel* genießen. Nach der Überquerung der Lerre auf einem Holzbrückchen gehen wir auf dem Küstenwanderweg bis zur Pointe du Mont Manet und nach wenigen Schritten gelangen wir durch ein Gatter wieder nach Les Porteaux.

Auf bekanntem Weg wenden wir uns nun erneut Saint-Léonard zu, bleiben aber auf dem Küstenwanderweg, bis wir das **Écomusée de la Baie du Mont-St-Michel** erreichen (N 48°39'53" W 01°26' 45"). Bei einem Besuch im traditionellen Steinhaus erfährt man viel über die Landschaft und die Geologie, über seine Flora und Fauna sowie das Leben der Menschen in dieser Region *(April–Juni 14–18 Uhr, Juli/August 10–19 Uhr, September 10–18 Uhr, Eintritt. ecomusee-baie.manche.fr)*. Hier folgen wir dem Küstenwanderweg oder der Straße am Museum weiter südwärts und gehen anschließend an einem Zaun entlang zur **Pointe du Grouin du Sud**, von der wir eine herrliche Aussicht über die Bucht haben (Foto vorherige Seite). Wir umrunden die Landzunge und folgen dem GR223 nun in östliche Richtung, um ihn an einem Abzweig links ins Landesinnere zu verlassen. Nach etwa 100 m erreichen wir die Landstraße und folgen dieser rechts ca. 200 m. Die gelbe Markierung bringt uns von hier über einen Feldweg nach Saint-Léonard, von wo wir über die Hauptstraße rechts zurück zum Bauernhof und damit zum Ausgangspunkt der Wanderung gelangen.

Nach diesem interessanten und schönen Abstecher in die Natur geht es anschließend in **Avranches** (8.000 Einwohner) städtisch zu.

179 Avranches – *Aire Communale*

GPS: N 48°41'11" W 01°22'05", Boulevard Léon Jozeau-Marigné. **Max. WOMOs:** 15. **Öffnungszeit:** Ganzjährig. **Ausstattung:** V/E, Müllbehälter. **Beschreibung:** Der asphaltierte, schattenlose, einfache Stellplatz ist teilweise ausgesprochen schräg, sodass Unterlegkeile ein Muss sind. Dafür hat der Platz jedoch eine schöne Aussicht vom Ortsrand aus, die Lage ist nachts ruhig und in das Ortszentrum mit Bäckerei, Geschäften und Restaurants sind es etwa 400 m. **Zufahrt:** Im Ort den Hinweisen Centre Ville und den WOMO-Piktogrammen folgen.

Die hübsche Kleinstadt verlieren Durchreisende auf dem Weg zum Mont-Saint-Michel oft aus den Augen. Das ist jedoch ein Fehler, denn der auf einem Hügel liegende Ort überrascht mit einigen netten Straßenzügen und einer frei zugänglichen **Burganlage.**

Am Zusammenfluss von Sée und Sélune siedelten bereits die Gallier und nach der Christianisierung entwickelte sich die Stadt schnell zum Bischofssitz. Kurzzeitig zur Bretagne gehörend, wurde Avranches im Jahr 933 zum Teil des normannischen Herzogtums. Im Zweiten Weltkrieg durchbrach der amerikanische General *George S. Patton* die deutschen Linien bei einer Panzerschlacht und leitete damit den Vorstoß der Alliierten in die Basse-Normandie und zur Bretagne ein. Das Monument Patton am südlichen Stadtrand erinnert an dieses Ereignis.

Im Zentrum befindet sich das **Office de Tourisme,** bei dem ein kostenloser, informativer Stadtplan erhältlich ist *(April–Juni/*

Jardin des Plantes und Église Notre-Dame-des-Champs

September Mo–Sa 9:30–12:30/14–18 Uhr, Sonntag 9–13 Uhr, Juli/August Mo–Sa 9:30–18:30 Uhr, So 9:30–17.30 Uhr, Oktober–März Mo–Sa 9:30–12:30/14–17:45 Uhr, 2 Rue du Général de Gaulle, Telefon 0233580022, www.ot-montsaintmichel.com).

Bei einem Rundgang durch die verkehrsberuhigte Altstadt mit Geschäften und Cafés stoßen wir auf die historische Vergangenheit der Stadt. Im **Musée des Manuscrits du Mont-Saint-Michel** *werden seit der Französischen Revolution rund 4.000 Bücher und 200 Handschriften aufbewahrt, die aus der Klosterbibliothek des Mont-Saint-Michel stammen*. Interaktiv und multimedial aufbereitet werden jeweils einige der Manuskripte unter Panzerglas präsentiert, und wechselnde Ausstellungen runden die interessante Sammlung ab *(April–September 10–13/14–18 Uhr Montag geschlossen, Oktober–Dezember/Februar/März 14–18 Uhr, So/Mo geschlossen, Eintritt, Audioguide in deutscher Sprache, www.scriptorial.fr).* Die **Basilique Saint-Gervais et Saint-Protais** ist im 19. Jahrhundert im Stil des Historismus errichtet und birgt einen wertvollen Kirchenschatz. Darunter befindet sich die Reliquie des heiligen Aubert, dem die Gründung des Mont-Saint-Michel zu verdanken ist. Ganz in der Nähe des Stellplatzes liegt der **Jardin des Plantes**. Der botanische Garten erstreckt sich auf dem Areal des ehemaligen Kapuzinerklosters und bietet neben exotischen Pflanzen und Büschen eine herrliche Aussicht über die Bucht und den Klosterberg.

Für die gediegene Einkehr zwischen den Natursteinwänden einer alten Postkutschenstation empfehlen wir das **Hotel-Restaurant *La Croix d'Or*** in der Nähe des Patton-Monument. Das Preis-/Leistungsverhältnis ist stimmig, das Personal freundlich und das günstigste Mittagsmenü ein Genuss *(Mittags- und Abendmenüs, in den Wintermonaten So Abend geschlossen, 83 Rue de la Constitution, Telefon 0233580488).*

Nachdem wir uns bisher an der Baie de la Mont-Saint-Michel bewegt haben, wollen wir nun endlich der meistbesuchten Sehenswürdigkeit der Normandie an der Grenze zur Bretagne einen Besuch abstatten.

Der Mont-Saint-Michel, dessen Abtei vom goldenen Erzengel Michael gekrönt ist, gehört seit 1979 zum UNESCO Weltkulturerbe und zieht jährlich drei Millionen Besucher aus aller Welt an. Seit 2015 hat er nach jahrelangen Renaturierungsmaßnahmen seinen maritimen Charakter zurückerhalten und der Straßendamm wurde durch eine Stelzenbrücke ersetzt.

Mont-Saint-Michel – Praktische Informationen

An einigen Tagen im Jahr wird der Berg aufgrund des Tidenhubs gar zur richtigen Insel und der Zugang ist für etwa eine Dreiviertelstunde nicht möglich. Einen Überblick über diese Tage sowie eine Gezeitentabelle und vieles andere mehr, findet sich auf der Internetseite des **Office de Tourisme**, das innerhalb der Mauern am Eingang des Klosterberges untergebracht ist *(April–Juni/September Mo–So 9:30–18:30 Uhr, So 9:30–18 Uhr, Oktober Mo–Sa 9:30–17.30 Uhr, So 9:30–17 Uhr, Juli/August Mo–So 9:30–17 Uhr, November–März 10–17 Uhr, während der Schulferien bis 17.30 Uhr, Grande Rue, Telefon 0233601430, www.ot-montsaintmichel.com).*

Auch das **Centre d'Information** an den Parkplätzen auf dem Festland ist eine gute Anlaufadresse. Hier kann man sich über den Klosterberg, die Bucht und das angrenzende Gebiet ausführlich informieren (bienneueaumontsaintmichel.com).

Wer dem Mont-Saint-Michel wie einst die Pilger zu Fuß durch das Watt entgegengehen möchte, sollte das auf keinen Fall auf eigene Faust versuchen! Die Wanderung birgt wegen des enormen Tidenhubs in der Baie du Mont-Saint-Michel viele Gefahren und man sollte sich unbedingt einer geführten Wattwanderung anschließen!

Der größte Tidenhub Europas sorgt für eine Differenz von bis zu 15 Metern und lässt das Wasser bei Flut mit bis zu 30 Stundenkilometer Geschwindigkeit um den Klosterberg ansteigen. Der Durchschnitt liegt jedoch bei rund vier Kilometer pro Stunde, was immer noch dem Tempo eines gehenden Menschen entspricht. Priele laufen innerhalb kürzester Zeit voll und schneiden Wanderern den Rückweg zum Ufer ab. Der Seenebel, der eben urplötzlich verschwand und den Blick auf den Berg freigab, kann genauso blitzartig wieder auftreten und zur Orientierungslosigkeit im Watt führen (*Wattwanderungen starten unter anderem direkt am Haupteingang des Mont in der Nähe der Stadtmauer und können beispielsweise unter www.gambettes-enbaie.fr eingesehen sowie gebucht werden*).

Für den **Tagesbesuch** bietet sich das Parken auf dem Parkplatz P8 an. Die erste halbe Stunde ist kostenlos, anschließend staffeln sich die Entgelte von 12 bis 27 € je nach Länge des Aufenthalts und während welcher Saison der Parkplatz besucht wird. ***Allerdings dürfen nur noch Wohnmobile bis 8 Meter Länge den Parkplatz nutzen.***

Wenn man auf die Beförderung mit dem **kostenfreien Shuttle-Bus** zum Klosterberg verzichtet, dann bleibt nur der etwa eine Stunde dauernde Fußweg auf der Stelzenbrücke, die beschauliche, **kostenpflichtige Fahrt mit dem Pferdewagen** oder das Überqueren der Brücke mit dem **Fahrrad** (Fahrräder sind Mai bis September 10–18 Uhr verboten, ansonsten gestattet. Weitere Infos im Centre d'Information, da zurzeit unserer Recherche Überlegungen stattfanden, das Fahrradfahren auf der Brücke zu ändern).

Größere **Hunde** sind, wenn man den Besuch des Berges zu den Hauptbesuchszeiten seinem Vierbeiner überhaupt zumuten möchte, im Bus und auf dem Pferdewagen nicht gestattet und können, falls gewünscht, gegen eine Gebühr im Touristeninformationszentrum betreut werden. Kleinere Hunde werden hingegen befördert, vorausgesetzt, sie passen in eine Tasche.

Wer sich halbwegs ungestört durch den gleichnamigen Ort bewegen und die magische Aura des Berges spüren möchte, sollte sich am frühen Morgen oder am späten Abend auf den Weg durch die ansonsten mit Besuchern vollgestopften engen Gassen begeben.

Obwohl wir den Mont-Saint-Michel als einen der Höhepunkte dieser Reise betrachten und uns jedes Mal aufs Neue gar nicht genug an der aus dem morgendlichen Dunst ragenden oder vom milden Abendlicht beschienenen Silhouette des Klosterberges sattsehen können, läuft hier ein gigantischer Touristenrummel ab, der teilweise sogar mit dem Begriff »Abzocke« umschrieben werden könnte.

Trotz alldem ist der Besuch immer wieder ein Erlebnis – sowohl aus der Entfernung wie aus der Nähe als auch vor und hinter den dicken Mauern. *Das **Wunder des Abendlandes** schafft es somit ohne Mühe direkt in unsere persönlichen **Top Ten**.*

Nun aber genug der Vorrede und nur noch schnell ein Hinweis in eigener Sache: Für all jene, die von hier in die Bretagne weiterreisen möchten, wollen wir nicht unerwähnt lassen, dass wir über diese faszinierende und wunderschöne französische Region den *WOMO-Reiseführer Band 10 Bretagne* verfasst haben und Sie auch gerne dorthin begleiten würden.

Im Rahmen des Renaturierungsprozesses sind die Anfahrten sowie die Parkplatzsituation klar geregelt. Nachfolgend stellen wir eine Auswahl der offiziellen Übernachtungsplätze vor und sind davon überzeugt, dass jeder seinen Lieblingsplatz in der Nähe der auch als »Wunder des Abendlandes« bezeichneten Abtei findet.

180 Huisnes-sur-Mer – *Restaurant/Crêperie l´Archange*

GPS: N 48°37'06" W 01°27'38", Rue du Pont Landais. **Max. WOMOs:** 4. **Öffnungszeit:** Ganzjährig. **Beschreibung:** Der einfache Parkplatz liegt außerhalb der Ortschaft an der Straße und über die Wiesen ist der Mont-Saint-Michel zu sehen. Die Gaststätte bietet gute Muschelgerichte an. **Preis:** 6 €. **Zufahrt:** Direkt an der D275 gelegen. **Hinweis:** Die Anmeldung erfolgt in der Crêperie!

181 Ardevon – *La Bidonnière*

GPS/Kontakt: N 48°36'13" W 01°28'37", Rue de la Rive. Telefon 625553070, www.labidonniere.fr. **Max. WOMOs:** 45. **Öffnungszeit:** Ab Mitte März–Anfang Januar. **Ausstattung:** V/E, Strom, Sanitärhaus, Tische und Bänke, WiFi, Brötchenservice, Müllbehälter. **Beschreibung:** Der manchmal mit Schranke gesicherte, meist schattenlose, einfache Stellplatz liegt auf Schotter bzw. Wiese am Ortsrand mit Aussicht über die Wiesen bis zum Mont-Saint-Michel und ist klappstuhlgeeignet. **Preis:** 13,50 €. **Zufahrt:** Im Ort dem WOMO-Piktogramm folgen. **Hinweis:** Die Haltestelle des kostenlosen, bis ca. 24 Uhr verkehrenden Shuttle-Bus zum Mont-Saint-Michel ist etwa 3 km entfernt.

182 Le Mont-Saint-Michel – *Parkplatz P8*

GPS: N 48°36'30" W 01°30'29", an der D776. **Max. WOMOs:** 200. **Öffnungszeit:** Ganzjährig. Nur für WOMOs bis 8 Meter Länge gestattet! **Ausstattung:** Entsorgung, Müllbehälter. **Beschreibung:** Der durch Schranke gesicherte, asphaltierte, für WOMOs reservierte Abschnitt der Großparkplätze liegt außerorts und ist meist schattenlos. Etwa 400 m entfernt befinden sich eine Bäckerei, Geschäfte und Restaurants. **Preise:** 12–27 € je nach Saison, stundenweises Parken möglich. Während der Neben-, Vor- und Nachsaison zwischen 18:30–1 Uhr kostenfrei (Stand 2023). Die letztgenannte Uhrzeit ist richtig und macht nicht viel Lust aufs Übernachten – außer man kommt erst nachts (vielleicht vom Besuch des Mont) zum Parkplatz. **Zufahrt:** Von der D275 den Hinweisen zum Parkplatz am Mont-Saint-Michel folgen. **Hinweis:** Die Haltestelle vom kostenlosen, bis ca. 24 Uhr verkehrenden Shuttle-Bus zum Mont-Saint-Michel befindet sich in unmittelbarer Nähe.
Nur für Wohnmobile bis 8 Meter Länge.

TOUR 8

183 Le Mont Saint-Michel – *Camping du Mont-Saint-Michel*

GPS/Kontakt: N 48°36'53" W 01°30'37", Route du Mont-Saint-Michel, Telefon 0233602210, www.camping-montsaintmichel.com. **Öffnungszeit:** Ende März/Anfang April–Ende September/Anfang Oktober. Eine Reservierung ist dringend zu empfehlen! **Ausstattung:** Waschmaschine, Wäschetrockner, WC für Menschen mit eingeschränkter Mobilität. **Beschreibung:** Der einfache Campingplatz unter Bäumen ist definitiv die dem Klosterberg am nächsten gelegene Übernachtungsmöglichkeit und befindet sich in unmittelbarer Nähe von Restaurants und Geschäften. Die Wiesenparzellen sind durch Hecken unterteilt. **Preise:** 29 €. **Zufahrt:** Nachdem die großen Parkplätze passiert sind von der D776 Richtung Busparkplatz Le Mont Saint Michel in einer Linkskurve rechts abfahren. Die Sicherheitsbarriere (N 48°36'37" W 01°30'36") passieren (siehe Hinweis unten) und ca. 500 m später rechts den Hinweisen zum Campingplatz folgen. **Hinweis:** Die Einfahrt zum Campingplatz und zur Hotelzone ist nur mit einem obligatorischen, zusätzlich kostenpflichtigen Zugangscode zu befahren, der im Zufahrtsbereich an der Sicherheitsbarriere mit elektronischen Zahlsäule zahlbar ist. April–September 9,80 €/24 Stunden, Oktober–März 5,20 €/24 Stunden (Stand 2023). Jede Ausfahrt ist kostenpflichtig! Die Haltestelle vom kostenlosen, bis ca. 24 Uhr verkehrenden Shuttle-Bus zum Mont-Saint-Michel befindet sich in unmittelbarer Nähe.

184 Beauvoir – *Camping Aux Pommiers*****

GPS/Kontakt: N 48°35'46" W 01°30'45", Route du Mont-Saint-Michel, Telefon 0233601136, www.camping-auxpommiers.com. **Öffnungszeit:** April–Anfang November. **Ausstattung:** Indoor-Pool, Bar, Shop, Brötchenservice, Waschmaschine, Wäschetrockner, Fahrradverleih, WiFi. **Beschreibung:** Die parzellierten Wiesenplätze sind teilweise schattig und durch Hecken geteilt sowie relativ geräumig. Der Platz liegt im Ort mit Geschäften und Restaurants. Über den schönen Radweg entlang des Couesnon kann man von hier bequem Richtung Klosterberg radeln. **Preise:** 33–50 €. **Zufahrt:** Im Ort dem Hinweis zum Campingplatz folgen. **Hinweis:** Die Haltestelle vom kostenlosen, bis ca. 24 Uhr verkehrenden Shuttle-Bus zum Mont-Saint-Michel ist etwa 2 km entfernt. In diese Richtung gibt es eine Busverbindung (der letzte Bus vom Mont-St-Michel verkehrt gegen 18 Uhr).

185 Beauvoir – *Camping-Car Park Mont-Saint-Michel*

GPS: N 48°35'39" W 01°30'44", Route du Mont-Saint-Michel. **Max. WOMOs:** 180. **Öffnungszeit:** Ganzjährig. **Ausstattung:** V/E, Strom, WiFi, Tische und Bänke, Müllbehälter. **Beschreibung:** Die Parzellen des schön angelegten, geschotterten, schattenlosen und klappstuhlgeeigneten Stellplatzes sind durch Hecken getrennt. Trotz Straßennähe ist der Platz am Ortsrand nachts ruhig und die im Ort befindliche Bäckerei und die Restaurants sind fußläufig zu erreichen. Über den Radweg entlang des Couesnon kann man von hier aus bequem Richtung Klosterberg radeln. **Preise:** 16 €, 5 Stunden Parken und Serviceleistung 6 €. **Zufahrt:** Im Ort dem WOMO-Piktogramm folgen. **Hinweis:** Die Haltestelle vom kostenlosen, bis ca. 24 Uhr verkehrenden Shuttle-Bus zum Mont-Saint-Michel ist etwa 2 km entfernt. In diese Richtung gibt es eine Busverbindung (der letzte Bus vom Mont-St-Michel verkehrt gegen 18 Uhr).

186 Pontorson – *Aire de Camping-Car L'Anse de Moidrey*

GPS: N 48°34'47" W 01°30'55", 23 Route de la Grève. **Max. WOMOs:** 72. **Öffnungszeit:** Ganzjährig. **Ausstattung:** V/E, Strom, Duschen, WC. **Beschreibung:** Die durch eine Schranke gesicherten Plätze liegen teils auf Schotter und teils auf Wiese. Sie sind recht großzügig bemessen und liegen außerorts auf dem Gelände eines Ferienresorts. Über den Radweg entlang des Couesnon kann man von hier aus bequem Richtung Klosterberg radeln. **Preise:** 13,50–16,50 €. **Zufahrt:** Von der D776 den Hinweisen Villages de gîtes du Mt-St-Michel und dem WOMO-Piktogramm folgen.

Zwei weitere, einfache Stellplätze sind in **Pontorson** zu finden:

187 **N 48°33'30" W 01°30'27"**, Route du Mont-Saint-Michel, V/E, ganzjährig geöffnet.

188 **N 48°33'13" W 01°31'01"**, Route de Saint-Georges, ganzjährig geöffnet.

Mont-Saint-Michel

TOUR 8

Im Jahr 708 soll der Erzengel Michael dem Bischof Aubert von Avranches dreimal erschienen sein und diesen beauftragt haben, auf dem aus dem Meer ragenden Granitkegel eine Kapelle zu errichten. Die Kirche wurde 709 geweiht und zwei Jahrhunderte später wurde anstelle der Kirche ein Benediktinerkloster gegründet. Im Laufe der folgenden Jahre wurde erweitert sowie angebaut, sodass der gesamte Berg tempelhaft aus den Fluten stieg.

Während des Hundertjährigen Krieges wurde das Kloster festungsartig verstärkt und trotz langjähriger Belagerung gelang es den Engländern nicht, es zu erobern. Nach der Französischen Revolution wurde das Kloster aufgelöst und zum ausbruchsicheren Gefängnis umgestaltet, das 1863 wieder geschlossen wurde. Erst seit 1969 leben wieder Mönche auf dem Klosterberg, deren Anwesenheit dem Berg trotz des Touristenansturms seinen klerikalen Anspruch erhält.

Über die steil ansteigende Hauptstraße, die weiter oben in eine Treppenanlage übergeht, wird die Abtei erreicht. Zu beiden Seiten der Grande Rue reihen sich Souvenirläden sowie Restaurants aneinander, und beim Geschiebe durch die enge Gasse sollte man sich bemühen, zumindest einmal den Blick hoch zu den Fassaden der aus dem 15. bis 16. Jahrhundert stammenden Häuser zu werfen.

Grande Rue

Von einer der zahlreichen Terrassen das beeindruckende Wechselspiel von Ebbe und Flut beobachten.

Um die Grande Rue zu umgehen, kann man sich auch auf der äußeren Wehrmauer mit fantastischen Ausblicken hinauf zur Klosterpforte bewegen, oder man wählt den Weg über Treppchen und verschlungene Wege auf dem inneren Wehrgang nach oben. Unterwegs stößt man auf **vier private Museen**, kleine Gärten und die **Église Saint-Pierre**, in der Ausstattungsgegenstände der Abteikirche, wie zum Beispiel eine versilberte Statue des Erzengels Michael zum Inventar gehören.

Um das eigentliche **Kloster** zu betreten, muss die stufenreiche und beschwerliche Abteitreppe zur Klosterpforte erklommen werden. Hier beginnen die Führungen durch die Räumlichkeiten des Klosters, die jedoch auch auf eigene Faust erkundet werden können. Hierfür lohnt es sich, einen Audioguide in deutscher Sprache dabeizuhaben. Die Besichtigung führt durch ein Labyrinth von Gängen und Treppen der ursprünglich im romanischen Stil erbauten und nach dem Hundertjährigen Krieg im Flamboyant-Stil erneuerten Abtei, die sich dreistöckig an den Granitfelsen schmiegt.

Die **Abteikirche** strahlt mit ihren Türmchen und Balustraden eine zum Himmel strebende Leichtigkeit aus, und der eine Rasenfläche mit Brunnen umrahmende **Kreuzgang** scheint zwischen Himmel und Meer zu schweben. Daran schließen sich die gotischen Gebäude des Refektoriums, des Kapitelsaals und andere Säle sowie Räumlichkeiten an, die aufgrund ihrer architektonischen Besonderheit als *La Merveille* (das Wunder) bezeichnet werden.

Auf der Kirchturmspitze glänzt über allem die goldene Statue des heiligen Michael und scheint symbolisieren zu wollen, dass der Besuch des Klosterberges einfach unumgänglich ist und sich lohnt *(Mai–August 9–19 Uhr, letzter Einlass 18 Uhr, September–April 9:30–18 Uhr, letzter Einlass 17 Uhr, Eintritt, Führungen möglich, Audioguide. Die Mitnahme von Hunden ist nicht gestattet!)*!

Ein ausgefallenes Erlebnis ist in den Sommermonaten der Besuch des Klosters nach Einbruch der Dunkelheit! Zu musikalischen Klängen und in besonderer Atmosphäre kann man beim **Parcours Nocturne** die beleuchteten Gemäuer der Abtei erkunden (Juli/August Mo–Sa 19:30–24 Uhr, letzter Einlass 23 Uhr, Eintritt. www.abbaye-mont-saint-michel.fr).

Es fällt uns schwer, in diesem touristisch geprägten, von gastronomischen Angeboten nur so wimmelnden Umfeld eine Restaurantempfehlung abzugeben. Wir wollen nur berichten, dass wir das angeblich beste, aber wohl auch teuerste Omelette der Welt im **Restaurant *La Mère Poulard*** in unmittelbarer Nähe des einzigen Eingangstores zum Saint-Mont-Michel gegessen haben. Sieht man mal vom wirklich leckeren Omelette in süßer oder salziger Form ab, so ist die Küche als durchschnittlich zu bewerten. Für rund 40 € sollte man sich das zugegebenermaßen riesige und luftige Wunderwerk besonders lange auf der Zunge zergehen lassen. Die Omeletts werden seit 1888 nach gleichem Rezept von livrierten Köchen gekonnt (und ausgesprochen fotogen) in Kupferkesseln geschlagen und auf offenem Feuer zubereitet ... aber ganz unter uns: Den Blick in die offene Küche kann man auch von der Straße aus riskieren!

Mont-Saint-Michel an einem Wintermorgen

Tour 9

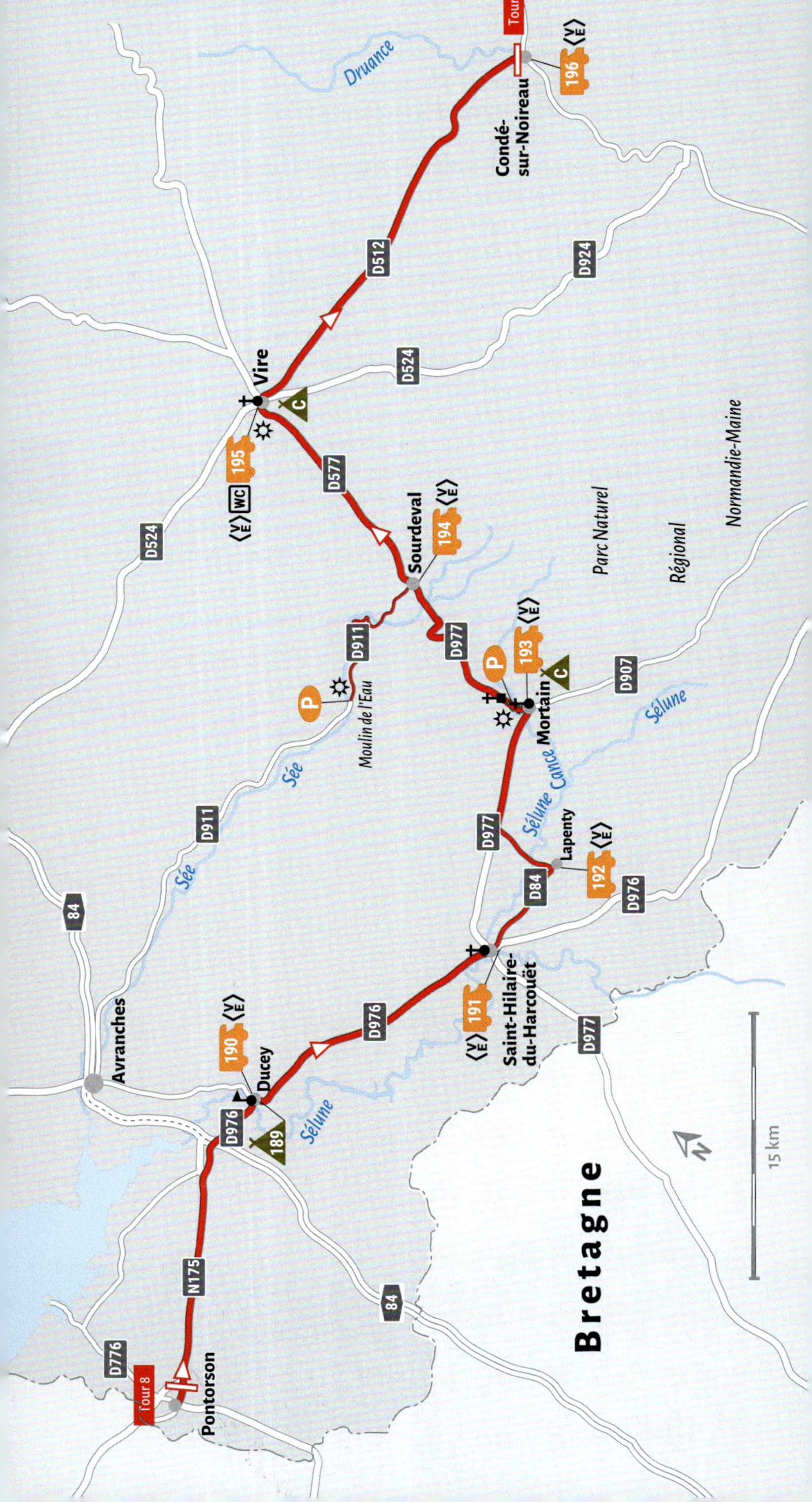
Tour 10
Druance
196
Condé-sur-Noireau
D512
D924
Vire
D524
C
195
WC
D577
Sourdeval
194
Parc Naturel
Régional
Normandie-Maine
D911
P
Moulin de l'Eau
D977
P
193
C
D907
Mortain
Sélune
Cance
Sée
Lapenty
192
D84
D976
84
Avranches
Saint-Hilaire-du-Harcouët
191
190
Ducey
189
Sélune
N175
D776
Tour 8
Pontorson
Bretagne
15 km

Zwischen Manche und Calvados

120 km

Am Mont-Saint-Michel verabschieden wir uns von der Küste und werden unsere Reise ab jetzt im Binnenland fortsetzen. Folgen Sie uns mitten hinein in die Mortainais-Region, die im südlichen Teil des Départements Manche zu finden ist und wechseln Sie dann südlich von Caen mit uns ins Département Calvados, in dem wir bereits unterwegs waren und das uns zum Teil schon bekannt ist.

- **Kaskaden von Mortain**
- **Marktbesuch in Sourdeval**
- **Fahrradfahren auf der Vélomaritime**

Wir verlassen Pontorson in nordöstliche Richtung und gelangen nach **Ducey** (2.500 Einwohner), das im Sommer durch zahlreiche Blumenbepflanzungen farbenfrohe Akzente setzt. Wer dem Rummel am Mont-Saint-Michel entfliehen möchte, *der kann in diesem ruhigen Ort sein Basislager aufschlagen und auf der Vélomaritime rund 25 Kilometer dem Wunder des Abendlandes entgegenradeln* (vgl. Tour 8 Seiten 241–247).

189 Ducey – *Camping Municipal La Sélune*

GPS/Kontakt: N 48°37'01" W 01°17'39", 33 Rue de Boishue, Telefon 0233484649, www.ducey.fr, geöffnet Juli/August. **Preis:** 14 €. In der Zeit von April–Juni/September/Oktober haben Wohnmobile freien Zugang.

190 Ducey – *Parking du Domaine*

GPS: N 48°37'30.0" W 01°17'38", Route de St Quentin. **Max. WOMOs:** 15. **Öffnungszeit:** Ganzjährig. **Ausstattung:** V/E, Tische und Bänke, WC, Müllbehälter. **Beschreibung:** Der am Ortsrand gelegene, geschotterte, schattenlose Parkplatz mit dem Charme eines Lkw-Abstellplatzes ist für die Durchreise okay und nachts ruhig. Das Ortszentrum mit Bäckerei, Geschäften und Restaurants ist nach 300–500 m zu erreichen. Ein weiterer Parkplatz befindet sich gegenüber dem Schloss und ist für WOMOs bis 3,5 Tonnen freigegeben. Der Radweg *Vélomaritime* verläuft in unmittelbarer Nähe des Stellplatzes. **Zufahrt:** Im Ort an der Sélune-Brücke dem WOMO-Piktogramm folgen.

Im **Office de Tourisme** ist ein Plan in französischer und englischer Sprache für den Stadtrundgang erhältlich *(Oktober–März 9–12:30 Uhr, Mo–Fr April-Juni/September 9:30–12:30/14:30–17:30 Uhr, Di–Sa Juli/August 9–12:30/14–18:30 Uhr Mo–Sa, 10–12:30 Uhr So, Rue de Gen Leclerc, Telefon 0233602153, www.ducey.fr)*.

Bei einer Besichtigung des direkt daneben liegenden Schlosses, dem **Château des Montgommery** aus dem 17. Jahrhundert, beeindrucken die Deckenmalereien und eine monumentale Treppe *(Juli/August Di/Do/Sa Führung 15 Uhr, Eintritt).*

In Ducey und seinem Umland gibt es zahlreiche Wander- und Radwege, von denen beispielsweise *der sieben Kilometer lange Rundwanderweg Au fil de l'eau, la Sélune* erwähnenswert ist. Von der alten Brücke an der Sélune gelangt man entlang des für seine Lachse gerühmten Flusses in den Bois d'Ardenne und zurück in die Stadt (ein Wanderplan ist im Fremdenverkehrsbüro erhältlich).

Alte Sélune-Brücke in Ducey

Die *Vélomaritime* führt weiter nach **Saint-Hilaire-du-Harcouët** und auch bei der Anreise mit dem Wohnmobil werden wir schon von Weitem von den Türmen der im neogotischen Stil errichteten Kirche begrüßt. In der lebendigen Stadt findet jeden Mittwochvormittag ein **Markt** auf der Place Delaporte statt, auf welchem im Juli und August auch traditionelles Handwerk vorgestellt wird. Über weitere Veranstaltungen und Freizeitmöglichkeiten in der abwechslungsreichen Umgebung informiert das **Office de Tourisme** an der Hauptdurchgangsstraße *(Juli/August Mo–Sa 9:30–13/14–18:30 Uhr, So 9:30–12:30 Uhr, ansonsten Mo 13:30–17:30 Uhr, Di–Fr 9:30–12:30/13:30–17:30 Uhr, Oktober–Mai auch Sa 9:30–12:30 Uhr, 21 Avenue du Mal Leclerc, Telefon 0233793888, www.ot-montsaintmichel.com).*

191 Saint-Hilaire-du-Harcouët – *Plan d'Eau du Prieuré*

GPS: N 48°34'22" W 01°05'15", Le Prieuré. **Max. WOMOs:** 10. **Öffnungszeit:** Ganzjährig. **Ausstattung:** V/E, Tische und Bänke, Infotafel, Stadtplan. **Beschreibung:** Der geschotterte bzw. asphaltierte, schattenlos einfache Parkplatz liegt ruhig am Ortsrand und in der Nähe des Schwimmbades. Rund um den Stellplatz sowie zwei Seen kann man

im Stadtpark die Seele baumeln lassen, finden sich Grillmöglichkeiten oder eine Boulebahn und nach ca. 500 m ist das Ortszentrum mit Bäckerei, Geschäften und Restaurants erreicht. Nördlich des Zentrums quert die *Vélomartime/Voie Verte* die D977 und führt gemächlich nach Ducey bzw. nach Mortain. **Zufahrt:** An der Kirche den Hinweisen Plan d'Eau/Piscine bis zum Stellplatz folgen.

Im östlich gelegenen Dorf **Lapenty** hat sich der örtliche Wohnmobil-Klub an der Gestaltung des Stellplatzes beteiligt und wir möchten diesen nicht unerwähnt lassen.

192 Lapenty – *Aire de Camping-Car*

GPS: N 48°34'43" W 01°00'33", an der D84. **Max. WOMOs:** 6. **Öffnungszeit:** Ganzjährig. **Ausstattung:** V/E, im unteren Bereich Tische und Bänke sowie eine Grillmöglichkeit, Müllbehälter. **Beschreibung:** Der geschotterte, teils schattige Parkplatz liegt am Ortsrand, nah an den Häusern und ist klappstuhlgeeignet. Etwa 200 m entfernt befinden sich eine Gaststätte sowie ein Tabakladen mit Brot-Verkauf. Auf einer Infotafel wird auf *eine 5 km lange Wanderung* hingewiesen und die Aussicht vom Platz reicht über einen kleinen Park mit See. **Zufahrt:** Am westlichen Ortseingang gelegen.

Durch eine zunehmend hügeliger werdende Landschaft stoßen wir in das grüne Herz der normannischen Bocage-Landschaft und erreichen das auf einer lang gestreckten Anhöhe liegende **Mortain**. Unter den Normannen entwickelte sich der Ort, der im Mittelalter ein wichtiger Verkehrsknotenpunkt war und in dem mit der **Stiftskirche Saint-Évroult** ein damals bedeutender Sakralbau entstand.

Vor dem unter Bäumen liegenden städtischen, kleinen und einfachen **Campingplatz** (April–September, Preise 7–12 €) befindet sich ein Parkplatz.

193 Mortain – *Aire de Camping-Car*

GPS: N 48°38'55" W 00°56'43", Place du Château. **Max. WOMOs:** 8. **Öffnungszeit:** Ganzjährig. **Ausstattung:** V/E, Infotafel, Tische und Bänke, WC, Spielplatz. **Beschreibung:** Der asphaltierte, teils schattige, einfache Parkplatz liegt im Ort und ist leicht schräg. Nach ca. 200 m werden eine Bäckerei, Geschäfte und Restaurants erreicht. Ansonsten nicht besonders anheimelnd, eignet sich der Platz jedoch hervorragend als Ausgangspunkt für einen Spaziergang, für Wanderungen und für den Einstieg in die *Vélomaritime/Voie Verte*. Am besten radelt man vom Parkplatz zunächst auf der D133 Richtung Romagny, um nach ca. 1 km rechts auf die ausgeschilderte Radtrasse zu gelangen. **Zufahrt:** Im Ort den Hinweisen zum Campingplatz folgen. Der Stellplatz liegt unmittelbar davor.

Die größten Wasserfälle Westfrankreichs und die weiße Abtei

Auch wenn der Hin- und Rückweg nur etwa drei Kilometer misst, so hat er es insofern in sich, als dass er mit ziemlichen An- und Abstiegen verbunden ist. Wir sind etwa zwei Stunden unterwegs gewesen.

Vom Stellplatz gehen wir die Straße hinab und folgen den Hinweisen zur **Petite Cascade**. Bergab erreichen wir zunächst am Flüsschen Cance einen hübschen Picknickplatz und wandern dann über Stege sowie Treppen ansteigend am Cançon, einem Nebenarm der Cance, durch eine wildromantische Schlucht. Nach insgesamt rund 500 Meter stehen wir vor dem ersten Wasserfall, der aus mehreren Stufen besteht. Wir folgen dem Weg weiter aufwärts bis zu einem alten Waschhaus, schwenken rechts bis zur Rue du Pont Bossard und schlendern links leicht bergauf durch den Weiler Le Neufbourg. Hinter der Kirche folgen wir der zweiten Möglichkeit rechts.

TOUR 9

Auf dem Schotterweg mit der rot-weißen Markierung des Wanderwegs GR22, *gelangen wir durch einen Wald zum größten Wasserfall im westlichen Frankreich*. Die **Grande Cascade** wird von der Cance gespeist und das Wasser rauscht aus rund 20 Meter in die Tiefe. Dem Weg weiter bergauf folgend, erreichen wir die D977 und damit einen Parkstreifen, von dem man auf kürzerem Weg an das wässrige Naturschauspiel der großen Kaskade gelangen kann (N 48°39'20" W 00°56'32"). Da wir schon einmal hier sind, wollen wir den zweiten bedeutenden Sakralbau Mortains zumindest von der Straße aus betrachten und gehen entlang der Klostermauer etwa 200 Meter nach links.

Grande Cascade

Die **Abbaye Blanche** aus dem späten 12. Jahrhundert ist eine ehemalige Zisterzienserinnenabtei, die heute in Privatbesitz und leider nicht zugänglich ist. Wer von hier nicht an der Landstraße zurück in den Ort gehen möchte, der nimmt den gleichen Weg an den Kaskaden vorbei zurück zum Parkplatz.

Hinter dem Ort streifen wir den in unserer Wanderung erwähnten Parkstreifen an der Abbaye Blanche und erreichen durch die hügelige Bocage **Sourdeval** (3.200 Einwohner), das natürlich auch mit dem Fahrrad auf der *Vélomaritime* nach etwa 15 Kilometern und der Überwindung von rund 130 Höhenmetern erreicht werden kann.

An der Zufahrt in der Nähe des Friedhofs zeugen die Mauerreste eines alten Schlosses von einer Schlacht im Hundertjährigen Krieg und, wie bereits erwähnt, lädt die stillgelegte *Bahntrasse Voie Verte* zum weiteren Radfahren ein (Einstieg am alten Bahnhof oder nördlich des Stellplatzes an der D497). Hierüber und über die vielen **Wandermöglichkeiten** wird man bestens im **Office de Tourisme** unterrichtet, dem eine Fahrradvermietung angegliedert ist *(Juli/August 9–12/14–18 Uhr, 2 Place Charles de Gaulle, Telefon 0233793561, www.sourdeval.fr)*.

TOUR 9

Dienstagvormittag ist auf dem **Markt** richtig was los, wenn die regionalen Anbieter vor der Kirche frisches Gemüse, Fleisch, Fisch, Käse, aber auch Non-Food-Produkte wie Haushaltswaren, Kleidung und Schuhe anpreisen.

194 Sourdeval – *Aire de Camping-Cars*

GPS: N 48°43'34" W 00°55'24", Rue Jean-Baptiste Janin. **Max. WOMOs:** 10. **Öffnungszeit:** Ganzjährig. **Ausstattung:** V/E, Strom, Tische und Bänke, Müllbehälter. **Beschreibung:** Der asphaltierte, teils schattige und schön angelegte Stellplatz liegt am Rand des Parc Saint-Lys an einer ruhigen Straße. Das Ortszentrum mit Bäckereien sowie Geschäften ist etwa 300 m entfernt. Gut gegessen oder nur einen Apéro getrunken haben wir im **Restaurant-Bar *Marrakech*** *(Mittags- und Abendmenüs, Telefon 0233689030)* und bei ***Chez Yo*** *(So/Mo geschlossen, ansonsten variieren die Öffnungszeiten und Mittwochabend ist manchmal Livemusik zu hören, Telefon 0233605724)*. Der örtliche Pizza-Automat an der Kirche ist tat-

sächlich ebenfalls zu empfehlen. **Zufahrt:** Im Ort von der D977 auf die D911 Richtung Ecomusée und am nächsten Kreisel auf die D 82 Richtung Gathemo abbiegen. Nächste Straße rechts dem WOMO-Piktogramm bis zum Stellplatz folgen. **Hinweis:** Der maximale Aufenthalt beträgt 72 Stunden.

In einer schönen Talniederung fließt die Sée, ein Fluss, der in die Bucht von Mont-Saint-Michel strömt und an dessen Ufer früher zahlreiche Wassermühlen betrieben wurden.

Das in Sourdeval ausgeschilderte, etwa sieben Kilometer entfernte **Écomusée Maison de l'Eau et de la Rivière** befindet sich in der alten Papiermühle von **Brouains** (N 48°43'27" W 00°58'57"). Es informiert über das Ökosystem Wasser und dokumentiert dessen Bedeutung bei der industriellen und handwerklichen Entwicklung der Gegend *(April–November Sa/So/Feiertage 14–18 Uhr, Juli–September Di–So 10–13/14–18 Uhr, Anfang April–Juni/September/Oktober Mi–So 14–18 Uhr, Eintritt, Hunde an der Leine gestattet, www.moulindelasee.fr).*

Wir verlassen nun das Département Manche und von einer Anhöhe reicht der Blick weit ins Département Calvados, das wir bereits vor einiger Zeit bereist haben. Mit dem Überschreiten der unsichtbaren Grenze in den nächsten Verwaltungsbezirk ändert sich die Straßenbezeichnung, und bald rollen wir nach **Vire** (13.000 Einwohner). Alternativ zum Stellplatz ist der etwas abseits gelegene städtische kleine **Camping Municipal de Vire** (Mitte Juni–Mitte September) zu erwähnen.

195 Vire – *Champ de Foire*

GPS: N 48°50'27" W 00°53'21", Place du Champ de Foire. **Max. WOMOs:** 10. **Öffnungszeit:** Ganzjährig. **Ausstattung:** V/E, WC, Müllbehälter. **Beschreibung:** Der asphaltierte, fast schattenlose, einfache und meist gut frequentierte Großparkplatz wird mit Pkw sowie Bussen geteilt und liegt etwa 200 m vom Zentrum mit Bäckerei, Geschäften und Restaurants. **Zufahrt:** Im Ort dem WOMO-Piktogramm bis zum ausgeschilderten Parkplatz folgen. Hinweis: Freitags aufgrund des Marktes gesperrt.

Auf halber Strecke zwischen Caen und Mont-Saint-Michel liegt die lebhafte Hauptstadt des Bocage-Virois auf einem Felsvorsprung am gleichnamigen Fluss. Von *Heinrich I.*, Sohn von Wilhelm dem Eroberer, im 12. Jahrhundert gegründet, wurde die Burg in den Religionskriegen geschleift. Aus dieser Zeit ist die Ruine des **Donjon,** eines Wehr- und Wohnturms, an der Place du Château erhalten und an das Mittelalter erinnern weiterhin einige Abschnitte der Stadtmauer. In der Nähe des Donjon ragt die **Église Notre-Dame** mit einem mächtigen Haupt- und Querschiff in die Höhe und zeigt den für die Normandie typischen Flamboyant-Stil.

Das Wahrzeichen der Stadt ist jedoch der **Tour de l'Horloge** aus dem 15. Jahrhundert, der sich über dem Stadttor aus dem 13. Jahrhundert erhebt. **Das Musée de Vire** im ehemaligen Hospiz Hôtel-Dieu aus dem 18. Jahrhundert dokumentiert mit normannischen Möbeln und Trachten sowie anhand von alten Werkstätten die stadtgeschichtliche Entwicklung *(Mai–Oktober Mi–So 10–12:30/14–18 Uhr, Eintritt)*.

TOUR 9

Tour de l´Horloge

Wer sich länger in Vire und seiner Umgebung aufhalten möchte, sollte das nahe des Stellplatzes liegende **Office de Tourisme** besuchen *(November–März Di–Fr 9:30–12:30/13:30–17:30 Uhr, Di Nachmittag geschlossen, September/Oktober/April–Juni Mo–Fr 9:30–12:30/13:30–18 Uhr, Sa bis 17 Uhr, Juli/August Mo–Fr 9:30–13/14–18 Uhr, Sa 9:30–13/14–17 Uhr, Square de la Résistance, Telefon 0231662850, www.paysdevire-normandie-tourisme.fr)*.

Reine Geschmackssache – Andouille oder nicht

Wer sich nicht vegan oder vegetarisch ernährt, kann eventuell der lokalen Spezialität **Andouille** etwas abgewinnen, die auch in den übrigen Landesteilen Frankreichs äußerst beliebt ist.

Die würzige Wurst wird ausschließlich aus Innereien hergestellt und mehrere Wochen über Buchenholz geräuchert. Die durch das Räuchern entstandene schwarze Farbe ist ein typisches Merkmal für die Echtheit der Wurst, die mit Sicherheit Geschmackssache ist. Die nach alter Tradition hergestellte Andouilles können in den Supermärkten oder neben anderen regionalen Produkten bei **Andouille Asselot** am nordöstlichen Ortsrand von Vire käuflich erworben werden (N 48°51'25" W 00'51'47", Di–Fr 9–12/14:30–19 Uhr, Sa 9–12/15–19 Uhr Rue de l'Allière, www.andouille-asselot.fr). Für den Erwerb dürfte es jedoch auch auf dem großen **Markt** am Freitagvormittag im Stadtzentrum Gelegenheit geben. Wer sich zum Wurstverzehr lieber an den gedeckten Tisch setzt oder andere regionale Köstlichkeiten genießen möchte, findet im **Hotel-Restaurant** ***De France*** eine gute Anlaufadresse *(Mittags- und Abendmenüs, Mo Mittag/So, Fr Abend geschlossen, 4 Rue d'Aignaux, Telefon 0231680035, www.hoteldefrancevire.com).*

TOUR 9

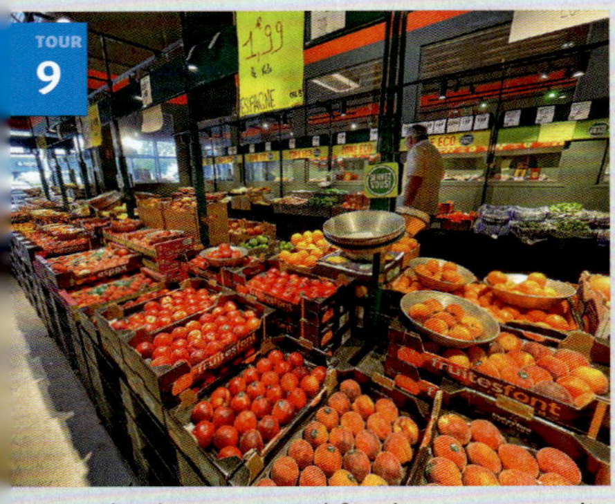

Abschließend möchten wir aber auch einen **Tipp für den Gemüse- und Obsteinkauf** weitergeben, der die Veganerinnen und Veganer sowie die Vegetarierinnen und Vegetarier unter uns erfreuen wird: Die Unternehmenskette ***Mangeons Frais*** bietet qualitativ hochwertige und frische Waren an, die denen auf einem Markt angebotenen in nichts nachstehen (N 48°51'25" W 00°52'30", 3 Avenue de Bischwiller).

Auf beinahe schnurgerader Straße fahren wir ostwärts durch die mittlerweile vertraute, landwirtschaftlich geprägte Bocage nach **Condé-sur-Noireau** und können in der Ferne schon die Höhenzüge der Normannischen Schweiz erkennen, die wir in der nächsten Tour erkunden wollen.

Am Zusammenfluss von Noireau und Druance liegt die im 18. Jahrhundert für ihre Herstellung von Leinen und Flachs bekannte kleine Stadt, die im Zweiten Weltkrieg zu 95 Prozent zerstört wurde und deren einfachen, oft mit Pkw zugeparkten Wohnmobil-Stellplatz wir der guten Ordnung halber erwähnen wollen.

196 **N 48°51'04" W 00°33'11"**, Rue des Près Gullet. V/E, ganzjährig geöffnet. Donnerstag 6–14 Uhr aufgrund des Marktes gesperrt. Alternativ verweisen wir an dieser Stelle auf den Stellplatz 205 Ferme Les Bois, der etwa 6 km entfernt ist.

Tour 10

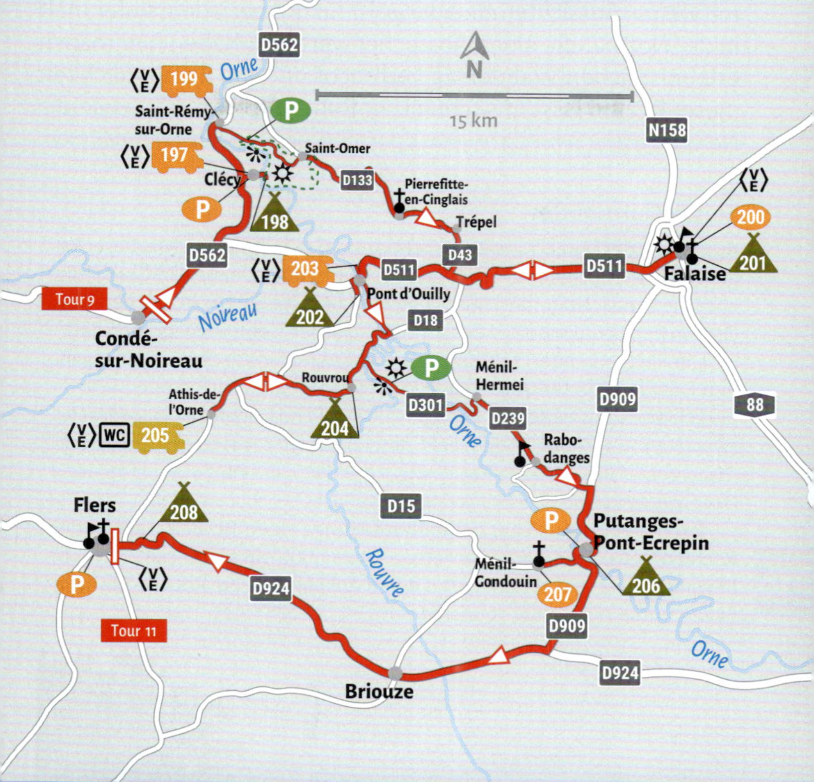

Durch die Suisse Normande

130 km

In dieser Tour werden wir uns hauptsächlich im Département Orne, dem einzigen der von uns tangierten fünf Verwaltungsbezirke, der keinen Zugang zum Meer hat und sehr ländlich geprägt ist, bewegen. Die Normannische Schweiz als auch ihre Ausläufer sprechen besonders naturverbundene sowie sportlich aktive Menschen an und in Falaise werden wir dem wohl bekanntesten normannischen Herzog sowie späteren König von England begegnen. Besonders beeindruckend sind:

- Aussicht vom Rochers de la Houle
- Wandern in der Normannischen Schweiz
- Der Felsenmann vom La Roche d'Oëtre
- Château Guillaume-le-Conquérant
- Église de Mênil-Gondouin

Hinter Condé-sur-Noireau erblicken wir die ersten bewachsenen Felshänge der Suisse Normande, die zu herrlichen Wanderungen mit weiten Aussichten einlädt. Sie ist für uns bei jedem Aufenthalt in der Normandie einen Abstecher wert. Wir haben hier manch erlebnisreichen Wandertag verbracht und die Beschaulichkeit dieser Region lässt uns schnell zur Ruhe kommen. *Ein Grund, die Normannische Schweiz in unsere persönlichen* ***Top Ten*** *aufzunehmen.*

Suisse Normande

Auch wenn der Name hohe Berge vermuten lässt, befinden sich in dieser Region nicht die höchsten Erhebungen der Normandie. Der Begriff beschreibt eher die Landschaftsform mit Schluchten und steilen Ufern, die der Fluss Orne in den Gesteinssockel des Armorikanischen Gebirges gegraben hat.

Der Fluss mäandert reizvoll und durchaus malerisch an hoch aufragenden Felsformationen vorbei und vom Plateau bieten sich weite Blicke in die schier endlos wirkende Bocage. Die herrliche Gegend *ist besonders bei Wanderern sowie Radfahrern beliebt, aber auch Angler, Reiter oder Gleitschirmflieger finden hier ein tolles Revier. Zwischen Clécy und Pont d'Ouilly kann die Orne wunderbar mit dem Kanu erkundet werden.*

Ein beliebtes Ausflugziel und unbedingt einen Besuch wert ist der Roche d'Oëtre. Der markante Felsvorsprung fällt 118 Meter tief zu einem bewaldeten Tal hin ab und bietet einen Ausblick auf die Rouvre-Schlucht (www.suisse-normande-tourisme.com).

TOUR 10

Einen guten Überblick erhält man, wenn man die Normannische Schweiz zunächst bei einer Rundfahrt mit dem WOMO oder Fahrrad erschließt und sich dann für die eine oder andere Wanderung entscheidet beziehungsweise je nach Neigung einer anderen Freizeitbeschäftigung nachgeht.

Die Höhenstraße **Route des Crêtes**, auch als **Route de la Suisse Normand** bezeichnet, verläuft meist oberhalb der Täler durch kleine Dörfer und bietet auf der gesamten Strecke von rund 65 Kilometer schöne Aussichten auf die landschaftliche Postkartenidylle.

Es gibt verschiedene Fahrstrecken, die im Allgemeinen gut beschildert, aber für WOMOs nicht immer geeignet sind. Nachfolgend haben wir eine exemplarische Tour zusammengestellt, mit der Fahrer der meisten WOMO-Größen klarkommen sollten und nicht Gefahr laufen, in allzu engen Sträßchen, meist sind die Straßen nur ein- bis eineinhalbspurig, mit entgegenkommenden Traktoren oder Mähdreschern auf Tuchfühlung zu gehen. Nichtsdestotrotz sollte man sich immer auf Gegenverkehr einstellen und entsprechend achtsam unterwegs sein!

Als Ausgangspunkt für unsere Rundfahrt empfiehlt sich das über dem Orne-Tal thronende **Clécy** (1.300 Einwohner), das auch gerne als kleine »Hauptstadt der Normannischen Schweiz« bezeichnet wird.

197 Clécy – *Aire de Camping-Car*

GPS: N 48°55'08" W 00°28'51", Rue du Stade. **Max. WOMOs:** 5. **Öffnungszeit:** Ganzjährig. **Ausstattung:** V/E, Tische und Bänke, Müllbehälter. **Beschreibung:** Der geschotterte, schattenlose, einfache Parkplatz liegt am Ortsrand und bietet eine schöne Aussicht auf den Höhenzug über dem Orne-Tal. Der Platz liegt an den Tennisplätzen und etwa 300 m vom Ortszentrum mit Bäckerei und Restaurants entfernt. **Zufahrt:** Im Ort hinter der Kirche den WOMO-Piktogrammen folgen. **Hinweis:** Aufgrund der Enge des Platzes empfehlen wir ihn nur für Fahrzeuge bis etwa 7–7,50 m Länge!

TOUR 10

198 Clécy – *Les Rochers des Parcs****

GPS/Kontakt: N 48°54'50" W 00°28'26", La Cour. Telefon 0231697036, www.camping-normandie-clecy.fr. **Öffnungszeit:** April–Oktober. **Ausstattung:** Waschmaschine, Wäschetrockner, Kinderspielplatz, Beachvolleyball, Bouleplatz, Tischtennis, Fahrradverleih, Grillmöglichkeit, geführte Wander- und Kajak-Touren, Shop, Imbiss, Cidre-Verkostung, Brötchenservice, WiFi. **Beschreibung:** Der gut geführte Platz ist wohl der schönste der Region und liegt am Ufer der Orne. Die recht großen Parzellen auf Wiese sind durch Hecken getrennt und es gibt separate WOMO-Stellplätze am Flussufer. Die Betreiber sprechen auch Englisch und halten viele Tipps bereit! Sie bieten u. a. geführte *Wandertouren mit anschließender Kanufahrt* an, aber natürlich gibt es auch genug andere Rad- und Wanderwege, die man allein erkunden kann. Clécy liegt etwa in der Mitte der insgesamt 24 km langen, mit einigen Anstiegen versehenen *Voie Verte-Etappe* Thury-Harcourt/Pont d'Ouilly. Der Ort ist zu Fuß etwa 1 km bergauf zu erreichen und am gegenüberliegenden Flussufer befinden sich Restaurants. **Preise:** 20–39 €. **Zufahrt:** Im Ort den Hinweisen zum Campingplatz folgen.

Der hübsche Ort mit seinen Granithäusern entlang der ruhigen Gassen liegt unweit der wohl schönsten Stellen des Flusstales der Orne und ist *ein Mekka für sportlich ambitionierte Urlauber.* MTB-Strecken, Kletterfelsen mit unterschiedlichen Schwierigkeitsgraden oder Paragliding sowie Tret- und Elektrobootfahren – für jeden ist etwas dabei. Kanus können ausgeliehen werden und die Verleiher befördern erfahrene und weniger geübte Wassersportler per Bus ein Stück flussaufwärts, damit die Landschaft bei einer gemütlichen Fahrt zurück nach Clécy vom ruhigen Wasser aus genossen werden kann. Wer es flotter mag, wird es lieben, auf der 650 Meter langen Sommerrodelbahn **Clécy Gliss** mit schöner Aussicht an Geschwindigkeit zu gewinnen *(Eintritt, www.luge-en-normandie.fr).*

Eine andere Form der Landschaftsbetrachtung ermöglicht das Areal der Miniatureisenbahn **Le Monde miniature** (N 48°55'02" W 00°28'41"). Auf gut 300 Quadratmeter fahren kleine Lokomotiven mit angehängten Waggons durch französische Landstriche und erfreuen nicht nur kleine Gäste *(Juli/August täglich 10:30–18 Uhr, April–Juni 10:30–12:30/14–18 Uhr, September–Anfang November variierende Öffnungszeiten, Eintritt, Hunde an der Leine gestattet. www.chemin-fer-miniature-clecy.com).* Über all dieses und noch viel mehr informiert das **Office de Tourisme** *(April Di–Sa 10 -12:30/14:30–17 Uhr, Mai/Juni/ September Di–Sa 10–12:30/14–18 Uhr, So/Feiertage 10–12:30 Uhr, Juli/August Mo–Sa 10–12:30/14–18 Uhr, Sa/ Feiertage 10–12:30 Uhr, Place du Tripot, Telefon 0231797045,* www.suisse-normande-tourisme.com).

Bei all diesen Aktivitäten an frischer Luft stellt sich mit Sicherheit ein ordentlicher Hunger ein, dem man bestens im **Hotel-Restaurant *Au Site Normand*** direkt im Ort mit regionalen Speisen begegnen kann *(Mittags- und Abendmenüs, 2 Rue des Châtelets, Telefon 0231697105, www.hotel-clecy.com).*

Ausblick von den Rochers de la Houle

Im kleinen Laden ***La Suisse Gourmande*** in der Ortsmitte kann die Normannische Schweiz »geschmeckt« werden. Im Angebot befinden sich unter anderem Limonaden oder Obstsäfte, verschiedene Käse- sowie Fleischsorten und im Sommer können auf einer kleinen Terrasse Cidre, Pommeau und nicht weniger als 15 normannische Biersorten verkostet werden *(April–September Di–Sa 9:30–19 Uhr, So 9:30–13 Uhr, www.lasuissegourmande.com).*

Wie bereits erwähnt, befinden wir uns in einem herrlichen Wandergebiet, das es auf vielen Wegen zu erkunden gilt und wir lassen es uns nicht nehmen, eine der reizvollen Strecken anzugehen.

Steile Felsen im Herzen der Suisse Normande

Mittelschwere Wanderung von etwa 12 Kilometer Länge mit herrlichen Aussichten und einigen An- und Abstiegen. Am Campingplatz gehen wir auf der Straße mit rot-weißer Markierung Richtung Brücke, um uns in Le Vey rechts zu wenden.

Hinter der Bahnunterführung halten wir uns an der Kirche links bergauf und biegen nach etwa 200 Meter links in einen Feldweg ein. Auf dem Wanderweg GR36 gehen wir ungefähr 1,7 Kilometer durch den Wald stetig bergauf, um uns zu einem lohnenswerten Abstecher nach links zu orientieren. Der kurze steile Anstieg zum Aussichtspunkt am **Pain du Sucre** wird mit einer wundervollen Aussicht über das Orne-Tal und Clécy belohnt.

TOUR 10

Wieder zurück, setzen wir unseren Marsch nur wenige Meter auf dem GR-Weg fort, biegen rechts mit gelber Markierung und nur wenig später mit weißer Markierung nochmals rechts ab. Der folgende Wanderabschnitt erfordert Trittsicherheit und gegebenenfalls Schwindelfreiheit, denn es geht auf schmalem Pfad an einigen Stellen recht steil an der senkrecht abbrechenden Felskante nach oben. Wer diese etwas kniffelige Passage umgehen möchte, folgt der zuvor erwähnten gelben Wegmarkierung bergauf bis zur Straße und hält sich dort etwa 350 Meter rechts bis zu einem Parkplatz, auf den auch der andere Pfad mündet. Von hier sollte unbedingt ein Abstecher zum Startplatz der Paraglider gemacht werden. Vom Aussichtspunkt **Rochers de la Houle** mit Picknickbänken bietet sich ein grandioses Panorama.

Wir marschieren gegenüber dem Parkplatz über die Wiese bis zu einem Sträßchen, halten uns rechts und an der nächsten Kreuzung im spitzen Winkel auf einem Feldweg wieder rechts. Über die leicht hügelige Hochebene gelangen wir nach etwa 800 Metern an einen Abzweig, dem wir links folgen und die D133 erreichen, auf der wir rechts nach Saint-Omer gehen.

Hier besteht die Möglichkeit zur Einkehr im **Restaurant *La Gavotine*** *(Mitte Juni–Mitte September täglich außer Mo, ansonsten Fr–So, Mitte November–1. Februar Wochenende geschlossen, Telefon 0231697783, www.restaurant-lagavotine.fr).*

Nach einer ordentlichen Stärkung folgen wir zunächst der D133 für rund 700 Meter bis nach *Les Hautes Planches* und zweigen dort mit gelb-roter Markierung rechts in einen Feldweg ab, der uns über eine Wiese mit Bäumen bis zu einem Querweg führt. Dort gehen wir links und an der nächsten Gabelung rechts mit schönem Fernblick bergab bis zur D133A. Hier biegen wir links ab und erreichen am nächsten Abzweig rechts bergab gehend den Weiler *Le Corps du Sel.*

Hinter den ersten Häusern führt uns rechts ein Feldweg über Wiesen zu einer weiteren Straße, die wir für etwa 250 Meter rechts einschlagen, um dann mit gelb-roter Markierung kurz links auf einem Feldweg und keine 100 Meter weiter erneut links weiterzugehen.

Im Wald geht es nun in mehreren Kurven leicht bergauf um eine Hügelgruppe und anschließend bergab zu einem Parkplatz. Die folgende Straße wird überquert und kurz danach schlagen wir rechts den Wanderweg GR36 mit der rot-weißen Markierung ein. Der Weg verläuft leicht hügelig zwischen Ginsterbüschen und lichtem Wald entlang der oberen Felsen der **Rochers des Parcs** und bietet immer wieder herrliche Aussichten auf die typische Landschaft der Normannischen Schweiz mit der sich im Tal windenden Orne.

Der Höhenweg dreht nach einem guten Kilometer rechts ab und bergab erreichen wir die Eisenbahnunterführung, hinter der wir bald wieder am Campingplatz angekommen sind.

Nach dieser abwechslungsreichen und schönen Wanderung genießen wir den Aufenthalt auf dem gepflegten Campingplatz bei einer abendlichen Cidre-Verkostung und wenden uns am nächsten Morgen der Erkundung der Normannischen Schweiz mit dem Wohnmobil zu.

Von Clécy fahren wir zurück zur D562 und gelangen nach **Saint-Remy** mit einem einfachen, aber ordentlichen Stellplatz.

199 Saint-Remy-sur-Orne – *Aire de Camping-Cars*

GPS: N 48°56'33" W 00°30'10", Rue de l'Orne. **Max. WOMOs:** 8.
Öffnungszeit: Ganzjährig. **Ausstattung:** V/E, Strom, Müllbehälter.
Beschreibung: Die schattenlosen, gepflasterten Parzellen verfügen über kleine Rasenflächen neben dem WOMO und sind klappstuhlgeeignet. Der Platz liegt unmittelbar an der *Voie Verte* an einer Straße am Ortsrand. **Zufahrt:** Im Ort dem WOMO-Piktogramm folgen.

In Saint-Remy folgen wir den Hinweisen *La Suisse Normande* beziehungsweise *Route des Crêtes* und auf schmaler werdender, aber gut zu befahrender Straße geht es stetig nach oben.

Von der Hochebene eröffnen sich Aussichten über Felder, bewaldete Hügelketten und weit hinab ins Tal. Es ist einfach schön, bei der geruhsamen Fahrt die Landschaft zu genießen oder auf einem der folgenden Picknickplätze tagsüber eine Rast einzulegen. Wer keine Lust auf eine Wanderung hat, sollte allerdings nicht versäumen, auf dem zweiten Parkplatz anzuhalten und wenige Meter bis zum *Aussichtspunkt Rochers de la Houle* zu gehen (N 48°55'48" W 00°28'12").

Der Panoramablick ist atemberaubend! Wenn nicht die Höhenangst überwiegen würde, könnten wir glatt den Gleitschirmfliegern nacheifern, die sich mit Anlauf von Startrampen in die Tiefe stürzen, um anschließend die Landschaft aus der Vogelperspektive zu betrachten. Wer mutiger ist, kann einfach vor Ort nachfragen und, wenn die Planung der Flieger es zulässt, gegen Gebühr zu einem eigenen Flug abheben (www.plaine-altitude.com). Mit weiteren schönen Blicken fahren wir durch die friedlich wirkende Gegend und gelangen nach **Saint-Omer**, das wir nebst Gaststätte bereits von unserer Wanderung kennen.

Auf der Aussichtsplattform sitzen und in Gedanken nahezu schwerelos selbst durch die Lüfte zu gleiten.

Wir verabschieden uns von der Route des Crêtes, bleiben jedoch vorerst auf dem Bergrücken, um später **Falaise** (8.500 Einwohner) und einen Parkplatz direkt vor dem Schloss anzuvisieren.

200 **N 48°53'34" W 00°12'13"**, V/E hinter dem Carrefour-Supermarkt Richtung Alençon (N 48°53'47" W 00°11'26").

201 Falaise – *Camping du Château***

GPS/Kontakt: N 48°53'44" W 00°12'17", Rue du Val d'Ante, Telefon 0231901655, www.camping-falaise.com. **Öffnungszeit:** Mitte Mai–September. **Ausstattung:** Spielplatz, Tischtennis, Tennis, WiFi, Waschmaschine, Wäschetrockner. **Beschreibung:** Der schön gelegene Platz unterhalb des Schlosses besitzt teilweise durch Hecken getrennte

Wiesenparzellen unter alten Bäumen. Der Empfang ist freundlich, das Schwimmbad nach ca. 1 km und das Zentrum mit Bäckerei, Geschäften und Restaurants nach ca. 300 m zu erreichen. **Preise:** 19–25 €. **Zufahrt:** Im Ort den Hinweisen zum Campingplatz folgen.

Krieg und Frieden im Reich des Eroberers

Umgeben von fruchtbarer Natur liegt die Stadt, deren Name von Felsvorsprüngen (*Falaise* = Klippe) stammt, im grünen Tal der Ante.

Wie mit den Felsen verwachsen, erhebt sich das **Château Guillaume-le-Conquérant** seit dem Mittelalter mit einem mächtigen Donjon über der Stadt. Damals das Schloss natürlich noch nicht bekannt, denn als der namensgebende Wilhelm (*Guillaume*) 1027 aus der unehelichen und nicht standesgemäßen Beziehung von Robert, jüngster Sohn des Normannenherzogs *Richard II.*, und der Gerbertochter Arlette hervorging, wurde er kurz als »der Bastard« bezeichnet. Wie wir bereits wissen, sollte er jedoch später in Ermangelung eines legitimen Nachfolgers als Herzog der Normandie in die Geschichte eingehen und zudem als Eroberer von England den Beinamen *le Conquérant* erhalten.

Beim Betreten der Burganlage fallen neben den alten auch neue Gebäudeteile aus Stahl und Beton auf. Dieser Kontrast wurde bei der Sanierung bewusst geschaffen und soll einen Spannungsbogen zwischen Alt und Neu herstellen. Schaut man durch die frei zugänglichen Sichtgeräte im Innenhof, wird deutlich, wie großartig die ehemalige Burg gewesen sein muss. Im Inneren widmet sich eine Dauerausstellung mit Audioführung dem Leben Wilhelms und auf bereitgestellten Tablets mit Touchscreen erscheinen Räumlichkeiten mit historischer Möblierung, Szenen werden lebendig und Gegenstände oder Hintergrundinformationen erläutert. Ein eindrucksvolles, faszinierendes und interessantes Besuchserlebnis für die ganze Familie, das auf keinen Fall ausgelassen werden sollte *(tägl. 10–18 Uhr, Juli/August bis 19 Uhr, letzter Einlass jeweils 1 Std. vor Schließung, Führungen möglich, Eintritt. www.chateau-guillaume-leconquerant.fr)*!

TOUR 10

Unter Wilhelms Herrschaft wuchs und gedieh Falaise und noch heute reißt der siegreiche Normannenführer als **Reiterstandbild** vor der Burg den Arm heroisch empor.

Bei der Befreiung der Normandie von den deutschen Besatzern kam es südöstlich der Stadt zu einer letzten großen Schlacht, die als »Kessel von Falaise« in die Geschichte einging und wobei die Stadt zu 80 Prozent zerstört wurde (vgl. S.300). Der Wiederaufbau erfolgte behutsam und der historische, überschaubare Stadtkern konnte erhalten bleiben. Neben der Reiterstatue an der Place Guillaume le Conquérant erinnert das **Mémorial des Civils dans la Guerre** als eines weniger Museen an das Schicksal der

Zivilbevölkerung, die aufgrund des bewaffneten Konfliktes aus ihrem täglichen Leben herausgerissen wurde. Im Gegensatz zu den übrigen Kriegsmuseen in der Normandie, die sich vorwiegend mit der Geschichte der Soldaten und Widerstandskämpfer auseinandersetzen, werden hier die Beziehungen der Zivilisten zu den Besatzungstruppen, der Vichy-Regierung sowie den Alliierten beleuchtet und das Leid während des Krieges sehr anschaulich dokumentiert *(Anfang Februar–Anfang Juli/September 10–12:30/13:30–17:30/18 Uhr, Eintritt. www.memorial-falaise.fr).*

Reiterstandbild Guillaume -le-Conquérant

Direkt gegenüber befindet sich das **Office de Tourisme**, in dem ein Stadtplan erhältlich ist *(Januar–Juni Mo–Sa 9:30–12:30/13:30–17:30 Uhr, bis Anfang Sa 10–13 Uhr, Mitte April Sa 9:30–12:30/13:30–17:30 Uhr, Feiertage 10–13 Uhr, Juli–2. September Mo–Sa 9:30–12:30/13:30–18:30 Uhr, Feiertage 10–13 Uhr, 18. September–Dezember Di–Sa 9:30–12:30/13:30–17:30 Uhr, 5 Place Guillaume le Conquérant, Telefon 0231901726, www.falaise-suissenormande.com).*

Daran schließt sich die **Église de la Trinité** an, an der trotz der Umwelteinflüsse immer noch der üppige Fassadenschmuck und mächtige Wasserspeier zu erkennen sind. Durch die Rue de Trinité gelangen wir an die Place Belle Croix, auf der samstags der **Markt** stattfindet, und wenig später sehen wir die **Église Saint-Gervais**. Ihr Bau dauerte fünf Jahrhunderte und spiegelt deshalb sehr schön die romanischen und gotischen Stile der jeweiligen Epochen wider.

In südöstlicher Richtung ist das **Musée des Automates** erwähnenswert. Was bereits zwischen 1920–1950 in den Schaufenstern der weihnachtlich geschmückten Pariser Kaufhäuser für glänzende Kinderaugen sorgte, wird auch heute noch so manchen erstaunen und erfreuen. Mehr als 300 funktionstüchtige Spielzeugautomaten werden gezeigt und erwecken Geschichten aus dem Fabel- und Feenland zum Leben *(April–September/Dezember Mo–Fr 13:30–18 Uhr, Sa/So 10–12:30/13:30–18 Uhr, Oktober/November/Januar–März Sa/So 10 -12:30/13:30–18 Uhr, in den Schulferien auch Mo–Fr 13:30–18 Uhr, Eintritt. www.automates-avenue.fr).*

Nach dem Erlebnis in dieser wunderschön präsentierten Zauberwelt, die zusammen mit dem Burgbesuch den Abstecher nach Falaise unbedingt lohnenswert macht, sind wir nun auf dem Weg nach **Pont d'Ouilly** (1.000 Einwohner). Begleitet von der schönen und hügeligen Landschaft geht es mit zehn Prozent Gefälle mitten hinein ins Herz der Normannischen Schweiz. Der kleine charmante Ort an der Mündung des Flüsschens La Noireau in die Orne liegt an der Grenze der Départements Calvados und Orne.

202 Pont d'Ouilly – *Camping Municipal***

GPS/Kontakt: N 48°52'17" W 00°24'40", Rue du Stade René Vallée, Telefon 0231694612, www.falaise-suissenormande.com. **Öffnungszeit:** Mai–September. **Ausstattung:** Keine, die besonders erwähnenswert wäre. **Beschreibung:** Der kleine, ordentliche Campingplatz befindet sich am Sportplatz im Ort und die Wiesenplätze sind zum Teil durch Hecken getrennt. Das überholungsbedürftige Sanitärgebäude soll 2024 renoviert werden. In den Ort mit Bäckerei und Restaurants sind es etwa 400 m. **Preis:** 15 €. **Zufahrt:** Im Ort den Hinweisen zum Campingplatz folgen.

203 Pont d'Ouilly – *Aire de Service du Moulin Neuf*

TOUR 10

GPS: N 48°52'41" W 00°24'45", Rue de la Liberation. **Max. WOMOs:** 40. **Öffnungszeit:** März–November. **Ausstattung:** V/E, Strom, Müllbehälter. **Beschreibung:** Der durch eine Schranke gesicherte, schön angelegte, ruhige, geschotterte, schattenlose Stellplatz hat Parzellen, die durch

Hecken abgeteilt sind und in der ersten Reihe direkt an der Orne liegen. Auf dem Platz am Ortsrand gibt es eine Grillmöglichkeit, Tische und Bänke, einen Bouleplatz und das Zentrum mit Bäckerei, Geschäften und Restaurants ist etwa 500 m entfernt. **Preis:** 14,50 €. **Zufahrt:** Im Ort den WOMO-Piktogrammen folgen. **Hinweis:** Der maximale Aufenthalt beträgt 48 Stunden. Auf den nördlich gelegenen hinteren Plätzen kann es zu Geruchs- und Geräuschbelästigungen durch die nahe Kläranlage kommen.

Die Umgebung bietet sich für Ausflüge aller Art an und die **Base de Plein Air de Pont d'Ouilly** hilft bei der Entdeckung der Suisse Normande. So kann beispielsweise nach der Anmietung von Kanus oder Mountainbikes die Gegend mit oder ohne Begleitung erkundet werden (Rue du Stade René Vallée, www.pontdouilly-loisirs.com). Sportlich ambitionierte Radfahrer finden auf der südlich verlaufenden *Voie Verte* nach Flers auf rund 32 Kilometer Länge ein herausforderndes Terrain.

Outdoor-Aktivitäten machen hungrig und obwohl im Inland gelegen, hat uns neben der regionalen Küche die Zubereitung von Meeresfrüchten im **Restaurant *Relais du Commerce*** gut gefallen *(Mittags- und Abendmenüs, Rue de Falaise, Telefon 0231698016,* *www.relais-du-commerce.fr*). Im Sommer ist der Aufenthalt in der **Guinguette** an der Brücke am Orne-Ufer ein lockeres Vergnügen mit Livemusik und Getränken.

Links der träge dahinfließende Orne halten wir uns in südliche Richtung und folgen den Hinweisen zum **La Roche d'Oëtre**, während der im Frühsommer an den Felswänden blühende Ginster gelbe Akzente im grün bewachsenen Hang setzt. Langsam, aber stetig geht es nach oben und in Pont-des-Vers überqueren wir den Fluss. Die Straße führt nun bergauf und bietet hin und wieder Ausblicke auf die tief im Tal mäandernde Rouvre.

204 Rouvrou – *Camping de la Rouvre***

GPS/Kontakt: N 48°50'35" W 00°23'54", 8 Chemin du Cul de Rouvre, Telefon 0233648240 oder 0770757544, www.larouvre.fr. **Öffnungszeit:** Ende März/Anfang April–September. **Ausstattung:** WiFi, Baguette und Kleinigkeiten wie Pizza oder Cidre werden angeboten. **Beschreibung:** Der einfache, am Flussufer liegende Platz bietet teils schattige Plätze auf Wiese. Die Sanitäranlage ist einfach, aber sauber. Hier ist der ideale Start für Ausflüge in die Natur per Fahrrad oder zu Fuß und es besteht die Möglichkeit zum Angeln (bitte beim Campingplatz nachfragen). **Preis:** 16 €. **Zufahrt:** Im Ort den Hinweisen zum Campingplatz folgen. Die Straße ist insbesondere bei Gegenverkehr etwas eng, aber wir sind unbeschadet ans Ziel gekommen.

Nun ist es nur noch ein kurzes Stück durch den mit Wiesen unterbrochenen Wald bis zum **Informationszentrum** auf der Hochebene (N 48°49'48" W 00°22'53". Parken zwischen 22 und 8 Uhr verboten, tagsüber kein Campingverhalten erwünscht!).

Aussicht über das Tal der Rouvre

Roche d'Oëtre

Durch das Gebäude des Informationszentrums gelangen wir mühelos zum Aussichtspunkt am Roche d'Oëtre. Die Normannische Schweiz wirkt hier am »gebirgigsten« und von einem weiteren Aussichtspunkt etwas unterhalb an der Abbruchkante können wir einen zerklüfteten Felsen sehen. ***Es scheint fast so, als ob ein in Stein gemeißeltes menschliches Profil den fantastischen Blick über die bewaldeten Hänge hinab ins knapp 120 Meter tiefer liegende Tal der Rouvre Tag für Tag aufs Neue genießen möchte.***

Vom Plateau führen mehrere gut beschilderte **Wanderwege** in Längen von 600 Meter bis 9 Kilometer zu den Naturschönheiten der Suisse Normand (kostenfreies Faltblatt im Info-Zentrum). Bis zum **»Felsenmann«** kann man noch in Sandalen gehen, ansonsten ist im Hinblick auf die Höhenunterschiede festes Schuhwerk angeraten.

Sucht man in dieser Gegend einen ordentlichen Stellplatz, dann findet man, wie wir nach einer etwa 20 Kilometer langen Fahrt, tatsächlich ein nettes Fleckchen Erde.

205 Athis-Val-de-Rouvre–*Ferme Les Bois*

GPS/Kontakt: N 48°48'40" W 00°32'20", Les Bois, Telefon 0233665125 oder 0683170860, www.larouvre.fr. **Öffnungszeit:** Ganzjährig. **Ausstattung:** V/E, Strom, WC, Müllbehälter. **Beschreibung:** Die geschotterten Parzellen an einem bewirtschafteten Bauernhof sind schattenlos und verfügen über kleine Rasenflächen. Sie liegen im Grünen in herrlicher Natur. **Preis:** 16 €. **Zufahrt:** Von Rouvrou zunächst über die D301 Richtung Ménil-Hubert-sur-Orne fahren, dann der D25 nach Athis-Val-de-Rouvre und von dort der D20 nach Condé-sur-Noireau folgen. Von der D20 dem WOMO-Piktogramm folgen.

Nun aber zurück zum Roche d'Oëtre und von dort auf landschaftlich schöner Strecke rauf und runter, letztendlich hinab nach **Rabodanges**. Bereits vor dem Ort empfängt uns **Château de Rabodanges** aus dem 17. Jahrhundert. Vom Park, der besichtigt werden kann, bietet sich ein schöner Blick ins Orne-Tal *(Juni–September Mo–Fr 10–12/14–17 Uhr, Eintritt, Hunde an der Leine gestattet).*

Château de Rabodanges

Vom kleinen, hübschen Örtchen ist der **Lac de Rabodanges** schnell erreicht. Wohnmobile haben es hier schwer und mit viel Glück ergattert man vielleicht eine Parkbucht am Ufer des Sees. Mit 95 Hektar besitzt er die größte Wasserfläche der Basse-Normandie und bietet diverse Freizeitangebote. Es verkehren Ausflugsschiffe und gastronomische Betriebe laden zum Verweilen ein. Wir haben bei unserem letzten Besuch mit dem Parken leider kein Glück und wenden uns direkt **Putanges-Pont-Ecrepin** (2.100 Einwohner) zu.

Das **Office de Tourisme** an der Orne-Brücke der Kleinstadt informiert über **Kanu- oder Ausflugsfahrten** auf der Orne und die umfangreichen **Wander- und Radsportangebote** *(November–März Di/Do/Sa 9:30–12:30/14–17 Uhr, April/September/Oktober Di–Sa 9:30–12:30/14–17 Uhr, Mai–August Di–Sa 9:30–12:30/14–18 Uhr, So/Feiertage 9–13 Uhr, September–April Mo–Sa 9:30–12:30/14–18 Uhr, So/Feiertage 9–13 Uhr, 1 Grande Rue, Telefon 0233358657, www.office-tourisme-putanges.com)*. Wer hier lediglich zu einer Fahrt mit dem **Ausflugsschiff** aufbrechen möchte, der kann das Wohnmobil nahe der Anlegestelle parken (N 48°45'51" W 00°15'02", Rue de la Forge).

Im Ortskern kann man sich mit den notwendigen Dingen des Alltags versorgen und am Donnerstagvormittag findet zusätzlich der **Markt** statt. Von den gastronomischen Angeboten gefiel uns das **Restaurant *Le Lion Verd*** mit einer hübschen Terrasse am Orne-Ufer am besten *(Mittags- und Abendmenüs, Place de l'Hôtel de Ville, Telefon 0233350186, www.hotellelionverd.com)*.

206 Putanges-Pont-Ecrepin – *Camping Municipal du Val d'Orne*

GPS/ Kontakt: N 48°45'39" W 00°14'44", 229 Chemin de Friche, Telefon 0233350025 oder 0669128098, www.office-tourisme-putanges.com.

Öffnungszeit: April–September. **Ausstattung:** Tische und Bänke, Spielplatz. **Beschreibung:** Der einfache, aber gepflegte, mit Hecken unterteilte Campingplatz hat relativ große Parzellen auf Wiese und besitzt sehr einfache, dennoch saubere Sanitäranlagen. Einige der unter Bäumen liegenden Plätze befinden sich direkt an der Orne und in den Ort mit Bäckerei, Geschäften und Restaurants sind es etwa 500 m. **Preis:** 14 €. **Zufahrt:** Im Ort den WOMO-Piktogrammen und dem Hinweis zum Campingplatz folgen. **Hinweis:** Auf dem Parkplatz vor dem Campingplatz stehen WOMOs 24 Stunden kostenfrei, danach muss man auf dem Campingplatz einchecken.

Auf dem Weg nach Flers, stoppen wir im Weiler **Mênil-Gondouin** *an einer kleinen, aber ganz besonderen Kirche*.

207 N 48°45'16" W 00°17'36", An der D15.

Das Kirchlein von Mênil-Gondouin

Als Abbé Victor Paysant 1873 seinen Dienst als Gemeindepfarrer in der **Église de Mênil-Gondouin** aufnahm, gefiel ihm das kleine schmucklose Gotteshaus so gar nicht.

TOUR 10

Um dem Kirchlein neue Anziehungskraft zu verleihen und die katholische Religion anschaulich zu transportieren, dekorierte der Abbé sie mit Pinsel, Farbe und viel Fantasie sowohl im Innen- als auch im Außenbereich mit lateinischen und französischen Bibelzitaten, Szenen aus dem Leben von Heiligen und mit religiösen Motiven – seine Kirche sollte zu den Menschen »sprechen«.

Nach dem Tod des Abbé im Jahr 1921 ließ der zuständige Bischof die Kirche tünchen, doch nachdem der Putz nach Jahren von den Wänden fiel, kamen die bunten Malereien und Dekorationen wieder zum Vorschein. Die Kirche wurde restauriert und heute ist das mittlerweile als Gesamtkunstwerk geltende, ungewöhnliche Sakralgebäude einen Abstecher wert *(April–Oktober 10–18 Uhr, Führungen So/Feiertage 15–18 Uhr in französischer Sprache)*.

Bei der Weiterfahrt sind wir uns einig, dass es nicht etwa die etwas unbeholfene Art der künstlerischen Arbeit ist, die diese Kirche so anziehend macht, sondern vielmehr der Ausdruck des tiefen Glaubens, der sich in den Werken des Abbé zeigt.

Am östlichen Ortseingang von **Flers** (16.000 Einwohner) liegt der ordentliche **Camping de la Fouquerie***** im Grünen, von dem es etwa zwei Kilometer Fußweg bis zum Schloss sind.

208 **N 48°45'11" W 00°32'43"**, 145 Rue de la Fouquerie, Telefon 0233653500, www.montagnesdenormandie.fr, geöffnet Mitte Mai–Mitte/Ende September, Preis 20 €.

Auf allen Parkplätzen der Stadt darf, soweit keine andere Vorschrift vorhanden ist, mit dem WOMO geparkt werden. Eine **V/E-Station** befindet sich an der Strecke nach Domfront (N 48°43'59" W 00°34'36", Route de Domfront/D462).

Das geschäftige Handelszentrum wurde während des Zweiten Weltkrieges zu 70 Prozent zerstört, und im heutigen Flers sind es die neugotische **Église Saint-Germain** mit zwei viereckigen Türmen und insbesondere das Schloss, die für Besucher interessant sind (N 48°45'00" W 00°34'25", Rue Richard Lenoir. Bei unserem Besuch war die Höhenbarriere geöffnet).

Château de Flers

Das am Rand eines schönen Parks gelegene und im 16. Jahrhundert erbaute Schloss ist ein von drei Seiten umschlossener, repräsentativer Renaissancebau, dessen klassizistische Fassade erst im 18. Jahrhundert verblendet wurde. Nachdem das Schloss lange den Grafen von Flers gehörte, ging es Ende des 19. Jahrhunderts in den Besitz der Stadt über. Heute beheimatet es die Stadtverwaltung und das **Musée de Château**. Dieses zeigt die Geschichte von Stadt sowie Schloss und bei einem Rundgang sind die Wohnräume zu besichtigen. Zusätzlich wird eine Sammlung verschiedener Gemälde, Keramiken und florentinischen Kupferstecherarbeiten gezeigt *(Mitte Mai–Mitte/Ende November Di–So 14–18 Uhr, Eintritt)*. Den Spaziergang durch den 25 Hektar großen **Schlosspark** lassen wir uns natürlich nicht entgehen und besonders unsere Hunde genießen bei der momentanen Wärme den Aufenthalt unter schattigen Bäumen.

Tour 11

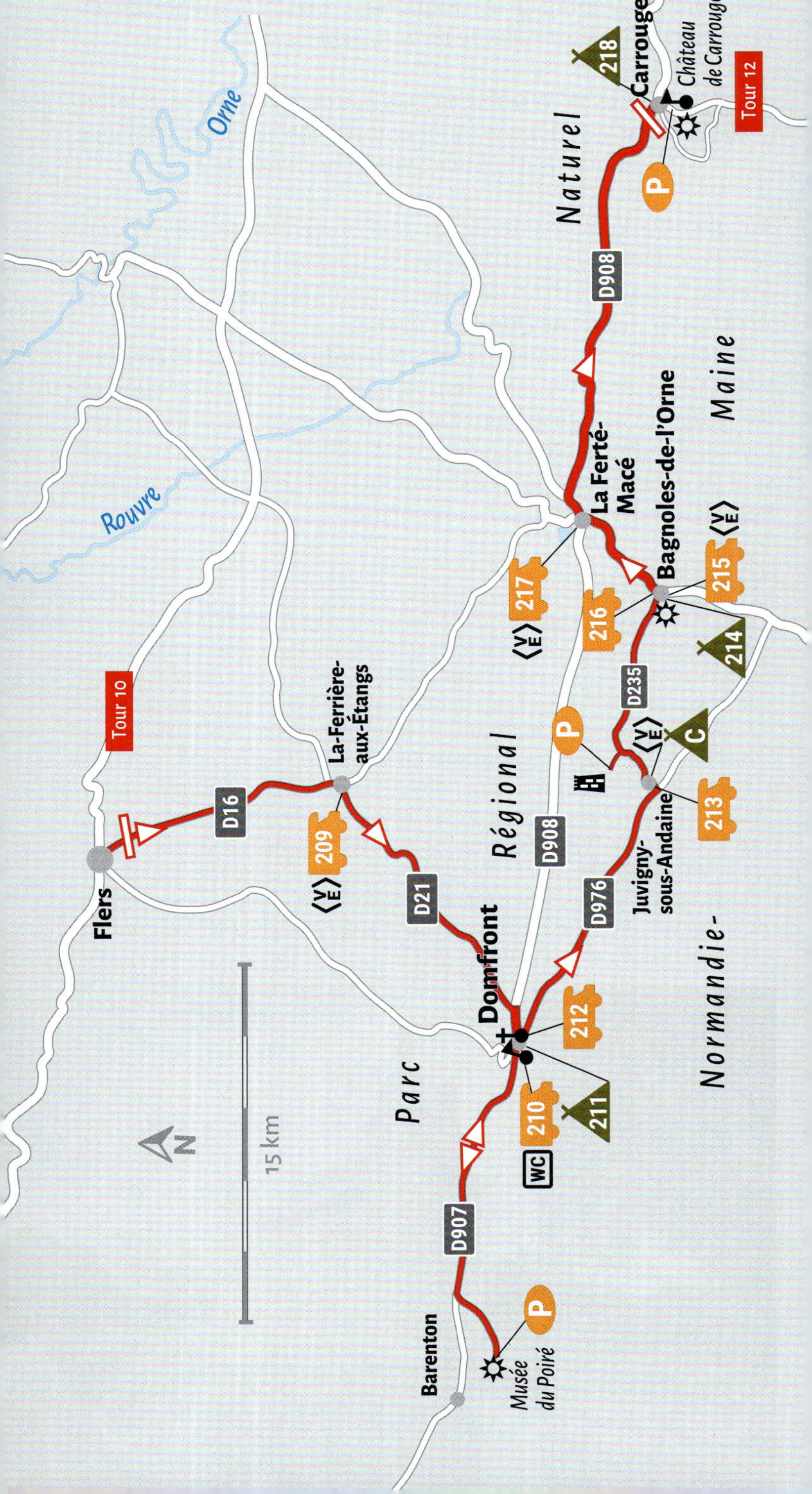

Orne
Rouvre
Carrouges
Château de Carrouges
Tour 12
218
P
Naturel
D908
Maine
La Ferté-Macé
Bagnoles-de-l'Orne
217
216
215
214
D235
Tour 10
La-Ferrière-aux-Étangs
D16
209
Régional
P
C
213
Juvigny-sous-Andaine
D908
D21
D976
Flers
Domfront
212
Normandie-
Parc
210
211
WC
15 km
N
D907
P
Barenton
Musée du Poiré

Birnen und Belle Époque
110 km

Mit dem Parc Naturel Régional Normandie-Maine, der sich auch über das Pays de la Loire erstreckt, und dem Parc Naturel Régional du Perche, den wir später besuchen werden, besitzt das Département Orne gleich zwei unter Naturschutz stehende Gebiete. Naturliebhaber dürften von der abwechslungsreichen Landschaft begeistert sein, die von ausgedehnten Wäldern geprägt ist und unsere folgenden Empfehlungen runden Ihren Aufenthalt ab.

- **Église Saint-Julien Domfront**
- **Poiré-Verkostung in Domfront**
- **Belle Époque in Bagnoles-de-l'Orne**
- **Château Carrouges**

Auf dem Weg nach Domfront und in seine für den Birnenanbau bekannte Umgebung weichen wir immer gerne ein wenig von der direkten Strecke ab, um in **La Ferrière-aux-Étangs**, das einst durch seinen Eisenerz-Tagebau bekannt war, einen schönen Stellplatz im Grünen anzusteuern.

209 La Ferrière-aux-Étangs – *Plan d'Eau*

GPS: N 48°39'34" W 00°31'02", Rue de l´Étang. **Max. WOMOs: 20.**
Öffnungszeit: Ganzjährig. **Ausstattung:** V/E, Strom, Müllbehälter.

Beschreibung: Der auf Wiesenboden und Schotter angelegte, angenehme und gepflegte Stellplatz unter Bäumen am Ortsrand ist ein guter Ausgangspunkt für Rad- und Wandertouren. Es gibt die Möglichkeit zum Boule-, Tennis- und Minigolfspielen und von Mai–September kann mit Karte geangelt werden. Der angrenzende kleine See verfügt über einen Badestrand und auf der gegenüberliegenden Seeseite befindet sich in ca. 500 m Entfernung das **Restaurant *Côm à la Maison*** *(Mo–Do 8–16 Uhr, Fr/Sa 8–21:30 Uhr, So 9–16 Uhr, Telefon 0233144872) sowie der Ort mit Bäckerei und Geschäften.*
Zufahrt: Im Ort den WOMO-Piktogrammen folgen.

Von welcher Seite aus auch immer **Domfront** (3.900 Einwohner) erreicht wird, irgendwann stößt man auf den Hinweis zum nachstehend genannten Park- beziehungsweise Stellplatz. Ein weiterer ausgewiesener Stellplatz befindet sich an der Mairie, der jedoch nur für Wohnmobile oder Kastenwagen bis etwa 6,30 Meter Länge geeignet ist. Dafür bietet er eine schöne Aussicht sowie ein WC.

210 **N 48°35'39" W 00°39'00"**, Place de la Roirie.

Eine richtig gute Alternative für die genannten Parkplätze ist jedoch der ausgeschilderte und unterhalb der mittelalterlichen Stadt gelegene kleine, pieksaubere und gut geführte Campingplatz.

211 Domfront – *Camping Municipal***

GPS/Kontakt: N 48°35'20" W 00°39'02", Rue du Champ Passais, Telefon 0233373766. **Öffnungszeit:** April–September. **Preis:** 12 €. **Zufahrt:** Von der D976 den Hinweisen zum Campingplatz folgen.

212 Domfront – *Place du Champs de Foire/Place Burgwedel*

GPS: N 48°35'32" W 00°38'31", Place du Champ de Foire. **Max. WOMOs:** 5. **Öffnungszeit:** Ganzjährig. **Ausstattung:** Tische und Bänke in der Nähe, Müllbehälter. **Beschreibung:** Der geschotterte, schattenlose, einfache Mix-Parkplatz liegt im Ort und alle Sehenswürdigkeiten, Geschäfte und Restaurants sind fußläufig erreichbar. **Zufahrt:** Im Ort den WOMO-Piktogrammen folgen.

Auf einem über der Varenne liegenden Felsen ließ Guillaume de Bellême im 11. Jahrhundert eine erste Befestigung errichten, die später von den normannischen Herzögen zu einer mächtigen Festung ausgebaut wurde. Das **Schloss** wechselte etliche Mal die

Schlossruine in Domfront

Besitzer, zu denen auch Wilhelm der Eroberer gehörte, bevor es einige Jahrhunderte später geschleift wurde und seitdem sein Dasein als durchaus fotogene Ruine fristet. Drumherum befindet sich eine Parkanlage mit herrlicher Panoramaaussicht *(ganzjährig geöffnet, Hunde an der Leine gestattet)*.

Direkt am Eingang befindet sich das **Office de Tourisme**, in welchem Stadtführungen gebucht werden können und in dem es natürlich jede Menge Infos zur Freizeitgestaltung gibt *(Januar/Februar/November/Dezember Di–Sa 10–12/14–17 Uhr, April–Juni/September Mo–Sa 10–12:30/14–18 Uhr, Feiertage 10–12/14–17 Uhr, Juli/August Mo–Sa 10–18:30 Uhr, So/Feiertage 10–12/14–17 Uhr, Oktober–März Di–Sa 10–12:30/14–18 Uhr, 12 Place de la Roirie, Telefon 0233385397, www.ot-domfront.com)*. *Ambitionierte Radfahrer, aber auch Rad fahrende Familien können beispielsweise auf der* ***Voie Verte/Vélofrancette****, einer zum Fahrradweg ausgebauten alten Bahntrasse, bis ins 20 Kilometer entfernte Flers radeln oder gar bis zum Mont-Saint-Michel (80 Kilometer) in die Pedale treten*. Zusätzlich führt ***ein 17 Kilometer langes Teilstück des gut ausgebauten Fahrradweges Véloscénie*** nach Barenton und damit mitten hinein ins »Birnenland« (Zuwegung an der Zufahrt zum Campingplatz an der D976 beschildert).

Auch wenn hier und da ein leicht maroder Charme durch die von den Resten der Stadtmauer umgebene Altstadt weht, so *lohnt sich der Spaziergang durch die mittelalterlichen Gassen und hübschen Hinterhöfe* (Flyer für einen Stadtrundgang mit allen Sehenswürdigkeiten in französischer und deutscher Sprache im Office de Tourisme erhältlich).

TOUR 11

Am auffälligsten ist sicher die **Église Saint-Julien** mit einem wuchtigen, von Weitem einer Rakete gleichenden Kirchturm, die aufgrund ihres Aussehens so gar nicht zwischen die kleinen

Église Saint-Julien

Fachwerkhäuser zu passen scheint. Bereits im 18. Jahrhundert wurde eine Kirche als Ersatz eines etwa 50 Meter entfernten Vorgängerbaus am jetzigen Platz errichtet. Aufgrund diverser Baumängel sowie mangelnder Instandsetzung drohte der Bau jedoch Ende des 19. Jahrhunderts einzustürzen. Durch die beginnende Säkularisierung als auch durch den Zweiten Weltkrieg verschob sich ein Neubauprojekt, bis ein heftiger Sturm 1923 dem baufälligen Kirchenbau endgültig den Rest gab. Durch Spenden von Stadt, Bürgern und Kirche entstand schließlich ab 1924 das noch heute bestehende Gotteshaus, das 1933 vollendet und geweiht wurde. Damit die Kirche auf dem zur Verfügung stehenden engen Raum errichtet werden konnte, entschied sich der Architekt Albert Guilbert, den Grundriss in Form eines in byzantinischen Kirchen üblichen Quadrats anzulegen und verzichtete damit auf die in unseren Breitengraden bevorzugte Form eines lateinischen Kreuzes. Um die Baukosten zu minimieren, griff Guilbert auf leichten, billigen Stahlbeton zurück, der in der damaligen Zeit äußerst selten für religiöse Bauten verwendet wurde. Das Innere wird von vier großen Rundbögen dominiert, die den rund 50 Meter hohen Kirchturm mit einer zentralen Kuppel tragen. Die Wände schmücken moderne Muster, Mosaike sowie Keramiken, und wer sich ein wenig an die Betonbauten in Le Havre erinnert fühlt, der irrt nicht. Guilbert war ein Kollege von Auguste Perret, der nach dem Zweiten Weltkrieg die Großstadt an der Seine-Mündung erdachte.

Im Herzen der Altstadt lassen wir uns anschließend auf der Terrasse des **Bistrot *Saint-Julien*** nieder, das sich für ein Getränk oder eine kleine Mahlzeit, die Spezialität sind hausgemachte Tartines, empfiehlt (Mittags- und Abendmenüs, Mi geschlossen, So Mittag von Mai–September geöffnet, Place Saint-Julien).

In der Nähe des Campingplatzes sollte der romanischen **Église Notre-Dame sur l'Eau** aus dem 12. Jahrhundert etwa Zeit gewidmet werden, deren Inneres mit sehenswerten Fresken verziert ist und die als sakrales Kleinod gilt.

Musée du Poiré

Das Domfrontais und sein Poiré

Wir befinden uns mitten im **Domfrontais**, das von zahllosen Birnbäumen geprägt ist und für seinen zu mindestens 30 Prozent aus Birnen bestehenden **Calvados** bekannt ist. Mit dem **Poiré**, einem spritzigen Birnenwein, entsteht hier aber auch das Pendant zum Cidre und *zahlreiche Produzenten laden zur Degustation am Wegesrand ein*.

Alles über den Poiré finden wir im **Musée du Poiré**, das etwa 13 Kilometer westlich Richtung **Barenton** und gut ausgeschildert zu finden ist (N 48°35'16" W 00°48'25"). Eine kleine Ausstellung, manchmal gibt es auch Vorführungen, zeigt anhand von Pressen und anderen Werkzeugen die Herstellung des Birnenweins.

Ein lauschiger Rundgang mit Informationstafeln führt uns im Freigelände zu den unterschiedlichsten Birnbäumen. *(10–13/14–18/18:30 Uhr, Hunde an der Leine gestattet, www.poire-domfront.fr)*.

213 Juvigny-sous-Andaine – *Panorama*

GPS: N 48°33'03" W 00°30'32", Rue Jean Moulin. **Max. WOMOs:** 10. **Öffnungszeit:** Ganzjährig. **Ausstattung:** V/E, Strom auf separatem Platz am Campingplatz (N 48°33'11" W 00°30'11", ca. 1 km entfernt, siehe Hinweis). **Beschreibung:** Der einfache, auf Asphalt oder Wiese gelegene, schattenlose Parkplatz liegt direkt unterhalb der Kirche im Ort. Ins Zentrum mit Bäckerei und Restaurant sind es etwa 300 m. Wem es hier zu sonnig ist, der sollte auf den unter Bäumen liegenden, kleinen und einfachen **Camping Municipal** (April–Oktober) am Sportplatz Richtung Bagnoles fahren. **Zufahrt:** Im Ort von der D235 den WOMO-Piktogrammen bis zum Parkplatz folgen.

Östlich von Domfront streifen wir **Juvigny-sous-Andaine** und folgen den Hinweisen zum **Tour de Bonvouloir** (N 48°33'53" W 00°29'52").

Der in einem Waldstück gelegene, schlanke Turm mit glockenförmigen Dach gehörte einst zu einer mächtigen Burg, von der noch das Taubenhaus sowie eine einfache Kapelle zeugen und ist einfach ein fotogener Hingucker. Nachdem wir uns zunächst

daran sattgesehen haben, können wir uns anschließend in der nahen **Crêperie *de Bonvouloir*** satt essen *(Mittags- und Abendmenüs, Mo Ruhetag, Telefon 0233377481)*. Vielleicht ist die eine oder der andere von Domfront bereits rund 21 Kilometer auf der *Véloscenie* mit dem Fahrrad durch den Forêt des Andaines der beliebten Kurstadt **Bagnoles-de-l'Orne** (2.700 Einwohner) entgegengerollt – wir folgen nun mit dem Wohnmobil.

214 Bagnoles-de-l'Orne – *Camping de la Vée****

GPS/Kontakt: N 48°32'52" W 00°25'12", 5 Avenue du Président Coty, Telefon 0233378745, www.campingbagnolesdelorne.com. **Öffnungszeit:** Anfang März–Mitte November. **Ausstattung:** Snackbar, Brötchenservice, Bouleplatz, Tischtennis, Spielplatz, Waschmaschine, Wäschetrockner, Shuttle-Service ins Zentrum und zu den Thermalbädern, Animationsprogramm. **Beschreibung:** Der etwa 1,5 km südlich und außerhalb des Zentrums gelegene Platz bietet recht große, durch Hecken abgeteilte Parzellen auf Wiese und separate, schmalere Buchten für WOMOs. **Preise:** 9–15 €. **Zufahrt:** Im Ort den Hinweisen zum Campingplatz folgen. **Hinweis:** Leser berichteten uns von einem Self-Check-In nach 18 Uhr, der das Öffnen der Eingangsschranke per Zugangscode ermöglicht. Der Code soll an der Rezeption zu finden sein.

215 Bagnoles-de-l'Orne – *Aire de Camping-Car*

GPS: N 48°32'49" W 00°24'58", 11 Avenue du Château de Couterne. **Max. WOMOs:** 30. **Öffnungszeit:** Ganzjährig. **Ausstattung:** V/E, Strom, WiFi, Müllbehälter. **Beschreibung:** Der befestigte, mit Schranke gesicherte, meist schattenlose Platz befindet sich in unmittelbarer Nähe des Campingplatzes. Er liegt etwa 1,5 km südlich und außerhalb des Zentrums an einer Nachts ruhigen Straße. **Preise:** 12 €, 2 Stunden Parken 3 €. **Zufahrt:** Im Ort den Hinweisen zum Campingplatz folgen und dann auf der D335 an den südlichen Ortsrand bis zum Stellplatz fahren.

216 Bagnoles-de-l'Orne – *Aire de Camping-Car*

GPS: N 48°33'20" W 00°24'35", Avenue Docteur Paul Lemuet. **Max. WOMOs:** 6. **Öffnungszeit:** Ganzjährig. **Beschreibung:** Der asphaltierte, meist schattenlose, einfache Parkstreifen liegt direkt an der Straße. Das Schwimmbad ist in der Nähe und das Zentrum etwa 200 m entfernt. Nachts ist es erstaunlich ruhig. Ein weiterer womotauglicher Parkplatz befindet sich an der D235 Richtung Domfront (N 48°33'34" W 00°25'15", Avenue Robert Cousin). **Zufahrt:** Am Kreisel am Office de Tourisme Richtung Couterne fahren. Der Parkstreifen liegt gut 200 m danach auf der linken Straßenseite. **Hinweis:** Möglicherweise werden diese Parkplätze für Wohnmobile in Zukunft nicht mehr zu nutzen sein.

Obwohl die Thermalquellen bereits zur Römerzeit bekannt gewesen sind, verhalf erst der Bau der Eisenbahnlinie im Jahr 1869 Bagnoles-de-l'Orne zum renommierten Kurbad-Image.

Der Legende nach soll es ein Pferd gewesen sein, das alt und lahm die Quellen entdeckte und mit jugendlichem Elan zu seinem Besitzer zurückkehrte. Das gehobene Pariser Bürgertum

Casino am Ufer des Lac de Bagnoles de l´Orne

sowie andere Kurgäste ließen in der Hoffnung auf Linderung ihrer Gebrechen nicht lange auf sich warten und es entstanden prächtige **Belle Époque-Villen** mit Türmchen und Erkern. Die knapp 26 Grad warmen **Thermalquellen** in der im Tal der Vée-Schlucht gelegenen Kuranlagen helfen gegen Kreislaufstörungen sowie Venenleiden und sprudeln mit 50.000 Liter täglich aus dem Erdreich (www.bo-resort.com).

Heute ist Bagnoles der bedeutendste Kurort im Nordwesten Frankreichs. Es gibt einen **Kurpark** mit über 150 verschiedenen Baumarten und im **Casino** können sich die Gäste beim Glücksspiel versuchen. Das Ortsbild prägen außerdem Dutzende Hotels, Cafés, Restaurants und Ladengeschäfte, eine Tennisanlage, ein Schwimmbad sowie ein Golfplatz und während der Saison ist auf den Straßen richtig was los.

Belle-Époque-Villen in Bagnoles de l'Orne

Das **Office de Tourisme** bietet diverse **geführte Rundgänge** an und wer auf eigene Faust losziehen möchte, kann sich von einem **Audioguide** auf den 20 Etappen eines **Erkundungsweges** begleiten lassen *(Anfang Januar–Anfang Februar/Ende November–Dezember Di–Sa 10:30–12:30/14–17 Uhr, Anfang Februar–Anfang April/Anfang November–Ende November zusätzlich Mo, Anfang April–Anfang November Mo–Aa 9:30–13/14–18:30 Uhr, So/Feiertage 10:30–12:30/14–17:30 Uhr, Place du Marché, Telefon 0233378004, Stadtplan/Info-Broschüre in deutscher Sprache erhältlich, www.bagnolesdelorne.com).*

Der angebotene *Spaziergang **La Girardière** ist rund 7,5 Kilometer lang* und streift unter anderem den **Roc au Chien**, den Hundefelsen, von dem man einen schönen Blick auf die Stadt hat oder das Château, in dem sich die Stadtverwaltung befindet und das Belle Époche-Viertel. Zu den **Villen der Belle Époque** führt ein eigenständiger, sehr angenehmer Rundgang und wir lassen uns per Faltblatt die unterschiedlichsten Gebäude erklären.

Direkt am Fremdenverkehrsbüro findet Dienstag- und Samstagvormittag ein **Markt** statt und in der Allée des Anciens-Combattants kann man am Mittwoch- und Freitagvormittag zwischen den Ständen entlangbummeln. Ebenfalls in der Nähe des Touristenbüros bietet das **Hotel-Restaurant Ô *Gayot*** eine respektable Küche und von der Terrasse kann man dem Treiben auf der Straße zuschauen *(Mittags- und Abendmenüs, So Abend/Mo/Di Mittag geschlossen, 2 Avenue de la Ferté Macé, Telefon 0233384401, www.ogayot.net)*.

Sportlich Ambitionierte finden in der Nähe des Fremdenverkehrsbüros im **Kletterwald** eine Herausforderung und mit der **Eisenbahn-Draisine** kann man auf einem stillgelegten Streckenabschnitt zu einer 5 Kilometer langen beschaulichen Tour aufbrechen. *Auch der Fahrradweg **Véloscénie** verspricht erneut Abwechslung, denn er führt zum Beispiel ins rund 24 Kilometer entfernte, unten erwähnte Carrouges.*

Die herrliche Umgebung des **Fôret des Andaines** mit lichten Laubwäldern, Kletterfelsen und Trimm-dich-Pfad ist etwas für Outdoor-Aktivisten, denn rund um die Stadt erschließen sich *250 Kilometer Wanderwege und Pfade, die Wanderer als auch Radfahrer begeistern*.

Zusammengefasst ist zu bemerken, dass sich Bagnoles-de-l'Orne durchaus für einen längeren Aufenthalt eignet und die Zeit nicht langweilig werden dürfte.

Wir befinden uns schon eine Weile im **Parc Naturel Régional Normandie-Maine** und fahren nun **La Ferté-Macé** entgegen.

Während unserer Reise im Juni schimmern die unterschiedlichsten Grüntöne in der Sonne, Blumen stehen in voller Blüte und der Aufenthalt an einem Badesee würde den Frühsommertag auf angenehme Weise komplettieren.

217 La Ferté-Macé – *AirePark La Lande*

GPS: N 48°35'17" W 00°22'23". **Max. WOMOs:** 12. **Öffnungszeit:** Ganzjährig. **Ausstattung:** V/E, Strom, Infotafel, Tische und Bänke, Müllbehälter. **Beschreibung:** Der mit Schranke gesicherte, geschotterte, teils unter Bäumen liegende Stellplatz ist leicht schräg und etwa 2 km vom Ortszentrum entfernt. Ein ca. 2,5 km langer Rundweg führt um den See mit Picknickflächen, Möglichkeiten zum Radfahren und Wandern sowie Angeln, Minigolf, Baden, Tretboot- und Kanufahren, Grillen u. v. a. mehr. **Preise:** 8–10 €, Parken bis zu 2 Stunden und Serviceleistung 3 €. **Zufahrt:** Am südwestlichen Ortsrand von der D908 dem WOMO-Piktogramm folgen.

Die etwa 60 Hektar große Freizeitanlage **Base de Loisiers** mit dem großen künstlichen See bietet fast grenzenlose Sport- und Freizeitmöglichkeiten. In der Stadt präsentiert das Spielzeugmuseum **Musée du Jouet** eine Sammlung von Spielen und Spielzeug aus dem 19.–20. Jahrhundert *(Anfang April–Anfang November Mi/Sa 14–17. Uhr, lafertemace.fr)*.

Nun aber nach **Carrouges**, das Sie vielleicht schon auf der *Véloscénie* erreicht haben und das *eines der größten Schlösser der Normandie* und vorzuweisen hat (N 48°33'41" W 00° 09'13").

218 Carrouges – *Camping Municipal*

GPS/Kontakt: N 48°34'10" W 00°08'21". Telefon 0233272038 oder 0961297712, www.carrouges.fr/?page_id=271. **Öffnungszeit:** Juli/August. **Ausstattung:** Tische und Bänke, Strom. **Beschreibung:** Die auf Wiese angelegten und durch Hecken abgetrennten großzügigen Parzellen liegen teils unter Bäumen außerhalb des Ortes und sind z. T. sehr schräg. Die Duschen/WC sind ausgesprochen einfach, müssen mit den Sportplatzbesuchern geteilt werden und nicht immer geöffnet. Das Schloss ist ca. 1,5 km entfernt, das Ortszentrum ca. 500 m. **Preis:** 15 €. **Anmeldung:** Das Anmeldeformular ist unter der oben genannten Website herunterzuladen und ausgefüllt an die Mairie zu senden. Vermutlich kann man sich auch direkt in der Mairie anmelden *(1 Place Charles de Gaulle, Mo/Mi 8:30–12:15/14–17:30 Uhr, Fr bis 16 Uhr, Di/Do 8:30–12.15 Uhr)*. **Zufahrt:** Im Ort der C5 und den Hinweisen Campière/

Terrain de Sports Richtung St-Sauveur-de Carrouges bergab folgen und nach einer Rechtskurve links zwischen hohen Hecken zum Sportplatz fahren. **Hinweis:** Eigentlich ähnelt der Platz eher einem Stellplatz und wir haben hier auch außerhalb der Saison schon unbehelligt übernachtet.

Château de Carrouges und Maison du Parc

Bei der Anfahrt des Schlosses, einem architektonischen Meisterstück, fällt sofort das elegante Torhaus aus dem 16. Jahrhundert ins Auge, das von vier Rundtürmen flankiert wird.

Dahinter befindet sich das von Wassergräben umschlossene, imposante Schloss, an dem vom 14. bis zum 16. Jahrhundert gebaut wurde. Die Gebäudeflügel besitzen für die Gegend typische Backsteinfassaden, die einen großen Innenhof umschließen und wirken repräsentativ als auch wehrhaft. Die Räumlichkeiten mit kostbarem Mobiliar und die Küche mit altem Kupfergeschirr können während einer Führung besichtigt werden. Der große Schlosspark ist frei zugänglich *(Januar–April/September–Dezember 10–12:30/14–17 Uhr, Park 10–17 Uhr, Mai–August 10–12:45/14–18 Uhr, Park 10–18 Uhr, Eintritt, Führungen auch in deutscher Sprache, Hunde an der Leine im Außenbereich gestattet. Obwohl das Schloss gerade renoviert wird, sind Besichtigungen möglich/Stand 2023. www.chateau-carrouges.fr).*

Nur wenige Schritte entfernt empfiehlt sich der Besuch im **Maison du Parc**, das als **Office de Tourisme** und Eingangstor zum **Parc Naturel Régional de Normandie-Maine** fungiert. Der Regionalpark umfasst über 235.000 Hektar und weist eine große landschaftliche Vielfalt vom Wald über Heideland bis zu Torfmooren sowie Kalkfelsen mit entsprechend vielfältiger Tier- und Pflanzenwelt auf. Im Naturparkhaus wird über zahlreiche Aktivitäten wie beispielsweise *MTB-Touren, Wander- und Radstrecken sowie Kanufahrten* informiert und es können entsprechende Karten oder Wanderführer erworben werden. Ein **Natur-Lehrpfad** beschäftigt sich mit dem Obstanbau und führt zur Flora und Fauna der Region *(April–Oktober 10–13/14–18 Uhr, www.parc-naturel-normandie-maine.fr).*

Tour 12

Mont-Ormel
Chambois
D13
231
Tour 13
Gacé
D16
Château du Bourg
Saint-Leonard
230
D916
D26
D14
Exmes
Argentan
D926
Le-Bourg-
Saint-Léonard
Pin-Au-Haras
28
227
229
Haras National
du Pin
228
D924
D926
Le Merlerault
D958
Château
de Sassy
St-Christophe-
le-Jajolet
Château
d'Ô
Mortrée
N138
D958
Sées
226
D26
D908
Tour 11
Carrouges
D226
Parc
Signal
d'Écouves
d'Écouves
Forêt
N138
28
D909
Naturel
225
224
Normandie-
Régional
D26
N12
Sarthe
N12
Maine
D536
223
D112
Sainte-Anne
219
Alençon
D1
220
222
Saint-Pierre-
des-Nids
D101
D128
D144
Sarthe
15 km
Saint-Céneri-
le-Gerei
221
Sarthe

Von Spitzen, Pferden und Schlössern
155 km

Zunächst werden wir im äußersten Südwestzipfel der Normandie in eines der schönsten Dörfer Frankreichs reisen, begegnen im Versailles der Pferde edlen Rössern und schauen ein letztes Mal in den Abgrund der Kriegsgeschichte, bevor wir dieses Kapitel in der Provinz mit einer Episode aus der Literatur-und Musikgeschichte friedlich beenden können. Folgen Sie uns unbedingt zu den folgenden Orten:

- **Saint-Céneri-le-Gérei**
- **Cathédrale Notre Dame in Sées**
- **Le Pin-au-Haras**
- **Mont Ormel**

Von Carrouges machen wir einen großen Schritt südwärts, überqueren die N12 und befinden uns wenig später nicht mehr in der Normandie, sondern in der Region Pays de la Loire und im Département de la Mayenne.

Die Fahrt durch den **Forêt de Multonne** gestaltet sich jedoch weiterhin angenehm und wird, auch wenn sich die Landschaft verändert hat und die normannische Bocage fehlt, mit schönen Aussichten belohnt. Zudem treffen wir auf zwei erwähnenswerte Haltepunkte.

Im Marktflecken **Sainte-Anne** bietet sich ein Parkplatz neben dem Kirchlein aus dem 17. Jahrhundert als *Ausgangspunkt für Wanderungen und Radtouren* an. Das Kirchengebäude wurde multifunktionell genutzt, denn im 18. Jahrhundert befand sich hier zudem ein Polizeiposten.

Wer einen offiziellen Stellplatz bevorzugt, wird am Ortsrand **Saint-Pierre-des-Nids** einen Parkplatz nahe eines kleinen Weihers finden.

219 Sainte-Anne – *Chapelle Sainte-Anne*

GPS: N 48°26'16" W 00°05'44". **Max. WOMOs:** 2–3. **Ausstattung:** Infotafel, Tische und Bänke, Müllbehälter. **Beschreibung:** Der geschotterte, meist schattenlose, einfache Parkplatz liegt nahe einiger Häuser außerhalb eines Ortes an der nachts ruhigen Straße. Von hier starten etliche Wander- und Radwege (4–23 km). **Zufahrt:** Kurz hinter dem Ortseingang links an der Straße gelegen. **Hinweis:** Gegebenenfalls wegen Viehmarkt gesperrt!

220 N 48°24'08" W 00°05'20", Route de l'Étang du Tour, V/E, Strom, ganzjährig geöffnet.

Auf der Durchgangsstraße schlängeln wir uns durch den Ort und an der Kirche vorbei, um durch den Wald und in Kurven wieder in der Normandie anzukommen.

In deren südwestlichsten Zipfel und im Tal der Sarthe begeben wir uns nach **Saint-Céneri-le-Gérei** (120 Einwohner) und damit in *eine der kleinen Städte mit Charakter* – keine Bange, das Schild mit der 2 Meter-Begrenzung tangiert uns nicht!

221 Saint-Céneri-le-Gérei – *Le Bourg*

GPS: N 48°22'57" W 00°03'14", Route de Saint-Pierre des Nids. **Max. WOMOs:** 20. **Öffnungszeit:** Ganzjährig. **Ausstattung:** Wasser, Infotafel, Müllbehälter. **Beschreibung:** Der teils schattige, einfache Wiesenparkplatz befindet sich direkt an der Sarthe am Ortsrand. Der Fußweg in das kleine Zentrum beträgt etwa 400 m. **Preis:** 5 €. **Zufahrt:** Im Ort dem Hinweis zum Parkplatz folgen.

Hinweis: Schmale Einfahrt! Mit großen WOMOs reist man am besten über die D144 aus Saint-Pierre-des-Nids an, da die Zufahrt durch den Ort und insbesondere bei Gegenverkehr problematisch sein kann.

In der Ursprünglichkeit der mit Heide und Ginster bedeckten Landschaft der **Alpes Mancelles** liegt *der kleine Ort, der zu den 100 schönsten Dörfern Frankreichs gehört*.

Die alten, mit Weinlaub und Blumen berankten Steinhäuser in den kleinen Winkeln und Gassen, eine malerische Brücke über die Sarthe und die auf einem Hügel liegende Kirche machen den Charme dieses Kleinods aus. Ein Bilderbuchdorf, dessen authentische Ausstrahlung so manchen Künstler inspirierte und ihn ansässig werden ließ. Die romanische Dorfkirche mit einem hölzernen Tonnengewölbe ist mit schönen Fresken aus dem 14. Jahrhundert versehen und hinter der Kirche bietet sich ein traumhafter Blick auf das pittoreske Dorf.

Wir schlendern ein Stück weiter und erblicken auf einer Lichtung eine kleine, aus dem 14. Jahrhundert stammende Kapelle. Hier soll der italienische Mönch Céneri im 6. Jahrhundert eine Einsiedelei gegründet haben, die namensgebend für den kleinen Ort wurde.

Am nördlichen Ortsausgang liegen die **Jardins de la Mansonnière**, die von den Eigentümern nach einer Entdeckungsreise durch englische Gärten angelegt wurden. Mit Vergnügen spazieren wir durch verschiedene Themengärten und lassen es uns anschließend unter den Sonnenschirmen im Salon de Thé gut gehen *(Mitte April–Mai Fr–So/Feiertage 14:30–18:30 Uhr, Juni–August Do–So 14:30–18:30 Uhr, bis Mitte September Sa/So 14:30–18:30 Uhr, letzter Einlass 18 Uhr, Eintritt, Hunde nicht gestattet. www.mansoniere.fr)*.

Mitten im Dorf lädt die ***Auberge des Peintres*** zur Einkehr zu zivilen Preisen oder einem abendlichen Wein auf der Straßenterrasse ein *(Mittags- und Abendmenüs, Di geschlossen, Telefon 0233264918)*. Alternativ können wir aber auch das kleine und nicht weit entfernte **Restaurant *L'Echoppe Gourmande*** mit lokalen, frischen Gerichten empfehlen *(Mo geschlossen, ansonsten 11:30–19 Uhr, Telefon 0233819121)*.

Aus dem schönen Saint-Céneri-le-Gérei geht es in das nicht minder schöne **Alençon** (26.000 Einwohner). Die einstige Residenzstadt der Herzöge der Normandie mit ihrem fast südländischen Flair liegt an den Flüssen Sarthe und Briante.

222 Alençon – *Camping de Guéramé*

GPS/Kontakt: N 48°25'33" E 00°04'21", 65 Rue de Guéramé, Telefon 0233263495. www.visitalencon.com. **Öffnungszeit:** April–September.

Ausstattung: Spielplatz, Waschmaschine und Wäschetrockner, Wifi. **Beschreibung:** Einfacher Campingplatz mit Wiesenparzellen, der ca. 1,5 Kilometer vom Ortszentrum entfernt an der Sarthe liegt und von Bäumen und Büschen umgeben ist. In der Nähe befindet sich eine Kanu-Station. **Preis:** 12,50 €. **Zufahrt:** Von der D112 den Hinweisen zum Campingplatz folgen. **Hinweis:** V/E und einfache Stellplatzmöglichkeit vor dem Campingplatz.

223 Alençon – *Aire de Camping-Cars*

TOUR 12

GPS: N 48°25'38" E 00°05'38", Boulevard de la Republique. **Max. WOMOs:** 10. **Öffnungszeit:** Ganzjährig. **Ausstattung:** Müllbehälter. **Beschreibung:** Der einfache Parkplatz liegt am Ufer der Sarthe im Ort an einer nachts meist ruhigen Straße. Das Zentrum ist rund 600 m entfernt (z. B. vom Parkplatz geradeaus die Straße überqueren, an einem Kreisverkehr rechts und über die Sarthe bis zu einem Parkplatz unter Bäumen gehen. Hier findet donnerstags ein Markt statt und durch die Stadtmauer wird das Office de Tourisme erreicht). **Zufahrt:** Von der östlich des Zentrums verlaufenden D438 südlich der Brücke über die Sarthe auf den Parkplatz fahren.

Die **Maison d'Ozé** ist wohl der schönste Profanbau von Alençon. In dem 1449 erbauten und 1530 renovierten mächtigen gotischen Gebäude residiert das **Office de Tourisme** *(März–Oktober Mo–Sa 10–12:30/14–17:30 Uhr, November–Februar Di–Sa 10–12:30/14–17:30 Uhr, Place de la Madeleine, Telefon 0233806633, www.visitalencon.com)*. Bei unserem Besuch beschränken wir uns nur auf einige der Hauptanziehungspunkte und starten auf der zentralen Place de la Madeleine, auf der Donnerstag- und Samstagvormittag der **Markt** abgehalten wird (weitere Märkte Di/Fr Vormittag Place de la Paix).

Die Südfront des Platzes wird von der **Basilique Notre-Dame** aus dem 15. Jahrhundert mit einem wunderschönen Portalvorbau im Flamboyantstil dominiert. Im Inneren sind es die Buntglasfenster aus dem 16. Jahrhundert, die den Blick auf sich ziehen und in einer der Seitenkapellen wurde Thérèse Martin getauft, die später als Heilige Thérèse verehrt wird und uns bereits aus Lisieux bekannt ist.

Ihr Geburtshaus erreichen wir durch die Grand Rue, die von ansehnlichen Bürgerhäusern gesäumt ist. Das Museum im **Maison Natale de Sainte Thérèse** zeigt das Leben der Familie Martin und über einen direkten Zugang gelangt man in die benachbarte **Chapelle Sainte-Thérèse**, die 1925 errichtet wurde und das Schlafzimmer der Familie zeigt *(April–Oktober 9:30–12/14–17 Uhr, November–März 10–12/14–18 Uhr, Eintritt. Kapelle 9–18:30 Uhr)*.

An lauschigen Flussufern oder auf hübschen Plätzen bei einem Apéro einen warmen Sommertag ausklingen lassen.

Wir bummeln durch die ansehnliche Fußgängerzone, schauen in die Auslagen der Geschäfte und kehren im ***Le Café du Théâtre*** ein (Mo geschlossen, So 8:30–13:30 Uhr, sonst 8–20 Uhr, 78 Place de la Halle au Blé, Telefon 0233260513). Mit Blick auf die **Halle au Blé**, ein kreisrunder, von einer Glaskuppel überspannter Rundbau, der früher als Getreidespeicher diente und heute als Büro- und Ausstellungsgebäude genutzt wird, essen wir hier zu einem guten Preis-/Leistungsverhältnis.

An der Place Foch sehen wir die Rundtürme des ehemaligen herzoglichen Schlosses **Château des Ducs** aus dem 14./15. Jahrhundert, das an die klassizistische Fassade des Justizpalastes grenzt. Hinter den imposanten mittelalterlichen Mauern befanden sich einst Gefängniszellen und in den ehemaligen Gefängnishöfen ent-

Basilique Notre-Dame

stand mittlerweile der **Simone Veil Parc** mit Rasenflächen und Rutsche. Über eine Fußgängerbrücke gelangt man in den **Jardin Expérimental**, in dem Freiwillige die Pflege einzelner Parzellen übernommen haben. Eine Oase der Ruhe und des Spiels.

Nur ein paar Schritte nördlich befindet sich das **Musée des Beaux-Arts et de la Dentelle**. Der wirtschaftliche Aufschwung der Stadt begann ab Mitte des 17. Jahrhunderts, als hier eine Spitze hergestellt wurde, die der berühmten venezianischen Spitze sehr ähnelte, jedoch wesentlich günstiger war. Schon bald waren 8.000 Näherinnen mit der Anfertigung der feinen Nadelspitze beschäftigt. Die Nachfrage der begehrten Ware konnte kaum gestillt werden und so wurde der Import kurzerhand unterbunden und in Alençon eine königliche Spitzenmanufaktur gegründet. Es entstand ein eigener Stil, bei dem zarte Motive in symmetrisch angeordneten Mustern auf ein gitterartiges, helles Gewebe gestickt wurden. Im Laufe des 19. Jahrhunderts verlor die Spitzenherstellung an Bedeutung und es kam zum wirtschaftlichen Niedergang der Branche. *Heute steht das Wissen um die besondere Spitzenanfertigung von Alençon auf der Liste des immateriellen Kulturerbes der UNESCO.* Das Museum der schönen Künste und Spitzen im ehemaligen Jesuitenkolleg widmet sich aber auch der Malerei vom 17. bis zum 19. Jahrhundert und natürlich der Tradition der hiesigen Spitzenmanufaktur. Die Spitzensammlung zeigt außerdem wertvolle grazile Exponate der wichtigsten italienischen Manufakturen und aus Brüssel *(September–Juni Di–Fr 10–12/14–18 Uhr, Sa/So 10–12:30/13:30–18 Uhr, Juli/August zusätzlich montags, Eintritt, www.museedentelle.cu-alencon.fr)*.

Château des Ducs

Auf dem Rückweg zum Parkplatz erreichen wir an einer der Sarthe-Brücken das **Restaurant *L'evidence***, in dem eine frische Küche zu annehmbaren Preisen in trendigem Look offeriert wird und man bei sommerlichen Temperaturen herrlich ungezwungen am Flussufer dinieren kann *(Mittags- und Abendmenüs, So/Mo geschlossen, 6 Place du Bas de Montsort, Telefon 0233322317)*.

Nördlich erwartet uns der **Forêt d'Ecouves.** Bevor wir in das größte Waldgebiet der Normandie eintauchen, notieren wir den zu **Radon** gehörenden **Camping Aux Prés d'Ecouves**.

224 **N 48°29'43" E 00°04'07"**, Les Noyers, Telefon 0233287502 oder 0608701463, www.auxpresdecouves.fr geöffnet Mai–September, Preis 18,50 €.

Auf der folgenden Strecke werden wir einmal mehr durch einen kleinen **Soldatenfriedhof** im Wald und einen Sherman-Panzer an der Straßenkreuzung **Croix de Médavy** an die schweren Kämpfe während der Schlacht um die Normandie im Jahr 1944 erinnert.

225 Radon – *Nécropole des Gateys*

GPS: N 48°30'27" E 00°03'47". **Max. WOMOs:** 2–3. **Ausstattung:** An der Zufahrt gibt es eine Infotafel mit ausgewiesenen Wanderwegen. **Beschreibung:** Der geschotterte, teils schattige, einfache Parkplatz liegt außerhalb einer Ortschaft im Wald und in der Nähe eines Hauses. **Zufahrt:** Von der D26 ca. 2 km hinter dem Campingplatz links den Hinweisen zur Nekropole folgen und auf einem Schotterweg bis zum Parkplatz fahren. **Hinweis:** Gegebenenfalls Geräusche von der Straße.

Nur wenige Kilometer entfernt, an der **Carrefour de la Croix de Médavy**, zeugt ein Sherman-Panzer von der Schlacht, die hier einst tobte. Heute ist es inmitten des Waldes von Écouves friedlich und wie geschaffen zum Wandern (N 48°33'01" E 00°02'57", an der D26)

Durch den Forêt d'Écouves zum Signal d'Écouves

Leichte Wanderung von etwa 12 Kilometer Länge durch den Wald mit leichten An- und Abstiegen. Teilbar in zwei Runden von ca. 7 und ca. 5 Kilometer Länge.

Vom Croix de Médavy gehen wir die D26 ein Stück in südöstliche Richtung, um diese nach gut 200 m links zu verlassen. Der Wanderweg GR22 führt ca. 2,4 km erst bergab, dann eben und immer geradeaus bis zu einer geteerten Forststraße, auf der wir links im spitzen Winkel an einen Picknickplatz gelangen. Auf dem wenig befahrenen Sträßchen streifen wir nach ca. 1,4 km einen Parkplatz an der D226, die wir geradeaus überqueren und leicht bergab und mit leichtem Bogen zum Carrefour du Chêne Bossu gelangen. Im spitzen Winkel links abbiegend, wandern wir auf einer Forststraße mit gelber Markierung durch den dichten Wald und wenden uns nach gut 2 km links zurück zur Kreuzung Croix Médavy.

Jetzt starten wir zur zweiten Etappe unserer Wanderung und marschieren gegenüber von unserem Parkplatz auf dem rechten Sträßchen zwischen der D26 und D226. Die Route Forestière de Carrouges führt nach rund 800 m in westlicher Richtung zum Carrefour de la Verrerie. Dort biegen wir rechts auf den Wanderweg GR36 ab und spazieren im Wald leicht bergab bis zu einer Lichtung mit einem Gehöft. Der Wanderweg führt zunächst links am Hang zwischen Wiesen und dem Wald entlang. Am Ende der Lichtung verschwenkt der GR36 links und wieder links in den Wald, den wir nach etwa 250 m links verlassen. Auf gelb markiertem Weg steigen wir gut 700 m bergauf bis zur bekannten Route Forestière de Carrouges. Der gelb markierte Weg führt kurz rechts und dann links leicht bergab durch den Wald. Nach rund 500 m wechseln wir auf den Wanderweg GR22 scharf links. Immer bergauf stehen wir bald auf der höchsten Erhebung der Normandie, dem **Signal d'Écouves.** Leider bleibt die erhoffte Aussicht vom 413 m hohen »Gipfel« durch den dichten Wald eingeschränkt und wir folgen dem GR22 hinab zum Carrefour de la Verrerie. Von hier bringt uns der GR36 rechts unter Bäumen bis zur D226, der wir links bis zum Ausgangspunkt unserer Wanderung folgen.

Von der höchsten Erhebung der Normandie rollen wir direkt in das älteste Bistum der Normandie nach **Sées** (4.200 Einwohner) mit einem Tagesparkplatz am Stadion (N 48°36'29.0" E 00°10'25").

226 Sées – *Camping Municipal Le Clos Normand****

GPS/Kontakt: N 48°35'55" E 00°10'15", Avenue du 8 Mai. Telefon 0233288737, www.camping-sees.fr. **Öffnungszeit:** Mitte April–September. **Ausstattung:** Spielplatz, Petanqueplatz, Tischtennisplatten, Grill- und Angelmöglichkeiten. **Beschreibung:** Einfacher, durch Hecken unterteilter Wiesenplatz am Ortsrand. Bäckerei, Geschäfte und Restaurants in fußläufiger Entfernung im freundlichen Ort. Bodenständige Küche und freundliche Bedienung haben wir **Restaurant L'aven** gegenüber der Kathedrale erlebt *(Mo geschlossen, Fr/Sa mittags und abends, Di–Do/So nur mittags, Telefon 0233299468).* **Preis:** 17 €. **Zufahrt:** Der Campingplatz ist im Zentrum ausgeschildert.

Das Highlight des beschaulichen, durchaus ansprechenden Städtchens ist die **Cathédrale Notre Dame.**

Das gotische Gotteshaus, dessen 70 Meter hohe Turmspitzen wir schon von Weitem sehen konnten, liegt inmitten malerischer Gassen und Plätze. Nachdem wir das durch mehrere statische Veränderungen etwas schwerfällig wirkende Portal hinter uns gelassen haben, sind wir von der Eleganz im Inneren der im 13./14. Jahrhundert erbauten Kirche im Hauptschiff überrascht. Besondere Beachtung verdienen der Chor und die Glasmalereien als auch die Fensterrosen des Querschiffes. Im Sommer wird die Kathedrale bei hereinbrechender Dunkelheit wundervoll illuminiert.

In nordwestliche Richtung und über die D958 kommen wir durch die von Landwirtschaft geprägte Region nach **Mortrée.** Hier ist das **Château d'Ô** ausgeschildert (N 48°38'51"E 00°05'21", Parken am Straßenrand). Mit seinen Erkern wirkt das vorwiegend im Stil

der Renaissance errichtete Schloss aus dem 15. Jahrhundert wie einem Märchen entliehen. Es ist von Wassergräben umgeben, in denen sich Dächer sowie elegante Türmchen spiegeln und bei einer der Schlossbesichtigungen können die Küche und Salons mit Mobiliar aus dem 17. und 18. Jahrhundert angeschaut werden *(August–Anfang September. Da die Öffnungszeiten variieren und nur eingeschränkte, begleitete Besichtigungen der Räumlichkeiten und der Außenanlagen möglich sind, sollten sie vor Ort erfragt werden).*

Auf dem Weg nach Argentan lohnt sich für uns ein Abstecher nach **Saint-Christophe-le-Jajolet** in doppelter Hinsicht. Den Eingang der **Dorfkirche** schmücken naive Darstellungen des **Heiligen Christopherus**, Schutzpatron der Reisenden, der über die Insassen eines Flugzeuges und eines Wagens wacht (N 48°39'55" E 00°00'20"). Am letzten Juli und am ersten Oktobersonntag umrunden Wagenkolonnen die große Statue des Heiligen und erbitten seinen Segen.

Wenn auch zu Fuß, aber dennoch als Reisende mit fahrbarem Untersatz, tun wir es ihnen selbstverständlich gleich und steuern anschließend gut beschützt ein etwa zwei Kilometer entferntes Schloss an (N 48°39'20" E 00°00'15").

Château de Sassy

In dem idyllisch am Rand des Waldes von Écouves, inmitten eines herrlichen Parks gelegenen Schloss aus dem 18. Jahrhundert residierte 1967 *Elizabeth II. von England* bei einer ihrer Reisen in die Normandie.

Wir begnügen uns mit einer Besichtigung der mit Mobiliar aus dem 17. Jahrhundert und wertvollen Wandteppichen ausgestatteten Salons und blicken von den Terrassen zu den auf Wiesen grasenden Pferden *(Ostern bis Mitte Juni/Mitte bis Ende September Sa/So 15–18 Uhr, Mitte Juni–Mitte September tägl. 10:30–12:30/14–18 Uhr, Eintritt, Hunde an der Leine im Außenbereich gestattet. www.chateaudesassy.fr).*

Das Pays d'Argentan ist eine Region der Schlösser und Pferde. Aber auch der Zweite Weltkrieg ist hier wieder sehr präsent, wurde doch ganz in der Nähe im August 1944 die letzte Schlacht in der

Normandie geschlagen. Bevor wir uns mit dieser näher beschäftigen, erreichen wir zunächst **Argentan** (15.000 Einwohner), das sich in eine Senke im Tal der Orne schmiegt.

227 Argentan – *Camping Municipal de la Noë*

GPS/Kontakt: N 48°44'24" W 00°01'00", 34 Rue de la Noë, Telefon 0233360569, tourisme.terresdargentan.fr. **Öffnungszeit:** April–Oktober. **Ausstattung:** Spielplatz, Angelmöglichkeit mit Tageskarte am nahen kleinen See, Waschmaschine, Wäschetrockner, WiFi. **Beschreibung:** Der gepflegte, am Ortsrand liegende Platz verfügt über teils mit Hecken abgeteilte Wiesenparzellen und ist meist sonnig. Das Zentrum mit Bäcker, Geschäften und Restaurants ist etwa 500 m entfernt. **Preis:** 10,50 €. **Zufahrt:** Im Ort den Hinweisen zum Campingplatz folgen.

228 Vor dem Campingplatz befindet sich ein Parkplatz mit vier engen Stellplätze, die nicht für lange WOMOs geeignet sind und zudem oft von Pkw zugeparkt werden.
N 48°44'24" W 00°01'02", Rue Charlotte Corday. V/E, Strom, Jetons auf dem Campingplatz, Ganzjährig geöffnet.

Nach Alençon galt Argentan im 17. Jahrhundert als bedeutendstes Zentrum der Spitzenherstellung in Frankreich. *Besonders zu Zeiten von Marie-Antoinette erfreute sich die lokale Nadelspitze mit der Bezeichnung Pointe d'Argentan, eben jene, die heute zum Kulturerbe der UNESCO gehört, großer Beliebtheit*.

TOUR 12

Maison des Dentelles

Direkt am Campingplatz befindet sich in einer hübschen Parkanlage das kleine, aber feine **Maison des Dentelles**. Das Haus der Spitzen zeigt eine einzigartige Sammlung von Nadelspitzen, Klöppelspitzen und Automatenstickereien aus dem 16. bis 20. Jahrhundert. Ein in französischer Sprache gehaltener Film erläutert die verschiedenen Herstellungstechniken, doch spätestens das Betrachten der feinen Spitzenarbeiten lässt die außergewöhnliche Fingerfertigkeit der Näherinnen auch ohne Sprachkenntnisse erkennen *(die Öffnungszeiten*

waren bei Erstellung des Buches nicht bekannt und sollten vor Ort erfragt werden, Eintritt).

Das **Office de Tourisme** findet sich im Ortszentrum in der einstigen Schlosskapelle **Chapelle Saint-Nicolas** aus dem 14. Jahrhundert *(Oktober–März Di–Sa 9–12:30/14–17 Uhr, April–September Mo–Sa 9–12:30/14–18 Uhr, Place du Marché, Telefon 0233671248, www.argentan.fr)*. Die Altstadt kann im Sommer bei einer Kutschfahrt erkundet werden oder man spaziert mit einem deutschsprachigen Stadtplan versorgt, zu allen Jahreszeiten auf eigene Faust los. Um die 13 Stationen des Stadtrundganges zu erreichen, sollten etwa 1,5 Stunden eingeplant werden.

Während der letzten Kämpfe zwischen den Alliierten und der Deutschen Wehrmacht im Zweiten Weltkrieg wurden fast 90 Prozent von Argentan zerstört. Auch wenn heute noch immer einige Baulücken zu erahnen sind, überwiegen doch die angenehmen Stadtansichten. Prägnant sind die **Église Saint-Germain** im schönsten Flamboyantstil aus dem 15. bis 18. Jahrhundert, die Elemente der Gotik und der Renaissance vereint und im Inneren mit 15 Kapellen beeindruckt, sowie das ehemalige herzogliche **Château des Ducs** aus dem 14. Jahrhundert, in dem heute der Justizpalast untergebracht ist. Bei unserem Rundgang streifen wir einige Fachwerkhäuser, eine alte Mühle an der Orne und sehen am Nordportal der Kirche Saint-Germain eine über der Straße angebrachte Uhr, die dem Legionärskreuz der französischen Ehrenlegion nachempfunden ist.

Nördlich des Zentrums befindet sich die im Krieg unversehrt gebliebene **Église Saint-Martin** mit bunten Kirchenfenstern aus dem 16. Jahrhundert. Ganz in der Nähe empfiehlt sich die Einkehr

Église Saint-Germain

im ***Bistrot de l'Abbaye***, in dem sich die Einheimischen treffen und eine regionale Küche zu angebrachten Preisen angeboten wird *(Mittags- und Abendmenüs, Mo/Di Abend/So Ruhetag, 25 Rue Saint Martin, Telefon 0233393742, www.bistrotdelabbaye-chef-thomas.fr).*

Auf dem weiteren Weg vermerken wir mit dem **Tour Marguerite** eines der letzten Relikte der Stadtbefestigung und stehen schon bald vor dem **Hôtel de Ville**, dem aus der Zeit des Wiederaufbaus stammenden Rathaus der Stadt. Über das Jahr verteilt gibt es verschiedene Jahrmärkte, während die **Wochenmärkte** am Dienstag- (Place Mahé, Place du Marché, Place Saint Germain) sowie Freitag- und Sonntagvormittag (Place Saint Germain) zum geselligen Einkaufsbummel einladen.

Die vielen Gestüte *(Haras)* und Pferdeweiden im Umkreis von Argentan weisen darauf hin, dass diese Region des Département Orne als Wiege der in ganz Europa anerkannten französischen Pferdezucht gilt.

Der kleine Ort Le Bourg Saint-Léonhard wird unser Drehkreuz, denn von hier begeben wir uns zunächst in das *Königreich der Pferde* nach **Le Pin au Haras.**

229 **N 48°44'23" E 00°08'46"**, einfacher Besucherparkplatz.

TOUR 12

Le Haras National du Pin

Ausnahmsweise ist es diesmal nicht das ansehnliche Schloss, welches in den Jahren 1715 bis 1736 von keinem Geringeren als dem Sonnenkönig Ludwig XIV. in Auftrag gegeben wurde, sondern es sind die Stallungen, die unsere Aufmerksamkeit auf sich ziehen.

Das als Versailles der Pferde bekannte königliche Gestüt wurde bewusst aus der Region der Île-de-France in die Normandie verlegt, da diese über die

besten und saftigsten Weiden in ganz Frankreich verfügte. Das Konzept bewährte sich und nach über 300 Jahren gehört das Nationalgestüt zu den renommiertesten in Europa. In den Stallungen stehen Zuchthengste zehn verschiedener Rassen vom feurigen Araber über das Französische Reitpferd bis zum walisischen Welsh-Pony. Ein Hauptaugenmerk liegt auf der Zucht des Percheron, einer aus der Region Perche stammenden, schweren Kaltblutrasse (vgl. Seite 316).

Bei einer Führung durch die ehemals königliche Anlage werden die Stallungen, Kutschen und die Sattlerei gezeigt. Anschließend lädt ein Entdeckungsparcours im Stall Nr. 1 auf eigene Faust zum besseren Verständnis der Welt der Pferde ein und dürfte besonders bei kleinen Pferdefreundinnen und -freunden für Begeisterung sorgen. Ein Höhepunkt ist die sommerliche Hengstparade, bei der sich Gespanne, Reiter, Hengste und Stuten mit ihren Fohlen im Ehrenhof des Schlosses präsentieren oder andere reiterliche Veranstaltungen *(April–September 10–18 Uhr, Sommerferien 10:30–12/14–17 Uhr, außerhalb der Schulferien 14–17 Uhr, die jeweils letzten zwei Wochen im März und im Oktober ist nur am Wochenende von 14–17 Uhr geöffnet, Hengstparade Juni–September Do 15 Uhr, Eintritt, Hunde an der Leine im Außenbereich gestattet. www.haras-national-du-pin.com. Der zusätzliche Blick auf die Homepage lohnt wegen der vielen angebotenen Aktivitäten!).*

Nachdem wir bei einem Spaziergang rund um das Gestüt Pferden sowie Reitern ein bisschen beim Training zugeschaut haben, lassen wir die Pferdestärken des WOMOs munter zurück nach **Le Bourg Saint-Léonhard** »galoppieren« (N 48°45'59" E 00°06'15").

Château du Bourg Saint-Léonhard

Château du Bourg Saint Léonard

Zu dem eleganten und harmonisch wirkenden Schloss aus dem 18. Jahrhundert, das unter *Ludwig XV.* erbaut wurde, gehören eine Orangerie sowie Stallungen. Die Räumlichkeiten sind mit wunderschönen Möbeln sowie Tapisserien des 18. Jahrhundert eingerichtet und der weitläufige Park im englischen Stil lohnt einen Besuch *(Anfang Mai–Anfang Juli Sa/So/Feiertage Führungen 14:30/16 Uhr, Anfang Juli–August täglich 14:30/16 Uhr, September Sa 14/16 oder 17 Uhr, Allerheiligenferien 14:30/16 Uhr, Eintritt. www.haras-national-du-pin.com).*

Durch eine weite fruchtbare Ebene gelangen wir nach **Chambois** und folgen den Hinweisen zum *Mémorial de Mont-Ormel, der an die entscheidende und letzte Schlacht in der Normandie erinnert* (N 48°50'16" E 00°08'33").

Nachdem wir besonders an den Landungsstränden und im Osten des Cotentins mit der Invasion der Alliierten konfrontiert waren, schließt sich hier bei Chambois für uns der Kreis der Kriegsgeschichte in der Normandie.

Das Ende der Schlacht um die Normandie

Die Operation Overlord war bereits seit dem 6. Juni 1944 voll im Gange und die Alliierten hatten die Deutsche Wehrmacht auf breiter Front zurückgedrängt.

Seit der erfolgreichen Panzerschlacht unter General Patton bei Avranches und einer misslungenen Gegenoffensive der Deutschen zeichnete sich eine Einkesselung der deutschen Verbände ab. Deutsche Panzereinheiten wurden von Norden her durch vorrückende britische Einheiten, die

Kanadische Armee und eine polnische Panzerdivision bedrängt und zogen sich zwischen Falaise und Argentan zusammen. Von Süden stieß General Patton vor, und nachdem sich die Armeen der Alliierten bei Chambois vereinigt hatten, gelang es ihnen, die Deutschen im *Kessel von Falaise*, der ortsbezogen und richtigerweise *Kessel von Chambois* heißen müsste, einzuschließen. Lediglich die Ostflanke am Mont Ormel bot sich der Deutschen Wehrmacht zum Ausbruch an, doch die strategisch wichtige Anhöhe wurde trotz hoher Verluste durch die 1. Polnische Panzerdivision erobert und gehalten. Fast 100.000 deutschen Soldaten gelang es, dem Kessel zu entkommen, doch blieben mehr als Tausend deutsche Panzer und Geschütze zurück. Die deutsche Kampfkraft war dadurch erheblich geschwächt und am 21. August 1944 beendete die deutsche Kapitulation im nahen Tournai-sur-Dives den Kessel von Falaise und trug zum Ende der Schlacht um die Normandie bei.

Nach diesen letzten verlustreichen Kämpfen gingen 50.000 Wehrmachtssoldaten in Gefangenschaft und mehr als 10.000 Soldaten aller Seiten verloren ihr Leben.

Ein von Panzern flankiertes, frei zugängliches Monument auf dem Mont Ormel erinnert an die blutige und entscheidende Schlacht. Im Ausstellungsgebäude des **Mémorial de Mont-Ormel** wird das Kampfgeschehen anhand eines Geländemodells dargestellt und multimediale Inszenierungen ermöglichen es den Besuchern, die Kämpfe nachzuvollziehen. Unterstützend wirken Ausstellungsgegenstände, Fotodokumente und Berichte von Zeitzeugen *(April/September–Oktober 10–17 Uhr, Mai–August 9:30–18 Uhr, November–März Mi/Sa/So 10–17 Uhr, Eintritt, Hunde an der Leine im Außenbereich gestattet, www.memorial-montormel.fr)*. Unterhalb der Gedenkstätte breitet sich die Ebene aus, auf der die Schlacht stattgefunden hat und der am Mémorial beginnende **Rundweg Circuit AOÛT 1944** führt auf 8,5 Kilometer Länge zu zehn markanten Punkten des einstigen Schlachtfeldes.

Mémorial de Mont-Ormel

Donjon in Chambois

Bei der Rückfahrt durch die friedvolle und harmonische Landschaft ist kaum vorstellbar, welches Grauen vor rund acht Jahrzehnten hier geherrscht haben muss.

In **Chambois** wartet in der Ortsmitte mit dem wohl mächtigsten **Donjon** der Normandie jedoch schon eine Ablenkung von den trüben Gedanken. Am Bergfried mit seinen vier Ecktürmen, die ihn als typischen Vertreter mittelalterlicher Wehrbauten ausweisen, biegen wir ab.

Inmitten des »Pferdelandes« darf natürlich ein Stellplatz auf einem Gestüt nicht fehlen und nur wenig später werden wir erfreulicherweise fündig.

230 Villebadin – *Haras Ecurie Mathias*

GPS: N 48°47'27" E 00°11'08", La Blacherie. **Max. WOMOs:** 10. **Öffnungszeit:** Ganzjährig. **Ausstattung:** V/E, Strom, Müllbehälter. **Beschreibung:** Der außerhalb der Ortschaft liegende einfache Wiesenplatz punktet mit dem freundlichen Empfang der Betreiber und seiner Lage in ländlicher Ruhe, die durch das Wiehern der Pferde oder in der Nacht vom Quaken der Frösche unterbrochen wird. Direkt an der Trabrennbahn gibt es keinen Schatten, aber dafür nachts fernab

großer Lichtquellen einen klaren Himmel, an dem wir die Sterne zählen konnten. Tagsüber kann man dem Sulky-Training direkt vom WOMO aus zuschauen. **Preis:** 7 €. **Zufahrt:** Von der D13 nach Exmes abbiegen und ca. 3 km dem WOMO-Piktogramm folgen.

Das Landstädtchen **Gacé** ist aufgrund seines aus dem 12. und 15. Jahrhundert stammenden sowie aus rotem Ziegelstein errichteten Schlosses erwähnenswert. Hinter dessen Mauern befindet sich das **Musée de la Dame aux Camélias**, in dem das Leben der berühmtesten Tochter der Stadt beleuchtet wird *(Mo–Sa 14–18 Uhr, Eintritt)*.

231 Gacé – *Place du Château*

GPS: N 48°47'45" E 00°17'45", Rue du Marché aux Bestiaux **Max. WOMOs:** 7. **Öffnungszeit:** Ganzjährig 17–10 Uhr, tagsüber ist das Parken also nicht gestattet. **Ausstattung:** V/E, Strom am Rand des Parkplatzes, Infotafel, Müllbehälter. **Beschreibung:** Der asphaltierte, teils schattige, einfache Parkplatz liegt im Ort mit Bäckerei, Geschäften und Restaurants und unmittelbar am Schloss sowie neben einer ungewöhnlichen Markthalle (**Markt** Sa Nachmittag, Place de la Liberation, Do Vormittag Fischmarkt). **Zufahrt:** Im Ort den Hinweisen zum Parking Château folgen. **Hinweis:** Bei Vollbelegung sind die Plätze eng und der einfache **Camping le Pressoir**** ist nicht nur dann eine echte Alternative (ganzjährig geöffnet, Preis 15 €).

TOUR 12

Die Kameliendame

Im Januar 1824 erblickte *Alphonsine Plessis* in einem kleinen Weiler nahe Gacé in ärmlichen Verhältnissen das Licht der Welt. Nachdem sie sich ohne Schulbildung mit Gelegenheitsjobs durchs Leben geschlagen hatte, wurde sie im Alter von 15 Jahren zu Verwandten nach Paris geschickt. Dort änderte sie ihren Vornamen in Marie und setzte gekonnt ihre Schönheit für ihr weiteres Fortkommen ein.

Mit außerordentlichem Charme sowie großer Klugheit verzauberte Marie die reiche Männerwelt der Pariser Salons und stieg innerhalb kurzer Zeit zur begehrten Kurtisane, frühere Bezeichnung für Geliebte in adligen oder großbürgerlichen Kreisen, auf. Das glitzernde, luxuriöse Leben war ihr jedoch nicht lange vergönnt, da sie schwer an Tuberkulose erkrankte und mit nur 23 Jahren in Paris verstarb. Maries Verehrer und Liebhaber waren untröstlich, doch nur *Alexandre Dumas* dem Jüngeren gelang es, seiner einstigen Geliebten ein Denkmal zu setzen. In Anlehnung an die Lebensgeschichte von Marie Plessis und ihrer Vorliebe für Kamelien schrieb er den Roman die *Kameliendame*, der später als Grundlage für Guiseppe Verdis Oper *La Traviata* diente und so die kurze Lebensgeschichte der liebreizenden Kurtisane unsterblich machte.

Tour 13

Tour 13

Unterwegs im Perche

215 km

Dieser Teil unserer Reise durch die Normandie wird uns in deren südlichsten Zipfel im Département Orne führen. Für viele Franzosen und eingefleischte Frankreichliebhaber ist dieses Gebiet fast unbekannt und wird mit Recht noch als Geheimtipp gehandelt. Lassen Sie sich von uns zu diesen bezaubernden Orten führen:

- **Mortagne-au-Perche**
- **Bellême**
- **La Perrière**

Die stille, ruhige Region **Le Perche**, der Perche, ist auch für uns unbekannt und wir werden kaum deutschen Touristen begegnen. Eine Handvoll Franzosen, insbesondere die Bewohner von Paris, lieben hingegen diese abgeschiedene, von sanften Hügeln und ausgedehnten Waldgebieten durchzogene Gegend.

Zusammen mit auf grünen Weiden grasenden weißen Percherons, einer stattlichen Kaltblut-Pferderasse, die dem Gebiet ihren Namen gab, und Herrenhäusern, die an kleine Burgen erinnern, *scheint der Perche dem Idealbild der Großstädter vom bäuerlichen Leben sehr nahezukommen* und sie verbringen hier gerne ihre Ferientage.

Es gibt ausgeschilderte **Wanderwege und Radtouren** können über ruhige Landstraßen durch Dörfer mit bunten Bauerngärten und golden schimmernden Feldern führen. Alles wenig spektakulär und unaufgeregt, aber gerade deshalb besonders authentisch und prädestiniert für erholsame Tage.

Östlich von Gacé liegt **Saint-Évroult-Notre-Dame-du-Bois** am Rande eines kleinen Stausees.

232 Saint-Évroult-Notre-Dame-du-Bois – *AirePark Aire des Saints Pères*

GPS: N 48°47'20" E 00°27'59", Étang des Saint Pères. **Max. WOMOs:** 24. **Öffnungszeit:** Ganzjährig. **Ausstattung:** V/E, Strom. **Beschreibung:** Der ehemalige Campingplatz ist mit einer Schranke gesichert und liegt im Grünen am Rand des Sees und ca. 500 m vom kleinen Ortszentrum mit zwei Restaurants sowie einer Bäckerei entfernt. Ganz in der Nähe befindet sich eine Minigolfanlage und das Freizeitzentrum bietet die Möglichkeit zum Bötchen fahren, Boule- und Tischtennisspiel und verfügt über diverses Spielgerät und eine Snackbar. Natürlich bietet sich die Gegend auch für Rad- und Wandertouren an. Eine Wanderkarte befindet sich gegenüber der Bäckerei und man kann z. B. zu 7 oder 9 km langen Rundwanderungen aufbrechen. **Preis:** 13 €. **Zufahrt:** Im Ort den Hinweisen zum südlich es Teiches gelegenen Stellplatz folgen.

TOUR 13

Am Ufer des Teichs liegt aber auch verträumt-romantisch und doch erhaben die **Ruine der ehemaligen Benediktinerabtei** aus dem 13. Jahrhundert, die in ihrer Blütezeit zu den intellektuellen normannischen Zentren des Mittelalters gehörte (N 48°47'27" E 00°27'45", an der D13, Hunde an der Leine gestattet).

Abbaye de Saint-Évroult-Notre-Dame-du-Bois

Um die nächste, etwa 30 Kilometer entfernte und noch aktive Abtei zu erreichen, halten wir uns durch ein Waldstück gen Süden. Später schlagen wir uns auf etwas verschlungenen Weg nach **Soligny-la-Trappe** durch und lassen uns zur ausgeschilderten **Abbaye de la Trappe** führen (N 48°38'09" E 00°34'25", an der D251).

Die zwischen Wäldern und Teichen gelegene Abtei stammt ursprünglich aus dem 17. Jahrhundert, als der Abt von Rancé den Zisterzienserorden radikal reformierte. Die ganz in weiß gekleideten Trappistenmönche leben noch heute gemäß der Vorgabe *Ora et labora* nach den strengen Regeln des Ordens und die von ihnen hergestellten sowie andere regionale Produkte können im

Abbaye de la Trappe

Klosterladen, dem *Magasin*, erstanden werden. Außerdem kann die Kirche besucht werden und an der Einfahrt zum Parkplatz füllen Pilger geheiligtes Wasser in mitgebrachte Behältnisse ab *(Magasin September–Juni Mo–Sa 10:30–12/14:45–17:45 Uhr, So 11:45–13/14:45–18:30 Uhr, Juli/August Mo–Sa 10:30–12/15–18:30 Uhr, So 11:45 -13/15–18:30 Uhr, www.latrappe.fr).*

Wir befinden uns im **Parc Naturel Régional du Perche**, der 1998 gegründet wurde und die Region sowie das kulturelle Erbe des Perche bewahren soll. Der Naturpark ist aber in den Augen seiner Bewohner viel mehr, gibt er ihnen doch eine ideelle Heimat in einem einst zusammengehörenden Gebiet, das heute auf die Départements Orne und Eure-et-Loir verteilt ist.

Uns zieht es in die ehemalige Hauptstadt der Grafschaft Perche und damit nach **Mortagne-au-Perche** (3.900 Einwohner). Für Wohnmobile ist der Ort zwar eher ungeeignet, insbesondere da der bisher als Stellplatz geführte Parkplatz nicht nur sehr weit abseits liegt, sondern bei unserem letzten Besuch zudem sehr ungepflegt und nicht mehr nutzbar erschien (N 48°31'07" E 00°31'47", Chemin de la Folle Entreprise). Wir nennen die Koordinaten dennoch, da einer unserer Leser während des Besuchs des nahen und empfehlenswerten **Restaurant *Pieds dans l'Eau*** dort parkte und auch übernachtete *(Mittags- und Abendmenüs Di/Do–Sa, Mi nur mittags, Mo/So geschlossen, Telefon 0233253144, restaurant-lespiedsdansleau.com)* .

TOUR 13

Ansonsten findet sich am ehesten ein womotauglicher Parkplatz nahe des Stadions und der Rennbahn in der *Petite Cité de Caractère*,deren Besuch wir uns nicht entgehen lassen wollen (N 48°31'14" E 00°32'24", Chemin des Carrières).

Ein Bummel durch die alten Gassen mit historischen Gebäuden sowie bescheidenen Häusern des auf einem Hügel gelegenen Landstädtchens lohnt sich nämlich durchaus. Verschiedene kleine Geschäfte öffnen sich hinter bunten, individuell gestalteten Fassaden und im Zentrum wird man nach einem Stadtrundgang im **Restaurant *La Brasserie*** gut und kostengünstig bedient *(Mittags- und Abendmenüs, Mo geschlossen, Telefon 0233251477, Place du Général de Gaulle).*

Zuvor haben wir in der spätgotischen **Église Notre-Dame** im Flamboyant-Stil und mit herrlichen Täfelungen am Altar in der Apsis vorbeigeschaut sowie dem altehrwürdigen **Kreuzgang** aus dem 16. Jahrhundert, der heute innerhalb der Mauern des Kran-

Mortagne-au-Perche

kenhauszentrums liegt, unsere Aufwartung gemacht *(täglich 8–18 Uhr, freier Zugang)*. In den Straßen fällt zwischen palastartigen Stadtvillen der Blick immer wieder auf für den Perche typische kleine, unverputzte Häuser aus hellem Sandstein, deren Türen und Fenster mit braunen Steinen umrahmt sind.

Nahe der Kirche wollen wir das **Musée Alain**, das über Leben und Werk des französischen Philosophen *Émile-Auguste Chartier informiert, nicht unerwähnt lassen (Mitte Mai–Mitte September Do/Fr/Sa 14:30–18 Uhr, Eintritt frei, www.alainmortagne.fr)* und verweisen für ein umfangreiches Programm an Freizeitmöglichkeiten auf das **Office de Tourisme** hin *(April–Juni Di–Do 10–12/14–17 Uhr, Fr/Sa 10–13/14–18 Uhr, So 10–13 Uhr, Juli–September Mo–Sa 10–18 Uhr, So 10–13 Uhr, Oktober–März Di–Do 10–12/14–17 Uhr, Fr/Sa 10–13/14–17 Uhr, 36 Place du Général de Gaulle, Telefon 0233833437, tourisme-mortagne-au-perche.fr)*.

Besonders die Fahrradrouten sind von Interesse, da wir uns einmal mehr an der ***Voie Verte*** *befinden* und sich das Radeln auf der ehemaligen Bahntrasse nach Osten als auch nach Westen relativ eben und bequem gestaltet.

Die Region um Mortagne ist in ganz Frankreich, aber auch aufgrund ihrer Blutwurst bekannt. Die pechschwarze, würzige, leicht süßliche **Boudin noir** wird auf dem **Markt** (Sa Vormittag, Place de la République) sowie bei den Metzgern (z. B. **Charcuterie-Rotisserie Elisabeth & Thomas Habert**, 5 Rue du Général Leclerc) oder in Restaurants angeboten und bei der **Foire au boudin** jedes Jahr im März wie ein Star gefeiert. Selbstverständlich wird hierbei auch der beste Metzger gekürt, der das Rezept seiner wurstigen Spezialität natürlich für sich behält.

Weiter südwärts passieren wir **Le Pin-la-Garenne**. Wer gerade ein hungriges Gefühl in der Magengegend verspürt und in gepflegter Umgebung zu einem erstaunlich günstigen Preis ein sehr gutes 3-Gänge Mittagsmenü genießen möchte, der sollte unbedingt im **Restaurant *La Croix d'Or*** einkehren *(Mittags- und Abendmenüs, Di/Mi geschlossen, 6 Rue de la Herse, Telefon 0233838033, Hunde nur auf der Terrasse gestattet, lacroixdor.free.fr)*. *Hier haben wir übrigens die für unseren Geschmack beste warme **Boudin noir** verspeist* (N 48°26'27" E 00°32'46", La Pellonnière, Parken am Straßenrand).

Beim Durchfahren des schattenspendenden **Forêt Domaniale de Bellême** streifen wir den angeblich Bauern, Pferde und Wagen verschlingenden Teich und Quellbrunnen **La Herse**. Zu unserer Beruhigung ist aber lediglich belegt, dass der Brunnen römischen Ursprungs ist und es in der Nähe eine Ausflugsgaststätte gibt.

Auf einem Felsvorsprung am Rande des Waldes liegt die *Petite Cité de Caractère* **Bellême** (1.500 Einwohner), die sich als ehemaliger Grafensitz den Titel Hauptstadt der Perche mit Mortagne teilen musste. Wer nicht ohnehin einige Tage in der ansprechenden Gegend bleiben möchte und den Campingplatz aufgesucht hat, der muss für den Tagesbesuch das Wohnmobil am Straßenrand oder auf einem der manchmal ganz schön engen Parkplätze abstellen.

233 Bellême – *Camping du Perche Bellemois****

GPS/Kontakt: N 48°22'27" E 00°33'13", Rue Maurice de Vlaminck, Telefon 0233253077. www.campingduperchebellemois.com. **Öffnungszeit:** Anfang/Mitte April–Oktober. **Ausstattung:** Waschmaschine, Wäschetrockner, WiFi. **Beschreibung:** Die gepflegte, kleine Anlage mit durch Hecken und Bäume getrennten großen Parzellen liegt in der Nähe des Freibades am Ortsrand. Das Ortszentrum mit Bäckerei, Geschäften und Restaurants ist etwa 600 m entfernt. *Eine schöne, etwa 45 Kilometer lange Radtour führt u. a. zum unten beschriebenen Manoir de Courboyer und die bezaubernde Landschaft mit wunderschönen Aussichten* (der GPX-Track ist unter rando-perche.fr/a-velo/lechappee-de-sublaine herunterzuladen). **Preis:** 15 €. **Zufahrt:** Im Ort den Hinweisen zum Campingplatz folgen.

Place de la République in Bellême

Von den ehemaligen Befestigungsanlagen aus dem 11./13. Jahrhundert ist nicht mehr viel übrig geblieben, doch durch das einzig erhaltene Stadttor mit seinen wieder aufgebauten Türmen ist die **Ville Close**, die befestigte Altstadt, noch heute zu betreten. *An der Rue Ville-Close liegen schöne Bürger- und Herrenhäuser aus hellem Stein oder mit freundlich verputzten Fassaden aus dem 17. und 18. Jahrhundert* und um die im Zentrum befindliche, üppig ausgestattete **Église Saint-Sauveur** mit einem imposanten Hochaltar fühlen wir uns ein wenig wie in südfranzösische Gefilde versetzt.

Inmitten dieses Idylls kann man in kleinen Boutiquen sowie Galerien herrlich stöbern oder shoppen und in der **Weinbar *La Vericale*** kleine Leckereien zu feinen Weinen probieren *(Do 9–14/18:30–21 Uhr, Fr–Sa 10–21:30 Uhr, So 10–14 Uhr, Mo–Mi geschlossen, 9 Place de la République, Telefon 0233256716, la-verticale.fr)*. Ein Anziehungspunkt in der Region ist der am Donnerstagvormittag auf der Place de la République stattfindende **Markt.**

Verschieden lange **Wanderungen**, eine führt zum Beispiel auf einem etwa *10 Kilometer langen Rundweg zum mystischen Étang de la Herse*, und **Radtouren** starten an der Kirche oder am **Office de Tourisme**, in dem auch entsprechende Beschreibungen erhältlich sind *(Februar/März/Oktober Do 10–12:30 Uhr, Sa 10–12:30/14–17 Uhr, April–Juni/September Di–So 10–12:30/14–18 Uhr, Juli/August Mo–So 10–12:30/14–18:30 Uhr, Boulevard Bansard-des-Bois, Telefon 0233730969, www.perchenormand.fr)*.

Auf dem Weg in eine weitere kleine Stadt mit Charakter westlich von Bellême, die wir am bequemsten über die ausgewiesene Lkw-Strecke auf der D455/D955 erreichen, notieren wir einen einfachen, unspektakulären Parkplatz.

234 **Belforêt-en-Perche**
Aire de Camping-Car

GPS: N 48°22'31" E 00°31'34", Rue de Mamers. **Max. WOMOs:** 4. **Öffnungszeit:** Ganzjährig. **Ausstattung:** V/E, WC, Tische und Bänke. **Beschreibung:** Einfacher asphaltierter, schattenloser Mix-Parkplatz am Ortsrand mit Aussicht über die Felder. Die nachts ruhige Straße führt direkt am Parkplatz vorbei. **Zufahrt:** Am östlichen Ortseingang gelegen.

Das für seine Stickereien bekannte **La Perrière** ist eher ein Dörfchen irgendwo im oft zitierten Nirgendwo, das sicher schon bessere Zeiten gesehen hat und trotzdem besuchenswert ist.

235 **N 48°23'28" E 00°26'48"**, an der D210 am östlichen Ortseingang gelegen.

So, wie es bereits manchen Maler oder Besucher mit seinen alten Gassen sowie bunten Häusern bezaubert hat, so berührt auch uns der Charme dieses Weilers. Besonders an den Pfingstwochenenden pilgern alljährlich viele Menschen zu einem bekannten **Kunstmarkt** und östlich der Ortsmitte sind es nur wenige Hundert Meter bis zum im Wald gelegenen **Château de Montimer**, dessen Wachturm separat vom Herrenhaus steht.

Im Zentrum zieht die **Maison d'Horbé** unsere ganze Aufmerksamkeit auf sich zieht. Eine originelle Mischung aus **Brocante, Restaurant und Salon de Thé**, die vollgestopft mit Trödel, edlem Ambiente und einer herrlichen Terrasse zumindest einen Blick

TOUR 13

Château de Montimer

oder aber auch eine Einkehr wert ist *(Fr–So/Feiertage 10–22.30 Uhr, Grande Place, Telefon 0233731841, www.lamaisondhorbe.com)*. Direkt nebenan kann man sich auch im ***Le Relais d'Horbé*** kulinarisch verwöhnen lassen *(Telefon 0233259544, www.relaisdhorbe.com)*.

Nach diesem erfreulichen Abstecher sind wir flott zurück in Bellême, orientieren uns Richtung La Chapelle Souëf, um das gut ausgeschilderte **Écomusée du Perche** in **Saint-Cyr-la-Rosière** anzufahren. Neben allerlei landwirtschaftlichen Gerät werden Trachten präsentiert, die Arbeit rund um das Leben im Perche dokumentiert und geografische sowie historische Zusammenhänge vermittelt. Bei Sonderveranstaltungen wird bäuerliches Handwerk gezeigt *(April–September 10:30–18:30 Uhr, Oktober–März Mo–Fr 10:30–17:30 Uhr, Sa/So/Feiertage 14–17:30 Uhr, Prieuré de Sainte-Gauburge, Eintritt. www.ecomuseeduperche.fr)*.

Saint-Cyr-la-Rosière

Direkt nebenan befindet sich die im 11. Jahrhundert gegründete **Prieuré Sainte-Gauburge**, die der Heiligen Gauburg oder Walburg, einer bayerischen Äbtissin aus dem 8. Jahrhundert, gewidmet ist. Wie bedeutend das Priorat einst war, ist noch heute an den im Renaissance-Stil gehaltenen Verzierungen an den Klostergebäuden und der Größe der gotischen Kirche erkennbar.

Die Parksituation fällt sehr bescheiden aus. Mit viel Glück gibt es vielleicht ein Plätzchen direkt am Ecomusée oder auf einem Wiesenparkplatz Richtung Dolmen. Bei unserem Aufenthalt war allerdings die Zufahrt derartig zugewachsen, dass wir das WOMO am Straßenrand parken mussten (N 48°19'27" E 00°39'18"). Wer ordentlich zum Stehen kommt, der kann von hier zusätzlich zu einer bestens ausgeschilderten, etwa *12 Kilometer langen Rundwanderung beziehungsweise Mountainbike-Tour* starten, die über Felder und durch Wälder zum **Dolmen de la Pierre Procureuse**, einer vor 3.000 Jahren errichteten Grabstätte, führt.

Jetzt fehlt nur noch ein Plätzchen im Grünen, das wir im westlich gelegenen **Préaux-du-Perche** bald finden.

236 Préaux-du-Perche – *Parc nature*

GPS: N 48°19'42" E 00°42'00". **Max. WOMOs:** 2–3. **Ausstattung:** Tische und Bänke, Müllbehälter.

Beschreibung: Der geschotterte, teils schattige, einfache Parkplatz liegt am Ortsrand an einer kleinen Freizeitanlage und ist am Wochenende gut besucht. Von hier kann zu einer etwa 6 km langen Wander- bzw. Radtour aufgebrochen werden. **Zufahrt:** Am südlichen Ortsrand von der D313 in die Straße Le Petit Jeu abbiegen und zum Parkplatz fahren.

Kleiner Abendspaziergang bei Préaux-du-Perche

Leichte Wanderung von knapp fünf Kilometer Länge.

Vom Parkplatz gehen wir zurück zur Landstraße. Hier wenden wir uns kurz rechts, um dann links abzuknicken. Das Sträßchen bringt uns bis nach Bétigny Gaulard, wo wir uns an einer T-Kreuzung rechts halten und der Straße La Vallée, die später in einen unbefestigten Weg übergeht, immer am Wald- und Wiesensaum folgen. Mit schöner Aussicht gelangen wir zum »Ein-Haus-Weiler« La Renaudière, schwenken rechts und erreichen die D313. Wir überqueren die Landstraße und sind auf einem grasbewachsenen Weg, der uns zwischen Wiesen und Feldern entlangführt und eine Aussicht auf das rechts liegende Manoir La Lubiniére bietet. An der nächsten Wegkreuzung gehen wir rechts und durch einen für die Gegend typischen

Hohlweg bis zu den Häusern der La Basse Passière. Wir sind nun wieder auf einem befestigten Weg, dem wir rechts folgen und nach etwa 300 m an den Ausgangspunkt unserer kleinen Wanderung zurückkehren. Wer den Spaziergang etwas erweitern möchte, gelangt durch den Park ins Dorf und zur Kirche aus dem 13. Jahrhundert, die mit schönen Fenstern aufwarten kann.

Wir folgen den Hinweisen zum **Jardin François** (N 48°18'01" E 00°40'52"). Der Besuch gestaltet sich für Gartenfreunde recht angenehm, denn der Garten gehört zu einem typischen Bauernhof im Perche und verbindet im Wechsel der Jahreszeiten bäuerliche mit eleganten sowie alte und neue Stilrichtungen miteinander. Das wechselnde Farbenspiel der Pflanzen ist vielfältig und der Spaziergang eine hübsche Unterbrechung *(von Sonnenaufgang bis -untergang jeden Tag geöffnet, Eintritt, Hunde an der Leine gestattet. www.ferme-et-jardin-francois.com).*

Wer in der abgelegenen Gegend im südlichen Zipfel des Département Orne sein Haupt betten möchte, der wird etwa zehn Kilometer südwestlich fündig.

237 Saint-Germain-de-la-Coudre – *Aire de Camping-Car*

GPS: N 48°16'44" E 00°36'22", Rue du Stade. **Max WOMOs:** 5. **Öffnungszeit:** Ganzjährig. **Ausstattung:** V/E, Strom, Tisch und Bänke, Spielplatz. **Beschreibung:** Der geschotterte, teils schattige, einfache Parkplatz liegt am Ortsrand mit Blick auf den Tennisplatz im Grünen. Im nahen Ortszentrum befinden sich Bäckerei, Metzgerei, ein kleiner Supermarkt und ein Restaurant. **Zufahrt:** Im Ort Richtung La Fertè-Bernard fahren und dem WOMO-Piktogramm folgen.

Auf gleicher Strecke geht es zurück nach Préaux-du-Perche und nach **Nocé**, wo wir uns an den Hinweisen **Manoir du Courboyer/ Maison du Parc du Perche** orientieren (N 48°23'50" E 00°40'04", an der D9).

Maison du Parc du Perche

Mitten im Herzen des Perche und im Naturpark befindet sich eines der ehemals 700 Percheron-Schlösser, von denen es bis heute etwa 100 durch die Jahrhunderte geschafft haben.

Das Ende des 15. Jahrhunderts erbaute **Manoir Courboyer** ist einer der größten Landsitze im Perche, die im Gegensatz zu den eleganten Herrenhäusern im Pays d'Auge mehr oder weniger befestigten kleinen Burgen ähneln. Die meisten dieser Bauten wurden vor langer Zeit bereits zu Gutshöfen umgestaltet und so steht das Manoir Courboyer inmitten seines 60 Hektar großen, leicht hügeligen Areals, auf dem Esel, Kühe sowie Pferde weiden, Bienen um ihre Stöcke schwirren und Obstbäume, Teiche oder Gemüsegärten für eine stimmungsvolle Kulisse sorgen.

Das weitläufige Gelände kann auf vier verschieden langen **Wanderwegen** durchstreift werden, Picknickflächen sowie Spielgeräte laden zum Verweilen ein und der Hauptweg ist auch für Menschen mit eingeschränkter Mobilität geeignet.

Drei der fünf Stockwerke des Herrenhauses sind zu besichtigen und dienen als **Informationszentrum**. Wechselnde Ausstellungen laden zum Schauen, Erleben und Mitmachen ein, zeigen traditionelles Handwerk und die Geschichte der ehemaligen Eigentümerfamilie.

TOUR 13

Auf dem Gelände befinden sich weiterhin das **Office de Tourisme**, in dem alles Wissenswerte über die Region zu erfahren ist, ein **Ladengeschäft** und ein **Restaurant,** in denen jeweils regionale Produkte angeboten werden *(November–März Di–Sa 10:30–12:30/13:30–17 Uhr, April–Juni/September/ Oktober täglich 10:30–12:30/13:30–18 Uhr, Juli/August täglich 10:30–18:30 Uhr, Eintritt, das Freigelände ist jederzeit zugänglich, Hunde an der Leine gestattet. www.parc-naturel-perche.fr).*

Das Logo des Naturparks ist ein weißes Pferd auf grünem Grund, das sich in den vergangenen Jahrhunderten zum Wahrzeichen der gesamten Region entwickelt hat.

Der Percheron

Die Geschichte der Percherons beginnt während der Kreuzzüge, als die Grafen von Perche Araberhengste in die Heimat zurückbrachten und diese mit heimischen, stämmigen Stuten kreuzten. Im Laufe der Jahrhunderte passten sich die Pferde an das Klima an und entwickelten sich zu einer wuchtigen als auch starken Kaltblutrasse, die besonders für die schweren landwirtschaftlichen Arbeiten wie Pflügen oder das Holzrücken im Wald eignet ist. Im 19. Jahrhundert zogen Percherons in Paris sogar Omnibusse oder Feuerwehrwagen und ihr Bekanntheitsgrad reichte bis in die USA oder nach Japan. Nach dem Zweiten Weltkrieg verloren die Pferde durch die fortschreitende Technisierung ihre Bedeutung und es ist ambitionierten Züchtern zu verdanken, dass die Percherons heute wieder zu den neun am weitesten verbreiteten französischen Zuchtpferderassen gehören.

Die charakterlich ausgeglichenen, gutmütigen und arbeitswilligen Pferde werden in zwei Typen unterteilt: Zum einen in den **Trait**, der groß und schwer, gewaltige Lasten ziehen kann und sich besonders für die landwirtschaftliche Arbeit empfiehlt. Zum anderen gibt es den leichteren, dynamischen und schnelleren **Diligencier**, der wegen seines ausgeprägten Trabablaufs als Sport- und Freizeitpferd, aber auch als elegantes Kutschenpferd geeignet ist.

Es wird vermutet, dass der Percheron aufgrund seines Araberblutes vorwiegend als Schimmel auf den Weiden zu finden ist, während das wuchtige, rund 900 Kilogramm schwere Erscheinungsbild den ehemals heimischen Kaltblutstuten zugeschrieben wird. Der angeblich größte Vertreter seiner Rasse soll der Anfang des 20. Jahrhunderts in den Vereinigten Staaten geborene Percheron-Hengst *Dr. Le Gear* mit einem Stockmaß von 2,13 Meter und einem Gewicht von 1.372 Kilogramm gewesen sein.

Unsere Landpartie durch den Anfang Juni in sämtlichen Grüntönen strahlenden hügeligen Perche führt vorbei an etlichen im Baustil sehr unterschiedlichen Manoirs nach **Longny-au-Perche** mit einer ansehnlichen Pfarrkirche, die ein hölzernes Tonnengewölbe vorzuweisen hat.

238 Longny-au-Perche – Camping-Car Park

GPS N 48°30'54" E 00°44'22", Route de Monceaux. **Max. WOMOs:** 20. **Öffnungszeit:** Ganzjährig. **Ausstattung:** V/E, Strom. **Beschreibung:** Der einfache, mit einer Schranke gesicherte, schattenlose und befestigte Stellplatz liegt unmittelbar neben der Straße. Für die Durchreise willkommen, ansonsten wenig Charme. Gegenüber könnte der **Camping Monaco-Park****** die teurere, aber vielleicht angenehmere Alternative sein (ganzjährig geöffnet, www.campingmonacoparc.com). **Preis:** 12–14 €. **Zufahrt:** Etwa 1,5 km südlich des Ortes direkt an der D111 gelegen.

Unsere Runde durch den Perche neigt sich dem Ende entgegen und wir wollen uns ein letztes Mal mit den Percherons beschäftigen. Diesmal allerdings nicht mit den Pferden, sondern mit den gleichnamigen Bewohnern dieser von dichten Wäldern und einer lieblichen Hügel- und Heckenlandschaft durchzogenen Region.

239 Tourouvre – *AirePark Aire de la Sablonnière*

GPS: N 48°35'32" E 00°38'41", Rue de Saint Gilles. **Max. WOMOs:** 10. **Öffnungszeit:** Ganzjährig. **Ausstattung:** V/E, Strom, Tische und Bänke, Müllbehälter. **Beschreibung:** Der geschotterte, mit Schranke gesichert, teils beschattete, kreisförmig angelegte und etwas schräge Stellplatz liegt auf einer Waldlichtung außerorts und etwa 900 m vom Ortszentrum mit Bäckerei, Geschäften und Restaurants entfernt. Trotz Straßennähe ist er nachts sehr ruhig. **Preis:** 8 €. **Zufahrt:** Auf der D32 den Ort durchqueren und den WOMO-Piktogrammen folgen. Der Stellplatz liegt am westlichen Ortsrand.

TOUR 13

Aus Tourouvre, Mortagne-au-Perche und einigen anderen Orten der Gegend verließen die ersten Auswanderer Mitte des 17. Jahrhunderts ihre angestammte Heimat, um sich in Kanada niederzulassen.

Sie liebten die ihnen bekannten schattigen Wälder, die kleinen Flüsse sowie das gemäßigte Klima, und doch brachen sie zur Überfahrt in die Neue Welt auf. Hatten sie die oft stürmische Überfahrt über das Meer hinter sich gebracht, warteten neue

Herausforderungen in Form der indianischen Urbevölkerung, breiter Flüsse mit Stromschnellen oder harter, frostiger Winter sowie heißer Sommer auf sie. Doch die Auswanderer meisterten ihre Aufgabe bravourös und noch heute sind französische, aus dem Perche stammende Namen wie Tremblay, Gagnon oder Juchereau häufig in Kanada zu hören. Mit der Geschichte der Atlantiküberquerung bis zum Alltagsleben der Emigranten befasst sich das **Musée de l'Émigration** mit einer Reihe interessanter Exponate, Gemälden, Bildern und wechselnden Ausstellungen. Direkt angrenzend befindet sich das **Musée des Commerces et des Marques,** das eine große Sammlung französischer Markenprodukte vom Ende des 19. Jahrhunderts bis heute zeigt. Besonderes

Interesse wecken ein historisches Lebensmittelgeschäft oder ein Bar-Tabak-Laden *(beide Museen Anfang April–Dezember Di–So 10–12:30/14–18 Uhr, Eintritt, www.musealesdetourouvre.fr).*

Wir setzen uns in der Nähe von Tourouvre auf die N12 und vermerken in **Saint-Maurice-lès-Charencey** mitten im Ort einen recht netten, mit Schranke gesicherten **WOMO-Stellplatz,** der lediglich durch die direkt daran vorbeiführende Nationalstraße einen Punktabzug erhält.

TOUR 13

240 N 48°38'52" E 00°45'20", Rue de Brest, V/E, Strom, ganzjährig geöffnet, Preise 7–10 €.

Wenig später lassen wir das Département Orne hinter uns und setzen unsere Reise im **Département Eure** fort.

Verneuil-sur-Avre (7.000 Einwohner) wurde um das Jahr 1120 von Henri I. Beauclerc, einem Sohn Wilhelm des Eroberers, als befestigte Stadt gegründet, um die Grenze seines normannischen Reiches gegen Frankreich zu sichern. Noch heute umgeben die alten, durch Wassergräben verstärkten Befestigungsmauern den alten Ortskern. Während der Grenzfluss Avre sein natürliches Bett südlich von Verneuil hat, wurde das Wasser des Iton zum Befüllen der Gräben aus über zehn Kilometer Entfernung über die sogenannten bras forcé in die Stadt geleitet.

Da die Stadt, die sich historisch betrachtet, gern selbst als Tor zur Normandie bezeichnet, von den Zerstörungen im Zweiten Weltkrieg verschont blieb, können wir heute *viele Fachwerkhäuser und restaurierte Bürger- als auch Herrenhäuser rund um die zentrale und belebte Place de la Madeleine* betrachten.

An diesem Platz befindet sich auch das **Office de Tourisme.** Mit einem Flyer in deutscher Sprache finden wir auf dem **Circuit Historique** alle wesentlichen Sehenswürdigkeiten *(Mo–Sa 10–13/14–17 Uhr, April–September bis 18 Uhr und Juli/August zusätzlich So, 129 Place de la Madeleine, Telefon 0232321717, www.normandie-sud-tourisme.fr).* Ganz in der Nähe ist der an das Kirchenschiff der **Église Saint-Madeleine** angebaute, imposante, 56 Meter hohe und im schönsten spätgotischen Flamboyantstil glänzende Kirchturm aus dem 15./16. Jahrhundert nicht zu übersehen. Die Kirche wurde im 12. Jahrhundert errichtet und über die Jahrhunderte dank des Reichtums der Bürger mit schönen Statuen und Kirchenfenstern verziert.

Église Saint-Jean

241 Verneuil-sur-Avre
Aire de Camping-Car Salles des Fêtes

GPS: N 48°44'23" E 00°55'50", Avenue Marechal Foch. **Max. WOMOs:** 8. **Öffnungszeit:** Ganzjährig. **Ausstattung:** V/E, Müllbehälter. **Beschreibung:** Der asphaltierte, einfache, teils schattige Parkplatz liegt im Ort und etwa 300 m vom Zentrum mit Bäckerei, Geschäften und Restaurants. Nach dem Besuch des großen, bunten **Marktes** am Samstagvormittag oder zu einem anderen Zeitpunkt ist das etwas abseits des Hauptrummels gelegene **Restaurant *La Madeleine*** eine gute Adresse zum Einkehren *(Mittags- und Abendmenüs, Mo/Do–Sa, So mittags, Di/Mi Ruhetag, 206 Rue de la Madeleine, Telefon 0973375186, www.lemadeleineparcyrilcoutin.fr).* **Zufahrt:** Von der N12 Richtung Evreux abfahren und den Hinweisen Verneuil-Centre, später auch Office de Tourisme folgen. Nachdem wir einen rechts liegenden großen Parkplatz passiert haben, richten wir uns nach dem Hinweis Hôtel de Ville und biegen am folgenden Kreisel rechts Richtung Chartres ab. Wenig später führt das WOMO-Piktogramm links zum Parkplatz. **Hinweis:** Sollte der Stellplatz besetzt sein, ist das Parken auf den Parkplätzen an der Avenue Marechal Foch für WOMOs gestattet.

Tour 14

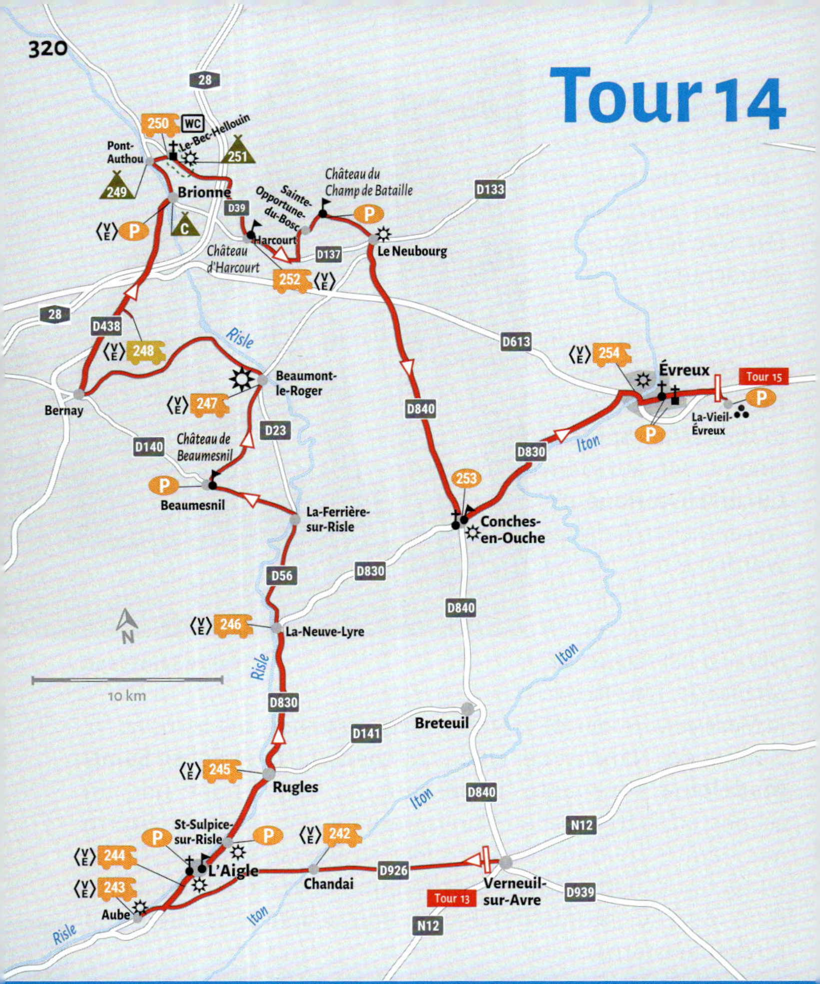

Tour 14

Aus dem Tal der Risle nach Evreux

220 km

In dieser Tour erreichen wir das breite Tal am oberen Flusslauf der fischreichen Risle, der wir vor längerer Zeit in Pont-Audemer bereits begegnet sind und die sich nach 145 Kilometer Länge in den Mündungstrichter der Seine ergießen wird. An ihren Ufern verbindet ein Fahrradweg charmante Dörfer, alte Klöster sowie Schlösser mit großartigen Gärten. Folgendes hat uns besonders gut gefallen:

- Prieuré de la Sainte-Trinité in Beaumont-le-Roger
- Le Bec-Hellouin
- Château d'Harcourt
- Le Château du Champ de Bataille
- Site Archéologique de Gisacum in Le Vieil-Évreux

Wir werden wieder in das Département Eure reisen, das nordwestlich des Pariser Beckens liegt und in dem wir uns bereits am Südufer der Seine befunden haben. Das Département wird hier vor allem durch eine Hochebene geprägt, deren Mittelpunkt die alte Bischofsresidenz Évreux als Hauptstadt des Regierungsbezirkes bildet.

Wie so oft durchfahren wir auf unserer Strecke kleinere Dörfer, in denen die örtlichen Wochenmärkte manchmal nur aus zwei oder drei Verkaufswagen bestehen, die jedoch von Obst oder Gemüse aus dem Umland überquellen und immer von einer Traube Kaufinteressenten umgeben sind.

242 Chandai – *Parking Aire de Camping-Car*

GPS: N 48°45'15" E 00°44'16", Rue de l´Ancienne Poste. **Max. WOMOs:** 6. **Öffnungszeit:** Ganzjährig. **Ausstattung:** V/E, Tische und Bänke, Müllbehälter. **Beschreibung:** Der geschotterte, schattenlose, einfache Parkplatz liegt im Ort und etwas abseits der Durchgangsstraße. An dieser Straße, etwa 300 m entfernt, befindet sich ein kleiner Lebensmittelmarkt und das empfehlenswerte **Restaurant *L'Ecuyer Normand*** *(Mittags- und Abendmenüs Mo/Do–Sa, So nur mittags, Di Ruhetag, 23 Route de Paris, Telefon 0233240654, ecuyernormand.com)*. **Zufahrt:** Im Ort von der D926 den WOMO-Piktogrammen folgen. **Hinweis:** An einer Engstelle sollte man etwas achtsam sein – insgesamt ist die Zufahrt jedoch unproblematisch.

TOUR 14

Für kurze Zeit befinden wir uns wieder im Département Orne und legen in **Aube** einen Stopp ein, um das **Industriedenkmal La Grosse Forge** zu besuchen.

In der alten Schmiede aus dem frühen 16. Jahrhundert wird die traditionelle Eisenproduktion anschaulich dokumentiert *(Mitte Juni–Mitte Sept. tägl. 14–18 Uhr, Nebensaison Mo–Fr 8–12 Uhr unter vorheriger telefonischer Anmeldung 0233246009, Eintritt, www.forgeaube.fr).*

243 Aube – *Aire Communale*

GPS: N 48°44'30" E 00°33'04" ,Route de Paris. Max. **WOMOs:** 3–5. **Öffnungszeit:** Ganzjährig. **Ausstattung:** V/E. **Beschreibung:** Der geschotterte, schattenlose, einfache Parkplatz liegt im recht hübschen Ort etwa 400 m entfernt von Bäckerei und Geschäften entfernt. **Zufahrt:** Im Ort dem WOMO-Piktogramm folgen.

Der Durchgangsstraße folgend, sind wir bald im Marktstädtchen **L'Aigle** (7.900 Einwohner) angekommen. Für einen Tagesbesuch finden kleinere Wohnmobile möglicherweise hier eine Parkmöglichkeit (N 48°45'50" E 00°37'23", Place de Verdun. Am Dienstagvormittag aufgrund des Marktes gesperrt!), alle anderen müssen ihr Glück am Straßenrand suchen.

244 L´Aigle – *AirePark*

GPS: N 48°45'37" E 00°36'51", Avenue du Mont Saint Michel. **Max. WOMOs:** 12. **Öffnungszeiten:** Ganzjährig. **Ausstattung:** V/E, Strom, Infotafel, Müllbehälter. **Beschreibung:** Der mit Schranke gesicherte, asphaltierte, teils schattige, parzellierte Stellplatz liegt direkt an der Straße im Ort in der Nähe eines Discount-Marktes. Das Ortszentrum mit allem, was das Herz begehrt, liegt etwa 1 km entfernt. **Preis:** 7 €. **Zufahrt:** Im Ort den WOMO-Piktogrammen folgen. **Hinweis:** Der Platz war bisher oft von Gents du Voyage belegt.

Das Ortsbild wird von einigen hübschen Plätzen und einem **Schloss** geprägt. In einem Nebengebäude befindet sich das **Office de Tourisme** *(Mo–Sa 9:30–13/14–17:30 Uhr, Place Fulbert de Beina, Telefon 0233241240, www.ouche-normandie.fr)* und das **Schloss** selbst beherbergt einen Museumskomplex. Zum einen werden die Invasionsereignisse im **Musée Juin 44** anhand eines Wachsfigurenkabinetts dargestellt und zum anderen befasst sich das **Musée de la Météorite** mit einem Meteoritenregen, der 1803 über der Stadt niederging *(April–September Di/Mi/Sa/So 14–18 Uhr, Eintritt).*

Sehenswert ist die Stadtkirche **Église Saint-Martin**, deren prächtiger Flamboyant-Turm die historische Altstadt überragt und an einem Dienstagvormittag bringt *der drittgrößte Markt Frankreichs* an mehreren Punkten der Altstadt »Leben auf die Gass«. Sonntagvormittag sind dann noch einmal die regionalen Anbieter auf der Place de la Halle zu finden.

Église Saint-Martin

Eine ordentliche und preislich angemessene Küche finden wir in der **Brasserie *La Renaissance*** *(Mittags- und Abendmenüs, Place de la Halle, Telefon 0233841800).*

Im nahen **Saint-Sulpice-sur-Risle** erwartet uns in einem unter Denkmalschutz stehenden Fabrikgebäude am Ufer der Risle das Firmenmuseum der **Manufacture Bohin**, in der seit 1833 Metallnadeln produziert werden (N 48°46'42" E 00°39'33", Parken von 8:45–18:15 Uhr gestattet!).

Bei einem Rundgang sieht man historische Maschinen und da sich die Herstellungstechniken seit Jahrzehnten nicht verändert haben, lohnt es sich, einigen Angestellten bei ihrer Arbeit über die Schulter zu schauen. Im angrenzenden **Museum** werden die

Manufacture Bohin

Nadelproduktion und die Verwendung der pikenden Metallstifte erklärt. Eine interessante Besichtigung, die nicht nur Näherinnen und Schneider anspricht (*Anfang April–Anfang November Di/Do/Fr 10–13/14–18 Uhr, Eintritt, www.bohin.fr*).
Dass wir nun wieder das Département Eure erreicht haben, bemerken wir lediglich an der Straßenumbenennung, ansonsten rollen wir weiter durch die von Landwirtschaft geprägte Region.

Véloroute de la Vallée de la Risle

Wir befinden uns im waldreichen **Pays d'Ouche**, an dessen Rand die Risle durch saftige Auen als auch manchmal durch einsame Täler munter dahinplätschert und häufig, genau wie die westlich fließende Charentonne, von der *Voie Verte* begleitet wird. Wie wir bereits wissen, verlaufen die ehemaligen Bahntrassen durch verschiedene Regionen Frankreichs und sind perfekt präpariert, um für bequeme und abwechslungsreiche *Radtouren und Wanderungen* genutzt zu werden.

Die *Véloroute de la Vallée de la Risle* verläuft auf etwa 111 Kilometern durch das mal ländlich-beschaulich, mal industriell geprägte Flusstal und man kann von den kommenden Stellplätzen nach nur kurzen Zuwegungen in die Route einsteigen (einfach nach den Radwegsymbolen nahe des Flusses schauen).

Wer die Ruhe liebt, wird im überschaubaren Ort **Rugles** einen adäquaten Stellplatz an der Risle oder im nahen **La Neuve-Lyre** ein schönes Quartier auf einem ehemaligen Campingplatz finden.

245 Rugles – *Aire Communale*

GPS: N 48°49'27" E 00°42'40", Rue Notre Dame. **Max. WOMOs:** 10.

Öffnungszeiten: Ganzjährig. **Ausstattung:** V/E, Strom, Tische und Bänke, Müllbehälter. **Beschreibung:** Der asphaltierte bzw. geschotterte, meist schattenlose, einfache Parkplatz liegt an einem kleinen Park am Ortsrand. Das Zentrum mit Bäckerei und Restaurants ist etwa 200 m entfernt. Das Schwimmbad befindet sich in der Nähe und auf die Markierung der *Véloroute* stößt man z. B. westlich des Stellplatzes an der Route de la Forge. **Zufahrt:** Von der D830 an einem Kreisel links erst dem Hinweis La Poste, dann Salle des Fêtes in den Ort folgen und anschließend dem WOMO-Piktogrammen folgen.

246 La Neuve-Lyre – *AirePark Camping de la Risle*

GPS: N 48°54'25" E 00°44'42", 11 bis Rue de l'Union. **Max. WOMOs:** 70. **Öffnungszeiten:** Ganzjährig. **Ausstattung:** V/E, Strom, Sanitäranlagen April–Oktober, Tische und Bänke, Bouleplatz, Müllbehälter. **Beschreibung:** Mit Schranke gesichertes Wiesengelände, das teils unter Bäumen an der Risle am Ortsrand liegt. Das kleine, adrette Zentrum mit Bäckerei, Lebensmittelgeschäft und einfachen Restaurant befindet sich nur wenige Gehminuten entfernt. Einmal im Monat finden ein *Bauern- und Handwerkermarkt* (Fr Nachmittag) und die *Wochenmärkte* (Mo/Fr morgens) statt. Die Risle bietet sich zum Angeln (Genehmigung erforderlich) und Kanu fahren an. Die *Véloroute* verläuft nordwestlich des Platzes an der D37. **Preise:** 10–13 €, Parken bis 2 Stunden und Service 2 € möglich. **Zufahrt:** Im Ort den WOMO-Piktogrammen folgen.

Wir gelangen nach **La Ferrière-sur-Risle** mit einer Hallenkirche sowie einer alten Markthalle, und wer den Weg mit dem Fahrrad hergefunden hat, dem können wir die Einkehr im **Restaurant *Le Relais D'Ajou*** empfehlen.

Rund zehn Kilometer nordwestlich erreichen wir in **Beaumesnil** eines der beeindruckenden Beispiele der barocken Baukunst der Normandie (N 49°00'43" E 00°42'17").

Die Risle in La Neuve-Lyre

Château de Beaumesnil

Das im 17. Jahrhundert aus Ziegel- und Naturstein errichtete Schloss *besticht durch seine beeindruckende Fassade im Louis XIII.-Stil und wird manchmal als Versailles der Normandie bezeichnet.* Die Besichtigung führt uns durch stilvoll möblierte Räumlichkeiten, von denen die prachtvolle Bibliothek für uns am bemerkenswertesten ist.

Zusätzlich werden verschiedene Veranstaltungen und Aktivitäten angeboten, die keinerlei Langeweile aufkommen lassen. Dazu gehören in den Sommermonaten beispielsweise die Schatzsuche im Maislabyrinth oder an einigen Tagen ein abendlicher Bauernmarkt mit allerlei kulinarischen Verführungen. Zudem gibt es Kerzenlichtführungen und nach der Illumination des Schlosses wartet ein großes Feuerwerk auf die Gäste.

Die weitläufige Gartenanlage im französischen Stil und der Barockpark sind seit ihrer Entstehung fast unverändert geblieben und nach dem Besuch des Gemüsegartens kann das Lustwandeln zwischen Buchsbaumhecken durch ein lauschiges Picknick untermalt werden. Der entsprechende, natürlich kostenpflichtige Picknickkorb kann im Juli und August zwischen 11:30 und 15 Uhr geordert werden.

Insgesamt ein stundenfüllendes, beinahe königliches Vergnügen *(Osterferien/Allerheiligen täglich 14–18 Uhr, Mai–Juni Mi–So 11–18 Uhr, September Sa/So/Feiertage 14–18 Uhr, Juli/August täglich 10–19 Uhr, Eintritt, größere Hunde im Park an der Leine gestattet, kleinere Hunde in der Tasche oder im Korb auch im Schloss. Weitere Veranstaltungen unter www.chateaubeaumesnil.com).*

Dort, wo mehrere kleine Flüsse in die Risle münden, entstand der sympathische Ort **Beaumont-le-Roger** (2.700 Einwohner).

247 Beaumont-le-Roger – *Aire de Camping-Cars*

GPS: N 49°04'51" E 00°46'15", Rue de Bernay. **Max. WOMOs:** 20.
Öffnungszeiten: Ganzjährig. **Ausstattung:** V/E, Strom, Müllbehälter.
Beschreibung: Der ordentlich angelegte, geschotterte, schattenlose

Stellplatz verfügt über klappstuhlgeeignete Parzellen an einer Straße am Ortsrand. Das Zentrum mit Bäckerei (**Tipp:** Von den Mittagssnacks, dem Hanfbrot und den Törtchen bei ***Le Fournil de Franck*** in der Ortsmitte lassen wir uns gern verführen!), Geschäften und Restaurants befindet sich etwa 500 m entfernt und auch die *Véloroute* ist nicht weit entfernt. **Zufahrt:** Im Ort den WOMO-Piktogrammen folgen.

*Ein schönes Panorama auf den Ort und über das Risle-Tal eröffnet sich von der Ruine der **Prieuré de la Sainte-Trinité**.* Einst von Roger de Beaumont, Berater Wilhelm des Eroberers, Ende des 11. Jahrhunderts errichtet, wurde die Abtei während der Französischen Revolution verwüstet. In die Überreste der Gebäude zog später eine Baumwollspinnerei ein und seit einem Feuer Mitte des 19. Jahrhunderts fristen die alten Klosterbauten oberhalb des Ortes ein geschundenes, aber fotogenes Dasein.

Prieuré de la Sainte-Trinité

Im westlich gelegenen **Bernay** (9.000 Einwohner) gibt es zwar eine weitere alte Abtei, eine Menge normannisches Fachwerk sowie ein Museum der schönen Künste zu sehen, aber dafür sieht es mit Park-, geschweige denn Übernachtungsmöglichkeiten schlecht aus.

Das ländliche Umfeld bietet jedoch auf dem Cidre-Hof der Familie Durozier zwischen Apfelbäumen einen schönen Aufenthaltsort, der uns gerade recht kommt.

248 Carsix – *Ferme Domaine du Marais*

GPS/Kontakt: N 49°08'12" E 00°39'31", 1 bis Rue du Marais, Telefon 0232436470. **Max. WOMOs:** 6. **Öffnungszeit:** Ganzjährig. **Ausstattung**: V/E, Strom, Infotafel, Müllbehälter. **Beschreibung:** Die schön angelegten, geschotterten Stellplätze liegen direkt am bewirtschafteten Bauernhof an den Obstplantagen und außerhalb der Ortschaft. Die Begrüßung der Betreiber im gepflegten Umfeld ist freundlich und der Kauf von Cidre, Pommeau und Calvados lohnt sich aufgrund von Geschmack und Preis. Kinder dürften ihre besondere Freude an allerlei herumlaufenden Kleintieren haben. **Preis:** 5 €. **Zufahrt:** Von der D438 zwischen Bernay und Brionne den Hinweisen zur Cidre-, Pommeau- und Calvadosverkostung sowie dem WOMO-Piktogramm folgen.

Bei der Weiterfahrt gelangen wir nach **Brionne** und vermerken an einem 22 Hektar großen See einen kostenpflichtigen Tagesparkplatz mit großem »Freizeit- und Bespaßungsfaktor« an der **Base de Loisiers** (N 49°11'26" W 00°43'20"). Das breite Angebot für die ganze Familie umfasst gegen Gebühr Aktivitäten wie beispielsweise Minigolf-, Tennis-, Boule- und Volleyballspiel, Bogenschießen, Angeln, Tretbootfahren sowie Kanufahren auf der Risle. Zusätzlich kann man von einem kleinen Sandstrand in die Fluten steigen und eine **V/E-Station** für WOMOs ist ebenfalls vorhanden. Für den längeren Aufenthalt in der kleinen, sehr ansehnlichen, von einer Donjon-Ruine bewachten Kleinstadt verweisen wir auf den einfachen **Camping La Vallée** (April–September, www.ville-brionne.fr).

TOUR 14

In **Pont-Authou**, bietet sich der ebenfalls einfache, aber empfehlenswertere **Camping Municipal Les Marronniers**** als Ausgangspunkt für **Radtouren auf der Voie Verte** im Risle-Tal an. Nach Nordwesten führt die Route zum Beispiel bis ins etwa 20 Kilometer entfernte Pont-Audemer.

249 **N 49°14'28" E 00°42'09"**, 8 Rue Louise Givon, Telefon 0232427506, ganzjährig geöffnet, Preis 13 €.

In die entgegengesetzte Richtung würde die Radtrasse nach knapp zwei Kilometern ins benachbarte **Le Bec-Hellouin** (420 Einwohner) führen, das jedoch auch bestens ausgeschildert mit dem Wohnmobil nicht zu verfehlen ist.

250 Le Bec-Hellouin – *Base de Plein Air*

GPS: N 49°13'46" E 00°42'56". **Max. WOMOs:** 5. **Öffnungszeit:** Ganzjährig.

Ausstattung: Tische und Bänke, Spielplatz, WC in der Nähe hinter dem Bahnhofsgebäude, Müllbehälter. **Beschreibung:** Der asphaltierte, teils schattige, einfache Parkplatz liegt etwa 500 m außerhalb des Ortes am Bahntrassenweg *Voie Verte* direkt neben den Busparkplätzen. Der Radweg führt u. a. mit Zuwegungen an den Châteaux d'Harcourt (ca. 11 km) und Champ-de-Bataille (ca. 15 km) vorbei bis ins gut 40 km entfernte Évreux. **Zufahrt:** Im Ort den Hinweisen zum Parkplatz Voie Verte und dem WOMO-Piktogramm folgen.

251 Le Bec-Hellouin – *Camping Saint Nicolas*****

GPS/Kontakt: N 49°14'04" E 00°43'30", 15 Rue Saint Nicolas. Telefon 0232448355, www.campingsaintnicolas.fr. **Öffnungszeit:** Ende März–Mitte Oktober. **Ausstattung:** Pool, Bar-Restaurant, Tennisplatz, Spielplatz, Bibliothek, Waschmaschine, Wäschetrockner, kleiner Lebensmittelladen mit Baguette-Service, WiFi, Barbecue-Plätze, MTB-Verleih. **Beschreibung:** Die teils schattigen, teils sonnigen Plätze liegen auf einem eingewachsenen Wiesengrundstück außerhalb des Ortes. Dieser ist über einen Wanderweg talwärts nach ca. 500 m erreicht. Selbstverständlich kann man auch von hier in die etwas entfernt verlaufende *Voie Verte* einsteigen (s. o.). **Preise:** 20–25 €. **Zufahrt:** Im Ort den Hinweisen zum nordöstlich des Ortes gelegenen Campingplatz folgen.

Le Bec-Hellouin

Was für ein bezaubernder, kleiner Ort – *kein Wunder, dass er zu den 100 schönsten Dörfern Frankreichs gehört*!

Doch der Reihe nach, denn eigentlich ist der Weiler aufgrund seines Klosters nicht nur in Kirchenkreisen berühmt. Friedlich und geradezu majestätisch liegt die im Jahr 1034 durch Hellouin de Brionne gegründete ehemalige Benediktinerabtei im Tal der Risle am kleinen Flüsschen Bec.

Die **Abbaye Notre-Dame du Bec** entwickelte sich rasch zu einem bedeutenden Zentrum des christlichen Glaubens, was vor allen Dingen dem italienischen Rechtsgelehrten *Lanfranc de Pavie* und dem Philosophen *Anselm von Aosta* zu verdanken ist. Vom kleinen Tal in der tiefen normannischen Provinz erstreckte sich der spirituelle Einfluss auch auf das vom jungen Normannenherzog Wilhelm eroberte England und die Äbte von Bec-Hellouin wurden in der Folge zu Erzbischöfen von Canterbury ernannt. Erst während der Französischen Revolution wurden die Mönche vertrieben und während des napoleonischen Kaiserreichs riss man die Abteikirche, deren Chor unglaubliche 42 Meter Länge maß, und die zu den größten der damaligen Zeit gehörte, ab und die übrigen Gebäude dienten als Pferdeställe.

Seit 1948 ist wieder klösterliches Leben in die Mauern gezogen und die Abtei wird von Benediktinermönchen bewohnt. Viel ist von der altenBausubstanz nicht mehr zu sehen und nur der Tour Saint-Nicolas aus dem 15. Jahrhundert hat die Zeiten überdauert. Die Ausmaße der alten Klosterkirche lassen sich lediglich an den Sockelstümpfen ihrer Pfeiler und einigen Mauerresten erkennen. Die neue Klosterkirche befindet sich heute im großen Saal des ehemaligen Refektoriums *(Park und Abteikirche sind von 9–21 Uhr geöffnet, alles andere ist nur bei Führungen zugänglich April–September Mo/Mi–Sa 10:30/15/16 Uhr, So 12/15/16 Uhr,*

Oktober–März Mo–Fr 10:30/15:30 Uhr, Sa 10:30/15/16 Uhr, So/Feiertage 12/15/16 Uhr, Hunde an der Leine im Außenbereich gestattet. www.bec-hellouin.fr).

Von jeher war die Geschichte des kleinen, nur wenige Straßen zählenden Ortes mit dem Klosterleben stark verbunden. Das Dorf besticht, wenn nicht gerade Unmengen von Touristen hindurch geschleust werden, durch seine Lage, die Ruhe und zahlreiche Fachwerkhäuser. In manchen Ecken kommen wir uns ein wenig wie nach Südengland versetzt vor und können einmal mehr die enge Verbundenheit der normannischen und britischen Regionen spüren.

Auf den Spuren der Benediktiner

Leichte Wanderung von etwa 8 Kilometer Länge mit leichten An- und Abstiegen.

Vom Parkplatz an der Base de Plein Air folgen wir der Voie Verte nach links in südöstliche Richtung für etwa zwei Kilometer. Dort gehen wir links über eine Wiese, wenden uns etwas rechts und gelangen nach der Überquerung eines Bächleins an die D39, die wir links einschlagen.

TOUR 14

Abbaye Notre-Dame du Bec

Wir passieren das **Kloster Sainte-Françoise Romaine** der Benediktinerschwestern, die ihre handgefertigten Kerzen im kleinen Klosterlädchen verkaufen *(unter der Woche 15–17 Uhr, So/Feiertage 14–16.15 Uhr)*. Etwa 100 Meter hinter dem Kloster biegen wir rechts auf einen Wiesenpfad ab und erreichen leicht aufwärts eine Forststraße, auf der wir links weitermarschieren. Nach ungefähr einem Kilometer an Wald- und Wiesenrand gehen wir rechts und tauchen weiter in den Wald ein. An der nächsten Gabelung geht es links und unter schattigen Bäumen in einem Bogen bis zum zweiten Weg, den wir rechts bis zur D581 einschlagen. Nach dem Überqueren der Straße kurz links und gleich wieder rechts abknicken.

An der nächsten Kreuzung überqueren wir wieder eine kleine Straße und gehen auf dem Waldweg weiter, um hinab nach Le Bec Hellouin zu gelangen. An einer T - Kreuzung gehen wir links weiter bergab bis zur D39 und dort rechts bis zur Kirche Saint-André. Über die Place Mathilde erreichen wir die Place de l'Abbé Herluin und lassen uns von der Rue du Quartier Burcy aus dem Ort bringen. Rechts können wir über die Wiesen ins Bec-Tal schauen und links wacht die Abtei über die letzten Meter bis zum Parkplatz sowie zum Ausgangspunkt unserer Wanderung.

Durch das liebliche Risle-Tal mit schönen Anwesen gelangen wir nach **Harcourt** (1.000 Einwohner).

252 Harcourt – *Aire de Camping-Cars*

GPS: N 49°10'13" E 00°47'14", Rue du Stade. **Max. WOMOs:** 10. **Öffnungszeit:** Ganzjährig. **Ausstattung:** V/E, Strom, Tisch und Bänke, Müllbehälter. **Beschreibung:** Der geschotterte Platz befindet sich am Ortsrand direkt am Sportplatz und zum Schloss sind es etwa 500 m Fußweg (der dortige Parkplatz ist für WOMOs gesperrt). Das kleine Zentrum mit Restaurants und kleinem Supermarkt ist etwa 500 m entfernt. Besonders hübsch sitzt man im Sommer im Garten des alten Anwesens ***Au Vieux Cadran*** mit dem ***Salon de Thé*** *(Mo–Mi geschlossen, sonst ab 12 Uhr geöffnet)*. Eine gute Empfehlung ist aber auch das **Restaurant *Le Comptoir de l'Arboretum*** *(Mi/Do 8:30–18:30 Uhr, Fr/Sa 8:30–18:30 Uhr/ 19:30–21 Uhr, So 8:30–16 Uhr, Telefon 0244101235, www.lecomptoirdelarboretum.com)*.

Hier verläuft ebenfalls der Bahntrassenweg *Voie Verte* und das Château Champ-de-Bataille ist nach rund 7 km zu erreichen. **Zufahrt:** Im Ort dem WOMO-Piktogramm folgen.

Château d'Harcourt

Am Rande des hübschen Dorfes mit einer Kirche aus dem 13. Jahrhundert und einer alten Fachwerk-Markthalle steht der Stammsitz der normannischen Adelsfamilie Harcourt aus dem 12. und 14. Jahrhundert, ein mittelalterliches Burgenbeispiel par excellence.

Bei kriegerischen Auseinandersetzungen fand die gesamte Dorfbevölkerung Schutz hinter den mächtigen Ringmauern, Wehrtürmen und Wassergräben. Im 17. Jahrhundert wurde die Burg erheblich verändert und die heutige Inneneinrichtung geht vorwiegend auf diese Zeit zurück. Im Schloss bietet eine Dauerausstellung die Möglichkeit, die architektonische Entwicklung und die Geschichte einer der ältesten Adelsfamilien Frankreichs zu verfolgen.

Das Gebäude ist von einem prächtigen, 11 Hektar großen **Arboretum**, einer Sammlung der verschiedensten Gehölze aus fünf Kontinenten, umgeben und kann auf herrlichen Spazier- und Wanderwegen erkundet werden *(März–Mitte Juni/Mitte September–Mitte November 14–18 Uhr, Di geschlossen, Mitte Juni–Mitte September täglich 10:30–18:30 Uhr, Eintritt, Hunde an der Leine im Außengelände gestattet. Während unseres Besuchs war das Schloss aufgrund von Sanierungsarbeiten geschlossen, die Burgmauern und der wunderschöne Park waren jedoch zugänglich (Stand 2023). www.harcourt-normandie.fr).*

Unser nächstes Ziel liegt nahe **Sainte-Opportune-du-Bosc,** *ist eines der herrlichsten Schlösser mit einer der großartigsten Parkanlagen unserer Reise* und unbedingt einen Besuch wert (N 49°10'10" E 00°51'33", Route du Château).

TOUR 14

Le Château du Champ de Bataille

Die repräsentativen, sich gegenüberliegenden Gebäude aus Ziegel- und Naturstein stammen aus dem 17. Jahrhundert, sind durch eine Säulenhalle miteinander verbunden und umschließen einen Ehrenhof. Auch dieses **Schloss** gehörte einst der Familie Harcourt und ist heute im Besitz des französischen Innenarchitekten Jacques Garcia.

Wir betreten den warmen, eleganten Empfangsbereich, der erst auf den zweiten Blick als Museumsshop zu identifizieren ist und dem sich ein Café anschließt, das eher dem Salon eines Herrenhauses gleicht. Die prachtvollen Räumlichkeiten des Schlosses mit Salons aus der Zeit *Ludwig XIV.* sowie seiner Nachfolger *Ludwig XV.* und *Ludwig XVI.*, Porzellan-Sammlungen aus China und Japan als auch ein pompöser Speisesaal oder das Prunkschlafzimmer können besichtigt werden und rauben uns aufgrund ihrer opulenten Ausstattung manchmal den Atem.

Das Erlebnis wird jedoch durch die 40 Hektar große und als gigantisch zu bezeichnende **Parkanlage** getoppt. Was für eine grandiose Erfahrung, zwischen meterhohen Hecken entlangzuschreiten und hinter der nächsten Wegbiegung eine völlig veränderte, spektakuläre Perspektive wahrzunehmen, die zwischen Hunderten von Bäumen und von Wasserbassins oder Fontänen unterbrochen als auch gerahmt wird. Wir spazieren durch

Wäldchen oder zwischen akkurat geschnittenen Buchsbaumhecken, streifen Pavillons, Vogelvolieren, ein kleines Naturtheater und erklimmen die Stufen zu einem Kanal.

Ein weitläufiger Park, der sich ständig verändert und in seinen unendlich vielen Grüntönen zu ertrinken scheint, ein Gartenensemble, das Eleganz und Erhabenheit ausstrahlt, eine Parkanlage zum Genießen und zum Staunen – ein Erlebnis der besonderen Art, aber auch eines, das seinen Preis hat *(Die Öffnungszeiten für Schloss und Gärten sind sehr variabel und aktuell am besten auf der Homepage ersichtlich, Eintritt, Hunde an der Leine im Park gestattet, www.chateauduchampdebataille.com).*

Nach diesem anregenden Parkbesuch verschlägt es uns in den Hauptort der Region nach **Le Neubourg**. Der Ort sieht nett aus, hat viele Geschäfte und Restaurants, besitzt eine Kirche aus dem 15. Jahrhundert mit einem bemerkenswerten Hochaltar und hält einen großen **Markt** am Mittwochvormittag ab.

Einzig die Parkplatzsituation für Wohnmobile lässt zu wünschen übrig, wenn man das **Musée de l'Écorché d'anatomie** besichtigen möchte. Hat man dennoch einen Parkplatz am Straßenrand an der südlichen Ausfallstraße D39 Richtung Évreux gefunden, dann erwartet den Besucher ein ungewöhnliches Anatomiemuseum. Anfang des 19. Jahrhunderts erfand der aus Neubourg stammende Arzt Louis Thomas Jérome Auzoux ein zerlegbares Anatomiemodell für Medizinstudenten. Neben weiteren Modellen menschlicher Organe sind auch Tier- und Pflanzenmodelle zu bestaunen *(Mi–So/Feiertage 14–18 Uhr, Eintritt, www.musee-anatomie.fr).*

In früheren Zeiten sollen in der wald- und sagenreichen Gegend des Pays d'Ouche und insbesondere im **Forêt de Conches** mehr Zauberer als Schäfer gelebt haben. Am Nordrand dieses »Zauberwaldes« liegt auf einer Anhöhe **Conches-en-Ouche** (5.000 Einwohner),in dem uns eine ganz andere Geschichte erzählt wird.

253 Conches-en-Ouche – *Marché*

GPS: N 48°57'45" E 00°56'24", Rue de l'Hôtel Dieu. **Max. WOMOs:** 2–3. **Ausstattung:** Bänke, Müllbehälter. **Beschreibung:** Mehrere asphaltierte, meist schattige, einfache Mix-Parkplätze finden sich rund um die angegebene Straße und die genannten Koordinaten. Die Plätze befinden sich im Ort und in 200 m Entfernung liegen Bäckerei, Geschäfte und Restaurants. An der Place Carnot findet der **Wochenmarkt** (Do/So Vormittag) statt und für die gepflegte Einkehr sowie eine traditionelle Küche empfiehlt sich das **Restaurant *Grand'Mare*** am Dorfteich *(Mi–Sa Mittag- und Abendmenüs, Di/So nur mittags geöffnet, Mo geschlossen, 13 Avenue de la Croix de Fer, Telefon 0232302330, https://lagrandmare.traveleto.com).* **Zufahrt:** Von der D840 in den Ort fahren und Richtung Centre Ville halten, um auf einem der vielen Parkplätze das WOMO zu parken. **Hinweis:** Gegebenenfalls wegen Jahrmarkt gesperrt. Es gibt viele Ausweichmöglichkeiten, z. B. auch in der Nähe des Donjon.

In Conches sticht sofort das lang gestreckte, von Bäumen bewachsene Areal auf, das dem freundlichen Ort eine ganz eigene Ausstrahlung gibt. Der Ort verdankt seinen Namen dem Lehnsherren des Gebietes, *Roger de Tosny,* der im 11. Jahrhundert aus dem südwestfranzösischen Wallfahrtsort Conques von einer Pilgerreise zurückkam. Im Gepäck hatte er Reliquien des Heiligen Foy, die ihm Ansehen verleihen sowie weitere Pilger in seinen Heimatort ziehen sollten. In Erinnerung an die Herkunft der Reliquien taufte er »sein« prosperierendes Städtchen Conches. Für den passenden Rahmen der Gebeine des Heiligen wurde eine erste Kirche gebaut, die Ende des 15. Jahrhunderts als **Église Sainte-Foy** neu errichtet wurde und heute schon von Weitem auszumachen ist. Im Inneren der mit einer schönen Fassade versehenen Kirche beeindrucken wertvolle Renaissancefenster aus dem 16. Jahrhundert, die das Leben Christi und des Heiligen Foy zeigen.

Donjon in Chonches-en-Ouche

Südlich der Kirche schließt sich ein Garten an, den man durch das gotische Rathausportal erreicht, das einst den Eingang zur Burganlage aus dem 12. Jahrhundert markierte und von der lediglich der von außen zu besichtigende **Donjon** erhalten ist.

Das südlich gelegene **Musée du Verre**, das Glasmuseum, präsentiert nicht nur moderne Glaskunst, sondern auch eine Fossiliensammlung sowie wertvolle Bücher und Handschriften und verspricht einen interessanten Museumsbesuch *(März–November Mi–So 14–18 Uhr, Eintritt)*.

Évreux (50.000 Einwohner) ist eine sehens- sowie erlebenswerte Stadt und umso enttäuschter sind wir, dass sich die Suche nach einem geeigneten Tagesparkplatz als schwierig herausstellt. Fündig werden wir Richtung Rouen/Paris/Gare SNCF auf einem gebührenpflichtigen, mit Schranke gesicherten Parkplatz am Bahnhof (N 49°01'08" E 01°08'56", Boulevard Gambetta) und zweitens hinter der Kathedrale auf einem ebenfalls gebührenpflichtigen Parkplatz (N 49°01'27" E 01°09'12", Allée des Soupirs).

254 Évreux – *Camping-Car Park*

GPS: N 49°01'23" E 01°08'19". **Max. WOMOs:** 6. **Öffnungszeit:** Ganzjährig. **Ausstattung:** V/E, Strom, WiFi, Müllbehälter. **Beschreibung:** Der mit Schranke gesicherte, asphaltierte schattenlose Platz liegt im Ort ca. 800 m von der Kathedrale, Bäckerei, Geschäften und Restaurants entfernt. Auf dem Fußweg über die Avenue du Maréchal Foch/Rue Joséphine zur Innenstadt wird das in einem Fachwerkhaus beheimatet, aber dennoch sehr trendige und empfehlenswerte **Restaurant *La Gazette*** gestreift *(Mittags- und Abendmenüs Di–Sa, außer Sa Mittag, 7 Rue Saint-Sauveur, Telefon 0232334340, www.restaurant-la-gazette.fr)*. **Preise:** 12 €, 5 Stunden Parken und Serviceleistung 6 €. **Zufahrt:** Auf der D830 in den Ort fahren, am Ende der Straße rechts Richtung Rouen/Paris und dann Richtung Centre Ville fahren, dann dem WOMO-Piktogramm folgen. **Hinweis:** Der Platz ist meist mangels weiterer Stellplatzmöglichkeiten schnell belegt und für WOMOs über 8 m Länge wird es eng. Durch die zentrale Lage kann es gegebenenfalls nachts unruhig sein.

Die Geschichte der Stadt beginnt vor mehr als 2.000 Jahren, als der gallische Volksstamm der Eburoviken ganz in der Nähe siedelte. Nachdem die Stadt von den Barbaren heimgesucht wurde, war es im 5. Jahrhundert der hier missionarisch wirkende Taurin, der erster Bischof von Évreux wurde. Seine Reliquien befinden sich in der etwas außerhalb des Stadtzentrums gelegenen Abteikirche **L'Abbatiale Saint-Taurin**. Im Laufe der Jahrhunderte kamen Wandalen, Normannen, Engländer sowie Franzosen und alle hatten nichts Besseres zu tun, als Évreux zu verwüsten. In der jüngeren Geschichte waren es dann die Zerstörungen des Zweiten Weltkrieges,

die die Stadt am härtesten trafen. Beim Wiederaufbau wurden die mittelalterlichen Straßenzüge berücksichtigt und die vom Krieg verschonten Gebäude sowie das sich durch den Ort schlängelnde Flüsschen Iton prägen das reizvolle Stadtbild.

Um ein Gefühl für eine Stadt zu bekommen, schlendern wir am liebsten durch ihre Straße und saugen dabei die einzigartige Atmosphäre des jeweiligen Ortes auf. Im **Jardin Botanique**, einer Mischung aus Barock- und englischem Landschaftsgarten, kann man das zwischen den Stadtbewohnern tun, bevor es zur beeindruckenden **Cathédrale Notre-Dame** (Foto oben) weitergeht. Die im Jahr 1076 begonnene Kathedrale wurde mehrfach von Bränden heimgesucht und weist durch mehrfache Um- und Anbauten ein Stilgemisch von der Romanik bis zur Renaissance auf. Trotzdem wirkt das Erscheinungsbild sehr harmonisch, was zusätzlich vom 78 Meter hohen imposanten Vierungsturm und schönem Fassadenschmuck im Flamboyantstil unterstrichen wird. Das Innere beleuchten Buntglasfenster aus dem 13. bis 16. Jahrhundert und schmiedeeiserne Gitter, ein Reliquienschrein sowie eine Kanzel aus dem 17. Jahrhundert gelten als besondere Kostbarkeiten. Im angrenzenden ehemaligen Bischofspalast aus dem 15. Jahrhundert befindet sich das **Musée d'Art, Histoire et Archéologie**. Die umfangreichen Sammlungen dokumentieren die Geschichte der Stadt sowie des Départements, zeigen im Untergeschoss einen freigelegten Teil der gallo-römischen Stadtmauer und sakrale Kunst vom Mittelalter bis zur Renaissance. Zu den Exponaten gehören weiterhin eine bronzene Jupiterstatue, Fayencen, Gemälde und Mobiliar aus dem 17./18. Jahrhundert sowie moderne Kunst aus dem 20. Jahrhundert *(Di–So 9:30–12/14–18 Uhr, Eintritt)*.

Nur ein paar Schritte entfernt und direkt neben dem beliebten **Restaurant *La Petite Gabelle*** mit einladender Terrasse am Iton gelegen, können im **Office de Tourisme** jede Menge Informationen für Stadt und Land abgerufen werden *(Di–Sa 10–18 Uhr, 11 Rue de la Harpe, 0232240443, www.lecomptoirdesloisirs-evreux.fr, Stadtbroschüre in deutscher Sprache erhältlich).*

Die Rue de l'Horloge führt von hier an die Place du Général-de-Gaulle, die von einem Brunnen dominiert wird und an dem das repräsentative **Hôtel de Ville** und der im Historismus gehaltene Theaterbau auffallen. Auf der nordwestlich gelegenen Place Clémenceau finden sich Mittwoch- und Samstagvormittag die **Marktstände**. Nahe der Place du Général de Gaulle ist der 44 Meter hohe markante Uhrenturm **Tour de l'Horloge** zu erwähnen, der zwischen 1490 und 1497 errichtet wurde und dessen Glocke stündlich ertönt. Von hier kann man wunderbar den schönen Promenadenweg einschlagen, der sich im Bogen am Iton entlangzieht und den ein Stück der Stadtmauer sowie alte Waschhäuser begleiten, bis er in der Nähe der Kathedrale endet.

Östlich und außerhalb der Stadt gelegen, sollten besonders an Archäologie Interessierte auf jeden Fall einen Abstecher nach **Le Vieil-Évreux** einplanen (N 49°00'08" E 01°14'05", nur während der Öffnungszeiten zu nutzen!).

Site Archéologique de Gisacum

An dieser Stelle siedelte der Volksstamm der Aulerques Eburovices vor 2.000 Jahren und errichtete im 1. Jahrhundert eine religiöse Weihestätte. Im Laufe der nächsten zwei Jahrhunderte entstand eine Stadt von 230 Hektar Größe mit Tempeln, einer Thermenanlage, einem Forum sowie einem großen Theater. Erstaunlich ist, dass die Wohngebäude an einer 5,6 Kilometer langen Straße an der Peripherie des eigentlichen Zentrums lagen. Der in besonderen Winkeln angelegte Straßenverlauf ermöglichte allen Bewohnern einen uneingeschränkten Blick auf das Zentrum mit dem großen Heiligtum. Eine wohldurchdachte Architektur, die plötzlich aufgegeben wurde, verfiel und auf dessen Grundmauern Jahrhunderte später das Dorf Vieil-Évreux entstand. Bereits Anfang des 19. Jahrhunderts fanden erste archäologische Grabungen statt, die bis heute sehr bedachtsam fortgeführt werden, sodass viele Ruinen weiter unter der Erde ruhen.

TOUR 14

Neben dem **Informationszentrum** mit einer 3-D-Rekonstruktion des Geländes und vielen Ausgrabungsgegenständen zieht der archäologische Garten die Besucher in seinen Bann. Hier wird der Aufbau der Thermenanlage anschaulich vor Augen geführt und mit Dialogen imaginärer Badender untermalt *(März/Oktober/November 13–17 Uhr, April–Juni/Sept. 13–18 Uhr, Juli/August 10:30–18:30 Uhr, Hunde an der Leine im Außenbereich gestattet, www.gisacum-normandie.fr).*

Tour 15

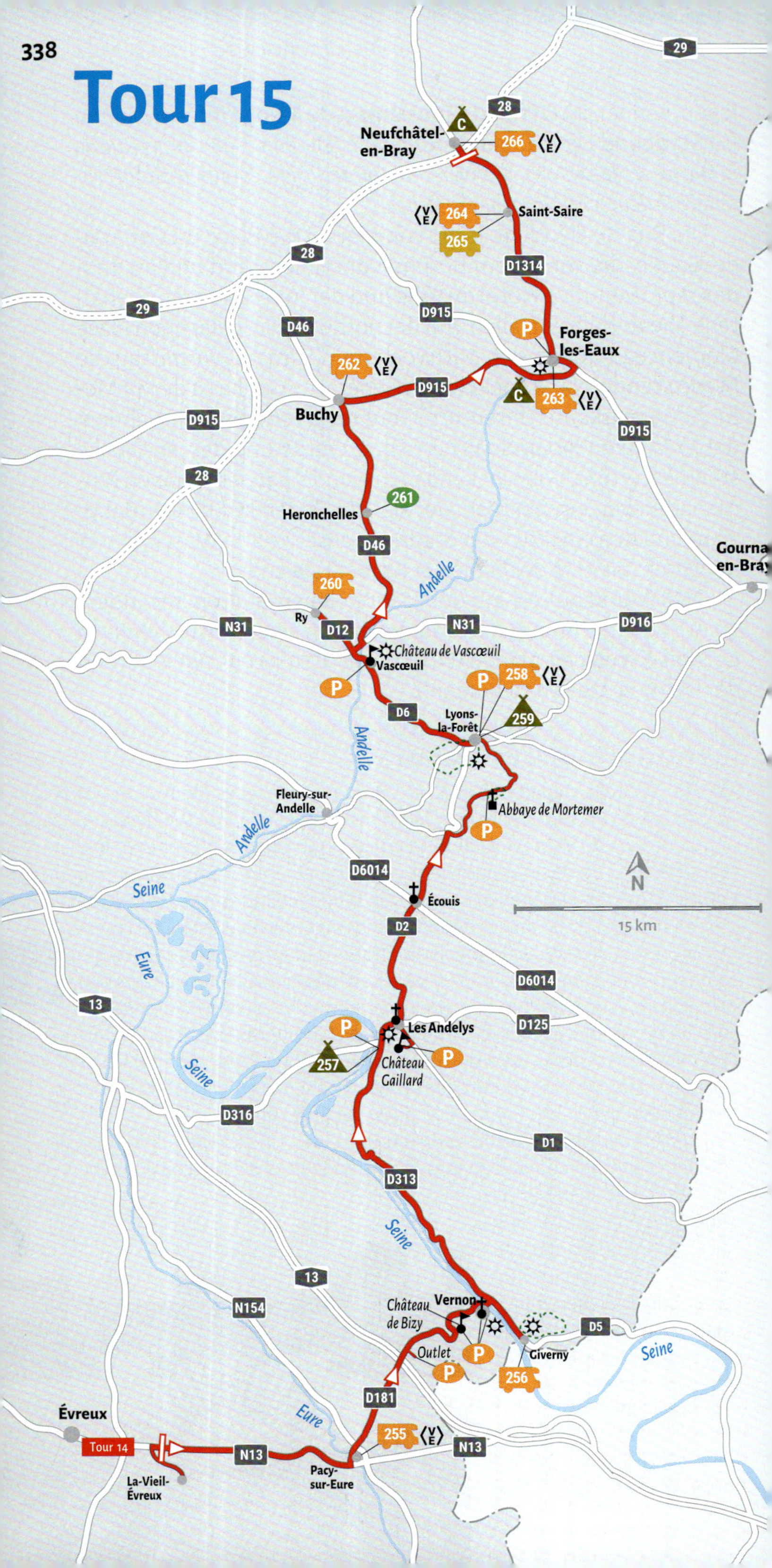
Neufchâtel-en-Bray
Saint-Saire
Forges-les-Eaux
Buchy
Heronchelles
Ry
Andelle
Château de Vascœuil
Vascœuil
Lyons-la-Forêt
Fleury-sur-Andelle
Abbaye de Mortemer
Écouis
Gournay-en-Bray
Seine
Eure
Les Andelys
Château Gaillard
Vernon
Château de Bizy
Outlet
Giverny
Évreux
Tour 14
La-Vieil-Évreux
Pacy-sur-Eure
15 km
N
29
28
D1314
D915
D46
D12
N31
D916
D6
D6014
D2
D125
D316
D1
D313
13
N154
D5
D181
N13
255
256
257
258
259
260
261
262
263
264
265
266
C
P
V
E

Auf den Spuren der Künstler

180 km

In unserer letzten Tour bereisen wir die abwechslungsreiche Region östlich der Seine. Es erwarten uns beschauliche Fachwerkdörfer, der schönste Buchenwald Frankreichs, eindrucksvolle Burg- und Klosterruinen sowie herrschaftliche Schlösser. Kurzum, kunstinteressierte als auch naturverbundene Reisende werden auf dieser Route noch einmal viele Höhepunkte erleben, von denen uns die folgenden besonders inspiriert haben:

- **Monets Seerosenteich in Giverny**
- **Richard Löwenherz und Château Gaillard**
- **Postkartenidylle in Lyons-la-Forêt**
- **Kunst im Château de Vacœuil**
- **Radfahren auf der Avenue Verte**

Wir halten uns östlich von Évreux auf und sind gerade in **Pacy-sur-Eure** (5.100 Einwohner) angekommen.

255 Pacy-sur-Eure – *Parking La Prairie*

GPS: N 49°00'56" E 01°23'12", Avenue du Géneral de Gaulle.
Max. WOMOs: 6. **Öffnungszeit:** Ganzjährig. **Ausstattung:** V/E, Strom, WC, Müllbehälter. **Beschreibung:** Die betonierten, durch Hecken unterteilten Stellplatzbuchten mit teilweise ein bisschen Grün vor der Tür sind noch schattenlos und liegen unterhalb einer befahrenen, nachts jedoch ruhigen Straße und an einer wenig befahrenen Bahnlinie. In der Nähe befindet sich eine Bäckerei und das Zentrum mit Geschäften, Supermarkt und Restaurants ist zwischen 300 und 500 m entfernt. **Zufahrt:** Von der D141 östlich des Ortszentrums den WOMO-Piktogrammen folgen. **Hinweis:** Für WOMOs bis etwa 8,50 m Länge geeignet.

TOUR 15

Das Städtchen liegt im Herzen des Eure-Tals und zeigt sich von seiner charmanten Seite. Idyllisch ist es am träge dahinfließenden Fluss auf der Mühleninsel und betriebsam ist es beim Marktgeschehen am Donnerstagmorgen auf der Place Dufay.

Hier befindet sich auch das im Ort beschilderte **Office de Tourisme** *(Juni–September Di/Mi 9:30 – 12:30/13:30–17 Uhr, Place de la Gare, Telefon 0232261821, www.nouvelle-normandie-tourisme.com).*

Von Pacy aus kann man zu einer nostalgischen Reise mit der Eisenbahn aus den Jahren 1930 bis 1950 durch die wunderschöne Landschaft des Eure-Tals aufbrechen. Auf dem **Train Touristique de la Vallée de l'Eure** können einfache oder themenbezogene Zugfahrten gebucht werden *(Termine beim Fremdenverkehrsbüro oder unter www.cfve.org).*

Sollte das Wetter einmal nicht mitspielen oder die Lust auf einen ausgedehnten Shopping-Tag lässt sich einfach nicht mehr einfangen, dann könnte das **McArthurGlen Outlet Paris-Giverny** genau der richtige Ort für Ablenkung und Abhilfe sein (N 49°03'40" E 01°25'55", die Koordinaten sind am Parkplatz für große Fahrzeuge genommen, *10–19 Uhr, Fr/Sa bis 20 Uhr, Hunde an der Leine gestattet, www.mcarthurglen.com*).

Auf dem weiteren Weg an die Seine legen wir am Ortseingang von **Vernon** einen Halt ein (N 49°05'03" E 01°27'49").

Château de Bizy

Das in der Mitte des 18. Jahrhunderts vom Enkel des königlichen Finanzministers Fouquet erbaute Schloss im klassizistischen Stil liegt inmitten eines ausgedehnten Parks.

Bei einer Führung gelangen wir in die elegant eingerichteten Innenräume mit wertvollen Gobelins und Objekten aus der Epoche *Napoléon I.* sowie Erinnerungsstücken an Familienangehörige. Der Park mit Wasserspielen, Statuen, Brunnen und Kaskaden kann individuell erkundet werden *(April–Oktober Di–So/Feiertage 10–18 Uhr, Führungen 10:30/11:15/14:15/16/17 Uhr, Eintritt. Die Gärten können von 10–18 Uhr besichtigt werden. Hunde an der Leine im Park gestattet, www.chateaudebizy.com).*

Durch exakt gestutzte Lindenalleen fahren wir hinab ins Seine-Tal nach Vernon (25.000 Einwohner). Hier bieten sich zwei gebührenpflichtige Parkplätze zur Stadtbesichtigung an (N 49°05'32" E 01°29'21"oder N49°05'42" E01°29'11"). Allerdings sei erwähnt, dass der Stellplatz im nahen Giverny wesentlich einladender ist und man von dort mit dem Fahrrad prima nach Vernon fahren kann.

Die Stadt wurde im 10. Jahrhundert von Rollo, dem ersten Herzog der Normandie, zum Sichern seines neuen Hoheitsgebietes gegründet und fiel im 13. Jahrhundert an die französische Krone. Wer hier herrschte, hatte die Kontrolle über die Schifffahrt auf der Seine und damit über den Zugang zur Normandie und zur Île de France. Die begehrte Stadt war häufig Ziel kriegerischer Auseinandersetzungen und heute ist nur noch wenig der einstigen Fachwerkpracht erhalten.

In den **Altstadtgassen** um die harmonisch wirkende Stiftskirche **Église Notre-Dame**, deren Bau vom Ende des 11. Jahrhunderts bis zum 16. Jahrhundert dauerte, befinden sich etliche der alten Bauten. Das Haus Nr.3/5 aus dem 15. Jahrhundert in der Rue du Chapitre wurde von den Domherren bewohnt und einige der schiefen, der Straße zugeneigten Fassaden in der Rue Potard sollen noch vor dem 12. Jahrhundert entstanden sein. In der Rue Bourbon Penthièvre befinden sich der einstige Salzspeicher aus dem 17. Jahrhundert und das ehemalige Haus des Herzogs von Bourbon, dem letzten Lehnsherrn von Vernon.

Château de Bizy

Église Notre-Dame in Vernon

Das **Musée de Vernon** am Rand der Altstadt befasst sich mit der Stadtgeschichte, doch der Schwerpunkt liegt bei einer Sammlung von über 300 Tiermalereien sowie impressionistischen Gemälden und Zeichnungen *(April–Oktober 10–12:30/14–18 Uhr, sonst bis 17 Uhr, Eintritt)*. Im Museumsgebäude befindet sich auch das **Office de Tourisme** *(April–Oktober Di–So/Feiertage 10–12:30/14–18 Uhr, November–März bis 17 Uhr, 12 Rue du Pont, Telefon 0232513960, www.nouvelle-normandie-tourisme.com)*.

Zur bunten Seite Vernons tragen auch die farbigen Stände des **Marktes** bei, die sich ganztägig auf drei Plätzen im Zentrum verteilen (Mi/Sa), doch *das malerischste, bekannteste und ausgesprochen fotogene Ensemble Vernons zeigt sich auf der gegenüberliegenden Seite der Seine*.

TOUR 15

Hier stehen die Überreste der verfallenen Pfeiler einer mittelalterlichen Brücke, auf der das kleine Haus der einstigen Mühle die Zeiten überdauert hat. Neben der **Vieux Moulin de Vernon** erhebt sich im Grünen das **Château Tourelles**, das zu den Wehranlagen der alten Brücke gehörte, die Vernon und den Seine-Übergang absicherten.

Die alte Brücke inspirierte auch den Maler *Claude Monet* zu einem seiner Gemälde. Der Weg in seinen Wohnort **Giverny** (500 Einwohner), den man durchaus auch als »Monet-Ville« bezeichnen könnte, ist am rechten Ufer der Seine nicht zu verfehlen. Vermutlich würde es heute kaum jemanden in das kleine Örtchen am Ufer der Epte verschlagen, wäre der Impressionist nicht vom Licht in der Normandie und von der schönen Landschaft um Giverny derart begeistert gewesen, dass er beschloss, sich hier niederzulassen.

Vieux Moulin de Vernon

Fast einhundert Jahre nach seinem Tod zieht es mehr als 500.000 Besucher jährlich in das Anwesen des Künstlers, das nach dem Mont-Saint-Michel zur am zweithäufigsten besuchten Sehenswürdigkeit der Normandie avancierte.

Deshalb an dieser Stelle unser Tipp: Wenn möglich, nicht am Wochenende und entweder morgens um 9:30 Uhr mit den ersten oder gegen 16–17 Uhr mit den letzten Gästen das Anwesen besuchen!

Ansonsten muss man sich tagsüber Haus und Garten mit Scharen anderer mit Bussen »angekarrter« Monet-Liebhaber und Flusskreuzfahrer teilen. Das ist dann wirklich kein Vergnügen!

Sollte sich der Tagesbesuch nicht vermeiden lassen, dann kann mit der Voraus-Bestellung von Online-Tickets zumindest die schier endlose Warteschlange an einer (!) Kasse der **Fondation Claude Monet** umgangen werden. Wir hatten das Gefühl, dass man mit der Kanalisierung der Besucherströme an die Grenzen des Zumutbaren bei Besuchern sowie Angestellten gerät und es wäre wünschenswert, wenn sich in Zukunft etwas daran ändern würde. *Nichtsdestotrotz ist der Besuch ein Muss für alle Kunstinteressierten sowie Gartenliebhaber und absolut empfehlenswert!*

Nur wenige Schritte entfernt liegt das **Musée des Impressionnismes**, das sich mit dem Ursprung und der Vielfältigkeit des Impressionismus beschäftigt. Jährlich werden zwei bis drei Wechselausstellungen gezeigt und in einem Garten gedeihen unterschiedliche Blumen, die auf den Reichtum der Natur hinweisen, die den Impressionisten so wichtig war *(Ende März–Oktober 10–18 Uhr, letzter Einlass 17:30 Uhr, Eintritt. www.mdig.fr).*

256 Giverny – *Parking de la Prairie*

GPS: N 49°04'24" E 01°31'48", Chemin du Roy. **Max. WOMOs:** 20. **Öffnungszeit:** Ganzjährig. **Ausstattung:** Infotafel, Müllbehälter. **Beschreibung:** Der teils auf Wiese, teils auf Schotter gelegene, schattenlose, einfache Parkplatz befindet sich neben den Pkw- und Busparkplätzen sowie Feldern und ist etwa 200 m vom Ort bzw. etwa 500 m von der Fondation Claude Monet entfernt. Direkt am Parkplatz verläuft der *Fahrradweg La Seine à Vélo*, auf dem es sich gut nach Vernon und weiter stromabwärts ins gut 30 km entfernte Les Andelys oder aber auch stromaufwärts radeln lässt. **Zufahrt:** Im Ort den Hinweisen zu den Parkplätzen und auf den für WOMOs ausgewiesenen Teil des Busparkplatzes fahren. **Hinweis:** Der Parkplatz ist durch eine Schranke gesichert, die in der Zeit von 20–9 Uhr geschlossen ist, sie kann jedoch per Hand geöffnet werden. Kein Campingverhalten erwünscht!

Claude Monet und sein lebendiges Meisterwerk

Claude Monet wurde am 14. November 1840 in Paris geboren und zog als Fünfjähriger mit seiner Familie nach Le Havre. Während der Schulzeit fertigte er erste Karikaturen an, die ihm zu einer gewissen Berühmtheit verhalfen. *Eugène Boudin*, der als erster Freilichtmaler wie wohl kein anderer die lichterfüllten Himmel seiner Heimatstadt Honfleur einfing, wurde auf Monet aufmerksam. Boudin ermutigte den jungen Künstler, sich nicht mit

Zeichnungen zu begnügen, sondern Landschaften zu malen. 1860 reiste Monet nach Paris, knüpfte Kontakte zu Gleichgesinnten und besuchte die Académie Suisse. Hier begegnete er unter anderem *Paul Cézanne, Camille Pissarro, Auguste Renoir* und *Alfred Sisley*, die gemeinsam als Begründer der impressionistischen Malerei gelten. Erst nach der Tradition der realistischen Vorgaben malend, fingen die Künstler bald das Spiel von Licht und Schatten ein. Dazu setzten sie gekonnt die unvermischten Grundfarben Punkt für Punkt nebeneinander, sodass sich leuchtende Farb- und Lichtreflexe ergaben. Das 1872 entstandene Gemälde *Impression, soleil levant* (Impression, Sonnenaufgang) von Monet gilt als Namensgeber dieser neuen Stilrichtung – dem Impressionismus.

Claude Monet zog es immer wieder zum Malen an die Küste nach Étretat oder an die Ufer die Seine. Bei einer dieser Reisen von Paris in die Normandie entdeckte er aus dem Eisenbahnabteil heraus das von Getreidefeldern und Obstwiesen umgebene, in eine sanfte Hügellandschaft eingebettete Giverny.

Im Jahr 1883 bezog der Künstler das rosarot verputzte Haus mit seinen zwei Söhnen, seiner zweiten Frau *Alice* – die erste, Camille, war verstorben – und deren sechs Kindern als Mieter. Nachdem sich seine wirtschaftlichen Verhältnisse verbessert hatten, erwarb er das Haus und lebte dort bis zu seinem Tod am 5. Dezember 1926.

Das Innere seines zweistöckigen Hauses mit grünen Fensterläden schmückte Monet mit eigenen Werken und denen seiner Künstlerfreunde wie Renoir, Pissarro oder Edgar Degas. Sie sind noch heute vorhanden, ebenso wie eine wertvolle Sammlung japanischer Holzschnitte und die übrige Möblierung. Farbenfroh zeigen sich die blaue Küche sowie das sonnengelb gestrichene Esszimmer und es scheint fast so, als wäre der Meister gerade von seiner Liege im Wohnzimmer aufgestanden, um im Garten nach neuen Inspirationen zu suchen.

In Monets Gartenanlagen explodieren die Farben in einer überwältigenden Blumen- und Blütenfülle, die vom Frühjahr bis zum Herbst wechseln. Sorgfältig abgesteckte Bögen mit Kletterpflanzen oder prachtvoll wuchernde Beete mit Schwertlilien und Fuchsien, Chrysanthemen und Hortensien, Rosen und Phlox – eine Farbenpracht, die die Sinne berauscht und an der wir uns nicht sattsehen können. Durch eine Unterführung gelangen wir in den von Monet selbst angelegten Wassergarten mit Seerosen und Weiden sowie der japanischen Holzbrücke, über die der Blauregen fällt – Motive zahlreicher Gemälde, die wohl jeder schon einmal gesehen hat.

Das einstige Atelier, in dem Claude Monet seine berühmten überdimensionalen Gemälde schuf, fungiert heute als Museumsshop *(Ende März/Anfang April–Ende Oktober/Anfang November 9:30–18 Uhr, letzter Einlass 17:30 Uhr, Hunde nicht gestattet, www.fondation-monet.com)*.

Nach diesem farbintensiven und duftenden Erlebnis spazieren wir durch das malerische Dorf Giverny mit einigen Galerien, vielen »Nippes-Läden« und Restaurants. Für erwähnenswert halten wir das **Café-Restaurant *La Capucine*** *(täglich 10–17/18 Uhr, manchmal gibt es Livemusik, 80 Rue Claude Monet, Telefon 0232517667, www.lacapucine.com)* und das **Restaurant-Musée *Baudy***. Hier verkehrten bereits die berühmten Impressionisten, deren Werke die Wände schmücken und die vielleicht schon damals im Sommer von der schönen, schattigen Terrasse den Rosengarten betrachten konnten *(Mitte März–Anfang November 11:30–16:30, So bis 16 Uhr/18:30–21:30 Uhr, Salon de Thé mit Künstleratelier, 81 Rue Claude Monet, Telefon 0232211003, www.restaurantbaudy.com)*.

An lauen Sommerabenden in der Guinguette mit einem gekühlten Rosé am Fluss Epte auf Claude Monet anstoßen.

Zentral im Örtchen befindet sich das **Office de Tourisme**, in dem uns ein Wandervorschlag unterbreitet wird, dem wir am nächsten Tag gerne folgen *(April–Oktober täglich 9:30–13/14–17:30 Uhr, Telefon 0232513950, www.nouvelle-normandie-tourisme.com)*.

TOUR 15

Auf den Spuren von Claude Monet

Mittelschwere Wanderung von etwa 5,5 Kilometer mit leichten An- und Abstiegen und netten Aussichten.

Vom **Office de Tourisme** halten wir uns auf der Rue Claude Monet links und wenden uns an der nächsten Straße (Rue Blanche Hosche de Monet) rechts bis zur Mairie, an der wir rechts der Straße folgen und hinter dem **Musée des Impressionnismes** entlanggehen. An der nächsten Kreuzung halten wir uns links, um gleich wieder links abzubiegen. In einem Rechtsbogen gehen wir zunächst auf Wiese, dann auf Asphalt hinter Häusern und später auf einem Feldweg immer geradeaus.

Nach rund 220 Metern schwenken wir hinter einer Weide und vor den nächsten Häusern links und steigen den steilen Weg empor. 150 Meter später wenden wir uns rechts auf einen Pfad, der sich am Hang schlängelt und immer wieder schöne Blicke ins Tal der Epte zulässt. Nach rund 800 Metern wird eine Wegekreuzung erreicht, an der wir im Wald links bergauf gehen.

Bei der nächsten Möglichkeit links und nur ca. 60 Meter später rechts. Wir gehen etwa 350 Meter längs des Waldrandes, knicken dann im spitzen Winkel links und nach ca. 180 Metern rechts ab und spazieren zwischen Felder hindurch. Am Waldrand rechts und dann links durch den Wald bis zu einer Straße. Dieser folgen wir links ca. 350 Meter hinab, bis wir rechts in einen Feldweg abzweigen. Weiterhin leicht abwärts und mit schöner Aussicht gehen wir auch an der nächsten kleinen Wegekreuzung geradeaus. Der Weg beschreibt einen Rechtsbogen und nach ca. 350 Meter knicken wir links und nach 80 steilen Metern nochmals links ab. Oberhalb der Kirche wandern wir auf einem Feldweg bis zu einer Straße, der wir rechts zurück bis zur Rue Claude Monet folgen und unseren oben genannten Parkplatz anvisieren.

Bevor wir das WOMO erreichen, schauen wir noch in einem kleinen Wäldchen am Bronzebildnis Monets vorbei und bedanken uns beim Meister für diesen wundervollen Tag in Giverny.

Wir folgen nun der Seine stromabwärts und möchten an dieser Stelle noch einmal auf den *Fahrradweg La Seine à Vélo* hinweisen, auf dem man zwischen Giverny und Les Andelys wunderbar ohne Wohnmobil zurechtkommt und die schöne Landschaft so herrlich langsam an sich vorbeiziehen lassen kann.

Durch das weite, landwirtschaftlich geprägte Flusstal erreichen wir **Les Andelys** (8.100 Einwohner), dessen im Plural genannter Name schon darauf schließen lässt, dass es sich um zwei zusammengefasste Orte handelt.

Um die Fachwerkgassen von Petit Andely zu durchstreifen, kann das Wohnmobil am besten auf dem Parkplatz vor dem Campingplatz abgestellt werden (N 49°14'10" E 01°24'04", 19–7 Uhr Parken verboten!).

257 Les Andelys – *Camping L'Île des Trois Rois****

GPS/Kontakt: N 49°14'08" E 01°24'01", 1 Rue Gilles Nicole. Telefon 0232542379, www.camping-troisrois.com. Öffnungszeit: Mitte März–Mitte November. **Ausstattung:** Beheizter Pool, Boule- u. Spielplatz, Bar mit Baguetteservice, Waschmaschine, Wäschetrockner, Animationsprogramm, Fahrradverleih, Angelmöglichkeit, WiFi. **Beschreibung:** Der durch Hecken getrennte Wiesenplatz mit geräumigen Parzellen liegt teils unter Bäumen direkt an der Seine und etwa 600 m von Petit Andely entfernt. **Preise:** 25–32 €. **Zufahrt:** Im Ort den Hinweisen zum Campingplatz folgen.

Das malerische **Petit Andely** liegt direkt an der Seine und um die Fachwerkgassen zu durchstreifen, wird das Wohnmobil am besten auf dem Parkplatz vor dem Campingplatz geparkt. Hier im »kleinen« Andely befindet sich auch das **Office de Tourisme** *(April–September täglich 10–12:30/14–18 Uhr, Oktober bis 17:30 Uhr, November–März Di–Sa 10 -13/14–17 Uhr, 2 Rue Grande, Telefon 0232213129, www.nouvelle-normandie-tourisme.com).*

Der Ortsrundgang kann in einer ehemaligen Post- und Zollstation aus dem 18. Jahrhundert im **Hotel-Restaurant *La Chaine d'Or*** eine kulinarisch anspruchsvolle als auch hochpreisige Unterbrechung finden *(Mittags- und Abendmenüs Mitte April–Mitte Oktober, Di/Mi/Sa Abend geschlossen, 25 Rue Grande, Telefon 0232540031, www.hotel-lachainedor.com).* Wir wollen aber nicht unerwähnt lassen, dass alternativ in der ***Casa Lippi*** ganz in der Nähe sehr gute Pizza- und Nudelgerichte für italienisches Dolce Vita mit französischem Charme sorgen *(Mittag- und Abendmenüs Mi–So, 22 Rue Grande).*

Im östlich gelegenen **Grand Andely** mit der **Église Notre-Dame** befindet sich das **Musée Nicolas Poussin**. Das Museum in einem aus dem 18. Jahrhundert stammenden Herrenhaus dokumentiert die Stadtgeschichte und ist dem Maler *Nicolas Poussin* gewidmet, der in der Nähe von Les Andelys 1594 geboren wurde und dessen Werke neben denen anderer Maler ausgestellt sind *(Ende März–Oktober Mi–Mo/Di geschlossen 14–18 Uhr, Eintritt).*

Der Namensteil des Campingplatzes *Trois Rois* weist auf drei Könige hin, deren Geschicke mit Les Andelys verbunden sind. Grund dafür ist das über allem thronende und weit ins Land blickende Schloss. Es ist von Grand Andely auf einem ausgeschilderten

Église Notre-Dame in Grand Andely

Weg und am Ende *mit einer 15 Prozent-Gefällstrecke mit dem Wohnmobil oder über einen etwa halbstündigen, etwa 600 Meter langen Fußweg bergauf zu erreichen*. Dieser beginnt rund 300 Meter hinter dem Kreisverkehr Richtung Petit Andely, dort folgt man an der Rue-Richard-Coeur-de-Lion den Hinweisen (N 49°14'21" E 01°24'23", der Parkplatz ist ausgesprochen schräg!). Bereits aus dem Seine-Tal kann man die Größe der Anlage erahnen, doch erst, wenn man sie erreicht hat, wird man sich der ganzen Dimension bewusst!

Von Château Gaillard die herrliche Aussicht über die im Tal mäandernde Seine und zu den Kreidefelsen genießen!

Château Gaillard und Richard Löwenherz

Der charismatische König *Richard Löwenherz* aus dem Geschlecht der Plantagenet, Sohn von *Heinrich II.* und *Eleonore von Aquitanien*, erbte nach dem Tod seines Vaters eine Länderkette, die von England über die Normandie bis zu den Pyrenäen reichte. Er war damit mächtiger als der französische König *Philipp II. August*, was naturgemäß zu Spannungen führen musste.

Zunächst zogen jedoch beide erst einmal zu Kreuzzügen ins Heilige Land. Während Philipp August relativ schnell den Nahen Osten wieder verließ, um sein Territorium zu vergrößern, focht Richard mit Erfolg weiter für das christliche Abendland. Im Jahr 1192 trat jedoch auch er die Heimreise an, wurde unterwegs vom österreichischen Herzog *Leopold* gefangen genommen und von diesem an den Stauferkönig *Heinrich VI.* ausgeliefert. Ohne weiter auf die Ränkespiele der damaligen Zeit einzugehen, sei gesagt, dass damals viel Zeit verging und große Mengen an Lösegeld flossen, damit König Richard 1194 endlich wieder frei kam. Der französische König nutzte indes die Jahre und verleibte sich das Herzogtum Vexin und einen Teil der Normandie ein.

Im Laufe der Rückeroberung ließ Richard Löwenherz im Jahr 1196 in der Rekordzeit von nur einem Jahr die mächtige Befestigungsanlage von Schloss Gaillard auf einem steilen Kalkfelsen zur Sicherung der Normandie erbauen. So konnte er die Schifffahrt auf der Seine und den Zugang nach Rouen kontrollieren.

Vermutlich von den Kreuzfahrerburgen im Heiligen Land inspiriert, ließ Richard die Hauptfestung in Dreiecksform von einem Graben, einem Vorwerk und zweifachen Ringmauern schützen. Fünf Wehrtürme wurden erbaut und in der Mitte der Anlage stand der Bergfried mit fünf Meter dicken Außenwänden. Zur Wasserversorgung wurden drei Brunnen in den 120 Meter tiefen Kalkstein geschlagen. Ein gigantisches Bollwerk, dessen Erstürmung sich der französische König zunächst nicht zutraute.

Nachdem Richard Löwenherz verstorben war, fand Philipp II. August in Richards Bruder und Nachfolger König *Johann Ohneland* einen schwächeren Gegner, nutzte die Gelegenheit und eroberte die Burg mit einer List. Johann verlor nicht nur die Burg, sondern gleichzeitig die gesamte Normandie an den französischen König.

In den kommenden Jahrhunderten gab es mehrere Eigentümerwechsel und nach den Religionskriegen wurde Château Gaillard auf Geheiß Kardinal *Richelieus* geschleift und verfiel. Noch heute sieht man der Ruine ihren mächtigen und wehrhaften Charakter an und vom Rand des Felsens bietet sich ein weiter Blick ins Seine-Tal, den Besucher auch ohne Besichtigung des einstigen Schlosses genießen können *(Mi–So 10–12:30/14–17:30 Uhr, Führungen in französischer und englischer Sprache möglich 11/14:30/15:30/16:30 Uhr, Eintritt, Hunde an der Leine im freizugänglichen Teil gestattet).*

Ach ja, der kampferfahrene, aus der Robin-Hood-Legende bekannte und glorifizierte »gute« König Löwenherz starb bei einer anderen Burgbelagerung im Südwesten Frankreichs durch einen vergleichsweise harmlosen Pfeiltreffer. Die Schulterverletzung entzündete sich und Richard starb im Jahr 1199 im Alter von nur 41 Jahren an Wundbrand. Obwohl auch englischer König, verbrachte er die meiste Zeit seines Lebens in Frankreich und der Normandie. Sein Leichnam wurde in der Abtei Fontevraud in der Nähe von Tours beigesetzt und sein Herz in Verbundenheit zur Normandie ruht in der Kathedrale von Rouen.

Wir verlassen das Tal der Seine nun endgültig und wenden uns nordwärts, um im beschaulichen **Écouis** auf die wuchtige **Église Notre-Dame** aus dem 14. Jahrhundert zu treffen. Der gleichmäßig harmonische gotische Stil des Gotteshauses ist der kurzen Bauzeit von nur drei Jahren zu verdanken. Im Inneren gefallen uns unter anderem das wunderschöne Holzgewölbe der Chorkapellen sowie deren Chorgestühl aus dem 14. Jahrhundert als auch der reiche, überaus sehenswerte Skulpturenschmuck aus dem 14. bis 17. Jahrhundert auf.

Fahrer von Wohnmobilen über 3,60 Meter Höhe müssen von Écouis aus wegen einer Unterführung erst Richtung Fleury-sur-Andelle und dann Richtung Lyons-la-Forêt nach **Lisors** fahren! Alle anderen gelangen mit uns durch das weite, hügelige normannische **Vexin** nach Lisors.

Wir befinden uns im **Forêt de Lyons**, dem *mit knapp 11.000 Hektar größten, manch einer sagt auch dem schönsten Waldgebiet der Normandie* mit einem großen Buchenbestand und folgen den Hinweisen zur **Abbaye de Mortemer** (N 49°22'09" E 01°28'45").

Château Gaillard

Abbaye de Mortemer

Die ehemals mächtige Zisterzienserabtei aus dem 12. Jahrhundert liegt im abgeschiedenen, mit Wiesen und Bäumen besäumten Tal des Fouillebroc. Von der einstigen Klosterkirche zeugen nur noch einige Mauerreste, doch das Taubenhaus aus dem 15. Jahrhundert und das aus dem 17. Jahrhundert stammende Klostergebäude sind erhalten. Im Rahmen einer Führung sind die Räumlichkeiten zu besichtigen. Das Klostermuseum beleuchtet mit audiovisuellen Effekten und Wachsfiguren die Geschichte der Abtei sowie die darum gewobenen Sagen und Legenden. Wir möchten erwähnen, dass uns der Rundgang durch den Garten sowie zwischen den Ruinen mehr zusagt und wer mag, kann mit einem Bähnchen durch den Park touren *(April–November 11–18 Uhr, Führungen August Sa/So 13:30–18 Uhr, Eintritt, Hunde an der Leine sind im Park gestattet. www.abbaye-de-mortemer.fr).*

Zur Quelle von Sainte-Cathérine

TOUR 15

Kleiner, netter Spaziergang von etwa 4 Kilometer Länge.

Zu Fuß folgen wir in der Verlängerung des oben genannten Parkplatzes dem Weg über ein Brückchen und halten uns links. Hinter dem Klostergelände spazieren wir durch den Wald, bis wir die Straße erreichen. Dort gehen wir rechts und gelangen an einen kleinen Parkplatz, an dem wir uns links wenden. Wir überqueren das Bächlein Fouillebroc und stehen nahe einer Quelle vor der kleinen Kapelle, die der Heiligen Katharina von Lisors gewidmet ist. An der **Source de Sainte-Cathérine de Lisors** erbitten junge Mädchen auf der Suche nach dem richtigen Mann die Hilfe der Heiligen Katharina. Von hier führt der Weg entweder auf gleichem Weg oder auf der Straße zurück zum Parkplatz an der Abtei.

Im Herzen des schönen Buchenwaldes erwartet uns das charmante Dorf **Lyons-la-Forêt** (735 Einwohner). Auch wenn man nur kurz das Örtchen besuchen möchte, ist der obligatorische Platz für Wohnmobile tagsüber am Sportplatz zu finden (N 49°24'11" E 01°28'41", Rue Saint Paul).

258 Lyons-la-Forêt – *Camping-Car Park*

GPS: N 49°24'11" E 01°28'48", Rue Saint Paul. **Max. WOMOs:** 10. **Öffnungszeit**: Ganzjährig. **Ausstattung:** V/E, Strom, Müllbehälter. **Beschreibung:** Der mit einer Schranke gesicherte, geschotterte, meist schattenlose, einfache Parkplatz liegt am Ortsrand direkt hinter dem Campingplatz an der munter dahinfließenden Lieure. Zum Ortsmittelpunkt mit Restaurants und kleinen Geschäften sind es etwa 800 m Fußweg leicht bergauf. **Preise:** 12,50–14,50 €, Parken bis 5 Stunden und Service 6 €. **Zufahrt:** Im Ort den Hinweisen zum Campingplatz folgen und am Eingangstor vorbei bis zum Stellplatz fahren.

259 Lyons-la-Forêt – *Camping Municipal Saint Paul****

GPS/Kontakt: N 49°24'12" E 01°28'48", 2 Rue Saint Paul. Telefon 0232494202 oder 0647981675, www.camping-saint-paul.fr. **Öffnungszeit:** April–Anfang November. **Ausstattung:** Kleiner beheizter Pool, Shop, Baguetteservice, Waschmaschine, Wäschetrockner, WiFi, Kinderspielplatz, Boules-, Volleyball- u. Fußballplatz, MTB-Verleih. **Beschreibung:** Der kleine, durch Hecken getrennte Wiesenplatz liegt etwa 600 m außerhalb des Ortes in der Nähe des Schwimmbades. **Preise:** 23–26 €. **Zufahrt:** Im Ort den Hinweisen zum Campingplatz folgen.

Markthalle in Lyons-la-Forêt

Lyons-la-Forêt gehört zu den *100 schönsten Dörfer Frankreichs* und im zentral gelegenen **Office de Tourisme** erhalten wir alle Informationen über den kleinen malerischen Ort *(April–Juni/September Di–Fr 10–12/13–17 Uhr Sa 9:30–12/13–17 Uhr, So bis 16 Uhr, Juli/August Mo–So/Feiertage 9:30–17:30 Uhr, Oktober–März Di–Fr 13–17 Uhr, Sa 19–12/13–17 Uhr, So 10–13 Uhr, 25 bis Place Benserade, Telefon 0232493165, www.lyons-andelle-tourisme.com).*

Die von alten, mit Blumenschmuck geschmückten Fachwerk- und Backsteinhäusern gesäumten und mit Kopfstein gepflasterten Gassen wirken wie einem Bilderbuch entsprungen und gruppieren sich um die **historische Markthalle** aus dem 18. Jahrhundert (**Markt** Do-, Sa-, Sonntagvormittag). Ein Bummel führt zu Kunst- und Töpfergalerien, Läden mit lokalen Produkten oder mit Antiquitäten und an jeder Menge Cafés sowie Restaurants vorbei.

Die beschauliche Atmosphäre des Ortes wusste schon Maurice Ravel zu schätzen, der in dem heute als **Maison Maurice Ravel** bezeichneten stattlichen Anwesen seine Klavierkomposition *Tombeau de Couperin* schrieb und an der Orchesterfassung zu den *Bildern einer Ausstellung* von *Mussorgski* arbeitete. Auch den Regisseuren *Jean Renoir* und *Claude Chabrol* gefiel der idyllische Ort, der in den jeweiligen Fassungen als Kulisse für ihre Madame-Bovary-Verfilmungen diente.

Kleine Wanderrunde um Lyons-la-Forêt

Leichte Wanderung von etwa 7,5 Kilometer, die am Parkplatz an der Post mit Nr. 2 gelb markiert ist.

Vom Campingplatz gehen wir in den Ort und zur an der D6 liegenden Post. Vom dortigen Parkplatz gehen wir über die Chemin de Croix Mesnil bergauf bis zum Wald, an dem wir uns rechts wenden und nach rund einen Kilometer die D2 erreichen. Die Landstraße wird überquert und geradeaus wandern wir auf einem Forstweg durch den lichten Buchenwald bis zu einer Lichtung. Dort kurz links und schon marschieren wir auf einem Forstweg rechts und geradeaus bis zu einer Wegekreuzung. Dort wenden wir uns rechts und folgen dem Wanderweg in Kurven zur D 321. Hier halten wir uns links, zweigen nach wenigen Metern rechts auf ein Sträßchen ab, das wir rechts wieder nur ein paar Schritte begehen, um links durch den Weiler Villaine zu gehen. Wir überqueren das Flüsschen La Lieure und schwenken nur wenig später mit einer Rechtskurve in einen

Fachwerkhaus in Lyons-la-Forêt

Hohlweg ein, der uns zurück nach Lyons-la-Forêt führt. Nach ca. 1,5 km stoßen wir auf die Rue de Église, der wir rechts bis zur D321 und dieser links in den Ort folgen. Nach rund 500 Meter verlassen wir die Landstraße und schwenken rechts in einem Linksbogen bis zur historischen Markthalle und von dort zurück zum Ausgangspunkt unserer kleinen Wanderung.

Durch den Forêt de Lyons erreichen wir **Vascœuil**, das am Rand des Waldgebietes im Tal der Andelle liegt (N 49°26'50" E 01°22'35").

Château de Vascœuil

Das normannische Herrenhaus stammt aus dem 12. bis 17. Jahrhundert und ist von einem Park in englischem und französischem Stil umgeben. 1965 wurde das Gelände von neuen Eigentümern übernommen, die die Gartenanlagen mit Wasserfall sowie einem prächtigen Taubenhaus zu einem anerkannten **Kunstzentrum** umwandelten.

Im Château mit herrlichen Kaminen und im Taubenhaus finden Wechselausstellungen bedeutender moderner und zeitgenössischer Künstler sowie Konzerte statt, während zwischen den akkurat geschnittenen Hecken des Parks über 50 Skulpturen zu bewundern sind. Immer neue Sichtachsen ermöglichen den Blick auf Werke von *Braque, Cocteau, Coville, Dalí, Leger, Vasarely und vielen anderen* – ***ein Kunsterlebnis der besonderen Art, das Kunstinteressierte auf keinen Fall versäumen sollten***!

Der ansprechende Rundgang durch Schloss und Park kann an der munter plätschernden Kaskade des Flüsschens Crevon im **Salon de Thé** auf angenehme Weise unterbrochen werden.

Bei unserem Besuch steigen wir über eine Wendeltreppe im Inneren des Schlosses empor und sehen uns unvermittelt einem weißhaarigen Herren gegenüber. Die Wachsfigur mit der roten Schreibfeder stellt *Jules Michelet* (1798–1874), einen in Frankreich bekannten Historiker dar. Er lebte von 1843 bis 1860 in Vascœuil und arbeitete hier an seiner ab 1833 in mehreren Bänden erschienenen *Histoire de France* (Geschichte Frankreichs). Er lobte vor allem die Errungenschaften der Französischen Revolution, hatte einen Lehrstuhl am renommierten *Collège de France* und genoss großes Ansehen.

Das Turmzimmer ist ihm zu Ehren rekonstruiert worden und in einem kleinen Gartenhaus kann zusätzlich das **Musée Michelet** besichtigt werden *(April–Juni/September–Oktober Mi–So/Feiertage 14:30–18 Uhr, Juli/August 11–18:30 Uhr, November Sa/So 14–17 Uhr, Eintritt, Hunde an der Leine im Außenbereich gestattet. www.chateauvascoeuil.com).*

Nach diesem anregenden Besuch rollen wir kurzzeitig auf der N31 Richtung Gournay, um nur wenig später auf der D12 zu einem Abstecher nach **Ry** abzubiegen, um uns diesmal einer anderen Figur der Kunst und deren Schöpfer zu widmen.

260 Ry – Parking

GPS: N 49°28'21" E 01°20'41", Place Flaubert. **Max. WOMOs:** 2–3. **Ausstattung:** Wasser, Tische und Bänke, Infotafel, Müllbehälter. **Beschreibung:** Der asphaltierte, unter Bäumen liegende, einfache Parkplatz befindet sich im Ort und fußläufig von Bäckerei sowie weiteren Geschäften entfernt. Die Stellplätze sind nicht eindeutig zu erkennen, aber wir haben bei unserem letzten Besuch hier unbehelligt parken können. Manchmal sind die Plätze allerdings von Pkw blockiert. Hier beginnen Wanderungen und Radtouren. **Zufahrt:** Im Ort an der D13 Richtung Elbeuf zum Parkplatz fahren.

Ry, Gustave Flaubert und Madame Bovary

Vermutlich würde das kleine, verschlafene Dorf Ry mit einigen Fachwerkhäusern von kaum einem Reisenden beachtet werden, wäre da nicht der in Rouen geborene französische Schriftsteller *Gustave Flaubert* (1821–1880), der am Anfang seiner Karriere im Stil der Romantik schrieb.

Später wechselte er zu einer für die damalige Zeit neuartigen, realitätsnahen Erzählkunst. Seinen ersten und größten literarischen Erfolg hatte er mit der Veröffentlichung des Romans *Madame Bovary*.

Die Romanhandlung ist einem Zeitungsbericht entnommen, der über den Selbstmord der Arztgattin Delphine Delamare aus Ry berichtete. Flaubert lässt Madame Delamare zur tragischen Heldin Emma Bovary werden, in deren Name sich der Originalschauplatz der Geschichte versteckt und aus Ry wurde der imaginäre normannische Ort Yonville-l'Abbaye.

Wie der Untertitel des Romans »Ein Sittenbild aus der Provinz« ausdrückt, beschreibt der Schriftsteller akribisch genau das Leben in der ländlichen Provinz, das der jungen, schönen Frau eines älteren Landarztes zu eng und langweilig wird. Just in diesem Moment kommt ihr ein Lebemann gerade recht, um neuen Schwung in ihr ödes Leben zu bringen. Doch schon bald verschwindet der Liebhaber und auf der Suche nach Aufmerksamkeit sowie einem neuen, aufregenden Leben stürzt sie von einer Liebschaft in die andere, leistet sich teure Kleider sowie Schmuck, macht Schulden und gerät von Depressionen geplagt in einen Teufelskreis. Als einzigen Ausweg sieht Emma den selbst gewählten Tod, mit dem wiederum ihr Mann nicht fertig wird und als alsbald verstirbt. Die gemeinsame Tochter wird zu einer Tante gegeben und damit ist die traurige Geschichte beendet.

Galt der Roman bei seiner Veröffentlichung Mitte des 19. Jahrhunderts noch als skandalös, so faszinierten Flauberts objektiv detaillierte Beschreibungen von menschlichen Empfindungen und Schauplätzen sofort, sodass der Roman bis heute zur Weltliteratur gehört.

In Ry erinnert ein Denkmal an Gustave Flaubert und Erläuterungstafeln mit dem Konterfei von Madame Bovary weisen auf entsprechende Romanstellen im Ort hin. Zusätzlich können sich Interessierte auf *eine 66 Kilometer lange Rundfahrt mit dem Auto oder Fahrrad* zu den Stätten und Landschaften des Romans begeben. Außerdem können Wanderer auf einem mit einer gelben 2 markierten, *9,5 Kilometer langen Rundwanderweg* mit der Landschaft der Emma Bovary auf Tuchfühlung gehen. Ausführliche Informationen unter *www.normandie-caux-vexin.com*.

Auf der letzten Etappe unserer Reise fahren wir durch die ländlich geprägte Region des **Pays de Bray**, die sich bis zur Picardie erstreckt. Das geologisch markant geprägte Gebiet entstand durch die Senkung eines Kalksteinplateaus, die parallel zum Tal der Seine verläuft. Im Tal der Andelle, später im Héron-Tal sehen wir noch einmal die für die Normandie typische Bocage-Landschaft mit Feldern und dichten Hecken, die durch kleine Wälder sowie sanfte Hügel unterbrochen wird.

Mitten in dieser lieblichen Gegend können wir im Weiler **Héronchelles** eine schöne Möglichkeit als Ausgangspunkt für eine Wanderung beziehungsweise eine Radrunde mit anschließender Picknickmöglichkeit nennen.

261 Héronchelles – *Aire Piquenique*

GPS: N 49°31'43" E 01°23'02". **Max. WOMOs:** 2–3. **Ausstattung:** Tische und Bänke, Spielplatz, Infotafel, Müllbehälter. **Beschreibung:** Der geschotterte, schattenlose, einfache Parkplatz liegt am Ortsrand am *Bovary-Radweg*. **Zufahrt:** Im Ort rechts dem Hinweis Aire Piquenique bis zum Parkplatz folgen.

Durch diesen dünn besiedelten Landstrich erreichen wir das lebendige **Buchy,** in dessen Zentrum die aus dem 17. Jahrhundert stammenden **Markthallen** auffallen, in denen jeden Montag ein **Markt** stattfindet. Ganz in der Nähe befindet sich neben vielen anderen Gaststätten die empfehlenswerte **Crêperie *Aux Anciennes Halles*** *(Mittag- und Abendmenüs, Di geschlossen,97 Place Persac, Telefon 0235343386).*

262 Buchy – *Parking Collège*

GPS: N 49°35'09" E 01°21'52", Route de Forges. **Max. WOMOs:** 6. **Öffnungszeit:** Ganzjährig. **Ausstattung:** V/E, Strom, Müllbehälter. **Beschreibung:** Der geschotterte, meist schattenlose, einfache Parkplatz befindet am östlichen Ortsrand und am Bovary-Radweg. Das

Ortszentrum mit Bäckerei, Geschäften und Restaurants ist etwa 400 m entfernt. **Zufahrt:** Im Ort an D919 Richtung Forges-les-Eaux dem WOMO-Piktogramm folgen. **Hinweis:** Zum Zeitpunkt unseres letzten Besuchs 2023 wirkte der Platz leicht ungepflegt und die V/E war nicht zu nutzen. Der Parkplatz liegt direkt neben einer Schule, sodass es besonders ab dem Morgen recht unruhig ist.

Wir rollen nun flott dem ehemals traditionsreichen Thermalbad **Forges-les-Eaux** (3.600 Einwohner) entgegen und steuern einen Tagesparkplatz nahe dem Ortszentrum an (N 49°36'54" E 01°32'42", Rue Francis Fer).

263 Forges-les-Eaux – *Aire de Camping-Car*

GPS: N 49°36'21" E 01°32'32", Boulevard Nicolas Thiesse.
Max. WOMOs: 35. **Öffnungszeit:** Ganzjährig. **Ausstattung:** V/E, Strom von Mitte März–Oktober, danach ohne Wasser und Strom, Tische und Bänke. **Beschreibung:** Der asphaltierte, schattenlose, einfache Parkplatz vor dem Campingplatz am südlichen Ortsrand ist an Feldern und Wiesen gelegen. Das Ortszentrum ist ca. 800 m entfernt. Der Platz befindet sich unmittelbar neben dem **Camping de La Minière**** (Mitte/Ende März–Mitte/Ende Oktober, www.campingforges.com). **Preis:** 10 €.
Zufahrt: Im Ort den Hinweisen zum Campingplatz folgen.

Der Namensteil *Forges (Schmiede)* weist darauf hin, dass in der Stadt bis ins 15. Jahrhundert Metall verarbeitet wurde. Nachdem jedoch eisenhaltige Quellen entdeckt wurden und sogar Ludwig XII. sowie Kardinal Richelieu von den Heilkräften des Thermalwassers überzeugt waren, wurde der einstige Ortsname Forges-en-Bray in Forges-les-Eaux verändert, um auf das eisenhaltige Quellwasser hinzuweisen. Das heutige Kurzentrum mit Casino, gepflegtem Kurpark, Schwimmbad sowie Wellness-Bereich befindet sich etwa ein Kilometer westlich des Zentrums und muss seit 1980 allerdings ohne Thermalwasser auskommen.

Einen guten Überblick über alle Aktivitäten rund um den Ort vermittelt das **Office de Tourisme** *(Oktober–März Di–Sa. 9:30–12:30/14–17 Uhr, April Mo–Sa 9:30–12:30/14–17 Uhr, Mai–September Mo–Sa 9:30–12:30/14–18 Uhr, So/Feiertage 9–13 Uhr, Rue Albert Bochet, Telefon 0235905210, www.forgesleseaux-tourisme.fr).*

In Forges-les-Eaux verläuft beispielsweise die *Avenue Verte, eine ehemalige Eisenbahntrasse*, die bis zur Küste nach Dieppe führt und nur von Wanderern und Fahrradfahrern genutzt wird. **Radfahrer** können sich aber auch auf mehreren gekennzeichneten Rundtouren (35 bis 44 Kilometern) ausstrampeln und **Wanderfreunde** und **Spaziergänger** finden schöne Wege durch den **Parc de l'Epinay** am Kurzentrum.

Bei einem Bummel durch das freundliche Städtchen können

Parc de l'Hôtel de Ville

die Besucher die **Collection de Faïnces** bewundern. Das Fayence-Museum präsentiert eine Sammlung zarter, sehr unterschiedlicher und hochwertiger Exponate, die bis zum 19. Jahrhundert in Forges-les-Eaux hergestellt wurden (Di–Fr nach Vereinbarung beim Office de Tourisme, Eintritt). Sehr konträr dazu beleuchtet das **Musée de la Résistance et de la Déportation de Forges-les-Eaux** anhand von Fotos und Originaldokumenten die Aktivitäten der französischen Résistancekämpfer und die Deportationen in der Normandie während des Zweiten Weltkrieges *(täglich 14–18 Uhr, Eintritt)*.

Um den Marktplatz finden sich einige Fachwerkhäuser aus dem 17./18. Jahrhundert und auf der Place Brévière sowie der Place Général de Gaulle werden jeden Donnerstagvormittag sowie am Sonntagvormittag in der Halle Baltard **Markttage** abgehalten. An der Mairie gelangen wir durch einen Torweg in den kleinen **Parc de l'Hôtel de Ville**, der einen Ruhepol zwischen der doch recht verkehrsreichen Kreuzung im Zentrum bildet. Die Einkehr im **Bistrot *Le 235*** verspricht eine neue und kreative Küche, die zu zivilen Preisen empfehlenswert ist *(Mittag- und Abendmenüs, Di/Mi geschlossen, 29 Rue de la République, Telefon 0235905267)*. Wer mehr auf kleine Leckereien aus dem Feinkostladen steht, der sollte schräg gegenüber beim **Charcutier-Traiteur *Prieur*** vorbeischauen und etwas Kaltes oder Warmes erstehen – die fischige Mille Crêpes ist fantastisch!

Auf den nächsten Kilometern halten wir uns nordwärts und erreichen auf dem Weg nach Neufchâtel-en-Bray den kleinen Ort **Saint-Saire.**

264 Saint-Saire – *Ancienne Gare de Saint-Saire*

GPS: N 49°41'49" E 01°29'41", Route de Saint Saire. **Max. WOMOs:** 6. Öffnungszeit: Ganzjährig. **Ausstattung:** V/E, Strom, Infotafel, Müllbehälter. **Beschreibung:** Der nette Wiesenplatz liegt teils schräg und fast schattenlos am Ortsrand am alten Bahnhof, in dem sich nun das **Landcafé *Au Quai Gourmand*** *(ab 10:30 Do bis 16 Uhr, Fr/Sa bis 23 Uhr, So bis 18 Uhr, www.auquaigourmand.com)* befindet. Auch wenn es einen asphaltierten Parkplatz gibt, ist das Übernachten auf den Rasenflächen ausdrücklich gestattet. Der Platz hat direkten Anschluss an den *Fernradweg Avenue Verte* und wer mächtig in die Pedalen treten möchte, der erreicht nach rund 45 km langer Fahrt das Meer bei Dieppe. Nach rund 12 km einfacher Fahrt ist Forges-les-Eaux zu erreichen und nach nur 7 km kann man sich Richtung Meer in Neufchatel-en-Bray den Stellplatz anschauen. **Zufahrt:** Von der D1314 in den Ort fahren, der Stellplatz unmittelbar am alten Bahnhof.

265 Saint-Saire – *Ferme de la Source*

GPS: N 49°41'47"E 01°29'27", Chemin de Prebende. **Max. WOMOs:** 10. Öffnungszeit: Ganzjährig. **Ausstattung:** Tische und Bänke, Grillmöglichkeit, Infotafel, Bouleplatz. **Beschreibung:** Der Stellplatz liegt an einem bewirtschafteten Bauernhof am Ortsrand auf einer teils schrägen Wiese mit schöner Aussicht ins Grüne. Im Hofladen können anstatt einer Stellplatzgebühr leckerer Käse (herzförmiger Neufchâtel), frische Eier, Cidre, Pommeau und Marmeladen bei den freundlichen Betreibern erworben werden. Nur ein paar Fußschritte entfernt, bietet die **Ferme *Marcotte*** neben regionalen Produkten eine Cidre- und Calvados-Verkostung an. **Zufahrt:** Wie zum vorgenannten Stellplatz, jedoch der D7 weiter in den Ort folgen und an der nächsten Gabelung rechts abbiegen und den Hinweisen zur Ferme de la Source und den WOMO-Piktogrammen folgen. **Hinweis:** Hier ist es tagsüber ruhiger als am offiziellen Stellplatz, an dem die *Avenue Verte* und die Straße vorbeiführen.

TOUR 15

Bevor wir unsere Reise durch die Normandie beenden und über die nicht mehr weit entfernte Autobahn unsere Heimreise nach Deutschland antreten, wollen wir der Vollständigkeit halber den Stellplatz in **Neufchâtel-en-Bray** erwähnen, der uns oft auch als Zwischenziel bei der Fahrt in die Bretagne dient, da er flott von der Autobahn zu erreichen ist, aber dennoch ruhig im Grünen liegt.

266 Neufchâtel-en-Bray – *Aire de Camping-Car*

GPS: N 49°44'14" E 01°25'46", Rue Sainte Claire. **Max. WOMOs:** 14. **Öffnungszeit:** Ganzjährig. **Ausstattung:** V/E, Strom, Dusche, WC, Waschmaschine, Trockner, WiFi. **Beschreibung:** Der mit Schranke gesicherte, schön angelegte Stellplatz verfügt über geschotterte und durch Hecken getrennte große Parzellen. Er liegt außerhalb des Ortes neben dem **Camping Sainte Claire***** (April–Mitte Oktober, www.camping-sainteclaire.com) mit Anschluss an der *Fernradweg Avenue Verte*. Etwa 500 m entfernt befinden sich Supermärkte sowie ein Fast Food-Anbieter und in den Ort mit Bäckerei, Geschäften und Restaurants sind es etwa 2 km Fußweg. **Preis:** 14 €. **Zufahrt:** Im Ort den WOMO-Piktogrammen folgen. **Hinweis:** Der Platz ist nur für WOMOs bis ca. 8 m Länge geeignet!

Wer in der Gegend ist, kann hier noch einmal dem normannischen Käse nachschnüffeln. Der **Neufchâtel** ist mit dem AOC-Siegel ausgezeichnet und hat einen herzhaft pikanten Geschmack. Der Weichkäse mit Edelschimmelrinde ist einer der ältesten Sorten und stammt aus dem Pays de Bray. Seine charakteristische Herzform soll er jungen Frauen verdanken, die ihn während des Hundertjährigen Krieges den englischen Besatzern anboten.

Manchmal wird der Neufchâtel auch in anderen Formen hergestellt – doch egal wie, zusammen mit der Aussicht über die grünen Wiesen von Saint-Saire eignet sich sein Genuss, begleitet von frischem Baguette und einem Glas Cidre perfekt, um auf eine abwechslungsreiche Fahrt durch die Normandie zurückzublicken, bei der wir einen großen Ausschnitt dieses mit so viel Schönheit gesegneten französischen Landstrichs erleben durften.

Die vielfältige Region hat von den Küsten mit langen Sandstränden bis ins grüne Hinterland oder zu den vielen charmanten Ortschaften noch so viel mehr landschaftlich sowie kulturell Schönes und Interessantes zu bieten, sodass wir bestimmt bald wiederkommen werden.

Wir verabschieden uns in der Hoffnung, dass es Ihnen mit uns gefallen hat, wünschen Ihnen eine gute Weiterreise und sagen »Auf Wiedersehen und bis bald in der Normandie!«

Au revoir et à bientôt en Normandie!

Tipps und Infos

Anreise

Anreise

Je nachdem aus welchem Land beziehungsweise welcher Region Sie starten, liegen zwischen unserem ersten Ziel im normannischen Eu etwa 700 Kilometer von Frankfurt, gut 900 bis 950 Kilometer von Hamburg oder München bis etwa 1.300 Kilometer von Wien aus vor Ihnen. Aus Bern haben Sie gut 800 Kilometer vor sich.

Die genauen Anreiserouten werden so verschieden wie Ihr Startpunkt, Ihre Vorlieben und Ihr Urlaubsverhalten sowie Ihr Zeitbudget sein. Die einen mögen die gemütliche Fahrt auf Landstraßen, die anderen bevorzugen die schnelle Reise auf der Autobahn.

Wer in Deutschlands Westen beziehungsweise Süden oder in der Schweiz wohnt, wird die Anreise in die Normandie durchaus in einem Tag bewältigen können. Wer hingegen aus dem Nordosten oder der Mitte Deutschlands und Österreich kommt, die geruhsame Fahrt schätzt oder die Landstraße benutzen möchte, der kann eine Übernachtung einplanen.

Bekanntlich führen viele Wege ans Ziel und in den Zeiten von Navigationsgeräten, Routenplanern im Internet und vernünftigen Straßenatlanten dürfte Ihrem eigenen Anfahrtsentwurf nichts entgegenstehen – schließlich beginnt der Urlaub doch schon zu Hause mit der Planung.

Wir möchten Ihnen an dieser Stelle drei der vielen Möglichkeiten aufzeigen, die Sie schnell an Ihr Urlaubsziel bringen und nennen verkehrsgünstig gelegene Übernachtungsplätze nahe der entsprechenden Routen.

Auf der Autobahn kommen Sie sicher am schnellsten voran, doch sind diese in Frankreich größtenteils kostenpflichtig.

Die Gebühren sind an den mit *Péage* angekündigten Mautstellen entweder bar (Kleingeld bereithalten!) oder per Kreditkarte (keine American Express, oft keine EC-/Maestro-Karte) zu entrichten und berechnen sich nach gefahrenen Kilometern sowie nach der Kategorie, unter die das Fahrzeug fällt. Wohnmobile fallen unter die Klasse 2 (bis 3,5 Tonnen und 3 Meter Höhe) oder Klasse 3 (über 3,5 Tonnen und/oder mehr als 3 Meter Höhe). Rund um die größeren Städte wird in der Regel keine Gebühr erhoben. Das Ticket sollte stets gut aufbewahrt werden – auch wenn es eher selten vorkommt, so sollte man es auf Nachfrage vorweisen können, da sonst der höchstmögliche, wenn auch fiktive Preis in Anrechnung gebracht wird (www.autoroutes.fr) Frankreich führt nach und nach *eine elektronische Maut mittels Kennzeichenerfassung* ein, jedoch bislang nicht in unserem Zielgebiet. Bitte verfolgen Sie die aktuellen Entwicklungen (siehe Verkehr S. 398).

Wer genügend Zeit hat oder Kosten einsparen möchte, benutzt Nationalstraßen (*Route National*). Zu erwähnen ist hierbei allerdings, dass die zahlreichen Ortsdurchfahrten den Fahrspaß oft erheblich schwächen.

Das französische **Tankstellennetz** ist unterschiedlich dicht. Beachten sollte man, dass viele Tankstellen an Sonn- und Feiertagen geschlossen haben und an denen mit dem »24/24« - Zeichen nur per Automat und mit Kreditkarte getankt werden kann. Häufig werden EC/Maestro-, aber hin und wieder auch Kreditkarten nicht akzeptiert (siehe auch unter »Geld«) und allein schon deswegen sollte man nie »mit dem letzten Tropfen« zur Tankstelle fahren!

Das Preisgefüge zwischen einzelnen Tankstellen schwankt gewaltig. So ist das Tanken an der Autobahn am teuersten, während die normalen Tankstellen im Schnitt zehn Cent günstiger sind und die Zapfsäulen an großen Supermärkten den Diesel (*gazole* = B7) nochmals um rund zehn Cent unterbieten.

Anreise-Variante 1 – aus Nord- oder Mitteldeutschland

In Deutschland von der A40 bei Kempen → Autobahn A67/E34 → Autobahn A21/E34 → Autobahn A14/E17 → Route National N356 und Autobahn A1/E17/E15 → Autobahn A29/E44 → Route National N25 und Autobahn A16 → Autobahn A28 → Landstraße D925 bis Eu (von der deutsch-belgischen Grenze etwa 500 Kilometer).

Für die Zwischenübernachtung bieten sich die Stellplätze (A01), (A07), (A08), (A09) an.

Anreise-Variante 2 – aus Mittel- und Süddeutschland
In Deutschland von der A44 bei Aachen → A3/E40 → Autobahn A15, A7/E42, E19 → Autobahn A2/E19 → Autobahn A1/E19 → Autobahn A29/E44 → Route National N25 und Autobahn A16 → Autobahn A28 → Landstraße D925 bis Eu (von der deutsch-belgischen Grenze etwa 420 Kilometer).
Für die Zwischenübernachtung bieten sich die Stellplätze (A02), (A03), (A04) (A07), (A08), (A09) an.

Anreise-Variante 3 – aus Süddeutschland
In Deutschland von der A6 bei Saarbrücken → A320, später A4/E50/E25 → Autobahn A4/E50 → Autobahn A26/E17 → Autobahn A29/E44 → Route National N25 und Autobahn A16 → Autobahn A28 → Landstraße D925 bis Eu (von der deutsch-französischen Grenze etwa 500 Kilometer).
Für die Zwischenübernachtung bieten sich die Stellplätze (A05), (A06), (A07), (A08), (A09) an.

Sollten die nachstehenden Stellplätze nicht ausreichend sein oder eine andere Route eingeschlagen werden, dann verweisen wir gern auf die in unserer Anreisekarte gekennzeichneten WOMO-Reiseführer unserer Autorenkolleginnen und -kollegen. Dort finden Sie weitere Übernachtungstipps und Anregungen für Ihre Reise, die mal näher, mal etwas abseits unserer genannten Anreisewege liegen.

A01 NL-Venlo – *Jachthaven*

GPS/Kontakt: N 51°23'36" E 06°08'56", Jachthavenweg 50, Telefon +31(0)646005666, www.wsvdemaasvenlo.nl.

25 WOMOs, V/E, Strom, Duschen, Toiletten, Spielplatz, Tische und Bänke, Grillmöglichkeit, Fahrradverleih, von Oktober bis März nur eingeschränkt für WOMOs zugänglich, Preis 20 €.
A67 an der Abfahrt Venlo-West verlassen, den Hinweisen Venlo 4000– Die 7000 (Gewerbegebiet) und später »Jachthaven« folgen. Der gepflegte Stellplatz liegt am Ortsrand unmittelbar am Jachthafen und einem Restaurant.

A02 D-Aachen – *Stellplatz Bad Aachen*

GPS/Kontakt: N 50°45'41" E 06°06'10", Branderhofer Weg 11, Telefon 0241/99000991, www.aachen-camping.de.
46 WOMOs, V/E, Strom, Sanitärgebäude, Brötchenservice, ganzjährig geöffnet, Preis 23–25 €.

Das Kurgebiet ist etwa 800 m entfernt und mit dem Bus (Haltestelle ca. 400 m entfernt) kann man zum lohnenden Stadtbesuch nach Aachen (*www.aachen-tourist.de*) aufbrechen.
Die A44 an der Abfahrt 2 Lichtenbusch/Monschau verlassen und dem Hinweis Zentrum und den WOMO-Piktogrammen folgen.
Der parzellierte Stellplatz liegt in der Umweltzone und ist nur mit grüner Plakette anzufahren!

A03 B-Namur – *Parking Place André Ryckmans*

GPS/Kontakt: N 50°28'04" E 4°51'01", Rue des Souchetes/Place André Ryckmans, Telefon 03281 246449, www.namurtourisme.be.
8 WOMOs, V/E, die Übernachtungsmöglichkeit besteht ganzjährig und ist kostenfrei.
Die A15/E42 an der Ausfahrt Namur verlassen und über N4 in die Stadt fahren. Dort an der Beschilderung Namur Expo orientieren und den Hinweisen Parking Ryckmans/Stade communal folgen. Der einfache Parkplatz liegt unmittelbar vor dem Centre Sportif und hat wenig Charme. Das historische Stadtzentrum wird nach etwa 10 Gehminuten erreicht.

A04 F-Douchy-les-Mines – *Aire de Camping-Car Le Verger*

GPS/Kontakt: N 50°18'21" E 03°23'46", 273 Avenue de la République, Telefon 652529391.
6 WOMOs, V/E, Strom, ganzjährig geöffnet, Preise 8 €.
Die A1 von Norden kommend an der Ausfahrt Albert/Péronne verlassen und der D938, später der D197 nach Cappy folgen. Von Süden kommend die A1 an der Ausfahrt Péronne-Sud verlassen und der D1029, später der D164 nach Cappy folgen.

Jeweils im Ort den Hinweisen zum Campingplatz folgen. Der befestigte Stellplatz auf Wiese befindet sich auf einem, durch ein Tor gesichertes Privatgelände. Der Zugang erfolgt über einen digitalen Code, sodass die vorherige telefonische Anmeldung unbedingt erforderlich ist (auch ohne Französischkenntnisse möglich).

A05 F-Hombourg – *Haut Aire de Camping-Cars*

GPS: N 49°07'26" E 06°46'43", Rue de Stade.
6 WOMOs, V/E, Strom, ganzjährig geöffnet.
Die A320/E50 an der Ausfahrt Hombourg-Haut verlassen und in den Ort bis zu einem Kreisel fahren. Dort den Hinweisen

Salle de Fêtes/Stade Omnispots und dem WOMO-Piktogramm folgen. Der einfache Parkplatz liegt am Ortsrand neben dem Sportplatz.

A06 F-La Cheppe – *Aire de Camping-Car*

GPS: N 49°02'57" E 04°29'37", Rue du Camp d'Attila.
5 WOMOs, V/E, Strom, ganzjährig geöffnet.
Die A4 an der Ausfahrt Châlons-en-Champagne verlassen und auf der D977 Richtung Suippes halten, später der D366 nach La Cheppe folgen und den Hinweisen Camp d'Attila und dem WOMO-Piktogramm folgen. Die nahe ehemalige keltische Siedlung kann zu Fuß umrundet werden und man erfährt dabei viel über das keltische Leben.

A07 F-Bapaume – *Camping-Car Park*

GPS: N 50°06'03" E 02°51'04", Allée des Marronniers.
10 WOMOs, V/E, Strom, ganzjährig geöffnet, Preise 11–14 €.
Die A1 an der Ausfahrt Bapaume verlassen und im Ortszentrum von der D917 dem WOMO-Piktogramm folgen. Der parzellierte Stellplatz liegt im Ortszentrum mit Geschäften sowie Restaurants und in der Nähe eines kleinen Parks.

A08 F-Cappy – *Camping de mon Village les Charmilles*

GPS: N 49°55'40" E 02°44'31", Rue de Bana.
27 WOMOs, V/E, Strom, ganzjährig geöffnet, Preise 11–14 €.
Die A1 von Norden kommend an der Ausfahrt Albert/Péronne verlassen und der D938, später der D197 nach Cappy folgen. Von Süden kommend die A1 an der Ausfahrt Péronne-Sud verlassen und der D1029, später der D164 nach Cappy folgen. Jeweils im Ort den Hinweisen zum Campingplatz folgen. Der durch Hecken unterteilte Platz liegt teilweise unter Bäumen am Ortsrand nahe der Somme.

A09 F-Bray-sur-Somme – *Camping-Car Park*

GPS: N 49°56'08" E 02°42'47", Promenade du Wicquet.

10 WOMOs, V/E, Strom, ganzjährig geöffnet, Preise 11–14 €.
Die A1 von Norden kommend an der Ausfahrt Albert/Péronne verlassen und der D938, später der D197 und der D1 nach Bray-sur-Somme folgen. Von Süden kommend die A1 an der Ausfahrt Péronne-Sud verlassen und der D1029, später der D164 und

der D1 nach Bray-sur-Somme folgen. Jeweils im Ort den Hinweisen zum Camping Municipal folgen. Der geschotterte Stellplatz befindet sich hinter dem Campingplatz direkt an der Somme und in der Nähe der **Véloroute Vallée de la Somme**.

Baden / Wassersport

Bei einer Küste von über 600 Kilometer Länge kann die Normandie mit unzähligen Stränden punkten. Nordöstlich der Seine sind die Strände meist mit groben Kieselsteinen bedeckt und verstecken sich oft in kleinen Buchten. Westlich der Seine und rund um die Cotentin-Halbinsel erstrecken sich ausgedehnte Sandstrände, die bei Flut manchmal nur wie »ein Handtuch breit« sind und bei Ebbe erfordert es einen ordentlichen Fußmarsch, um ans Wasser zu gelangen. Wer sich selbst im Hochsommer bei rund 18 Grad Celsius erfrischender Wassertemperatur nicht zu einem Bad im Meer überwinden kann, der muss mit einem Schwimmbad vorliebnehmen.

Carolles Plage - Tour 8

Baden/Schwimmen

Aufgrund der Strömungsverhältnisse sowie der Gezeiten sollte man sich grundsätzlich mit Vorsicht in die Fluten stürzen und an beaufsichtigten Stränden auf jeden Fall die Beflaggung beachten:

Rot: Badeverbot.

Orange: Baden gefährlich, aber überwacht.

Grün: Baden überwacht, keine besonderen Gefahren.

Keine Flagge: Strand nicht bewacht. Gefährliche Küstenabschnitte sind deutlich als solche gekennzeichnet und die entsprechenden Hinweise sollten unbedingt beachtet werden!

FKK

Freunde der Freikörperkultur gibt es in Frankreich häufig, allerdings finden sich nur wenige ausgewiesene Stellen in der Normandie, an denen man alle »Hüllen« sorglos fallen lassen kann. »Oben ohne« ist nirgends verboten, ansonsten sollte man sich am Verhalten der »Strandnachbarn« orientieren. Einer der größten Nacktbadestrände liegt bei Saint-Germain-sur-Ay im Westen der Cotentin-Halbinsel. Einen Überblick über entsprechende Strände, aber auch über FKK-freundliche Campingplätze finden sich unter www.ffn-naturisme.com.

Paddeln auf der Orne bei Pont d´Ouilly - Tour 10

Kanu/Kajak
Die normannische Küste, aber auch die Flüsse bieten viele Möglichkeiten für diese Sportart. Wer nicht mit dem eigenen Boot unterwegs ist, kann an einer der zahlreichen Verleihstationen ein Kajak mieten und beispielsweise auf Orne, Dives, Bresle oder dem Meer paddeln.

Angeln und Fischen
Das Fischen im Meer bedarf keiner besonderen Erlaubnis. Wer jedoch seine Angel in einem der vielen Flüsse oder Seen auswerfen möchte, der muss bei den Gemeinden oder der *Association de Pêche et Pisciculture* des jeweiligen Départements einen Angelschein erwerben.

Segeln/Kitesurfen/Surfen/Windsurfen
Die guten Winde an der normannischen Küste eignen sich hervorragend für diese Sportarten. Zahlreiche Segelschulen bilden Anfänger aus und wer sein Surf-, Fun- oder Kitebrett zu Hause gelassen hat, der wird bei einer örtlichen Verleihstation fündig (www.station-nautique.com).

Campingplätze

Wir haben zahlreiche Campingplätze beschrieben und weisen in den Tourenkarten und im Tourentext auf weitere hin. Die in ihrer Qualität sehr unterschiedlichen Plätze eignen sich für einen längeren Aufenthalt und bieten teilweise viele Freizeitangebote an.

Oft verfügen sie über separate Stellplätze für Reisemobile, immer über eine Ver- und Entsorgungsmöglichkeit. Da wir an den Strecken jedoch ausreichend Stationen zum Ver- und Entsorgen aufführen, dürfte es in diesem Punkt ohnehin keine Defizite geben.

Wer häufig Campingplätze anfährt, kann sich den grünen *Michelin-Führer, Camping Caravaning France* oder den *ADAC-Campingführer* in gebundener Form oder als App zulegen. Alternativ ist www.campingfrance.com, auf der registrierte Campingplätze aufgeführt sind, zu nennen.

Die französischen Campingplätze sind mittels Sternchen in **Kategorien** eingeteilt. Die Anzahl der Symbole kennzeichnet den Standard der Ausstattung und sagt nichts über Flair oder Lage des jeweiligen Platzes aus. Die sanitären **Ausstattungen** sind unterschiedlich. Am einfachsten sind sie in der Regel auf den städtischen Plätzen (*Camping Municipal*), die aber auch wiederum die preiswertesten sind und meist recht zentral liegen. Größere und private Campingplätze haben dagegen mehr Komfort, eine aufwendigere Ausstattung, verfügen teils über ein Schwimmbad und bieten ein Animationsprogramm. Hier gilt: Je aufwändiger und komfortabler, desto teurer. Grundsätzlich kann davon ausgegangen werden, dass die **Preise** in der Hochsaison emporschnellen, während sie in der Nebensaison deutlich darunterliegen. Oft gibt es **Pauschaltarife für Wohnmobile** einschließlich zwei Personen (*forfait camping-car*).

Oft verfügen die Plätze über Waschmaschinen und Wäschetrockner. Sollte das nicht der Fall sein und Ihr Vorrat an sauberer Wäsche geht zur Neige, bieten sich die **Waschmaschinen und Trockner an den Supermärkten** für die notwendige Auffrischung an. Meist befinden sie sich auf dem Supermarktparkplatz in der Nähe der Tankstellen und sind nicht zu übersehen.

Mit einem Reisemobil schätzen wir wohl alle unsere Flexibilität, doch *während der Hauptsaison empfehlen wir Ihnen dringend, den gewünschten Campingplatz vorab zu reservieren*. Für diesen Fall geben wir im Text die Telefonnummern sowie in den meisten Fällen die Webseite an, auf der Sie einen Platz per E-Mail vorbestellen können. Sinnvoll ist das Mitführen des Campingausweises *Camping Card International*, der eine Camping-Haftpflichtversicherung einschließt.

Auf Vorlage der *ADAC Camp Card* oder der *ACSI Card* werden auf etlichen Campingplätzen meist außerhalb der Hauptsaison **Nachlässe** gewährt. Wir mussten bei unseren letzten Fahrten feststellen, dass sich die bisherigen Saisonzeiten nicht mehr wie in den vergangenen Jahren einteilen lassen. Vielmehr scheinen viele Wohnmobile das ganze Jahr unterwegs zu sein und Vor-, Haupt- und Nachsaison teilweise zu verschmelzen. Vergünstigungen, die Kunden auch während der Nebensaison anziehen sollten, sind somit überflüssig geworden oder werden nicht mehr so üppig vergeben.

Je früher am Tag Sie den Campingplatz anfahren, umso größer sind die Chancen auf Einlass. *Die beste Zeit ist vormittags zwischen 11 und 12 Uhr, wenn andere Leute gerade aufgebrochen sind.* Während der Mittagszeit ist vielerorts eine Anmeldung auf dem Campingplatz nicht möglich und Sie müssen warten, bis die Rezeption wieder geöffnet ist. Da die Ruhezeiten variieren, haben wir auf diese Angabe verzichtet.

Die meisten Campingplätze sind von Ende März/Anfang April bis September/Oktober geöffnet, in der Nähe von großen Städten meist das ganze Jahr. Wir haben die aktuellen **Öffnungszeiten** für Sie notiert, können jedoch nicht garantieren, ob diese sich nicht verändern. Manchmal kommt es auch vor, dass ein Platz in der Nebensaison mangels Nachfrage vorzeitig schließt oder bei hoher Auslastung länger geöffnet ist. Viele Campingplätze bieten behindertengerechte Einrichtungen und auch auf offiziellen Stellplätzen stehen gelegentlich ausgewiesene breitere Parkbuchten für Wohnmobile von Menschen mit Handicap zur Verfügung.

Hunde sind im Allgemeinen an der Leine erlaubt, doch auch in diesem Fall hat der Platzbetreiber das letzte Wort und kann beispielsweise in der Hauptsaison ein Hundeverbot beschließen. Manche Campingplätze akzeptieren nur einen Hund pro Fahrzeug, auf anderen Campingplätzen sind zwei und mehr Hunde gestattet. Im Zweifelsfall sollte man vor der Anreise telefonisch nachfragen oder sich auf der Internetseite informieren.

In Zeiten, in denen die internationale Reisemobil-Flotte immer größer wird, freie Stellplätze zunehmend gesperrt werden oder aus anderen Gründen wegfallen und man sich auf offiziellen Stellplätzen dicht an dicht auf Asphalt oder im staubigen Schotter drängelt, präferieren wir die von den Gemeinden betriebenen **Camping Municipal**. Meist haben diese eine wunderbare Lage, sind oft naturbelassen und verfügen über ausreichend Platz. Auch wenn die Plätze sehr einfach ausgestattet sind, werden sie unseren persönlichen Ansprüchen als Wohnmobilisten (wir haben schließlich WC und Dusche an Bord) gerecht und sind zudem preisgünstig beziehungsweise nur wenig oder gar nicht teurer als ein Stellplatz. Wer also keinen besonderen Luxus sucht und enge, Sardinendosen gleichende Stellplätze scheut, für den stellen nach wie vor die Camping Municipal eine Alternative dar (www.camping-municipal.org).

Leider trennen sich mittlerweile viele Gemeinden von ihren Anlagen und Stellplatz-Gesellschaften werden in diesem Bereich zunehmend aktiv. Hier ist insbesondere die Betreibergesellschaft *Camping-Car Park* zu erwähnen, die solche Plätze als **Camping de mon Village** bezeichnet und die wir in diesem Reiseführer als Stellplätze aufführen, da Sanitärgebäude mit heißem Wasser und Toiletten nicht ganzjährig zur Verfügung stehen. Außerdem können Camper-Vans und Wohnwagen ohne Sanitäreinrichtung sowie Zelte die Plätze nur zu bestimmten Zeiten nutzen (www.campingcarpark.com).

Freies Camping / Stellplätze / übernachtungsgeeignete Parkplätze

Das einmalige Übernachten auf öffentlichen Plätzen ist in Frankreich erlaubt. *Natürlich sind örtliche Einschränkungen zu beachten und ein campingähnliches Verhalten, wie beispielsweise Markise ausfahren, Tisch und Stühle aufstellen, Grillen und Wäsche aufhängen, zu unterlassen.*

Soweit die Theorie – in der Praxis stellt sich eher die Frage, ob Sie von der örtlichen Obrigkeit behelligt oder gar zur Kasse gebeten werden. Uns ist das allerdings nicht ein einziges Mal passiert! Die generelle Legalität spielt in der Praxis also keine Rolle. Nach unseren Erfahrungen kann man mit etwas Sensibilität dort stehen, wo es nicht ausdrücklich verboten ist.

Die Thematik der klassischen **freien (kostenfreien) Stellplätze**, die in diesem Reiseführer als Parkplätze bezeichnet werden, wird allerdings in Zeiten zunehmender Wohnmobilkolonnen immer schwieriger und man sollte bei der Auswahl »seines« Platzes schon ein gewisses Maß an Fingerspitzengefühl an den Tag legen! So kann es vorkommen, dass einige der von uns genannten »normalen« Parkplätze an Sehenswürdigkeiten oder in Städten je nach aktueller Situation nicht nur zum Parken, sondern gegebenenfalls durchaus auch einmal zum Übernachten geeignet sind. Sollten Sie unsicher sein oder sich der Parkplatz zum Beispiel auf privatem oder kommunalem Grund befinden, dann sorgt eine kurze Nachfrage vor Ort meist für Klarheit.

Wir haben bei der Angabe von **Max. WOMOs** bei den freien Plätzen stets die Anzahl angegeben, die wir für verträglich halten, um niemanden durch eine zu große Ansammlung von Reisemobilen zu verärgern oder zu stören. Nichtsdestotrotz werden sie auf Örtlichkeiten treffen, wo gerade in der Hauptsaison sehr viel mehr Wohnmobile anzutreffen sind, weil die Aussicht, der Strand und das übrige Drumherum einfach zu schön sind. Aber mal ganz ehrlich, wenn wir uns jetzt einfach dazustellen, womöglich auch noch in zweiter Reihe oder dicht an den Nachbarn gequetscht, dann ist der Sinn und vor allem der Reiz des freien Stellplatzes nun wirklich verschwunden und noch schlimmer, die favorisierte Stellplatzmöglichkeit wird über kurz oder lang von offizieller Stelle verboten werden! In solchen Fällen fahren wir weiter und suchen den nächsten Stell- oder Campingplatz auf.

Für längere Aufenthalte über zwei Nächte empfehlen wir ohnehin die offiziellen Stell- und Campingplätze.

Fahren Sie nach einer oder mehrerer der inzwischen fast obligatorischen Stellplatz-Apps? Wir tun das selbstverständlich ebenfalls und orientieren uns an dem schier unerschöpflich erscheinenden Angebot. Wir studieren Fotos, Koordinaten und die Kommentare der Nutzer – vermutlich genau wie Sie. *Aber wir wählen zusätzlich für Sie aus!* Wir trennen die Spreu vom Weizen, schauen nach, ob es nicht vielleicht doch eine Höhenbarriere gibt oder die Zufahrt zu eng, zu lang, zu schlecht und schlammig sein könnte. Passt das Umfeld, wie ist der Untergrund oder gibt es vielleicht doch eine unerwähnte Einschränkung? Soweit es sich um anderweitig veröffentlichte Plätze handelt, haben wir nur diejenigen in dieses Buch aufgenommen, die wir tatsächlich für geeignet halten, und warnen Sie gegebenenfalls auch einmal vor einem bestimmten Platz. Nichtdestotrotz können auch diese Angaben bei der nächsten Reise schon wieder überholt sein. Zudem gibt es, zumindest vorübergehend, noch Plätze, die Sie nur bei uns finden!

Wir haben die Plätze im Allgemeinen sauber sowie ordentlich vorgefunden und diese auch so wieder verlassen. Es wäre schön, wenn das so bliebe und wir bitten deshalb alle Leser und vor allen Dingen die Nutzer der freien Stellplätze ganz herzlich, sich so zu verhalten, dass niemand uns Alt- und Neucampern, Vanlifern, Kastenwagenfahrern, Pkw-Fahrern mit Zeltdach, kurz gesagt, der gesamten Wohnmobilisten-Community mit und ohne Klo von ganz kleinen bis ganz großen Fahrzeugen zürnen kann! Es wäre schade, wenn Reisemobile jeglicher Couleur in Zukunft auf freien Stellplätzen in der Normandie und in allen anderen Regionen nicht mehr gern gesehen würden.

Manchmal sind wir auf Schilder mit der Aufschrift *Camping interdit* (Camping verboten), *Camping et caravaning interdit* (Camping und Caravaning verboten) oder *Camping sauvage interdit* (Wildes Camping verboten) gestoßen und sind uns nicht sicher, ob damit auch Wohnmobile gemeint sind und/oder lediglich die Nutzung von Sitzmöbeln, Markisen, Keilen, Grills gemeint ist. Französische Reisemobilisten ignorieren dieses Verbot im Allgemeinen, von dem sie meinen, dass es nur Zelte beträfe, und scheinen damit (noch) Erfolg zu haben. Wir haben es ihnen von Zeit zu Zeit in der Nebensaison und mit einem kleinen schlechten Gewissen nachgemacht, müssen aber auch eindeutig sagen, dass wir ein leider häufiger anzutreffendes Verbot für Wohnmobile (*Camping-Cars Interdit*) immer akzeptiert haben.

Bei einigen der genannten Parkplätze werden Sie bemerken, dass das Parken nur für Pkw zulässig beziehungsweise für Lkw verboten ist. Auf Nachfrage bei den zuständigen Stellen haben wir regelmäßig die Auskunft erhalten, dass mit den jeweiligen Schildern lediglich das Abstellen von Lkw unterbunden werden soll und Wohnmobile dort parken dürfen (siehe auch unter »Straßenverkehr«). Das beruhigte uns sehr, denn sonst hätten wir den einen oder anderen Ort mit dem Wohnmobil gar nicht besuchen können! Wir empfehlen denjenigen, die diese Auskunft als zu vage oder nicht gesetzeskonform ansehen, bei den entsprechenden Fremdenverkehrsbüros gezielt nachzufragen und sich zu vergewissern, ob das Parken mit dem Wohnmobil erlaubt ist.

Generell sollten Sie an allen Orten (auch auf offiziellen Stell- und Campingplätzen sowie Parkplätzen) so einparken, dass Sie nicht zugeparkt werden und den Parkplatz ohne Rangiermanöver und im besten Fall vorwärts verlassen können.

Diesen Hinweis möchten wir Ihnen insbesondere nach den **Wald- und Flächenbränden** in den vergangenen Jahren in allen Teilen Frankreichs und Europas unbedingt ans Herz legen. Die Polizei schreitet in feuergefährdeten Bezirken ohnehin gegen »wildes« Campieren ein. Aber auch wenn Sie nicht vertrieben werden, stellen Sie sich niemals so, dass sie keine Fluchtmöglichkeit haben. Aus eigener leidvoller Erfahrung wissen wir, wie schnell ein Wohnmobil nur durch die immense Hitzeentwicklung eines nahen Flammenherdes in Brand geraten kann und wie schnell vom mobilen zweiten Zuhause nichts mehr übrig ist. Sollten Sie während extremer Trocken- oder Regenperioden in der Nähe der Flussufer parken, achten Sie bitte auf heranziehende Unwetter, damit sie nicht von eventuell auftretenden **Überschwemmungen** überrascht werden. In letzter Zeit ist unser Reisegebiet zudem von einigen **Stürmen und Orkanen** heimgesucht worden und sie sollten diesbezügliche Unwetterwarnungen der örtlichen Behörden durchaus beachten.

Es kann sein, dass sich ein Stellplatz im Sommer anders darstellt als in den übrigen Jahreszeiten. Da wir uns in der freien Natur aufhalten, *sind Unterlegkeile zum Ausgleich von Bodenunebenheiten hilfreich!*

Lassen Sie sich nicht von der Nähe einiger unserer Plätze zu den Straßen abschrecken! Meist ruht der Straßenverkehr nachts völlig und wir haben dort störungsfreie Nächte verbringen können. Sollte eine Geräusch- oder Geruchsbelästigung soweit uns bekannt nicht auszuschließen sein, weisen wir im Text gesondert darauf hin.

Unser Reisegebiet ist auf Wohnmobilreisende eingerichtet und heißt sie willkommen! Allerdings sind die Park- und Übernachtungsmöglichkeiten oft reglementiert. Dies bedeutet nicht, dass Wohnmobile verboten sind, sondern dass diese an den dafür vorgesehenen **offiziellen Stell- und Parkplätzen** abgestellt werden müssen.

Wenn wir im Text die Zufahrten zu Stellplätzen beschreiben, benutzen wir häufig die Formulierung »WOMO-Piktogramm«. Dieses kann sehr unterschiedlich ausfallen. Vom bekannten WOMO-Symbol mit oder ohne Ver- beziehungsweise Entsorgungszeichen über Schriftzüge von *Camping-Cars* bis *Aire de Camping* oder *Aire de Service* in unterschiedlichen Farben und Formen auf Holz- oder Blechschildern.

Die offiziellen Wohnmobil-Stellplätze reichen vom separaten Wohnmobil-Bereich auf einem profanen, wir bezeichnen dies als »einfachen« Parkplatz bis zum voll ausgestatteten Stellplatz mit Ver- und Entsorgung, Strom, Sanitärbereich, Abfallbehälter und meist Platz für Tisch und Stühle (klappstuhlgeeignet) vor oder neben dem WOMO.

Die **kommunalen Stellplätze** sind zumeist kostenlos, für die Ver- und Entsorgung sowie Strom müssen Sie jedoch in den meisten Fällen bezahlen. Die Gebühren hierfür (1 bis 6 €) sind genauso unterschiedlich wie die Art der Bezahlung, und man sollte immer etwas Bargeld wie auch eine Kredit- oder EC-Karte mit sich führen.

Das gilt auch für **privat betriebene Stellplätze**, deren Gesamtkosten ebenfalls in der Höhe sehr unterschiedlich ausfallen.

Manche Stellplätze setzen auf Jetons, die man in nahen Geschäften oder dem Office de Tourisme erwerben kann, oder favorisieren den Einwurf von Euromünzen, andere sind nur per Kreditkarte zahlbar. Auf einigen, mittlerweile sehr wenigen Plätzen erscheint der Platzwart zum Kassieren, bei den nächsten gibt es einen schlichten Parkscheinautomat, der entweder mit Münzen gefüttert werden möchte oder nur die Kreditkartenzahlung akzeptiert. Es gibt Schranken, freie Zufahrten, Ketten zum Ab- und wieder Einhängen und Poller, die nach Bezahlung und Einfahrt im Boden versinken und wieder hochfahren. Alle genannten Möglichkeiten sind zudem variabel, sodass wir darauf verzichtet haben, sie für die jeweiligen Stellplätze anzugeben. Letztendlich können wir Ihnen nur nochmals empfehlen, immer 1- und 2-Euro-Münzen und gegebenenfalls etwas Bargeld in Form von Scheinen sowie unbedingt eine Kredit- und EC/Maestrokarte dabei zu haben.

Zusätzlich gilt, wie bei den Campingplätzen in der Hauptsaison, den gewünschten Stellplatz nie zu spät anzufahren, damit tatsächlich noch ein Plätzchen für Sie frei ist.

Immer häufiger werden Sie Wohnmobil-Stellplätze der Betreibergesellschaft **Camping-Car Park** vorfinden. Dort muss man bei der Einfahrt auf die mit einer Schranke gesicherten Stellplätze zusätzlich zur Stellplatzgebühr *einmalig eine aufladbare Zugangskarte* *Carte PASS'ÉTAPES* für 5 € (Stand 2023) erwerben. Dafür sind jedoch Handynummer, Vor- und Nachname und gegebenenfalls die E-Mail - Adresse anzugeben. Die Karte gilt lebenslang, ist in der App, am heimischen Computer oder vor Ort am Automaten aufladbar, berechtigt den Inhaber zur Nutzung etlicher über ganz Frankreich verteilter Stellplätze dieses Betreibers und inkludiert in den meisten Fällen die Ver- und Entsorgung wie auch den Strom – ein entsprechendes Kartenguthaben vorausgesetzt. Die Menüführung der Automaten wird auch in deutscher Sprache angeboten und über die Internetseite beziehungsweise die App kann man sich vorab über freie Kapazitäten des jeweiligen Stellplatzes informieren und ihn gegebenenfalls reservieren. Letzteres ist jedoch nur durch den im Voraus und zusätzlich buchbaren *PACK'PRIVILÈGES* für 29 €/Jahr möglich (Stand 2023). Außerdem ist auf einigen Stellplätzen das temporäre Parken von bis zu fünf Stunden möglich (www.campingcarpark.com).

Das stundenweise Parken ist auch auf einigen Stellplätzen der Betreibergesellschaft **AirePark** möglich, für deren Nutzung jedoch keine zusätzliche Zugangskarte beschafft werden muss und die im Allgemeinen jederzeit zugänglich sind (www.aireparkreservation.com).

Während der sehr frühen oder sehr späten Nebensaison, aber auch in den Wintermonaten kann die Ver- und Entsorgung schwierig werden, da V/E-Anlagen möglicherweise geschlossen sind. Zusätzlich möchten wir darauf hinweisen, dass einige der beschriebenen Stell- und Parkplätze bei Veranstaltungen und Festen gesperrt sein können, ohne dass wir dafür einen Hinweis an Sie weitergeben können.

Stellplatz in Gouville-sur-Mer - Tour 7

Häufig gibt es auf den Stellplätzen nur einen Stromanschluss direkt an der V/E-Station, der zudem nicht mit Bargeld, sondern mit Jetons betrieben wird. *Zur Stromversorgung sollte immer ein ausreichend langes Kabel dabei sein,* das unter Umständen über den halben Platz zum Wohnmobil verlegt werden muss. Wer besonders viel Pech hat, der wird die wenigen verfügbaren Steckdosen belegt vorfinden.

Außerdem gibt es auf **Stell- und Campingplätzen** hin und wieder immer noch **Stromanschlüsse**, in die nicht die dicken, blauen CE-Stecker passen, sondern haushaltsübliche Stecker, die in Frankreich allerdings mit einem Loch ausgestattet sein müssen, da das Gegenstück für den Schutzleiter einen Stift entgegenstreckt. Diese Stecker erhält man bei uns in jedem Baumarkt. Notfalls funktionieren auch – allerdings ohne Schutzleiter – sogenannte Reisestecker, die gegebenenfalls auch auf einem Campingplatz notwendig sind.

Gas

Bei Gasknappheit hilft eine französische Gasflasche. Der einfache Tausch einer deutschen Gasflasche, wie wir ihn in Deutschland beispielsweise bei einem Camping-Zubehörgeschäft regelmäßig vornehmen, gegen eine französische Flasche ist nicht möglich.

Stattdessen haben wir, nachdem uns bei längeren Frankreich-Aufenthalten das Gas ausging, verschiedene Gasflaschen von verschiedenen Anbietern ausprobiert und möchten Sie an unseren Erfahrungen teilhaben lassen. In den Gasflaschenauszug beziehungsweise den Gasflaschenkasten unserer bisherigen Wohnmobile passen **silber-blaue 13 kg-Gasflaschen** der Firma *Butagaz* (geht angeblich auch anstelle der schweizerischen 17 kg-Flasche von *Vitogaz*) als auch **lilafarbene 11 kg-Gasflaschen** der Firma *Clairgaz*, die nicht häufig und wenn, dann vorwiegend bei E. Leclerc angeboten werden (Stand Ende 2023 etwa 40 €). Bei der lilafarbenen Flasche ist unter Umständen der Umfang des Metallkragens am oberen Ende der Flasche zu berücksichtigen. Die Flaschen enthalten Propangas und sind beispielsweise an den Tankstellen vieler Supermärkte zu finden. *Zur Nutzung der silber-blauen Flasche wird auf jeden Fall der Euro-Adapter Nr. 4, ein spezielles Anschlussstück benötigt. Lilafarbene Flaschen sind ohne Adapter zu nutzen.*

Am besten erwirbt man ein Euro-Adapter-Set schon zu Hause, da es in Frankreich nicht immer vorrätig ist und man sich zusätzlich bereits vor Antritt der Reise mit der Handhabung vertraut machen kann. Da das Set aus mehreren Adaptern besteht, deckt man gleich noch die Anschlussfrage für andere europäische Länder ab. Wenn die französische Gasflasche leer ist, kann sie innerhalb Frankreichs, wie auch bei unserem deutschen Tauschsystem, gegen eine volle Flasche getauscht werden, oder man gibt sie überall dort ab, wo die Marke der zuvor erworbenen Flasche angeboten wird. Nach diesen positiven Erfahrungen fahren wir auch in der kühleren Jahreszeit sehr viel entspannter nach Frankreich!

Gasflaschenautomat mit Menüführung in deutscher Sprache

Außerdem gibt es die blauen 2,75 und 5 kg-Gas **Campingaz Flaschen**, die auf vielen Campingplätzen sowie in Supermärkten erhältlich sind und in Ihren Gasflaschenkasten passen sollten. Zudem ist an fast allen Tankstellen, in Supermärkten und in Baumärkten eine große Auswahl weiterer Gasflaschen erhältlich. In diesem Fall können wir Ihnen jedoch nicht mit eigenen Erfahrungen behilflich sein und müssen uns auf »Hörensagen« beschränken. Danach benötigen auch all diese Flaschen einen entsprechenden Adapter und man sollte bei der Rückgabe der Flaschen aufpassen, da angeblich nicht jede Supermarktkette die Gasflaschen der anderen Kette zurücknimmt oder tauscht. Auf jeden Fall sollten der Kassenbeleg für die Füllung und das Flaschenpfand gut aufgehoben werden, da ohne den Bon bei der Rückgabe gar nichts laufen soll. Zu erwähnen ist, dass viele Flaschen mit Butangas (zum Beispiel rotfarbene Flasche von *Clairgaz butane*) gefüllt sind, während wir im Sommer in Deutschland meist Propangas verwenden.

Besitzer von Wohnmobilen mit festem **Gastank** oder mit **Gastankflasche** sind in Frankreich vergleichsweise gut dran, da das Gas-Tankstellennetz relativ dicht ist. Auch hier ist für das Betanken ein Adapter notwendig, der bereits zu Hause im Campingfachhandel erworben werden kann. Gas-Tankstellen sind am Schild G. L. P. zu erkennen.

Geld

Offizielles Zahlungsmittel in Frankreich ist der Euro. Es gibt überall Geldautomaten, an denen Sie unter Umständen gegen eine Gebühr mit der Giro- (auch V-Pay) oder Kreditkarte Bargeld abheben können. In Frankreich ist es üblich, auch kleinere Geldbeträge mit der Kreditkarte zu zahlen, vorwiegend mit der VISA-Card, da diese die größte Akzeptanz besitzt.

Vorsicht ist bei dem Begriff *carte bancaire* geboten, denn oft meinen die Franzosen mit dieser Bezeichnung die Kreditkarte und nicht die GiroCard. Ein weiterer Unterschied besteht darin, dass französische Kreditkarten mit einem Chip versehen sind (so wie die GiroCard). Eigentlich sollten mittlerweile alle deutschen Kreditkarten auf dieses System umgestellt worden sein, doch einige besitzen diesen Chip noch immer nicht und daher können beim Zahlen mit Kreditkarte ohne Chip Probleme auftreten. Wir haben schon an Tankstellen die Kredit- und Girokarten aller Mitfahrenden ausprobiert, bis schließlich eine den ersehnten Diesel in den Tank sprudeln ließ.

Mit der **GiroCard** können Sie inzwischen recht häufig Ihre Rechnung im Restaurant oder Ihren Einkauf in verschiedenen Geschäften begleichen, Ihren Dieseltank füllen und teilweise sogar Stellplätze bezahlen. Dummerweise funktioniert sie aber immer noch nicht flächendeckend, weshalb wir Ihnen unbedingt zu einer **VISA-Karte** raten!

Für den Fall, dass Ihre Giro- oder Kreditkarte abhandenkommt, *melden Sie den Verlust umgehend telefonisch bei der kartenausgebenden Bank und lassen Sie die Karte sperren*. In Deutschland gibt es zudem für Kartensperrungen eine zentrale **Sperrhotline**, die für fast alle deutschen Banken zuständig ist. Unter der Telefonnummer +49 116116 können Sie Tag und Nacht anrufen und den Verlust somit umgehend melden. Das ist insofern wichtig, weil nur dann die im Kredit- oder Giro-Kartenvertrag enthaltene Versicherung zahlt, falls ein Spitzbube mit ihrer Karte Missbrauch betreibt (www.kartensicherheit.de).

Geschichte

Auf unserer Reise durch die Normandie werden wir oft genug an ihre

Geschichte erinnert. Für den besseren Überblick führen wir nachstehend die wichtigsten Daten und Ereignisse auf:

Um 3.000 v. Chr.	Erste Ansiedlungen.
Um 1.000 v. Chr.	Kelten besiedeln die Normandie.
58 - 51 v. Chr.	Eroberung durch die Römer. Erste römische Stadtgründungen in Rouen, Lisieux, Lillebonne und Évreux.
2. Jh. n. Chr.	Beginnende Christianisierung, Rouen wird erster Bischofssitz, Sachsen und andere Germanen fallen ein.
3. Jh. n. Chr.	Das Bistum Rouen wird gegründet, erste Einfälle aus dem skandinavischen Raum.
5. - 7. Jh. n. Chr.	Die Franken unter König Chlodwig dringen nach Nordfrankreich ein. Zahlreiche Kloster- und Kirchengründungen. 709 entsteht Mont-Saint-Michel.
8. Jh. n. Chr.	»Nordmannen« überfallen die Normandie. Städte und Land werden geplündert sowie verwüstet und die Christenverfolgung im Cotentin beginnt.
911	Wikingerführer Rollo erhält das Land als Lehen und übernimmt dessen Verteidigung. Nach seiner Taufe wird er unter seinem neuen Namen Robert erster Herzog der heutigen Haute Normandie.
933	Wilhelm I. (genannt Langschwert) verleiht dem Herzogtum seine endgültige Form.
10. - 11. Jh.	Wiederaufbau der Abteien und Gründung neuer Klöster, es kehrt eine Zeit der Ruhe ein.
1027	Geburt von Wilhelm dem Bastard, später der Eroberer genannt, in Falaise.
1066	Wilhelm der Eroberer siegt bei Hastings und wird König von England.
1087	Wilhelm der Eroberer stirbt in Rouen.
1087 - 1135	Erbfolgestreitigkeiten unter den Nachkommen Wilhelms. Henri I. Beauclerc wird Herzog der Normandie und später englischer König.
1120	Schiffbruch der »Blanche Nef« bei Barfleur, Henri I. verliert seinen Sohn und Erben.
1152	Henri II. Plantagenet heiratet Eleonore von Aquitanien und erhält Südwestfrankreich. Bis 1189 ist er König von England.
1196	Richard Löwenherz errichtet das Château Gaillard zum Schutz gegen Frankreich.
1202	Johann Ohneland, König von England verliert seine normannischen Besitzungen.
1204	Das Herzogtum Normandie zerfällt und geht an die französische Krone.
1315	Die Charta der Normandie gewährt dem Herzogtum seine Unabhängigkeit, die bis zur Französischen Revolution bestehen bleibt.
1339 - 1453	Hundertjähriger Krieg zwischen Frankreich und England.
1431	Jeanne d'Arc wird in Rouen verbrannt.
1437	Gründung der Universität von Caen durch Henri VI.

1469	Die Grenzen des Herzogtums werden verändert, die Normandie wird Krongut und von Beamten des französischen Königs Ludwig XI. verwaltet.
1562 - 1598	Religionskriege, die zwischen den von der Lehre Calvins beeinflussten Hugenotten und den Katholiken ausgetragen werden.
1789 - 1799	Französische Revolution, die für die Normandie mit einem Aufstand in Caen beginnt und mit der Ernennung Napoléons zum Ersten Konsul der Französischen Republik endet.
1. Sept. 1939	Ausbruch des 2. Weltkrieges.
1940 -1944	Besetzung Frankreichs durch deutsche Truppen, Bau des Atlantikwalls.
2. Juni 1944	Invasion der Alliierten an der normannischen Küste.
8. Mai 1945	Ende des 2. Weltkrieges.

Danach beginnt die Zeit des Wiederaufbaus und die Normandie kann sich in aller Ruhe zu dem Landstrich Frankreichs entwickeln, den wir während unserer Rundreise zu schätzen gelernt haben.

GPS / Navigation

Die Navigation per GPS-Gerät gehört zum Alltag und wird nahezu in jedem Wohnmobil genutzt. Auf unseren Recherchetouren haben uns zum einen die Garmin-Navigationsgeräte, aber auch das im Wohnmobil festverbaute Radio-Navigationsgerät sicher zu unseren Zielen geführt. Zum anderen nutzen wir ein Android-Tablet und navigieren beispielsweise mit Google-Maps oder VIAMICHELIN online.

Wenn wir unterwegs nicht online sein können oder sein möchten, dann leisten uns unter anderem die Apps von maps.me, OsmAnd oder Sygic GPS Navigation im Offline-Modus gute Dienste. Entsprechende Karten müssen vorher online heruntergeladen werden.

Wir empfehlen trotz aller Technik, bei der gelegentliche Ungenauigkeiten einkalkuliert werden müssen, die Mitnahme einer guten Straßenkarte oder bei Bedarf einer Wanderkarte.

Die GPS-Koordinaten aller Plätze haben wir in der Schreibweise Grad° Minuten' und Sekunden", z. B. N 50°36'38" E 10°07'55" angegeben und Sie können sie manuell in jedwede Art von Navigationsgerät und -möglichkeit eingeben. Gegebenenfalls muss das Eingabeformat in den Grundeinstellungen Ihres Gerätes verändert werden, sonst weicht die anvisierte Örtlichkeit deutlich vom eigentlichen Ziel ab.

Die GPS-Daten zu diesem WOMO-Reiseführer können Sie auf der Seite des WOMO-Verlags kostenfrei herunterladen. Den **Download-Link** und die **Zugangsdaten** finden Sie auf der letzten Buchseite.

Hunde / Katzen

Wenn Ihr Hund oder Ihre Katze Sie in den Urlaub begleiten sollen, beachten Sie bitte, dass diese vor allem wegen des Impfstatus nicht jünger als drei Monate sein dürfen, mittels eines Mikrochips und durch einen Europäischen Heimtierausweis (Ausstellung bis zum 29.12.2014 gem. EU-Entscheidung Nr. 2003/803 – Ausstellung nach dem 28.12.2014 gem. EU-Verordnung Nr. 577/2013) identifizierbar sein müssen. Vor dem 3.7.2011 tätowierte Tiere dürfen auch weiterhin einreisen. Die 3 Jahre gültige Tollwutimpfung wird auch in

Frankreich, soweit der Impfstoff explizit angegeben ist, anerkannt. Ansonsten gelten die für Deutschland gesetzlich vorgeschriebenen Impfregelungen.

Sowohl die Mitnahme als auch die reine Durchreise von Kampfhunden der 1. Kategorie ist verboten und wird als Straftat bewertet. Gleiches gilt für Hunde der 2. Kategorie (hierzu zählen auch Rottweiler), bei deren Einreise zahlreiche Bedingungen erforderlich sind, die einen kurzen Aufenthalt in Frankreich quasi unmöglich machen, da Hund und Halter die verschiedenen Eignungsnachweise, Verhaltensbegutachtungen und Besitzgenehmigungen (diese sind mit einem Wohnsitz in Frankreich verbunden) in Frankreich erwerben müssen. Hunde der Rassen (und nicht des Typs) Dobermann, Deutsche Dogge und Staffordshire Bull Terrier gehören nicht zu der 1. oder 2. Kategorie und ihre Mitnahme ist erlaubt.
Das Tragen eines Maulkorbes und die Leinenführung durch eine volljährige Person werden aber empfohlen. Hunde der 1. und 2. Kategorie sind auf den meisten Campingplätzen nicht erlaubt! Für alle anderen Rassen wird unter Umständen die Vorlage des Heimtier-Ausweises verlangt.
In **öffentlichen Verkehrsmitteln** müssen Hunde angeleint sein und man sollte einen Maulkorb für Hunde dabeihaben. Je nach Größe des Tieres muss ein Ticket zum halben Preis gelöst werden. Bei unserer letzten Reise mussten wir allerdings feststellen, *dass die Mitnahme im Bus z. B. in Caen, möglicherweise aber auch in anderen Städten, für große und kleine Hunde nicht mehr gestattet ist.* Alle Katzen und Hunde, die länger als drei Monate in Frankreich bleiben, müssen identifiziert und in ein innerstaatliches Register (I-CAD) eingetragen werden.

Erfreulicherweise gestatten zunehmend immer mehr Schlösser den Besuch von Hunden in ihren Gärten oder Parks. Selbstverständlich sollten die Vierbeiner immer an der Leine, in den Innenräumen an der kurzen Leine, geführt werden. Manche Schlösser gestatten die Mitnahme nur, wenn es sich um kleine Hunde handelt, die in einer Tasche oder einem Korb getragen werden können.

Grundsätzlich dürfen Hunde in Frankreich überall dort frei laufen, wo es nicht explizit verboten ist, solange der Hund abrufbar ist und in der Nähe bleibt. Sollte er eine Distanz von 100 Metern überschreiten, handelt es sich um eine Ordnungswidrigkeit und er darf von öffentlicher Stelle eingesammelt und in eine Auffangstation gebracht werden. Ähnliches gilt für Herumstreunen. Während der **Brut- und Setzzeit** vom 15. April bis 30. Juni muss der Hund in Feld, Wald und Flur an der Leine bleiben und zudem dürfen wir gemeinsam noch nicht einmal den Weg verlassen. Bei Nichteinhaltung droht in allen Fällen eine nicht unerhebliche Geldstrafe. In Natur- und Vogelschutzgebieten herrscht ohnehin Leinenpflicht.

An den Stränden und im Landesinneren haben wir mit unseren Hunden unterschiedliche Erfahrungen gemacht, da es keine allgemeine und verbindliche Regelung gibt und jede Stadt/Gemeinde individuell entscheidet. Während der Hauptsaison sind Hunde an den Stränden im Allgemeinen verboten oder dürfen nur am Morgen bis 9 Uhr und abends ab 19 Uhr ans Wasser, außerhalb der Hauptsaison sind unsere vierbeinigen Freunde jedoch an vielen Stränden gestattet. Da es in jedem Ort andere Vorschriften gibt, sollten Sie nach entsprechenden Schildern in Strandnähe Ausschau halten. Am Strand muss der Hund an der Leine gehalten werden, doch auch das wird vielfach missachtet. Erkundigen Sie sich bitte vor Ort, ob es in der Gemeinde einen Hundestrand gibt oder informieren Sie sich zum Beispiel hier: de.normandie-tourisme.fr/die-schoensten-hundestraende.

Im Allgemeinen haben wir im Text erwähnt, wenn die Mitnahme von Hunden gestattet ist. Im Zweifelsfall sollten Sie sich beim Office de Tourisme oder am Eingang einer Sehenswürdigkeit erkundigen.

Unsere Hunde haben in Frankreich immer ausreichend Auslauf gehabt, aber immer dann, wenn sich andere Menschen oder Tiere durch die beiden hätten belästigt fühlen können, haben wir sie angeleint. Für die Hinterlassenschaften der Hunde gibt es zahlreiche »Beutel-Spender« und ansonsten hat man so ein Beutelchen eigentlich immer in der Hosen- oder Jackentasche dabei – aber das wissen Sie als erfahrene Hundebesitzerin oder Hundebesitzer schließlich selbst!

Insgesamt haben wir festgestellt, dass die Franzosen Hunden in der Regel aufgeschlossen begegnen und auch die Mitnahme unserer vierbeinigen, wohlerzogenen Begleiterinnen in ein **Restaurant** bis auf wenige Ausnahmen nicht verwehrt wurde (www.ambafrance-de.org/Haustiere-Einreisebestimmungen).

Internet / Telefon

Internet

Nach dem Wegfall der Roaming-Gebühren für eine zeitweilige Nutzung Ihrer SIM-Karte im europäischen Ausland informieren Sie sich bitte bei Ihrem Mobilfunkanbieter über aktuelle Gebühren bzw. spezielle Auslandspakete (für Schweizer gelten diese Regeln bisher noch nicht).

In Frankreich spricht man übrigens nicht von WLAN, sondern von WiFi. Dieses bieten viele Restaurants, Cafés, Fast-Food-Ketten sowie Fremdenverkehrsbüros oft kostenlos an. In größeren Städten gibt es auch immer mehr öffentliche Plätze, an denen Sie einen Webzugang erhalten können. Auf Campingplätzen kann ebenfalls ggf. kostenlos in der Nähe der Rezeption gesurft werden. Auf Plätzen, die mit ihrem WiFi auch die hinterste Nische versorgen, ist die Nutzung meist kostenpflichtig.

Telefon

In Frankreich verhält es sich wie in Deutschland und es gibt immer weniger Telefonzellen, die fast nur noch mit Telefonkarten zu bedienen sind und die, genau wie aufladbare Karten für Mobiltelefone, in den Filialen der Post oder in Tabak- und Zeitschriftenläden erworben werden können.

Vermutlich werden Sie sowieso Ihr Mobiltelefon zum Telefonieren benutzen und müssen dabei die folgenden Details beachten:

Für **Anrufe nach Frankreich** wählen Sie bitte die Auslandsvorwahl 0033 und die 9-stellige Nummer Ihres Gesprächspartners (ohne die 0 am Anfang). **Innerhalb Frankreichs** wählen Sie – auch mit Mobiltelefon – die 10-stellige Rufnummer, die stets mit einer 0 beginnt. Sie müssen im französischen Netz keine Ländervorwahl verwenden.

Für **Anrufe aus Frankreich** nach Deutschland wählen Sie die Auslandsvorwahl 0049, für Österreich die 0043 und für die Schweiz die 0041 und dann die Nummer Ihres Gesprächspartners. Dabei entfällt die 0 der Ortsvorwahl.
Tipp: Wenn Sie auf dem Cotentin an der Küste zwischen Cap le Hague und Portbail unterwegs sind, kann es sinnvoll sein, das Datenroaming auszustellen. Unter Umständen geraten Sie sonst durch die vorgelagerten Kanalinseln ins britische, nicht europäische Netz und das kann teuer werden.

Kriminalität

Wir haben uns bisher in der Normandie immer sicher gefühlt. Aber wie überall auf der Welt ist man besonders in Großstädten nie vor bösen Buben gefeit, die es auf Geld, Kreditkarten, Mobiltelefone oder anderes abgesehen haben. Bewahren Sie diese Dinge so am Körper oder in einer Tasche auf, dass sie vor einem schnellen, unbefugten Zugriff sicher verwahrt sind.
Grundsätzlich gilt, dass man sein Wohnmobil niemals nur mit dem Autoschlüssel in der Hand für längere Zeit oder auch nur für einen kurzen Einkauf verlassen sollte. Womöglich beobachtet gerade das der potenzielle Dieb und vermutet fette Beute im Reisemobil.

Das Wohnmobil kann mit einer Alarmanlage gesichert werden, die einen Höllenkrach macht und den Einbrecher beim Eindringen zumindest erst einmal stört und im besten Fall verscheucht. Einfache Wohnmobilschlösser knackt jeder Einbruchwillige in Sekunden – zusätzliche Aufbauzylinderschlösser, Zusatzbügel über den Türen oder andere mechanische Hürden sind eine Hemmschwelle und erschweren den Zugriff. Der WOMO-Verlag bietet beispielsweise den WOMO-Knacker-Schreck an, der in die Vordertüren eingehakt wird und diese zusätzlich verriegelt (funktioniert jedoch nicht bei vollintegrierten Mobilen und beim Mercedes Sprinter).

Wenn es Sie trotz aller Vorsichtsmaßnahmen doch einmal erwischt haben sollte und Ihr Fahrzeug aufgebrochen wurde, benötigen Sie unbedingt eine polizeiliche Bestätigung der Anzeige, damit Ihre Kaskoversicherung und gegebenenfalls auch die Reisegepäck- oder Inhaltsversicherung bezahlen.

Landkarten / Literatur / Informationen – auf Papier und virtuell

Die unseren Touren vorangestellten Karten ersetzen keine Straßen- oder Wanderkarten und sollen Ihnen lediglich bei der Orientierung helfen.

Dieser WOMO-Reiseführer kann zudem keinen umfassenden Reiseführer für die gesamte Region ersetzen, zu verschieden sind die Interessen und Ambitionen hinsichtlich Kultur, Architektur, Freizeitaktivitäten und vieler weiterer Interessen eines jeden Einzelnen.

Für Ihre Planung zu Hause oder für die Reise empfehlen wir Ihnen folgende Karten und Lektüren:
Michelin: Normandie, Karte 513 1:200.000
Michelin: Normandie Ost, Karte 304 1 : 150.000
Michelin: Normandie West, Karte 303 1 : 150.000
Institut Géografique National: Wanderkarten 1 : 25.000
Bergverlag Rother: Wanderführer Normandie
Michael Müller Verlag: Normandie Reiseführer von R. Nestmeyer

Für speziell auf Frankreich abgestimmte Informationen greifen wir zusätzlich gerne auf die in Buchform unter dem Titel *Frankreich-Mobil-Erleben* erhältlichen oder online abrufbaren, zuverlässig zusammengestellten Tipps und Anleitungen von Claus Schöttle zurück (www.frankreich-mobil-erleben.de).

Ein Füllhorn von Informationen findet sich auf der Internetpräsenz *Chien Normandie – Urlaub mit Hund in der Normandie* von Barbara Homolka, die allerdings auch für Reisende ohne Hund eine Unmenge an wertvollen Insidertipps bereithält. Wer Spaß an *Kräuterwanderungen oder geführten Exkursionen* gegen Gebühr, aber dafür in deutscher Sprache und im kleinen, intimen Kreis hat, wird auf dieser Seite ebenfalls fündig (www.chiennormandie.de). Sollten Sie mit Barbara Kontakt aufnehmen, dann richten Sie bitte liebe Grüße von uns aus!

Damit Sie die Reiselust auf Frankreich und insbesondere auf die Normandie richtig erwischt, nutzen Sie dafür doch einfach die anregende und reizvolle Möglichkeit auf der Webseite *Mein Frankreich* von Hilke Maunder (www.meinfrankreich.com).
Für unterwegs empfiehlt sich die App von **VIAMICHELIN** und für die Planung zu Hause die klassische Webseite (www.viamichelin.de).

In den **Offices de Tourisme** (Fremdenverkehrsbüros) vor Ort und auf den entsprechenden Internetseiten gibt es zusätzlich eine Fülle von Broschüren, Prospekten und Vorschlägen für die Freizeitgestaltung.

Nachstehend einige Tourismusverbände und Web-Adressen, die zum Teil auch in deutscher Sprache informieren.

- **Atout France – Französische Zentrale für Tourismus**

Deutschland: Postfach 100128, D-60001 Frankfurt am Main, de.france.fr/de.
Österreich: Prinz-Eugen-Straße 72/2.3 1040 Wien, at.france.fr.
Schweiz: ch.france.fr/de.

- **Regionale Websites mit Broschüren zum Download:**

www.normandie-tourisme.fr www.calvados-tourisme.com
www.eure-tourisme.fr www.attitude-manche.fr
www.ornetourisme.com www.seine-maritime-tourisme.com

Weitere Internetauftritte sind im Text zu finden.

Für Smartphone-Nutzer werden für verschiedene Regionen und Aktivitäten nützliche **Apps** im Apple- oder Android-Store angeboten.

Fans von **Kriminalromanen** finden beispielsweise im Normandie-Krimi »Das Grab am Havre« von Barbara Homolka eine spannende Lektüre, die in die authentische Normandie und zu zahlreichen Orten unserer Reise führt.

Lebensmittel / Getränke

Zunächst sei erwähnt, dass Frankreich als Land der Gourmets bekannt ist! Diese Erkenntnis beinhaltet, dass in Lebensmittelgeschäften, Bäckereien, auf Märkten und in großen Supermärkten alles angeboten wird, was der Mensch zum Überleben benötigt, und alles, was Herz, Seele und Magen zusätzlich begehren.

Es gibt fast nichts, was es nicht gibt, und das Preisgefüge ähnelt dem in Deutschland, vielleicht liegt es in den Tourismushochburgen und in der Hauptsaison geringfügig höher.

Außer in den großen **Supermärkten** und **Bioläden** (zum Beispiel *biocoop*), die meist an den Ortsrändern der Ortschaften zu finden sind, erhält man Backwaren und feine Konditoreierzeugnisse in der ***Boulangerie-Pâtisserie***,

Fleisch- und Wurstwaren in der ***Boucherie/Charcuterie***, Meeresprodukte in der ***Poissonerie*** und das mit der Bezeichnung ***Épicerie*** geführte Geschäft lässt sich am besten mit einem minimalistischen »Tante-Emma-Laden« vergleichen.

Ein besonderes Einkaufsvergnügen bieten natürlich die ***Marchés*** (**Wochenmärkte**), die sowohl in der Stadt als auch auf dem Land zu finden sind. Kleinere Märkte bestehen manchmal nur aus einer Handvoll weißer Transportwagen, aus denen die Waren meist Lebensmittel regionaler Anbieter, heraus verkauft werden. Größere Märkte finden unter vielen bunten Marktschirmen oder noch in mittelalterlichen Markthallen statt und es wird so ziemlich alles für den täglichen Bedarf angeboten: Obst, Gemüse, Fleisch, Käse, Fisch, Blumen, Haushaltsartikel, Kleintiere und Kleidung. Traditionell hält jede kleinere oder größere Stadt wenigstens einmal in der Woche einen Markttag ab und es ist immer wieder ein wunderbares Erlebnis, wenn uns die Düfte von reifen Käsesorten, Kräutern sowie frischem Brot in die Nase steigen oder der Anblick von Meeresfrüchten einem das Wasser im Munde zusammenlaufen lässt. In unseren Tourbeschreibungen haben wir Wochenmärkte erwähnt. Die Aufzählung hat keinen Anspruch auf Vollständigkeit, doch bei den örtlichen *Office de Tourisme* oder unter www.jours-de-marche.fr (nach Départements und Postleitzahlen geordnet) sind ziemlich umfassende Verzeichnisse erhältlich.

Haben wir früher noch Vollkornbrot auf Reisen mitgenommen, so versorgen wir uns heute damit ab und zu auf den Märkten oder vereinzelt auch in Bäckereien, um eine zusätzliche Abwechslung zum ansonsten großen Angebot der verschiedensten Brotsorten zu erhalten. Dabei geht nach wie vor nichts über ein frisches französisches Baguette oder herrlich luftige und trotzdem vor Butter strotzende Croissants!

In einem Landstrich, in dem angeblich mehr Kühe als Menschen leben, gehören natürlich **Sahne, Rahm, Butter und die unterschiedlichsten Rohmilchkäse** in den Einkaufskorb und auf den Tisch. Die Normandie ist aber auch ein Apfelland, sodass neben **Calvados und Cidre** viele Speisen mit Äpfeln verfeinert oder ergänzt werden. Die Gerichte sind bodenständig, herzhaft und vor allen Dingen in den meisten Fällen sehr gut!

Ob man sich mit Kutteln (*Tripes*, geschnittener Pansen von Wiederkäuern), Kalbsbries (*Ris de Veau*) oder mit anderen Innereien anfreunden kann, ist sicher Geschmackssache. Die übrigen **Wild-, Fleisch- oder Geflügelgerichte** sind jedoch ein Gedicht. Vom Ochsen- oder Kalbskotelett über das würzige Fleisch der Salzlämmer *(agneau pré salé)* bis zu den mit kleinen Zwiebeln gebratenen Enten gilt es, eine große Anzahl genussreich zubereiteter Köstlichkeiten auszuprobieren.

Meeresfrüchte *(Muscheln = Coquillages, Krustentiere = Crustacés)* und **Fisch** *(Poisson)* spielen traditionell eine große Rolle in der normannischen Küche. Fast überall sind die für deutsche Verhältnisse preisgünstigen und hervorragenden Austern *(Huîtres)* zu genießen. Sie werden meist mit einer Sauce aus Schalotten und Apfelessig oder mit Zitrone gereicht, können aber auch überbacken serviert werden. Auch die Preise für Miesmuscheln

(Moules), Garnelen *(Crevettes)*, Taschenkrebse *(Tourteaux)*, Jakobsmuscheln *(Coquilles Saint-Jacques)*, Hummer *(Homard)* und Langusten *(Langouste)* sind, ob im WOMO zubereitet oder im Restaurant genossen, ebenfalls erfreulich günstig. Meeresfrüchte werden meist mit Roggenbrot, leicht gesalzener Butter *(Beurre salé)* und einem trockenen *Cidre* begleitet.
Die vielen anderen Fischarten wie Seezunge *(Sole)* Rochen *(Raie)*, Petersfisch *(Saint-Pierre)*, Steinbutt *(Turbot)* oder Makrele *(Maquereau)* werden meistens in einer leckeren, mit Sahne, Créme fraîche oder Cidre verfeinerten Sauce serviert. Im Landesinneren werden auch fangfrische Forellen *(Truite)* angeboten.

Notfälle

Adressen und Telefonnummern

Für den Fall, dass Ihnen Ihre Ausweispapiere verloren gegangen sind, Sie bestohlen wurden oder Sie aus irgendwelchen anderen Gründen in Frankreich in eine Notsituation geraten, helfen Ihnen die diplomatischen Vertretungen weiter. Bei Pannen, Unfällen und Erkrankungen können die unten angegebenen Telefonnummern hilfreich sein.

- **Botschaft der Bundesrepublik Deutschland**
13/15 Avenue Franklin D. Roosevelt, 75008 Paris,
Telefon +33 1 53 83 45 00, www.allemagneenfrance.diplo.de

Das **Auswärtige Amt Berlin** bietet Ihnen zusätzlich die Möglichkeit, vor Reiseantritt oder während der Reise aktuelle Informationen über Ihr Urlaubsland in Erfahrung zu bringen. Alle Infos für eine sichere Auslandsreise sind auch in der **Reise-App** des Auswärtigen Amtes für Android Smartphones und Tablets sowie für iPhone und iPad zusammengefasst. Weitere Infos unter www.auswaertiges-amt.de.

- **Botschaft der Republik Österreich**
6 Rue Fabert, 75007 Paris, Telefon +33 1 40 63 30-63
www.amb-autriche.fr
- **Ambassade de Suisse**
142 Rue de Grenelle, 75007 Paris, Telefon +33 1 49 55 67 00
www.eda.admin.ch

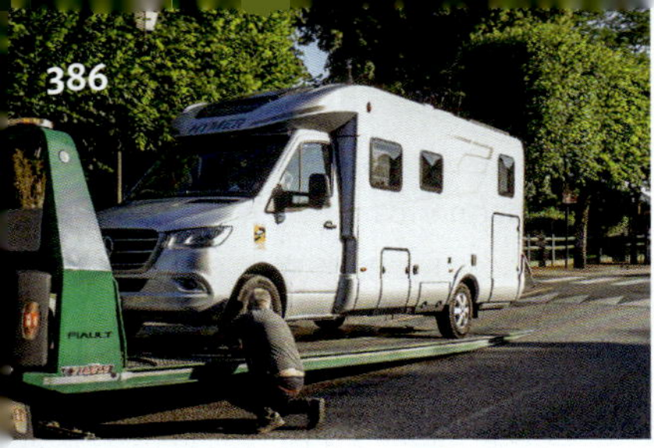

• **Notrufe und Notfallnummern:**
Notruf Auswärtiges Amt Deutschland
Telefon +49 30 5000-0.
Allgemeiner Notruf 112
Polizei (*police secours*) 17
Feuerwehr (*sapeurs-pompiers*) 18
Rettungsdienst 15
ADAC-Auslandsnotruf, München +49 89 222222 (bei Fahrzeugschaden)
oder +49 89 767676 (bei Erkrankung/Verletzung)
ÖAMTC-Schutzbrief-Nothilfe +43 1 2512000 (bei Fahrzeugschaden)
oder + 41 (1) 2512020 (Medizinische Notfälle)
ACS-Assistance-Nummer +41 (0) 442833377

Pannendienst
Über den Polizeinotruf (siehe oben) oder über die Notrufsäulen an der Autobahn und einigen Nationalstraßen. Außerdem kann man mittels der Telefonnummer 05 10 61 06 über *AIT-FIPA Assistance* einen Pannenhilfsdienst rufen, wahrscheinlich auch über 0825 800 822. Weitere Infos erhalten Sie unter dem Stichwort *Unfall*.

Radfahren

Auch wenn wir ohne Zweiräder ausgekommen sind, können Fahrräder gute Dienste leisten, da sich Camping- und Stellplätze oftmals nicht in unmittelbarer Nähe einer Ortschaft befinden.

Zusätzlich durchziehen Hunderte Kilometer Radwege die Normandie auf Bahntrassen, Treidelpfaden, Waldwegen, ruhigen Nebenstraßen, aber beispielsweise auch durch die Normannische Schweiz oder auf der Halbinsel Cotentin mit größeren Höhenunterschieden, die MTB-Liebhaber herausfordern. Erfreulicherweise entstehen in Frankreich zudem immer mehr ausgewiesene Radwege entlang der Straßen. Manchmal sind sie nur durch eine Farbmarkierung, ein anderes Mal durch Barrieren auf dem Asphaltband ersichtlich. Zudem kann das Fahrrad vermehrt auf angelegten Radwegen komfortabel bewegt werden.

Wer kein eigenes Fahrrad dabei hat, dem kann an etlichen Verleihstationen (*Locations des Vélos*) geholfen werden. Entlang unserer Touren finden sich viele beschilderte Radwege und weiterführende Auskünfte sind bei den örtlichen Fremdenverkehrsbüros erhältlich.

Auf dem westlichen Cotentin

Informationen und Tourenvorschläge mit genauer Angabe der Länge und des Schwierigkeitsgrades finden Interessierte z. B. auch auf den französischsprachigen Internetpräsenzen (www.voiesvertes.com oder www.af3v.org, aber auch unter www.randonnee-normandie.com und anderen lokalen Tourismusseiten sowie über die in unseren Tourenbeschreibungen angegebenen Adressen).

In Frankreich müssen alle Radler außerhalb geschlossener Ortschaften bei Nacht, in der Dämmerung sowie auch tagsüber bei schlechten Sichtverhältnissen (Nebel, Regen) eine **Warnweste** in Neongelb tragen, sonst droht ein Bußgeld von 35 Euro. Für **Kinder unter zwölf Jahren** besteht Helmpflicht. **Elektrofahrräder** mit mehr als 250 Watt dürfen nur mit Führerschein benutzt werden und nicht auf den Radwegen.

Reisezeit / Klima / Feiertage

Aufgrund der Lage am Atlantik und ohne Berücksichtigung der durch den Klimawandel hervogerufenen Veränderungen ist das normannische Klima fast das ganze Jahr über vom warmen Golfstrom und damit von milden Temperaturen geprägt. Die Durchschnittstemperaturen liegen etwa sechs bis acht Grad über denen, die diesem Breitengrad entsprechen.

Im **Winter** gibt es für gewöhnlich wenige Frosttage und nur selten Schnee. Auch wenn diese Zeit nicht ohne Reiz ist und wir die Ruhe in dieser Jahreszeit schätzen, so sind die Monate zwischen Frühjahr und Spätherbst die angenehmere Reisezeit.

Das **Frühjahr**, wenn von Mitte März bis Anfang Juni Millionen von Apfel- und Birnbäumen das Land mit einem weiß-rosa Blütenschimmer überziehen, die Wiesen sich im saftigsten Grün zeigen und Ginster gelbe Farbakzente setzt, ist die beste Zeit, um die Normandie zu erkunden. Parks und Gärten zeigen sich von ihrer schönsten Seite und der Mai ist für seine klaren Lichtverhältnisse bekannt. Die Tagestemperaturen können schon an die 20 Grad und mehr reichen, doch das Bad im Meer ist bei rund 10°Grad Wassertemperatur nur etwas für die ganz Mutigen. Dafür eignet sich die Jahreszeit perfekt für Spaziergänge und Wanderungen oder Radtouren an der Küste sowie im Hinterland.

Die beständigsten Wetterbedingungen herrschen in den **Sommermonaten** Juli und August, wenn auch die Franzosen Urlaub machen. Natürlich sind die Camping- und Stellplätze sowie die Küstenbadeorte dann übervoll. Doch im Landesinneren gibt es auch im Hochsommer bis auf einige Ausnahmen sehr viel weniger Reisende. Die Tagestemperaturen übersteigen am Meer selten die 30 Grad, extreme Hitzeperioden gibt es selten und die Wassertemperatur knackt die 20°Grad-Marke. Jetzt ist Strandleben angesagt oder eine Wanderung unter schattigen Bäumen in den grünen Wäldern. Nach dem Ende der französischen Schulferien Mitte August, spätestens Anfang September beginnen sich die Ferienorte zu leeren und die Zeit der ausgedehnten, fast einsamen Strandspaziergänge kann beginnen.

Der **Herbst** entfaltet in den normannischen Wäldern seine ganze Farbenpracht und die Zeit der Apfelernte und der Apfelfeste beginnt. Wanderer sowie Radfahrer kommen auf ihre Kosten und die Strände sind teilweise wieder menschenleer.

Das ganze Jahr über muss man sich auf plötzlich auffrischenden Wind oder einen Regenschauer einstellen. Doch so schnell der Regen aufzieht, so schnell kann auch die Sonne wieder scheinen.

Getreu dem Motto »Es gibt kein schlechtes Wetter, nur schlechte Kleidung«

und aufgrund der unvorhersehbaren Wetterwechsel sollten Sie von der Badebekleidung, über die Wind- und Regenjacke, bis zum warmen Pullover oder eventuell sogar der »dicken« Jacke alles dabeihaben.

Für Wattwanderungen empfehlen wir die Mitnahme von Gummistiefeln.

Über die **Wetteraussichten** kann man sich mittels einer Wetter-App informieren. Wir nutzen Apps von *WetterOnline* und *Météo-France*, wobei die französischen Wetterberichte eine Spur genauer und weniger optimistisch scheinen. Vor allem kann man sich dort ausgezeichnet über Unwettervorhersagen und drohende Überschwemmungen informieren.

Feiertage

Banken, Behörden und die meisten Geschäfte, aber auch fast alle Sehenswürdigkeiten und Museen haben an lokalen Festtagen sowie an folgenden Tagen geschlossen:

1. Januar Neujahr, Ostermontag, 1. Mai Tag der Arbeit, 8. Mai Tag des Waffenstillstandes 1945, Christi Himmelfahrt, Pfingstsonntag und -montag, 14. Juli Nationalfeiertag, 15. August Maria Himmelfahrt, 1. November Allerheiligen, 11. November Tag des Waffenstillstandes 1918, 25. Dezember 1. Weihnachtsfeiertag.

Karfreitag und der 2. Weihnachtsfeiertag gehören nur im Elsass zu den Feiertagen, der 6. Januar (Heilige Drei Könige) und Fronleichnam sind in Frankreich keine Feiertage.

Restaurants

In den meisten Restaurants steht mindestens ein vegetarisches, vielleicht auch ein veganes Gericht auf der Karte. Besonders in den größeren Städten finden sich Restaurants mit internationaler Küche und die Einkehr in teilweise richtig gute Pizzerien, Crêperien oder Bistros enttäuscht fast nie. Wen zwischendurch der kleine Hunger überkommt, der findet Sandwiches im Supermarkt, Pizza oder Quiche aus der Bäckerei, Kuchen und kleine Gerichte wie *Croque Monsieur*, überbackenes Weißbrot mit gekochtem Schinken und Käse, im Salon de Thé.

Seit 2010 gehört die französische Küche zum immateriellen Weltkulturerbe der UNESCO. Dabei ist nicht die Küche pauschal beurteilt worden, sondern unter anderem die Verwendung von vorzugsweise lokalen Produkten, die gekonnte Auswahl der Speisen, die die Vielfalt der französischen Regionen widerspiegelt, die Ästhetik der Tafel und die Speisefolge.

Diese besteht aus einem Ritual, das mit einem Aperitif beginnt und mit

einem Digestif endet. Dazwischen gibt es mindestens drei oder vier Gänge: Vorspeise (*Entrée*), Hauptspeise (*Plat*), Käse (*Fromage*), Dessert (*Dessert*). Auch wenn die Normandie nicht zu den klassischen Weinbauregionen Frankreichs gehört, darf auch ein Glas Wein zu einem guten Essen nicht fehlen. Wer möchte, kann natürlich auch ein Bier, etwas Antialkoholisches oder den für die Region typischen ***Cidre*** ordern. Der spritzige, leicht schäumende Apfelwein passt eigentlich zu allem. Die Normandie ist die größte Cidre-Region Frankreichs und aus etwa 50 Cidre-Apfelsorten stellen die Cidre-Bauern den apfelsaftähnlichen *Cidre doux* mit bis zu 2,5 Prozent Alkohol, den herberen *Cidre brut* mit bis zu 5 Prozent Alkohol und den als Flaschengärung angebotenen *Cidre bouché* her. Als ***Kir Normand***, mit schwarzem Johannisbeerlikör (*Cassis*) gemixt, eignet sich der Cidre als Aperitif und als Digestif empfiehlt sich ein normannischer ***Calvados***.
Bei einem **Restaurantbesuch** schlägt ein durchschnittliches 3-Gänge-Menü mit mindestens 15 bis 40 Euro pro Nase zu Buche. Hierbei ist zu erwähnen, dass diese Angabe in den meisten Fällen für ein Mittagsmenü (Mittagessen = *Déjeuner*) gilt. Im Allgemeinen ist das abendliche Menü (Abendessen = *Dîner*) teurer und ein edleres Ambiente sorgt für einen weiteren Preisaufschlag. Dann können Sie locker das Doppelte und in Gourmetrestaurants mit einer nach oben fast offenen Preisskala rechnen. *Das Preisgefüge liegt in den touristisch gut erschlossenen Orten erwartungsgemäß insgesamt höher als in den ruhigeren Regionen oder aber auch in den größeren Städten*, in denen mittags von den Büroangestellten bis zu den Studierenden viele außer Haus essen gehen. Zusätzlich möchten wir erwähnen, dass auch auf dem Land viele Einheimische oftmals während der Mittagszeit in Gaststätten einkehren. Dort, wo beispielsweise viele Handwerkerwagen vorzufinden sind, wird im Allgemeinen eine preiswerte Hausmannskost angeboten. Schrauben Sie Ihre Ansprüche allerdings nicht zu hoch, denn manchmal kann das Mittagsmahl auch zum wenig ansprechenden *menu surprise* werden.

Selbstverständlich wird kein Gast zu einem Menü gezwungen, doch ein *À-la-carte*-Essen lohnt nur, wenn es unter dem Strich tatsächlich günstiger als ein vollständiges Menü ausfällt und das passiert äußerst selten. Eine »abgespeckte« und entsprechend leicht günstigere Menü-Alternative bieten viele Lokale zur Mittagszeit, in dem zum Beispiel Vorspeise und Hauptgericht oder Hauptgericht und Nachspeise kombinierbar sind.

Wir möchten darauf hinweisen, dass unsere Restaurantempfehlungen nicht unbedingt die günstigsten Angebote beinhalten oder auf die größten Mengen auf dem Teller hinweisen, sondern vielmehr die Qualität der angebotenen Speisen beurteilen. Vermutlich gibt es preisgünstigere Einkehrmöglichkeiten, aber wir gehen lieber einmal weniger essen und geben dafür etwas mehr Geld aus, können uns aber dafür ziemlich sicher sein, dass wir eine vernünftige und vor allen Dingen dem Preis angemessene Mahlzeit in einer angenehmen Atmosphäre erhalten.

Ein wenig sparen können Sie, wenn Sie es den Franzosen nachmachen und anstatt einer Flasche Mineralwasser einfach eine Karaffe Wasser ordern

(*une carafe d'eau, s'il vous plaît*). Sie bekommen dann lediglich das örtliche Leitungswasser kredenzt, schonen jedoch je nach persönlichem Konsum und Mineralwassermarke Ihre Urlaubskasse beträchtlich.

Ein richtiger Lichtblick ist die Kinderfreundlichkeit, denn viele Gastronomen bieten ein günstiges Menü für Kinder an, wenn diese gerade mal nicht auf Pommes oder Crêpes stehen.

Sollten Sie nicht gleich mit Öffnung des Restaurants am Tisch sitzen wollen, dann empfiehlt sich unbedingt eine **Reservierung**. Wenn Sie der französischen Sprache nicht mächtig sind, dann reservieren Sie einfach über die Webseite der entsprechenden Lokalität. Die Internetadressen der von uns genannten Restaurants haben wir, soweit sie uns bekannt sind, angegeben, oder Sie nutzen die Möglichkeit der *Michelin-App*. Diese kann auch offline genutzt werden und im Online-Modus den Weg zum gewünschten Restaurant aufzeigen sowie eine Tischreservierung aus dem Programm heraus möglich machen.

Nach dem Betreten des Restaurants wartet man im Eingangsbereich, bis man vom Personal einen Tisch zugewiesen bekommt. Sollte dieser nicht gefallen, kann man natürlich fragen, ob es möglich ist, einen anderen Tisch zu bekommen. Eine freie Platzwahl haben Gäste lediglich in einfacheren Cafés, Bars und manchmal in Brasserien.

Bezahlt wird in Frankreich oft nicht am Tisch, sondern am Tresen. Die Bedienung ist im Preis inbegriffen, doch zwischen fünf und zehn Prozent Trinkgeld sind je nach Zufriedenheit durchaus angemessen. Wir haben dies nach unseren Restaurantbesuchen gern zurückgelassen, wurden wir doch in unseren Erwartungen an Küche und Service meist nicht enttäuscht. Bis auf wenige Ausnahmen hat uns alles geschmeckt, aber die unglaubliche Vielfalt der Zubereitungsarten und das Arrangement der Speisen haben uns jedes Mal überrascht.

Sehenswürdigkeiten / Öffnungszeiten

In die Normandie fährt man vielfach an die herrlichen Küstenabschnitte, an denen es sich so wunderbar »urlauben« lässt.

Wir bringen Sie aber auch zu einer Vielzahl von Sehenswürdigkeiten, deren Öffnungszeiten wir genannt haben. Trotzdem kann es sein, dass sich die Zeiten verändern oder einzelne Abteilungen der Museen vorübergehend geschlossen sind. Viele **Sehenswürdigkeiten** und **Museen** haben an einem Tag der Woche, meist Montag oder Dienstag, aber manchmal auch an Feiertagen geschlossen. Meist haben alle Personen unter 18 Jahren sowie alle EU-Bürger unter 26 Jahren freien Eintritt.

Es gibt einige **Kombitickets**, die eine Ermäßigung des Eintritts beim Besuch mehrerer Sehenswürdigkeiten, Museen oder bei Schifffahrten in unterschiedlicher Zusammenstellung ermöglichen. Sie können meist vor Ort bei einer der entsprechenden Liegenschaften oder in den örtlichen Offices de Tourisme erworben werden. Die Variationen sind recht abwechslungsreich, sodass wir darauf verzichtet haben, sie in aller Ausführlichkeit aufzuschreiben. Sie werden sehen, dass die Vergünstigungen meist im Kassenbereich der Sehenswürdigkeiten durch einen Aushang ersichtlich sind und nach Ihren persönlichen Vorlieben zusammengestellt werden können.

In Frankreich gibt es kein Ladenschlussgesetz wie in Deutschland. Man kann jedoch davon ausgehen, dass die meisten **Geschäfte** zwischen 9 und 12 Uhr sowie zwischen 14:30 und 19 Uhr geöffnet haben. Die

Mittagspause wird strikt eingehalten. In größeren Städten sind die Läden in der Regel von 9 bis 19 Uhr geöffnet und die großen **Supermärkte** schließen teilweise erst um 21 oder 22 Uhr. Manche Geschäfte haben montags ganz oder am Vormittag geschlossen, aber dafür am Sonntagvormittag geöffnet. Dies gilt besonders für **Bäckereien**, die häufig sieben Tage in der Woche öffnen. Einige **Banken** sind ganztägig geöffnet, viele schließen in der Mittagszeit. Allgemein ist zu sagen, dass sie von montags bis freitags von 9 bis 12 Uhr und von 14 Uhr bis 17 Uhr geöffnet sind. Ähnlich verhält es sich mit den **Postämtern**.

Souvenirs

Neben den vielen wundervollen Erinnerungen und schönen Momenten einer Reise gehören natürlich die drei »C« – *Calvados, Cidre, Camembert* zu den beliebten Mitbringseln aus der Normandie.

Hierbei ist zu erwähnen, dass Käse, egal welche Rohmilchsorte Sie bevorzugen, recht schnell verzehrt werden muss. Die Wurstspezialität **Andouille** aus Vire oder **Austern** halten sich gekühlt und gut verpackt etwa eine Woche, geschlossene **Jakobsmuscheln** drei Tage. **Karamellbonbons** und **Butter** aus Isigny-sur-Mer, Brotaufstriche aus Wild-, Geflügel- oder Schweinefleisch (*Rillettes*) sowie **Konfitüren** in Gläsern sind länger haltbar.

Villedieu-les-Poêles ist der perfekte Ort, um sich neu mit **Kupfergeschirr** einzudecken, **Fayencen** aus Rouen und die überall angebotenen **Keramiken** können den heimischen Haushalt verschönern.

Sprache

Die Normandie liegt in Frankreich und somit ist die Amtssprache Französisch. Durch die geografische Nähe zu Großbritannien und da Engländer sowie Amerikaner zu den stärksten Besuchergruppen in der Region gehören, ist man in der Normandie im Allgemeinen auf die englische Sprache eingestellt.

Ein paar Worte Französisch können jedoch nichts schaden und die Normannen freuen sich, wenn sie in ihrer Landessprache mit einem freundlichen *Bonjour* (Guten Tag) begrüßt werden.

Außerdem erleichtert ein gewisses Maß an Grundwortschatz den Einkauf in der Bäckerei oder in anderen Geschäften. Pluspunkte sammelt man auch, wenn man der Begrüßung oder der Verabschiedung *au revoir* (Auf Wiedersehen) ein *Madame* (Frau) oder *Monsieur* (Herr) folgen lässt und häufig die Vokabeln *Merci* (Danke) und *S'il vous plaît* (Bitte) benutzt. Wer eine Auskunft erhalten möchte, sollte höflichkeitshalber ein *pardon* (Entschuldigung) nicht vergessen. Mit dem Satz *Parlez-vous anglais/allemand?* (Sprechen Sie Englisch/Deutsch?) kann man schnell herausfinden, ob das Gegenüber Englisch oder Deutsch spricht. Es kommt nämlich durchaus vor, dass man auf Franzosen trifft, die Deutsch sprechen. Sie sind jedoch meist sehr zurückhaltend, was nicht boshaft gemeint ist, sondern sie eher vor der eigenen Blamage schützen soll.

In einigen Fremdenverkehrsbüros gibt es deutschsprachige Berater und häufig sind Internetpräsenzen auch in deutscher Sprache abrufbar.

Eine gute sprachliche Unterstützung samt Aussprachenhilfe erhält man beispielsweise durch die Apps LEO Wörterbuch, DeepL und Google.

Wenn es mit der Sprache überhaupt nicht klappen sollte, gibt es immer noch Mimik sowie Gestik und das eigene Lächeln, das bekanntlich mehr als tausend Worte sagt!

Toiletten / Entsorgungsstationen / Wasser

Das Ver- und Entsorgen gestaltet sich grundsätzlich problemlos. Anlagen finden sich an den ausgewiesenen Wohnmobilstellplätzen und sind in den meisten Fällen frei zugänglich. Wenn nicht, weisen wir im Text daraufhin.

Wenn wir **öffentliche Toiletten** nennen, geschieht das nicht, um Ihnen einen Tipp zur Entleerung der Bordkassette zu geben, sondern es dient vielmehr als Hinweis an die Leserinnen und Leser, die ihren Bedürfnissen nicht in den eigenen vier WOMO-Wänden nachgehen. Sie werden sehen, es gibt genug Möglichkeiten, um die Chemietoilette an den dafür vorgesehenen Stellen zu entleeren.

Die **Wasseraufnahme** gestaltet sich mithilfe eines 10 Meter langen Schlauchs im Allgemeinen problemlos, denn die meisten Wasserhähne sind mit ½ Zoll und ¾ Zoll Schlauchanschlüssen ausgestattet. Für diese und andere Größen führen wir eine Reihe von Steckanschlüssen mit unterschiedlichen Gewindegrößen und Adapter mit uns.

Wenn es einmal nicht passen sollte, bedienen wir uns einer sauberen Gießkanne oder eines Wasserkanisters, mit denen wir das Wasser ins Wohnmobil befördern. Auch wenn wir das Trinkwasser natürlich nicht auf seine Qualität hin überprüft haben, ist es als gut einzustufen. Trotzdem kann es bei Bedarf sinnvoll sein, das Wasser mit einem im Handel erhältlichen Zusatz zu konservieren.

Unfall

Bei einer Panne können Sie den Pannenhilfedienst oder über den Polizeinotruf und die Notrufsäulen an den Autobahnen Hilfe anfordern (Telefonnummern siehe oben).

Sollte eine Reparatur Ihres Wohnmobils notwendig sein, schauen Sie bitte im internationalen Kundendienstverzeichnis Ihres Fahrzeug- und Aufbauherstellers nach. Dort werden Ihnen im Allgemeinen örtliche Vertragswerkstätten genannt. Hilfreich kann auch hier ein **Auslandsschutzbrief** sein. Nach einer Panne und damit verbundener Reparatur wurden in unserem Fall die anfallenden Kosten für Übernachtung im Hotel sowie für einen gemieteten Pkw während des Werkstattaufenthaltes unseres Wohnmobils übernommen. Hierzu haben wir nach der Rückkehr nach Deutschland die entsprechenden Rechnungsbelege beim Aussteller des Schutzbriefs eingereicht.

Wenn Sie das Schicksal ereilt und Sie trotz aller Vorsicht in einen Unfall verwickelt worden sind, bewahren Sie als erstes so viel Ruhe wie möglich! Dann denken Sie daran, dass Sie vorerst auf sich allein gestellt sind und rufen Sie, falls ein Personenschaden eingetreten ist, den Notarzt!

Wenn Sie einen Unfallgegner haben, notieren Sie sich Versicherungsgesellschaft und Versicherungsnummer. Diese sind meist auf einer Plakette an der Windschutzscheibe französischer Autos angebracht (bei Motorrädern am vorderen Schutzblech). Es ist schwierig, nur anhand des Kennzeichens den Haftpflichtversicherer zu ermitteln.

Dokumentieren Sie das Unfallgeschehen so präzise wie möglich. Machen Sie **Fotos** von Kennzeichen und Versicherungsplakette, den Unfallendständen, den Verkehrszeichen, Spuren und der Gesamtsituation. Achten Sie darauf, dass in den **Europäischen Unfallbericht**, dem sogenannten *Constat amiable*, den fast alle Franzosen haben, nur solche Daten aufgenommen werden, die unstreitig sind.

Unterschreiben Sie auf gar keinen Fall einen Text, den Sie nicht verstehen. Schon gar nicht eventuelle Schadenszusagen!

Formblätter für die Unfallaufnahme gibt es auch bei den Automobilklubs ADAC, ÖAMTC und ACS. Lassen Sie sich bei größeren Unfällen von Ihrer Rechtsschutzversicherungsgesellschaft sofort einen deutschsprachigen Anwalt nennen.

Die Polizei kommt im Allgemeinen nur bei schweren Sachschäden, oder wenn Personen verletzt wurden, hinzu.

Falls der Unfallgegner keine Polizei möchte und Sie eindeutig schuld sind (die Verkehrsregeln sind im Wesentlichen die gleichen wie bei uns), falls niemand schwer verletzt worden ist, können Sie auch mit Ihrem Kontrahenten Formalitäten austauschen, ohne die Polizei zu rufen. Dann ersparen Sie sich mit hoher Wahrscheinlichkeit ein nicht geringes Bußgeld oder gar eine Kautionszahlung. Ihr Haftpflichtversicherer wird den Schaden auch regulieren, wenn Sie ohne Zuhilfenahme der Polizei über den Unfall wahrheitsgemäß berichten. Nur unverzüglich, das heißt so schnell Sie können, also spätestens am nächsten Tag, sollten Sie die Haftpflichtversicherung telefonisch informieren und Weisungen zu weiteren Verhaltensmaßnahmen entgegennehmen. Einzelheiten können Sie meistens in der Heimat nach der Rückkehr aus dem Urlaub nachreichen.

Auch wenn wir uns wiederholen: Unterschreiben Sie nichts, was Sie nicht verstehen und lassen Sie sich nicht von gegnerischen Mitfahrern oder Passanten beeinflussen!

Der EU-Gesetzgeber hat Ihnen die Regulierung von Unfallschäden leicht gemacht: Wenn sich der Schaden in einem EU-Staat ereignet hat oder wenn der Unfallgegner aus der EU stammt, kann der Schaden von zu Hause aus in deutscher Sprache reguliert werden.

Beim **Zentralruf der Autoversicherer** nennt man Ihnen (Telefon 0800 2502600 innerhalb Deutschlands, +49 4030033000 aus dem Ausland), falls Sie das Kfz-Kennzeichen und möglichst auch die Versicherung des Unfallverursachers angegeben haben, einen Regulierungsbeauftragten, meist ein anderes Versicherungsunternehmen (leider wissen wir nicht, ob es eine entsprechende Stelle auch für unsere Leserinnen und Leser aus Österreich oder aus der Schweiz gibt). Dort melden Sie Ihre Ansprüche an. Es gilt aber das Schadensrecht des Unfallortes (also die dortigen Verkehrsregeln und auch die dortige Gesetzgebung über Schmerzensgeld, Rentenansprüche etc.). Informationen finden Sie auch unter www.adac.de/Auslandsunfall.

Inzwischen können deutsche Bürger Schadensersatzansprüche aus einem in Frankreich von einem Franzosen verursachten Verkehrsunfall auch in Deutschland vor deutschen Gerichten, aber nach französischem Recht einklagen. Das ist wesentlich besser als früher, aber immer noch so kompliziert, dass wir Ihnen weiterhin eine **Rechtsschutzversicherung** dringend empfehlen.

Da Sie für Ihr Wohnmobil vermutlich sowieso eine **Vollkaskoversicherung** abgeschlossen haben, müssen wir diese Empfehlung für den Auslandsaufenthalt nicht gesondert erwähnen.

Sie haben ein Wohnmobil **gemietet**? Fragen Sie Ihren Vermieter vor Abschluss des Mietvertrages, ob das Fahrzeug vollkaskoversichert ist und eine Rechtsschutzversicherung besteht. Prüfen Sie, ob eine Ihrer eigenen Versicherungen bei einem eventuellen Schaden eintritt, und kontaktieren Sie den Vermieter sowie die Polizei noch von der Unfallstelle aus.

Zum Abschluss dieses Kapitels wünschen wir Ihnen, dass Sie die genannten Ratschläge niemals anwenden müssen!

Verkehr / Straßen / Umweltzonen / Tankstellen

Frankreich verfügt über ein gut ausgebautes Straßennetz. Die Straßen im ländlichen Bereich sind häufig schmal (ein- bis eineinhalbspurig) und kurvig, aber fast ausnahmslos auch für breite Wohnmobile passierbar. Neben dem Navigationsgerät sollte auf aktuelles Kartenmaterial nicht verzichtet werden. **N**ationalstraßen, die *Routes Nationales*, ähneln unseren Bundesstraßen. **D**épartementstraßen sind oft gut ausgebaut, können aber auch nur als schmales Sträßchen das Land durchziehen. Kommunalstraßen *Routes Communales* verbinden meist Orts- oder Stadtteile und sind mit einem **C** sowie der Straßennummerierung gekennzeichnet.

Wenn einmal ein Verkehrsschild das Befahren einer Straße für Wohnmobile generell verbietet, können Sie sicher sein, dass dies seinen Grund hat. Mit dem Aufstellen von Verbotsschildern ist man in Frankreich in diesem Fall zurückhaltender als bei uns und sie können davon ausgehen, dass die Straßen dann tatsächlich zu eng sind oder es eine andere Einschränkung gibt.

Vornehmlich in Ortschaften sind Strecken für Fahrzeuge mit einem Gesamtgewicht von mehr als 3,5 Tonnen gesperrt. Das hat meist nichts mit der Straßenbreite oder dem Straßenzustand zu tun, sondern soll Lkw fernhalten. Wohnmobile über 3,5 Tonnen Gesamtgewicht sind unabhängig ihrer sonstigen Größe trotzdem davon betroffen, obwohl die Durchfahrt physikalisch möglich wäre, häufig praktiziert und so gut wie nie kontrolliert wird. Auf Nachfrage erhielten wir bei den Fremdenverkehrsbüros regelmäßig die Auskunft, dass wir mit unserem über 3,5 Tonnen schweren Wohnmobil selbstverständlich die Ortsdurchfahrten nutzen dürfen und die Verbotsschilder gegen Lkw im Transitverkehr gerichtet sind. Wir beschreiben hier allerdings keine juristisch fundierte Aussage, für die wir haftbar sind. Wem das also alles zu wage erscheint, möge diese Strecken meiden oder selbst bei den entsprechenden Stellen nachfragen.

Entgegen der deutschen Straßenverkehrsordnung gelten in Frankreich die Schilder, die das Überholen durch Lkw oder die Durchfahrt von Lkw verbieten, nicht für Wohnmobile. Voraussetzung ist natürlich, dass kein zusätzlicher Vermerk das Fahrverhalten von Wohnmobilen beschränkt.

Wenn wir eine Durchfahrt im Hinblick auf die Unversehrtheit des Wohnmobils und seiner Insassen tatsächlich für bedenklich halten, dann raten wir Ihnen im Tourentext vom Befahren der Strecke ab.

Wohnmobile **über 3,5 Tonnen Gesamtgewicht** benötigen drei Warntafeln (magnetisch oder klebend), die Zweiradfahrer und Fußgänger vor den Toten Winkeln (***Angles morts***) warnen sollen. Eine Tafel wird rechts am Heck (Höhe zwischen 90 Zentimeter und 150 Zentimeter) und je eine auf den beiden Seiten im Bereich der Türen (Höhe wie am Heck, 100 Zentimeter von der Vorderfront entfernt) angebracht.

In Deutschland besteht bei unserer Anreise derzeit in **Aachen** eine **Umweltzone** und für die Zufahrt zum Stellplatz wird die grüne Umweltplakette benötigt. Zusätzlich verweisen wir auf die aktuellen Entwicklungen in Deutschland, die unter www.umweltbundesamt.de nachzulesen sind.

In der **Rouen** dürfen alle Fahrzeuge mit einer Crit'Air 4-, 5- oder nicht klassifizierter Plakette seit dem 1. September 2022 nicht mehr fahren. Das Verbot soll ab dem 1. Januar 2025 auch für Fahrzeuge der Kategorie Crit'Air 3 gelten. Bitte informieren Sie sich vor Ihrer Reise über Veränderungen (www.green-zones.eu).

Auch in **Belgien** gibt es in bisher drei Städten, Brüssel, Gent und Antwerpen, **Umweltzonen** (Stand 2023), die uns bei der Durchreise im Normalfall nicht berühren. Sollten Sie die belgischen Autobahnen dennoch einmal verlassen und das Land bereisen wollen, empfehlen wir Ihnen den Blick auf folgende Internetseiten: https://bruessel.diplo.de/be-de/-/2287542.

Anfang Juli 2016 wurden in Frankreich Umweltzonen und die dazugehörige **Umwelt- oder Feinstaub-Plakette Crit'Air** eingeführt. Auch Fahrzeuge, die nicht in Frankreich zugelassen sind, das heißt Fahrzeuge von Touristen, müssen diese Plakette ab dem 1. April 2017 vorweisen.

Es gibt insgesamt sechs verschiedene Kategorien, dargestellt durch sechs verschiedenfarbige Plaketten, in die die Fahrzeuge je nach Abgaswerten (nach europäischer Abgasnorm EURO) oder Jahr der Erstzulassung eingeteilt werden. Wohnmobile unter 3,5 Tonnen zulässigem Gesamtgewicht werden als Pkw eingestuft, Wohnmobile mit einem zulässigen Gesamtgewicht von mehr als 3,5 Tonnen gelten als Lkw.

Umweltzonen gibt es mittlerweile in vielen französischen Städten, Regionen und Départements. Dabei wird nach permanenten Umweltzonen **ZFE** *(zone à faible emmision)*, **ZCR** *(zone decirculation retrainte)*, temporären Umweltzonen **ZPA** *(zone deprotection de l'air)* und **ZPAd** *(zone de protection de l'air departementale)* unterschieden.

Alle Umweltzonen können je nach Luftverschmutzung kurzfristig in Kraft gesetzt werden. Dies bedeutet, dass unter Umständen zuvor einfahrberechtigte Vignettenkategorien plötzlich (innerhalb von 24 Stunden) nicht mehr einfahren dürfen.

Es ist mit einer Ausweitung der Umweltzonen im ganzen Land, insbesondere in den Ballungsgebieten, und einer Verschärfung der Regelungen in Zukunft zu rechnen. Wir haben uns aus diesem Grund zum Kauf einer Vignette entschlossen. Damit wissen wir genau, in welche Kategorie unser Wohnmobil eingestuft wird und nach welchen Kriterien wir uns zu richten haben. Der Erwerb einer Vignette war bisher nicht zwingend erforderlich, aber empfehlenswert, zummal sich der Kauf recht einfach gestaltet und das Urlaubsbudget für Bürger der EU und der Schweiz mit einmalig 4,76 € (Stand 01/2024) nicht wesentlich strapaziert.

Auf der Internetpräsenz **www.certificat-air.gouv.fr/de** wird man deutschsprachig durch das Menü bis zum Absenden der Bestellung geführt und etwa zehn Tage später – in der Hauptreisezeit möglicherweise länger – liegt die Plakette im heimischen Briefkasten. Sollte es zu Verzögerungen beim Postversand kommen, ist das Mitführen der Bestätigungsmail für die Bestellung ausreichend.

Bitte nutzen Sie nur die gerade von uns genannte Internetadresse, da es andere

Webseiten gibt, auf denen die Vignetten zu einem wesentlich höheren Preis als in den Vorschriften vorgeschrieben ausgestellt werden!

Über tägliche und aktuelle Veränderungen sowie Einfahrbestimmungen informiert im Web die Seite **Green-Zones** (www.green-zones.eu) beziehungsweise die entsprechende App für das Smartphone.

Besonderheiten für Paris

Innerhalb des Stadtautobahnrings und in Paris ist die Umweltplakette ein Muss!

Fahrzeuge mit der Crit'Air Vignette der **Kategorie 4, 5 und Fahrzeuge ohne Vignette** dürfen von Montag bis Freitag von 8 bis 20 Uhr **NICHT** mehr ins Stadtzentrum fahren. Für Lkw (also auch Wohnmobile über 3,5 Tonnen Gesamtgewicht) der Kategorien 4, 5 und ohne Vignette gilt diese Regelung 7 Tage die Woche. Nur Fahrzeuge der Kategorie 1 bis 3 können uneingeschränkt ins Stadtzentrum fahren. Es ist im Gespräch, dass alle Dieselfahrzeuge bis 2024, egal welche Plakette sie haben, vom Fahrverbot betroffen sind. Innerhalb des Autobahnrings A86 befindet sich eine wetterbedingte Umweltzone. Eine alles umfassende Umweltzone **ZFE**, in der ständige feste Regeln gelten, befindet sich im Großraum Paris.

In Frankreich müssen **Warnweste** und **Warndreieck** mitgeführt werden. Bei einem Unfall auf Autobahnen kann auf das Aufstellen des Warndreiecks verzichtet werden, wenn sich der Fahrer dadurch in Gefahr begibt. Auf Landstraßen und innerorts ist das Aufstellen jedoch Pflicht! Fahrzeuge **über 3,5 Tonnen Gesamtgewicht** benötigen zwei Warndreiecke.

Das Mitführen eines **Alkoholtestgeräts** ist, möglicherweise nur vorübergehend, wieder abgeschafft. Im Zweifelsfall sind Alkohol-Einwegtests in Frankreich in Apotheken oder an Autobahn-Raststätten erhältlich.

Die **Promillegrenze** liegt bei 0,5 mg/ml und bei 0,2 mg/ml für Fahranfänger (bis 3 Jahre nach Erhalt des vorläufigen Führerscheins oder bis 2 Jahre auf das begleitete Fahren).

Das **Telefonieren** ist nur unter Verwendung einer Freisprecheinrichtung erlaubt. Kopfhörer, Ohrstöpsel oder Headsets sind verboten. Sie dürfen am Steuer (also auch an der Ampel) **weder essen noch trinken** – und man darf sich nicht **schminken**!

Für das Fahren in Frankreich benötigen Sie einen gültigen **EU-Führerschein**. Führerscheine, die in Deutschland bereits mit 16 oder 17 Jahren erworben wurden, werden in Frankreich nicht anerkannt. Ist Ihr Führerschein jünger als ein Jahr, dürfen Sie höchstens 90 km/h fahren.

Eine **grüne Versicherungskarte** ist für Frankreich wie auch für die Transitländer nicht erforderlich, sie wird aber allgemein empfohlen.

Die **Höchstgeschwindigkeit** beträgt in Frankreich innerorts 50 km/h.

Auf **Straßen außerorts ohne bauliche Trennung der Gegenspuren** (insbesondere durch Mittelleitplanken – ein weißer Strich reicht nicht) gilt seit Juli 2018 ein Tempolimit von 80 km/h. In einigen Départements ist diese Regelung wieder zurückgenommen worden. Achten Sie bitte auf die entsprechende Beschilderung.

Bei **zwei in jeder Richtung und baulich durch Mittelstreifen getrennten Fahrbahnen** gilt ein Limit von 110 km/h.

Auf **Autobahnen** gelten 130 km/h (110 km/h bei Nässe) und bei Fahrzeugen **über 3,5 Tonnen Gesamtgewicht** immer 110 km/h.

Winterreifenpflicht besteht für unser Reisegebiet nicht, kann aber bei entsprechenden Witterungsverhältnissen kurzfristig durch Beschilderung vorgeschrieben werden.

Fahrzeuge **über 3,5 Tonnen Gesamtgewicht oder 7 Meter Länge** dürfen im **Kreisverkehr** nur die rechte Spur benutzen. Wir empfehlen, bei einem Verbleiben im Kreisverkehr zusätzlich links zu blinken, um den übrigen Verkehrsteilnehmern dies Vorhaben zu signalisieren.

Um Raser auszubremsen, greifen viele Gemeinden auf **Bodenschwellen** zurück. Diese sind manchmal erst auf den letzten Metern oder überhaupt nicht zu erkennen und zudem unter Umständen sehr hoch. Fahren Sie vorsichtig – Ihr Geschirr in den Schränken und die Unterbodenwanne oder sonstiges tief hängendes Zubehör Ihres Wohnmobilswerden es Ihnen danken!

Folgende französische Verkehrsregeln sind für uns ungewohnt:

· **Gelbe Randsteine oder Linien** bedeuten Halte- (bei durchgezogener Farbe) oder Parkverbot (bei unterbrochenem gelben Strich).
· In der *Zone Bleue* oder im Bereich **blauer Linien am Randstein** darf man nur mit Parkscheibe parken.
· **Absolutes Parkverbot** besteht vor Krankenhäusern, Polizeistationen und Postämtern. Parken auf oder teilweise auf dem Bürgersteig ist verboten, sofern keine Markierung auf eine Parkfläche hinweist.
· **Vorfahrtstraßen** enden an den Ortsschildern.
· Häufiger als bei uns gilt **rechts vor links**.
· Ein **gelber blinkender Pfeil** erlaubt bei Ampeln das Abbiegen in Pfeilrichtung, der Querverkehr hat aber trotzdem Vorfahrt!
· Ein **Rotlicht in Kreuzform** auf der gegenüberliegenden Straßenseite bedeutet, dass der entgegenkommende Verkehr »rot« hat.

Die in Deutschland bekannten Verkehrsschilder gelten auch in Frankreich. Zusätzlich sind folgende Schilder erwähnenswert:

· Blaues Schild mit weißer Raute = Eine Fahrspur ist ausschließlich für bestimmte Verkehrsteilnehmer vorgesehen. Dazu gehören Fahrgemeinschaften, also Fahrzeuge mit mindestens zwei Insassen, Motorräder mit Seitenwagen, Taxis, emissionsfreie Fahrzeuge, Busse und andere öffenltiche Verkehrsmittel. Ist man als Einzelperson mit dem Wohnmobil auf einer solchen Spur unterwegs, riskiert man ein Bußgeld in Höhe von 135 € (Stand 01/2024).
· Blaue Richtungsschilder führen zur Autobahn, grüne zu Fernstraßen.
· *Bouchon* = Stau
· *Chaussée Deformée* = schlechte Fahrbahn
· *Déviation* = Umleitung. Oft mit dem Zusatz P. L. (*Poid Lourd*) für den Schwerverkehr mit Angabe des zulässigen Gesamtgewichts oder mit dem Zusatz V.L. (*Véhicule Léger*) für den Leichtverkehr
· *Ralentir* = langsam Fahren
· *Rappel* = Wiederholung, Erinnerung
· *Sauf Camping-Car* = ausgenommen Wohnmobile
· *Sauf Desserte/Riverains* = außer Lieferverkehr/Anlieger
· *Sortie* = Ausfahrt
· *Toutes* (*Autres*) Directions = alle (anderen) Richtungen

Alle Angaben ohne Gewähr, Änderungen sind möglich.

In Frankreich sind die Geldbußen bei Geschwindigkeitsüberschreitungen saftig und meist sehr viel höher als in Deutschland! Auch wenn der Bußgeldbescheid auf sich warten lässt, wird er kommen. Wer nach Erhalt sofort zahlt, erhält einen Rabatt auf das Bußgeld. Wer länger als zwei Wochen wartet, zahlt deutlich mehr. *Es zahlt immer der Fahrzeughalter.*

Über **Tankstellen** und **Kraftstoff** haben wir bereits in der Anreise berichtet. An den **Mautstellen** der Autobahnen *(Gare de péage)* zahlen wir möglichst mit der Kredit-Karte (ohne PIN), die, wie wir bereits unter der Rubrik »Geld« beschrieben haben, zur Grundausstattung gehört, wenn wir nach Frankreich reisen. Die sogenannte EC-Karte funktioniert meist nicht. Schieben Sie erst das Autobahnticket in den **blinkenden Schlitz(!)** und danach die Kreditkarte bisweilen in einen anderen **blinkenden Schlitz**. Wenn Sie die Karte in eine nicht beleuchtete Öffnung drücken, kann sie stecken bleiben, und die Autos hinter Ihnen hupen, bis Ihnen das Personal (das Sie über die Gegensprechanlage meist erst rufen müssen) hilft. Bei manchen Automaten blinkt nichts, dort hatten wir nie Probleme. Geldscheine funktionieren ähnlich, möglicherweise nicht 50-Euro-Scheine oder größeres Geld! An den großen Mautstellen auf der Strecke können Sie wählen: Wo ein Kreditkartensymbol über der Fahrspur aufleuchtet, dürfen Sie nicht mit Geldscheinen bezahlen. Auch menschlichen Kassierern überlassen Sie möglichst Ihre Kreditkarte (ebenfalls ohne PIN), was den Zahlvorgang erheblich beschleunigt.

Das kleingeschriebene orange ***t*** *(telepéage)* über der Bezahlspur ermöglicht die automatische Mautabrechnung und ermöglicht das meist schnellere Durchfahren an den Zahlstellen, für den jedoch ein Zusatzgerät erforderlich ist. Die **Mautboxen** sind für Fahrzeuge bis 3,5 Tonnen und/oder 3 Meter Höhe beim **französischen Anbieter *bip&go*** erhältlich (www.bipandgo.com) und WOMOs über 3,5 Tonnen und/oder 3 Meter Höhe werden beim **deutschen Anbieter *Maut1.de*** bedient (www.maut1.de). Auch der **ADAC** bietet Boxen für beide Gewichtsklassen an und informiert zusätzlich über alles rund um die Autobahnmaut (www.adac.de/reise-freizeit/maut-vignette/frankreich/). Falsche Angaben der Gewichtsklasse und der Höhe sind zumindest nach deutschem Recht ein strafbarer Betrug und wir nutzen keine Mautbox, da wir trotz der schweren Gewichtsklasse unseres Wohnmobils von den automatischen Erkennungsgeräten bisher in die »leichte« Kategorie 2 eingestuft werden. Scheinbar werden die Aufbauten des WOMOs nicht erfasst und somit fahren wir(offiziell und legal!) günstiger als mit einer Mautbox.

Inwiefern diese Regelung noch anwendbar ist, wenn in Frankreich nach und nach eine **elektronische Maut mittels Kennzeichenerfassung** eingeführt wird, konnten wir noch nicht in Erfahrung bringen, da sie bislang nicht in unserem Zielgebiet eingeführt wurde. Wenn es auch in der Normandie und an den Zufahrtsstrecken soweit ist, muss man sich künftig online registrieren lassen und das automatische Abbuchen erlauben. Ein nachträglicher Bezahlvorgang über die Webseite des Autobahnbetreibers oder in Tabakläden soll ebenfalls möglich sein. Soweit wir wissen, wird die elektronische Maut auch über die oben genannten Mautboxen automatisch abgerechnet. Das erste gebührenpflichtige Teilstück von Autobahnen ohne Schranke bestehen auf der A79 sowie der A4. Auf der folgenden Webseite, aber auch über die oben bereits erwähnte ADAC-Seite kann man mehr über das zukünftige Verfahren erfahren (https://paiement.aliae.com/de/).

Wandern und Outdooraktivitäten

Die Normandie kann man beim Wandern auf rund 3.000 Kilometern und auf sehr unterschiedliche Weise kennenlernen. Beschaulich und ohne größere Erhebungen können die ausgedehnten Wälder, die Hecken- und die grünen Weidelandschaften im Landesinneren erkundet werden.

Die Wegemarkierungen sind gut, doch sollte man sich bei den

Fremdenverkehrsbüros zusätzlich mit entsprechenden Wandervorschlägen versorgen oder sich eine der sehr genauen blauen **Wanderkarten des Institut Géographique National** (IGN) kaufen. Sie haben einen Maßstab von 1 : 25.000 und es sind sogar kleinere Trampelpfade eingezeichnet. Die Kartenlegende ist in französischer und englischer Sprache abgefasst. Man kann diese Karten in Frankreich in jedem Buchladen, oft auch in Supermärkten, Tabak- oder Souvenirläden erstehen oder bereits zu Hause im Buchhandel oder über das Internet erwerben.

Wir bestellen unsere Karten, auch die zuvor genannten Michelin-Karten, portofrei und immer zuverlässig innerhalb Deutschlands beim **Reisebuchladen Heidelberg/Karlsruhe** (www.reisebuchladen-heidelberg.de).Übrigens ist diese Adresse auch für uns die erste Wahl, wenn wir neue Reiseliteratur benötigen.

Es gibt mittlerweile eine große Anzahl von **Wanderapps** für den mobilen Gebrauch. Nicht jede hat sich für uns persönlich als nutzerfreundlich erwiesen und da wir annehmen, dass es Ihnen ähnlich ergehen kann, möchten wir Sie in diesem Fall auf die jeweiligen Angebote in den Shops Ihrer Smartphone-Systeme verweisen. Auch wenn die dortigen Vorschläge unter Umständen nur in französischer und englischer Sprache gehalten sind, besteht auf den sehr gut markierten GR-Wegen kaum eine Möglichkeit zum Verlaufen. Die *Grande Randonée* sind immer mit rot-weißer Farbe gekennzeichnet und warnen mit gekreuzten Strichen vor dem Abweichen in die falsche Richtung.

Die von uns ausgesuchten Strecken sind meist ohne besondere Anstrengungen mit der gesamten Familie zu bewältigen. Neben der der Witterung angepassten Kleidung sollte festes Schuhwerk nie fehlen, und vor allen Dingen bei den An- und Abstiegen an den Klippen oder an den Abbruchkanten muss man Vorsicht walten lassen! Außerdem verweisen wir im Text auf weitere ausgeschilderte Wanderungen und können zusätzlich den **Rother-Wanderführer Normandie** empfehlen.

Klettern/Paragliding

Freundinnen und Freunde des **Kletterns** zieht es besonders in die Suisse Normande, wo sie an senkrechten Felswänden der Rochers des Parcs in der Nähe von Clécy ihre Fähigkeiten unter Beweis stellen können.

Aber auch **Gleitschirmfliegende** finden hier beziehungsweise an küstennahen Stellen ideale Voraussetzungen. Weitere Infos z. B. unter www.plaine-altitude.com.

Über viele andere angebotenen Sportarten wie z. B. **Golf**, **Tennis** oder **Reiten** und weitere Freizeitaktivitäten informieren die Fremdenverkehrsbüros.

Sie werden viel unterwegs sein und reichlich Programm haben, bis Sie alle Sport- und Freizeitvorschläge »abgearbeitet« haben. Viel Vergnügen!

Stichwortverzeichnis

Bildnachweis

S. 7 Mitte, S. 245, S. 252, S. 255 ©Andreas Birresborn, S. 35 ©Château Mesnil Geoffroy, S. 48 ©Richard Bloom, S.110 © Alain Baudry, S.140 ©G. Wait OT Bayeux Intercom, S. 142 ©Château de Balleroy, S.240 A_Lamoureux TPBMSM, S. 318 ©David Commenchal, S. 324 oben ©wikimedia commons/Adsum Dixit, S. 333 ©Jacques Garcia.

Bei den vorstehenden Fotos wurde der Bildinhalt nicht verändert;
Alle anderen Fotos: ©Anette Scharla-Dey/Franz Peter Tschauner

Der WOMO® Online-Service

Nutzen Sie auch das Angebot unseres Online-Shops!
Unter **www.womo.de** finden Sie nicht nur sämtliche Reiseführer, sondern weitere wertvolle Anregungen und Zusatzinformationen – von der Gesamtübersicht aller Touren eines WOMO-Reiseführers bis zu weiterführendem Material. Dazu gehören:

- die **besten Autokarten**, die garantiert die komplette Reiseroute abdecken
- und die **passenden Rother-Wanderführer** mit den schönsten Wanderregionen Ihres Reiselandes.

Einfach sicher unterwegs.

Sichern Sie Ihr Wohnmobil ab: mit unserer **exklusiven**, universellen und **sofort sichtbaren** Einbruchssperre. Sie wird **ganz einfach** in die beiden Tür-Armlehnen eingehängt, zusammengeschoben und abgeschlossen.

Der WOMO® Knackerschreck

- Passend für Ducato, Peugeot, Renault Master, MB Sprinter bis 2018 und VW (alle Typen)
- Krallen aus **10 mm massivem**, einbrennlackiertem, also nahezu unverwüstlichem Stahl

Nur 64,90 €

und nur bei **www.womo.de**

Alle WOMO® Reiseführer auf einen Blick

Albanien, Ulrike und Frank Staub
Allgäu, Heiner Newe
Andalusien, Christina und Christian Winkler
Baden-Württemberg, Heiner Newe
Baltikum, Stefanie Holtkamp und Andrea Bergmann Neu 2024
Bayern Der Nordosten, Heiner Newe
Bayern Der Südosten, Christina und Christian Winkler
Bayern Der Nordwesten, Heiner Newe
Belgien/Luxemburg, Ulrike und Frank Staub
Bretagne, Anette Scharla-Dey und Franz Peter Tschauner
Burgund, Ralf Gréus Neu 2024
Dänemark, Anke Globi
Elsass, Ralf Gréus
England Der Süden, Christina und Christian Winkler Neu 2024
England Der Norden, Christina und Christian Winkler
Finnland, Uwe und Annegret Rohland
Französische Alpen, Heiner Newe
Französischer Jura, Heiner Newe
Griechenland, Waltraud Roth-Schulz und Reinhard Schulz
Harz, Heiner Newe
Hessen Der Norden, Anette Scharla-Dey und Franz Peter Tschauner
Hessen Mitte und Süden, Anette Scharla-Dey und Franz Peter Tschauner
Hunsrück/Mosel/Eifel, Anette Scharla-Dey und Franz Peter Tschauner
Irland, Uwe und Annegret Rohland
Island, Jutta und Alexander Ramin
Katalonien, Ulrike und Frank Staub Neu 2024
Korsika, Stefanie Holtkamp und Andrea Bergmann Neu 2024
Kroatien und Montenegro, Anne und Michael Lindner Neu 2024
Languedoc-Roussillon, Ralf Gréus Neu 2024
Ligurien, Ralf Gréus
Lothringen, Friedrich Riehl
Lüneburger Heide, Heiner Newe
Marokko, Ulrike und Frank Staub
Mecklenburg-Vorpommern Teil 1, Stefanie Holtkamp und Andrea Bergmann
Mecklenburg-Vorpommern Teil 2, Stefanie Holtkamp und Andrea Bergmann
Münsterland, Regina Stockmann
Namibia, Ute Nast-Linke und Frank Linke
Neuseeland Nordinsel, Andrea Lossen und Dieter Giesen
Neuseeland Südinsel, Andrea Lossen und Dieter Giesen Neu 2024
Niederlande, Friedrich Riehl
Normandie, Anette Scharla-Dey und Franz Peter Tschauner Neu 2024
Norwegen Der Süden, Waltraud Roth-Schulz und Reinhard Schulz
Norwegen Der Norden, Waltraud Roth-Schulz und Reinhard Schulz
Österreich Der Osten, Christina und Christian Winkler
Österreich Der Westen, Christina und Christian Winkler
Ostfriesland, Heiner Newe

Weitere Infos unter **www.womo.de**

Pfalz, Ralf Gréus
Piemont und Aostatal, Ralf Gréus
Peloponnes, Waltraud Roth-Schulz und Reinhard Schulz
Polen Der Norden, Nicola Kluftinger
Portugal Der Norden, Stephanie Seufert (Neu 2024)
Portugal Der Süden, Stephanie Seufert (Neu 2024)
Provence Der Westen, Ralf Gréus
Provence Der Osten, Ralf Gréus
Pyrenäen, Stefanie Holtkamp und Andrea Bergmann
Rumänien, Christina und Christian Winkler
Sachsen, Anette Scharla-Dey und Franz Peter Tschauner
Sardinien, Waltraud Roth-Schulz und Reinhard Schulz
Schleswig-Holstein und Hamburg, Heiner Newe
Schottland, Anke Globi (Neu 2024)
Schwarzwald, Ralf Gréus
Schweden Der Norden, Uwe und Annegret Rohland
Schweden Der Süden, Anke Globi (Neu 2024)
Schweiz Der Osten, Stefanie Holtkamp und Andrea Bergmann
Schweiz Der Westen, Stefanie Holtkamp und Andrea Bergmann
Sizilien, Christina und Christian Winkler (Neu 2024)
Slowakei, Ulrike und Frank Staub
Slowenien, Silvia Sussmann und Peter Simm
Spanien Der Norden, Waltraud Roth-Schulz und Reinhard Schulz
Süditalien Der Osten, Waltraud Roth-Schulz und Reinhard Schulz
Süditalien Der Westen, Waltraud Roth-Schulz und Reinhard Schulz
Südafrika Krügernationalpark, Ute Nast-Linke und Frank Linke
Südwestfrankreich, Stefanie Holtkamp und Andrea Bergmann
Südtirol, Waltraud Roth-Schulz und Reinhard Schulz
Tal der Loire und Paris, Anette Scharla-Dey und Franz Peter Tschauner
Thüringen, Katja Eisenschmidt
Toskana und Elba, Ralf Gréus
Trentino und Gardasee, Angela Misslbeck (Neu 2024)
Umbrien und Marken, Ralf Gréus
Ungarn, Silvia Sussmann und Peter Simm
USA Südwesten mit Yellowstone, Regina Stockmann (Neu 2024)
Venetien und Friaul, Christina und Christian Winkler
Wales, Christina und Christian Winkler (Neu 2024)
Zentralspanien Der Osten, Ulrike und Frank Staub
Zentralspanien Der Westen, Ulrike und Frank Staub

Außerdem im Programm:
Die gordische Lüge – Reiseroman, Ralf Gréus
Allgemeines Wohnmobil Handbuch, Reinhard Schulz
Allgemeines Wohnmobil Kochbuch, Waltraud Roth-Schulz
Heitere Wohnmobil Geschichten, Silvia Sussmann und Peter Simm

Ihr WOMO® Stellplatz-Dienst

Wir führen Sie zu den **schönsten Orten**, die unsere erfahrenen Autoren **selbst besucht und getestet** haben. Die GPS-Daten ihrer Stell- und Campingplatz-Empfehlungen finden Sie im Online-Shop unter **www.womo.de**

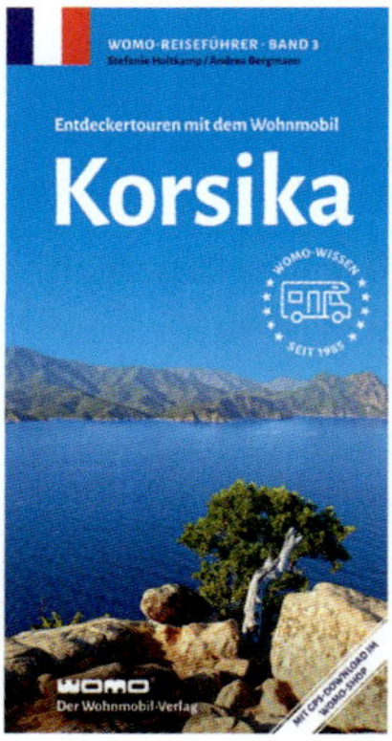

Mehr erfahren. Mehr erleben.

womo.de ist der **Spezialist** für Ihren entspannten **Erlebnisurlaub auf vier Rädern**. Profitieren Sie für Ihre Reisevorbereitung und -planung von unserer **jahrzehntelangen Erfahrung**. Seit 2022 arbeiten wir daran, Bewährtes noch besser zu machen: Dazu gehört die **moderne Optik** unserer neu gestalteten und **neu aufgelegten** Reiseführer.

Selbstverständlich werden unsere WOMO-Reiseführer permanent auf einen **aktuellen inhaltlichen Stand** gebracht. Jeder einzelne bietet eine Fülle an Ideen, Inspiration und Information **für Ihren Erlebnisurlaub**.

Wenn Sie persönliche Anregungen oder **konkrete Fragen zu Ihrer Reiseplanung haben**, dann schreiben Sie uns gern unter: **verlag@womo.de**

Den kostenlosen Download-Link für die **GPS-Daten** zu diesem WOMO-Reiseführer finden Sie im Shop unter: **www.womo.de**
Ihr Passwort lautet: **Sf8pil**

WOMO®
Der Wohnmobil-Verlag
An der Liethe 4
36452 Kaltennordheim
Telefon: 036946 20691
www.womo.de